权威·前沿·原创

皮书系列为
"十二五""十三五""十四五"时期国家重点出版物出版专项规划项目

BLUE BOOK

智 库 成 果 出 版 与 传 播 平 台

重庆蓝皮书

BLUE BOOK OF CHONGQING

重庆超大城市现代化治理发展报告（2025）

ANNUAL REPORT ON THE DEVELOPMENT OF MODERN GOVERNANCE IN MEGA CITY CHONGQING (2025)

组织编写／ 重庆市城市治理委员会办公室（重庆市城市管理局）
重庆社会科学院（重庆市人民政府发展研究中心）

主　　编／肖庆华　刘　力

社会科学文献出版社
SOCIAL SCIENCES ACADEMIC PRESS (CHINA)

图书在版编目（CIP）数据

重庆超大城市现代化治理发展报告.2025／肖庆华，
刘力主编.--北京：社会科学文献出版社，2025.6.
（重庆蓝皮书）.--ISBN 978-7-5228-5205-8

Ⅰ.F299.277.19

中国国家版本馆 CIP 数据核字第 202597X6R2 号

重庆蓝皮书

重庆超大城市现代化治理发展报告（2025）

组织编写／ 重庆市城市治理委员会办公室（重庆市城市管理局）
重庆社会科学院（重庆市人民政府发展研究中心）

主　　编／肖庆华　刘　力

出 版 人／冀祥德
责任编辑／张　媛
责任印制／岳　阳

出　　版／社会科学文献出版社·皮书分社（010）59367127
地址：北京市北三环中路甲 29 号院华龙大厦　邮编：100029
网址：www.ssap.com.cn
发　　行／社会科学文献出版社（010）59367028
印　　装／天津千鹤文化传播有限公司

规　　格／开　本：787mm×1092mm　1/16
印　张：24　字　数：397 千字
版　　次／2025 年 6 月第 1 版　2025 年 6 月第 1 次印刷
书　　号／ISBN 978-7-5228-5205-8
定　　价／249.00 元

读者服务电话：4008918866

摘　要

2024 年 4 月，习近平总书记视察重庆时强调，要积极探索超大城市现代化治理新路子，要求建立健全"大综合一体化"城市综合治理体制机制。探索超大城市现代化治理新路子是习近平总书记赋予重庆的重要使命，是现代化新重庆建设的战略机遇，具有重要理论和实践意义。一年来，重庆在规建治一体化、城市交通综合治理、安全韧性城市建设、行政执法一体化、公共服务、城市文明综合治理、基层治理、城乡一体治理等领域形成了良好态势，积累了"大综合一体化"城市综合治理体制机制、聚焦重点区域领域加速破题增效、把实现人民对美好生活的向往作为出发点和落脚点、彰显数字赋能发挥三级治理中心支撑作用等经验。未来，重庆将承接全球数字化与智能化、国家治理体系和治理能力现代化政策"窗口期"、西部陆海新通道、新时代西部大开发、成渝地区双城经济圈建设等国家战略叠加和新型城镇化建设以及城市更新等机遇，继续深入践行人民城市理念，锚定"打造超大城市现代化治理示范区"目标任务，强化稳进增效、除险固安、改革突破、惠民强企的工作导向，坚持边学边干、边干边总结，不断完善知识体系、话语体系、理论体系，推动城市运行和治理体制机制的变革重塑，加快实现超大城市现代化治理能力新跃升，让城市功能更完善、环境更宜居、生活更美好。

关键词： 超大城市现代化治理　大综合一体化　城市综合治理体制机制
数字赋能

目　录

Ⅲ 实践篇

Ⅳ 案例篇

皮书数据库阅读**使用指南**

总 报 告

B.1

2024~2025年重庆超大城市现代化治理
形势分析与展望

重庆市城市治理委员会办公室　重庆社会科学院*

摘　要： 探索超大城市现代化治理新路子，是习近平总书记赋予重庆的重要使命，是现代化新重庆建设的战略机遇。重庆探索超大城市现代化治理新路子具有重要理论和实践意义。重庆已在规建治一体化、城市交通综合治理、安全韧性城市建设、行政执法一体化、公共服务、城市文明综合治理、基层治理、城乡一体治理等领域形成了良好态势，积累了"大综合一体化"城市综合治理体制机制、聚焦重点区域领域加速破题增效、把实现人民对美好生活的向往作为出发点和落脚点、彰显数字赋能发挥三级治理中心支撑作用等经验，承接全球数字化与智能化、国家治理体系和治理能力现代化政策"窗口期"、西部陆海新通道、新时代西部大开发、成渝地区双城经济圈建设等国家战略叠加和

---

* 本报告由"重庆超大城市现代化治理研究"课题组完成。课题组组长：李昌良，重庆市城市治理委员会办公室副主任，重庆市城市管理局党组成员、副局长；彭劲松，重庆社会科学院党组成员、副院长，研究员。课题组成员：袁川喻、李元聪、刘霞、关黎明、罗鹏、冉骏飞、周振涛、易宏志、彭华、陈序、毛晓雅、邓靖、丁忠兵、唐于渝、刘棟子、廖玉姣、柯昌波、赵丹、谢万成。

新型城镇化建设以及城市更新等良好机遇，但同时仍面临城市综合治理体制机制不健全、数字支撑薄弱、韧性保障不足、公共服务不均、文明素质不高等问题。下一步，要坚持人民城市理念，一体推进城市治理模式迭代、治理体系创新、治理方式变革，为打造宜居、韧性、智慧的国际化大都市，奋力谱写中国式现代化重庆篇章作出新的更大贡献。

关键词： 超大城市现代化治理　大综合一体化　数字重庆

　　城市是高质量发展的重要载体和平台，城市治理现代化是国家治理现代化的题中应有之义。探索超大城市现代化治理新路子，是习近平总书记交给重庆的重大任务，是国家推动治理体系和治理能力现代化的重要着力点。2024年4月，习近平总书记视察重庆时强调，要积极探索超大城市现代化治理新路子，要求建立健全"大综合一体化"城市综合治理体制机制，并首次提出"中国式现代化，民生为大"的重要论断。党的二十届三中全会提出，要推动形成超大特大城市智慧高效治理新体系。市委、市政府坚持问题导向抓调研，坚持对标对表抓落实，先后召开市委六届五次、六次全会，研究明确了"加快打造超大城市现代化治理示范区"的目标。2025年2月，"新春第一会"明确要求，超大城市现代化治理示范区建设要取得突破性进展。重庆以习近平总书记对城市治理的重要论述和视察重庆重要讲话重要指示精神为根本遵循，纵深推进AI赋能超大城市发展、治理、服务，聚焦三级数字化城市运行和治理中心主轴，以实现八大板块全覆盖、"9+2"中心城区一体化能力全面形成为主目标，推动"大综合一体化"治理与三级治理中心线上线下紧密协同、高效互动，率先在全国探索宜居、韧性、智慧的超大城市现代化治理新路子。

一　重庆探索超大城市现代化治理新路子的重要意义

　　超大城市经济地位重要、人口规模巨大、社会结构复杂、风险隐患也比较突出，需要持续推动超大城市现代化治理手段、治理模式创新。国家对超大城市治理高度重视，对探索治理新模式新路径寄予厚望。重庆作为城区集聚人口超过 1000 万的超大城市，及时推动探索城市现代化治理创新实践，具有重要的实践价值和理论意义。

（一）重庆探索超大城市现代化治理新路子，是落实党中央决策和市委部署的重大任务

超大城市不仅人口规模巨大，而且是中国经济增长的核心引擎。超大城市现代化治理不仅关乎城市自身运行，更是对国家宏观发展具有牵一发而动全身的战略影响。习近平总书记强调，"城市是我国经济、政治、文化、社会等方面活动的中心，在党和国家工作全局中具有举足轻重的地位"。党的二十大报告指出，坚持人民城市人民建、人民城市为人民，提高城市规划、建设、治理水平，加快转变超大城市发展方式，实施城市更新行动，加强城市基础设施建设，打造宜居、韧性、智慧城市。党的二十届三中全会进一步细化举措，要求探索建立超大城市综合治理体制机制。

2025 年 2 月，国家把重庆确定为"我国重要的中心城市"之一，表明国家对重庆的定位已经超越了单一的经济功能，而是把重庆置于中国式现代化空间叙事的"坐标系"中。当前，多个国家战略在重庆不断释放制度叠加效应，且重庆拥有全部 31 个制造业大类，为推动产业升级和发展新质生产力提供坚实支撑。重庆位于"一带一路"和长江经济带联结点，具备更好支撑构建内陆开放综合枢纽的空间优势，具有丰富的治理应用场景。

探索超大城市现代化治理新路子，是重庆"奋力谱写中国式现代化新篇章"这一宏大命题的"解方程者"，事关全市 3200 万人的切身利益。全市要切实增强政治自觉、思想自觉、行动自觉，始终把对党绝对忠诚体现到扎实落实习近平总书记、党中央交办的重大任务中去，把坚决拥护"两个确立"、坚决做到"两个维护"落实到具体行动上，锚定习近平总书记视察重庆一周年节点，坚持干字当头、抢抓机遇，奋力推动将探索超大城市现代化治理打造为中国式现代化重庆篇章的首创性标志性成果，确保将"总书记有号令、党中央有部署，重庆见行动"一贯到底。

（二）重庆探索超大城市现代化治理新路子，是满足市民群众对美好生活向往的内在要求

2019 年 11 月，习近平总书记在上海考察时，首次提出"人民城市人民

建，人民城市为人民"的理念。2024年4月，习近平总书记视察重庆时，首次指出"中国式现代化，民生为大"，要求重庆"深入践行人民城市理念"。习近平总书记强调，"推进城市治理，根本目的是提升人民群众获得感、幸福感、安全感。要着力解决人民群众最关心最直接最现实的利益问题，不断提高公共服务均衡化、优质化水平。要构建和谐优美生态环境，把城市建设成为人与人、人与自然和谐共生的美丽家园"。

重庆是我国辖区面积和人口规模巨大的城市，既有超大城市一般特征，又集大城市、大山区、大农村、大库区于一体，具有西部直辖市自身的特点。城市功能过度集聚，城市路网通达性不高，不仅制约重庆城市治理体系和治理能力现代化，更严重影响广大市民宜居宜业宜游。

探索超大城市现代化治理新路子，坚持把深入践行人民城市理念作为做好城市工作的出发点和落脚点，坚定推进以人为核心的城镇化，把人民的需求作为城市治理的追求，把人民的痛点作为城市治理的重点，把人民的感受作为城市治理成效的检验标准，有利于不断满足市民群众对美好生活的向往，有利于在推动超大城市现代化治理中更好地保障和改善民生，有利于进一步提升市民群众获得感、幸福感、安全感和认同感。

（三）重庆探索超大城市现代化治理新路子，是提升城市运行质效和保障城市本质安全的必然选择

提升城市运行质效和保障城市本质安全是相互依存、辩证统一的关系，没有城市运行质效提升的强大支撑，保障城市本质安全就如同纸上谈兵；而不把保障城市本质安全作为基本目标，提升城市运行质效就如同无源之水。超大城市是一个开放复杂的巨系统，伴随自身规模的不断扩张，其对基础设施运行效率、公共服务质量、资源利用率、环境管理质量、经济与社会效益的要求越来越高，时刻考验着城市的运行质效。与此同时，超大城市人口、资本、产业、服务、物流等资源要素流动、互动的节奏越来越快，发生自然灾害、公共卫生事件、社会安全风险的概率不断提高。一旦发生安全事件，极易产生链式反应，引发系统性风险，给人民群众生命财产安全带来极大威胁。

重庆空间特征鲜明，是全球唯一处于平行岭谷中的超大城市，中心城区被"两江""四山"分割为"三大槽谷"，跨江大桥多、穿山隧道多、高层建筑密

度高（100 米以上超高层建筑共 677 栋，中心城区超高层建筑 656 栋）、地下空间复杂，城市管网"长距离、大管径、高压力"，抵御城市重大风险隐患任务艰巨。

探索超大城市现代化治理新路子，有利于推动实现城市平安稳定质效显著跃升、城市安全韧性水平显著跃升，按照"一年重点突破、三年整体提升、五年基本建成"的时序要求，建设"水电气讯路桥隧轨"等基础设施感知资源，构建泛在实时的"物联、数联、智联"三位一体感知网络，推进人工智能赋能超大城市现代化治理，全面建立全时全域全程智能感知、精准管控、高效处置的风险全流程管控体系，确保城市在日常情况下高效运行、极端情况下安全运行，推进平安重庆制度机制更加完善，安全稳定各项指标西部领先、迈入全国前列，推动实现更高水平的平安中国建设西部先行区成色更足。

（四）重庆探索超大城市现代化治理新路子，是为超大城市现代化治理贡献重庆智慧的良好时机

超大城市现代化治理是世界级难题，近年来，伦敦、巴黎、纽约、东京等国外城市，以及上海、北京、天津、深圳等国内城市在城市现代化治理的实践探索中，纷纷把数字技术融入城市治理中，以打造智慧城市为目标，广泛运用物联网、大数据和人工智能等新技术，借助数字赋能有效提升城市管理效率和居民生活质量。

党的二十大以来，重庆牢牢把握"首创性""差别化"，以数字重庆建设为抓手，以探索超大城市现代化治理为目标，以三级治理中心为主抓手、主标识，以党建统领、经济治理、空间治理、社会治理、安全治理、文明治理、绿色治理、公共服务治理"大综合一体化"为牵引，强化组织领导、分类指导、政策扶持、共治共享、效能评估，构建超大城市智慧高效治理新体系，推进市域治理体系和治理能力现代化，取得了具有重庆辨识度的标志性成果。

重庆进一步探索超大城市现代化治理新路子，应充分发挥直辖市行政层级少的扁平化管理优势，从体制机制入手，以系统思维推进超大城市现代化治理，推动城市治理从根本上实现模式创新、方式重塑、结构重构，是破解全球超大城市现代化治理难题的重大探索和战略实践，有利于为中国在全球超大城市治理体系和治理能力现代化上提供重庆方案、贡献重庆智慧，更好以重庆一

域探索实践为全国城乡治理一体化提供新鲜经验，有利于激发谱写中国式现代化重庆篇章的强大动能，加快推动重庆建设全面深化改革先行区，为推进中国式现代化提供坚实支撑，展现重庆作为、体现重庆担当。

二　重庆探索超大城市现代化治理的态势与经验

重庆把超大城市现代化治理作为新重庆建设"牵一发而动全身"的重大任务，高位推动、层层落实，持续推进城市治理体系和治理能力现代化，城市发展空间布局不断优化完善，城乡融合发展步伐加快，城市品质明显提升，城市规划建设治理一体化取得积极进展。

（一）总体态势

1. 城市规建治一体化治理体系基本形成

高位整合国土空间、产业布局、生态保护等规划，明确核心城区、新区、乡村差异化发展路径，有效破解规划"打架"、建设重复、治理碎片化等问题，初步实现"一张蓝图"管全域，城市综合承载力显著提升。

一是强化规划编制一体协同。严格执行《中华人民共和国城乡规划法》的原则和程序，认真落实城市总体规划由本级政府编制、社会公众参与、同级人大常委会审议、上级政府审批的有关规定，优化完善中心城区全域及跨行政区国土空间专项规划"市级统编统审、属地组织实施"机制，迭代"多规合一"国土空间规划图层，加强国土空间用途一体化管制和建设用地指标统筹，推进交通、地下管网、环卫等专项规划空间统筹和落地实施。2024年，重庆历史上第一部"多规合一"的国土空间总体规划获国务院批复，渝西地区一体化国土空间规划出台，区县国土空间规划批复实施，为重庆进一步优化城镇、产业、生态、生活、科技等空间布局奠定了基础。

二是强化城市建设更新一体协同。坚持环境、功能、文化、治理一体推进，加强项目整体谋划，串珠成链、成片拓面，打造综合场景。科学合理制定年度土地储备计划、供应计划，加强建设用地指标统筹，优先保障主导产业、重大项目、重要设施合理用地，优先推出轨道沿线土地上市供应。定期开展城市体检，系统谋划老旧小区改造项目空间布局，建立更新片区方案审查机制和项目成片拓面一体化实施模式，针对谋划的重点片区、重点项目进行穿透式跟踪管理。2024年，重庆城市体检实现市域全覆盖，入选全国城市更新行动示范城市。

三是强化规建治整体协同。加强规划统筹引领作用，发挥建设环节承上启下作用，推动城市运行治理不断向规划、建设前端延伸。推进规划、建设、治理等部门在重大项目前期论证、规划选址、项目方案设计等环节的协作协同，确保项目顺利落地。构建城市管理部门在市政设施规划和建设环节的参与机制、移交使用环节的决定机制、维护管理环节的处置机制，加强建筑风貌、灯光照明、城市管线、公共停车、公共交通等领域统筹管理，促进多种公共交通体系无缝衔接，推动以"智慧停车"为重点的科技创新和以"共享停车"为代表的管理创新，打造"中心城区智能交通应用"，实行高峰时段桥隧错峰通行，建立健全城市设施运行全生命周期闭环管理机制。

2. 城市交通综合治理成效初显

立足"山城+江城"市情特征，持续加强交通基础设施建设，优化路网结构，强化组织管理，发展智慧交通，城市交通运行效率有效提升，交通拥堵状况明显缓解。

一是交通基础设施建设取得重大进展。渝宜高铁重庆段、成渝高速改扩建项目开工建设，成渝中线高铁、渝西高铁等加速推进，渝昆高铁渝宜段、梁开高速、渝武复线高速、高竹新区南北大道等建成通车，成渝交通一体化成势见效。2024年，轨道交通7号线一期全线开工，市郊铁路璧铜线等建成开通，完成轨道站点步行便捷性提升项目13个，轨道交通运营里程达到575公里、日最高客运量突破600万人次。中心城区城市道路通车里程突破6800公里，金凤隧道建成通车，完工片区路网更新项目19个，加密主次支路200公里，城市路网结构进一步优化。江北国际机场第四跑道建成投用，国际（地区）客货运航线恢复至41条，川渝低空目视航线实现首飞。重庆港水运口岸范围扩大，开放万州新田港区、涪陵龙头港区、江津珞璜港区三个港区，重庆港水运口岸成为我国内河最大的铁公水多式联运枢纽港。

二是缓堵促畅取得初步成效。改善交通堵乱点，建立"问题发现—分析会诊—任务交办—验收复盘"交通问题全链条动态闭环治理机制。针对群众

反映强烈的停车难、停车乱问题，深入开展居民社区周边道路停车秩序综合治理，在 85 处老旧小区设置占道停车点、小微停车场、共享停车点，在医院、旅游景区设置 19 处共享停车区域。在中心城区各个交通节点推广运用多车道汇入控制、可变导向车道、共享转换车道等各类新型交通组织措施，启用"绿波带"道路、智能路口、高峰"红波阻流"道路，规范全市 828 条城市道路限速标志设置，对 164 条城市道路实施分车型限速管理。因地制宜在学校周边道路采用单向交通、限时单行等措施，优化周边道路交通组织、提升通行效率；在有条件的 300 所学校周边道路设置限时停车区，引导接送学生车辆即停即走。

三是数字赋能交通管理更加高效。智能交通系统覆盖内环快速路以内主干路网及部分外围组团，建成集智慧大脑、应用平台、基础系统于一体的智能交通系统，RFID 电子车牌技术规模化应用，中心城区交通流量实现精细化管控。建立交通运行态势实时监测机制，推广视频快处、警保联动等措施，提升交通事件的主动发现率，减少交通事故对交通拥堵的影响。推动停车资源数字化管理，建立全市统一的智慧停车管理平台"渝畅停"，试点开展路内停车智能化管理，提升停车治理效能。创新推出"渝运安"数字应用，构建安全风险感知预警、决策处置、监督评价、复盘改进闭环工作体系，"一码"感知人、车安全状态，"一图"掌控企业、区县安全态势，"一单"串联运输全过程，实现驾押人员、运输车辆和运输企业全覆盖，隐患解除率达 99.8%，企业隐患整改时间平均缩短到 1.5 天、整改时效提升 80%。

3. 安全韧性城市建设稳步推进

运用数字孪生技术归集"神经网络"大数据，补齐城市运行和治理短板，提升城市运行安全韧性水平，重庆安全稳定多项指标西部领先、居全国前列，群众安全感达到 98.82%。

一是聚集"统"，建立平急结合运转机制。"平"时由市安委会、市防减救灾委统筹指挥、监督检查，各专项安全办公室（指挥部）日常调度、指导协调；"急"时成立相关突发事件专项应急指挥部，统一指挥、调度协调，确保高效应对。全市应急管理部门综合优势、相关部门和有关方面专业优势"珠联璧合"，共同筑牢"防"和"救"的责任链条，积极构建具有强大适应性和"防抗救"能力的安全韧性城市新格局。横向相关行业部门设置安全内设机构，实现日常监管全覆盖，将安全责任压实到"最后一米"。

二是聚焦"防"，健全城市安全预防体系。完善安全风险闭环管控机制，推进安全生产治本攻坚、防灾减灾救灾固本强基三年行动，推行城市治理风险清单管理。强化城市生命线工程综合治理，推进"水电气讯路桥隧轨"数字化管理。全量归集中心城区供水、排水、燃气、油气长输管线数据，矢量化率达100%，城市安全底座基础不断夯实。深化社会治安防控体系建设，实行街面三级巡防处一体化模式，打造由社区民警、网格员、最小应急单元、群防群治力量组成的社区警务团队，完善派出所控面、交巡警巡线、特警队快处、机训队补位、武警联勤联动的大巡防格局。深化道路交通事故预防"减量控大"，全市连续12年未发生重特大道路交通事故。

三是聚焦"救"，完善"全灾种、大安全"应急管理体系。在全国率先出台《重庆市专业应急救援队伍建设管理办法》，组建"1+13+42+N"应急救援队伍体系，基本实现航空救援1小时、地面救援30分钟、群防员10分钟到达现场的救援处置布局，确保城市运行风险日常情况下高效管控、极端情况下安全可控。2024年，全市有效应对18轮强降水和42天连晴特重高温天气，城市防灾减灾救灾能力显著增强。

4. 行政执法一体化治理持续深化

聚焦执法队伍、事项、监管、监督、平台五个"关键变量"，在全国创新性探索推进行政执法"大综合一体化"体制改革和数智化创新，聚力实现执法效能提升、营商环境优化、群众满意度提高等多重目标，为超大城市现代化治理提供坚实执法保障。

一是推动行政执法事项与队伍整体重塑。对全市50个行业（领域）11084项执法事项实现全覆盖清单式管理，累计向7支综合执法队伍划转1026项执法事项，执法事项综合率达71.9%。梳理"三高两易"赋权执法事项，切实解决基层"看得见、管不着"的难题。市和区县保留城市管理、市场监管等7支综合行政执法队伍，撤销卫生健康、规划和自然资源等领域共275支执法队伍（市级6支、区县269支），执法队伍整体精简51%，实现执法资源优化配置，1031个镇街统一设立综合执法大队，形成"7+1"综合执法队伍新架构。出台《重庆市乡镇（街道）"一支队伍管执法"办法》，率先在全国省级层面联合赋予镇街对下沉人员的考核权、调度权，推动区县

行政执法队伍以派驻、包片等方式下沉执法力量，做实做强"一支队伍管执法"，夯实基层行政执法力量。按照"岗前培训+在岗培训+离岗教育"模式，分级分类开展全员轮训。

二是推进行政执法监管与监督机制创新。推行联动执法，整合跨部门、跨层级、多频次检查内容，2024年，全市减少入企执法上万次，降低检查频次20%以上。出台《重庆市大综合一体化行政执法条例》，从体制架构、事项授权、协同执法与监管、投诉举报处理首问负责制等关键环节与重点领域，构建起完整的制度框架。出台《重庆市规范行政处罚裁量权办法》，2024年推动50个行业（领域）制定或修订裁量基准，实现行政处罚裁量基准100%全覆盖，推动城市管理、市场监管等15个领域出台234项"一免两轻"执法事项。健全行政执法全链条监督体系，建立执法效能评价、案卷评查、专项检查等监督机制，落实行政执法"三项制度"，完善"民呼我为""12345""渝快办"等投诉举报信息平台信息共享协作监督机制。

三是搭建数字平台强化数字赋能。打造全市统一的"执法+监督"数字应用，覆盖市、县、乡三级3512个执法机构，集成行政检查、处罚办案、执法监督三大功能，实现行政执法全程网办，在全国率先实现镇街综合行政执法裁量基准智能匹配。打造"信用+执法"综合场景，打通信用系统与专业执法、综合执法一体关联，在"9+2"中心城区全面铺开分级分类监管。探索建立行业领域风险评价模型，落地实施"风险+信用"综合监管。谋划纠纷调解"数智化"布局，打造集"信息汇聚流转、案件派发办理、质量过程监管、监测分析预警"等功能于一体的"重庆调解在线"应用平台，以AI辅助赋能跑出矛盾纠纷多元调解"加速度"。当事人申请纠纷调解时间由半天缩短至5分钟，调解办案时长平均缩短50%以上。

5.城市公共服务高效供给取得积极进展

强化数字化赋能、政策创新、基础设施建设，推动城市公共服务高效供给，持续增进民生福祉，显著提升市民的获得感、幸福感。

一是社会保险服务能力不断增强。持续开展社保扩面提质专项行动，探索建立城乡居民基本养老保险缴费筹资、待遇水平双提升机制，全面实施个人养老金制度，社会保障体系不断健全和完善。2024年，城乡养老保险参保率稳定在97%以上，基本医疗保险参保率达98.2%，社会保障卡实现一卡多用、川渝互通；城乡社区居家养老服务实现全覆盖，三级养老服务网络基本建成，"一老一小"得到更多关爱；城乡低保群体、残疾人等困难群众基本生活救助保障标准稳步提升；退役军人服务保障体系全新构建，服务保障能力进一步提升。优化养老金资格"静默认证"等事项好办易办智办服务，提升城乡居民医保等高频事项材料共享率，推动医检互认、公安"情指行"、智慧医保等数字化应用贯通实用。推动"社会·渝悦·智慧医保"接入"渝快办"33个服务事项，智慧云购药服务已覆盖全市所有区县，实现医保基金全流程、全对象、全方位智能监管。

二是公共文化服务效能持续提升。合理布局城市公共文化设施，加快市级重大文化公共设施建设、补齐薄弱地区公共文化服务短板，推动公共文化服务数字化建设，持续开展品牌读书活动、全民艺术普及活动等，覆盖城乡的公共文化服务设施网络基本建成，高质量公共文化服务体系逐步完善。2024年，全市文化馆、图书馆一级馆率分别达到95%、90.7%，分别位列全国第二、第三；建成博物馆141家，其中国家一级博物馆7家；基层综合性文化服务中心覆盖率达到100%，全市所有镇街、村（社区）公共文化服务实现全覆盖，公共文化服务满意度居全国第七。

三是教育公共服务更加普惠可及。积极构建优质均衡的基本公共教育服务体系，推进义务教育学校新建、改扩建，大力改善学校办学条件，合理增加基础教育学位供给，推进教育资源向渝东南、渝东北地区倾斜，城乡教育持续均衡发展、教育质量得到稳步提升，教育公共服务普惠性持续增强。2024年，学前教育普惠率达到95.2%，义务教育课后服务实现有需求学生全覆盖，义务教育基本均衡发展区县实现全覆盖；中小学学区制管理、集团化办学学校覆盖率超过80%；优质高中资源覆盖率达75%。公共数据与教育等民生服务深度融合，已上线教育入学等85件"一件事一次办"集成服务。

四是就业更高质量更加充分。大力实施就业优先战略，多渠道促进就业创业。深入实施"稳岗扩岗"工程、重点群体就业帮扶工程等就业工程，深入推进百万高校毕业生等青年留渝来渝就业创业行动计划，扎实推进就业创业各项措施落实，积极关爱新就业群体。2024年，全年城镇调查失业率平均值降为5.3%，新就业形态就业人员职业伤害保障试点覆盖60.6万人，退役军人职业技能培训合格率、就业率均超过90%。

五是卫生健康服务水平持续提升。持续提升医疗服务水平，不断强化基层医疗卫生服务能力，大力改善群众就医服务体验，医疗服务水平得到稳步提升，医疗应急能力持续增强，老年健康服务体系逐步完善。截至2024年底，全市累计建成三甲医院55家、区县域医疗卫生次中心32家，二甲医院实现区县全覆盖；国家医疗应急综合演训中心和紧急医学救援基地建设取得积极进展，智慧急救应用全面上线，建成智慧医院67家、互联网医院86家。首批建设8家老年医院，老年医学科设置比例提前达到国家标准。

6. 城市文明综合治理成效显著

探索"文明+科技""文明+城市功能""文明+文化产业"等深度融合，系统重塑全市精神文明建设格局，改进创新精神文明建设的"四梁八柱"基本搭建，重庆城市文化活力持续焕发，城市综合品质和市民满意度显著提升。

一是城市精神文明建设亮点纷呈。着力"以文化城""以文兴人"，培育弘扬以"坚韧、忠勇、开放、争先"为关键词的重庆城市精神。创新提出"五化四合"思路，探索建立"法治化、规范化、数字化、无感化、常态化"创建机制，推动城市精神文明创建"融合、结合、配合、契合"全市经济社会发展中心工作。高质量完成第七届全国文明城市、文明村镇、文明单位和第三届全国文明家庭、文明校园创建申报推荐工作。15个提名区县顺利、平稳接受全国评估。全面推进平台建设、内容生产、技术革新、机制优化、队伍培养等变革，构建全市统筹的融媒体传播矩阵，"第1眼"新闻客户端入选首批全国广电新媒体联盟。成立重庆市革命文物保护中心，筹建重庆市红色资源宣传教育中心，启动红岩文化公园二期项目建设。实施"春风满巴渝"社会风气提升行动，在中国文明网举办的"文明中国·看重庆"中作为省级典型案例向全国推介。成功推荐全国道德模范候选人9名，获评全国道德模范13人。

二是川渝新时代文明实践"一廊四带"建设成果丰硕。唱好"双城记"，首创"跨省共建"模式，与四川省委宣传部联合开展"巴蜀同脉文明同行"川渝新时代文明实践工作。打造覆盖毗邻30个县（市、区）、2388万人口的"一廊四带"，促进建设川渝毗邻地区精神文明共建示范带、区域经济合作平台、爱国主义教育和国防教育重要基地。川南渝西、川中渝西、川东北渝北、川东北渝东北4条文明实践带推出各具特色的亮点品牌，取得明显成效。

三是"小案小事"成为城市文明治理新切口。聚焦不规范停车、不礼让斑马线、不文明养犬、高空抛物坠物等 10 件人民群众关切、反映强烈的身边"小案小事"，联动 20 个市级部门常态化开展十件"小案小事"治理专项行动；加强宣传引导，在《重庆新闻联播》推出系列报道，在《重庆日报》设置专题专栏，在广场户外屏、轨道交通站点多点投放公益广告；突出数字赋能，促进专项治理有效推进。《人民日报》对重庆"小案小事"治理成效进行大篇幅报道。

7. 共建共治共享基层治理活力彰显

推进"党建扎桩·治理结网"党建统领基层治理现代化改革，创新线上线下"双网格"治理模式，充分发挥街道、社区基础作用，积极引导社会力量广泛参与，有效激发共建共治共享基层治理活力。

一是数字化集成化赋能提升基层智治效能。在全市 1031 个镇街实现实体化运行"141"基层智治体系，围绕镇街主要职能构建党的建设、经济发展、民生服务、平安法治"四板块"，落实镇街"板块+岗位"运行机制，推动镇街职能体系和"141"基层智治体系深度融合，强化镇街跨板块、跨社区、跨层级调度能力，推动镇街、村（社区）、网格三级贯通，实现人房地事物一屏统览、紧急情况一键调度、任务事项一办到底、基层数据一库分析。聚焦基层减负，全域推广"一表通"智能报表系统，通过数据智能抓取、自动填充、统一存放，实现一次采集、填报一体、多方共用，基层填报业务表、数据项分别压减 73%、70%，有效破解"报表繁""报表难"等问题。聚焦社区平台，开发上线"渝邻汇数智社区""警快办"应用，建设社区工作者队伍、"渝里乡商"基层议事协商、村（社区）换届等"一件事"应用，实现社区全貌一图感知、社区工作者一体管理、社区服务一键直享、居民自治一码参与，有效构建社区治理、服务新场景。推出"智慧河长""智慧医保""民呼我为""渝邻汇数智社区"等平台并接入"渝快办""渝快政"，提高基层治理的专业化、精准化和精细化水平。

二是深化新时代"枫桥经验"重庆实践。深入推进"老马带小马"工作室进社区全覆盖，联动镇街和村（社区）"两委"干部、骨干党员、网格员、志愿者和物业人员等力量，落实"网格吹哨、部门报到"问题闭环解决机制，

并在实体网格的基础上建立线上网格，整合线上线下治理资源，推动治理力量有效下沉和高效联动；出台《重庆市矛盾纠纷多元化解促进条例》，制定贯彻新时代"枫桥经验"重点举措，健全社会矛盾纠纷多元化解机制，推动110矛盾纠纷警情对接融入全市社会矛盾纠纷多元化解应用，切实推动各类大事小事、风险隐患得到快速反馈、高效化解。

三是探索城市治理与基层治理协同发展。迭代"城市治理全面融入社区"服务机制，创新打造"党旗红+城管蓝、环卫橙、园林绿、市政黄"等党建品牌，推动行政执法、市政设施、垃圾分类、园林绿化等事项逐步向社区、网格下沉延伸，城管、自管、共管协同发力。2024年，完成"城管进社区"试点建设，把"城管进社区"与社区更新、小微空间更新结合起来，聚焦老旧小区、学校、医院、商圈等四类区域，增加小微停车场泊位。

四是以民生需求为引领传递共建共享治理温度。引领带动"三新"（新经济组织、新社会组织、新就业群体）融入基层治理实践。创新"渝新融治"专项行动，出台新就业群体融入基层治理9条具体措施和关爱新就业群体15条措施，全市域推进"友好镇街"建设，发布"小哥来了"应用并接入"渝快办"和美团平台，建成"暖新阵地"5811个，并发布"暖新地图"，引导3.27万名新就业形态劳动者担任社区兼职网格员。围绕建设"15分钟高品质生活服务圈"，以党群服务中心为基本阵地，打造"渝邻汇"社区综合服务体，精准服务"一老一小"等重点人群，推动居住、托育、养老、医疗、就业等服务一站集成、便捷易享，让社区成为群众"家门口"的温馨港湾。深化"专业社工+志愿服务"，培树"渝善渝美"市域志愿服务品牌，建立"10类常备+N支特色"志愿服务队伍，实施"渝邻有爱"系列活动，多样化、专业化、精细化服务群众。

8.城乡一体治理统筹推进

学习运用"千万工程"经验，推动城乡公共基础设施、公共服务、公共管理一体化发展，推动城市治理经验成果向农村延伸应用，构建城乡一体的综合治理新格局。

一是深化监测帮扶机制守牢"防止返贫"底线。构建完善防止返贫致贫立体监测体系，迭代升级"防止返贫大数据监测平台+万名监测信息员队伍+渝防贫App"立体监测网络，"一户一策"精准帮扶监测对象4.3万户13万人，动态清零"三保障"及饮水安全保障问题。重庆市坚持"四个聚焦"高质量巩固拓展脱贫攻坚成果同乡村振兴有效衔接的做法被中共中央办公厅刊载。2024年，推进防止返贫就业攻坚行动，培育劳务品牌131个，帮扶产业覆盖90%以上的脱贫户和监测户。

二是加快建设巴渝和美乡村。构建村庄规划分类治理机制，将全市行政村（含涉农社区）重新划分为重点规划、特色规划、稳定发展、自然收缩四种类型，灵活选择村庄规划编制方式，服务巴渝和美乡村不同建设需要。开展村庄规划统筹引领巴渝和美乡村建设试点，打造12个村庄规划典型案例。建成传统村落集中连片保护利用示范县2个，创建巴蜀美丽庭院示范片15个，巴渝和美乡村达标覆盖率达到30%以上，文明乡风建设取得实效。农村低收入群体危房改造动态清零，农村卫生厕所普及率、生活垃圾和污水治理率分别达到87.8%、100%、75%。首批国家农村黑臭水体治理试点任务圆满完成，54个水体全部完成治理，消除黑臭面积30余万平方米，10万余群众受益。

三是不断推进数字乡村建设。构建"1+4+4+N"数字"三农"体系，建设1个"渝农大脑"，夯实农地"一张图"、农信"一本账"、农事"一张网"、农品"一码通"4个基础，打造"四千行动"核心业务数字应用，推动"长江治渔""渝耕保·巴渝良田""渝悦·防返贫"等N个应用场景落地。上线全国首张乡村文化地图——"巴渝农耕文化数字一张图"，汇聚全市农耕文化遗产点位近1000个，形成配套信息2000余条。由市政府与中国联通集团共同组建的乡村振兴（重庆）数字产业研究院正式揭牌。2024年，全市数字乡村发展总体水平达43%，稳定保持西部第一。

四是持续增强乡村治理效能。依托"141"基层智治体系，不断夯实村（社区）网格，社区民警进村居"'两委'班子、'一村一辅'"实现全市覆盖，制定村（社区）工作准入事项管理办法，打造"渝里乡商""渝里乡约"工作品牌，"互联网+政务服务"、智慧人居环境治理、"互联网+教育"、远程医疗、智慧养老、线上公共法律与社会救助等新基建、新服务加快向乡村延伸，为乡村居民生产生活带来智慧便利。"小院家"智治平台被纳入首批接入城市运行和治理中心存量特色应用清单，入选全国数字乡村试点优秀案例。在全国率先开展县乡村公共服务一体化试点，已有九龙坡、綦江、云阳等10个

区县推进试点工作。持续开展"渝悦养老"行动，健全区县、镇街、村（社区）三级养老服务网络，推动乡镇敬老院公建民营改革。

（二）经验做法

1. 创新超大城市现代化治理工作体系，构建"大综合一体化"城市综合治理体制机制

充分发挥直辖市扁平化管理优势，创造性探索城市治理体系重构、能力重塑，基本构建起"大综合一体化"城市综合治理体制机制。

一是建立高位统筹领导体系。市委设立重庆市城市治理委员会，市委书记、市长任委员会"双主任"，构建起管用、实战的城市治理"大脑中枢"，着力推动城市治理重大改革、重大项目，协调解决重大问题。组织召开两次城市治理委员会会议，高位推动重庆超大城市现代化治理示范区建设。制定一系列政策文件，搭建起推动重庆超大城市现代化治理示范区建设的"四梁八柱"。

二是完善城市治理工作体系。设立重庆市城市治理委员会办公室，实行实体化运行、常态化调度，负责城市治理工作的统筹协调、区县指导和督查评估。全市41个区县组建城市治理委员会，"9+2"中心城区、渝西片区、渝东新城率先实现全覆盖。迭代由10个强相关部门组成的办公室专班2.0版，设立综合统筹、中心城区指导、督查评估3个工作组。全市基本形成横向到边、一贯到底、上下贯通的城市治理工作体系。

三是探索建立"大综合一体化"城市综合治理体制机制。明确将中心城区作为"大综合一体化"体制机制改革的探路先锋、重点区域，积极推进平台一体化运行、数据一体化归集共享、应用一体化开发贯通实战、工作体系一体化重塑、应急调度一体化响应执行。

四是构建党建统领城市治理体系。建立健全党建统领"885"工作体系，实现党建统领全域工作有力牵引、有形覆盖和有效推进，在全国率先实现省域基层治理体系整体重构。

五是强化智力支撑和交流互动。设立首席数字官和专家委员会，形成首批80余名涵盖人工智能、大数据分析、韧性城市、基层治理等多个领域的专家库。整合组建重庆市城市治理研究院。成功承办全国第二届"10+N"城市管理局局长联席会议暨超大城市现代化治理专题会，深化与北京、上海、杭州等城市互学互鉴，"大综合一体化"城市综合治理获新华社等央媒关注。

2. 坚持急用先行，聚焦重点区域领域加速破题增效

针对现有城市治理中跨领域、跨区域、跨层级事项，坚持急用先行，聚焦重点区域、重点领域破题起势，取得了阶段性较好成效。

一是立足市情特征构建分类指导机制。重庆集大山区、大库区、大城区、大农村于一体，城乡二元矛盾突出，区域发展不平衡。基于此，重庆在推进超大城市现代化治理示范区建设中明确提出建立完善分区分类统筹机制。对中心城区强化市级统筹和一体治理，形成市、区县、镇街一贯到底体制机制。对主城新区加强区域统筹，推动配套政策支持、规划空间衔接、基础设施建设、产业错位发展协同联动。对渝东北、渝东南等地区实行市级指导、属地为主的治理政策，鼓励全市各区县因地制宜探索超大城市治理路径。

二是突出重点区域着力推动中心城区"大综合一体化"治理。重庆是直辖体制、省级架构，中心城区相当于省会城市，但缺乏高位调度统筹，条块相对分割。要系统解决这些问题，迫切需要打破行政区划框架，把城市和农村连接起来，将中心城区作为一个整体打造。为此，按照重庆市城市治理委员会第二次会议要求，重庆明确以中心城区建成区为重点，统筹城市结合部，拓展延伸乡镇，协同八大板块及跑道，建立健全与数字重庆建设统筹运行的"大综合一体化"治理体制机制，整体搭建市级统筹、横向协同、纵向贯通的城市综合治理新机制，领跑带动市域城市治理体系和治理能力全面提升。

三是突出重点领域着力推动行政执法、地下综合管线"大综合一体化"治理。行政执法方面，健全城市综合行政执法一体化管理机制，推进行政执法队伍、事项、监管、监督、平台大综合一体化智能化，推动监管执法与信用体系贯通，行政执法事项综合率达71.9%，基层行政执法办案时间平均缩短50%以上，执法后行政复议率低于万分之五、同比下降56%。2024年12月，司法部复函同意在重庆市开展超大城市"大综合一体化"行政执法改革试点。地下综合管线方面，建立"综合管理+行业管理+属地管理"的地下管线一体化治理体系，运用"数字管线"，构建地下综合管网规建治全周期管理和投运营一体化机制。中心城区"四类管线"数字孪生系统加速构建，实战能力不断提升。

3. 深入践行人民城市理念，把实现人民对美好生活的向往作为出发点和落脚点

坚持以人民为中心，问计于民、问需于民，畅通人民群众参与城市治理渠道，接续实施一系列重大民生工程、民心工程，人民群众的获得感、归属感和幸福感显著提升，治理成效初步彰显。

一是聚焦民生痛点提升城市温度。以"小切口"推动"大民生"，将"人民城市"理念融入背街小巷整治、社区微更新等细节。实施老旧小区"微改造+"行动，同步改造提升"一老一小"等社区配套设施。创新公众参与机制，招募市民代表参与社区更新、公园设计等决策，初步形成"政府引导+群众共治"的可持续模式。协同推进新型城镇化和乡村振兴，统筹推动新改建农村公路、新加装农村公路安全护栏、生活垃圾和污水治理等工作。重庆长寿区菩提街道近年围绕6条城市主干道、71个物业小区开展违建整治攻坚，共整治排查违建348处、建筑面积近2万平方米，实现辖区违建治理"条块结合、点线成面"，城区面貌明显改善。

二是完善城市功能提升城市品质。印发中心城区"1+16+3"品质提升方案和"渝城护学""渝城助医"系列方案，统筹解决两江四岸核心区、重点线路，以及窗口区域、网红景点、城市结合部、学校医院周边等重点区域风貌不协同、环境差、停车难、秩序乱等问题。以"15分钟高品质生活服务圈"为牵引，开展现代社区建设试点，完善社区图书馆、食堂、娱乐健身、托育照护等设施设备及服务，推动城市治理重心向街道、社区下沉。重庆沙坪坝区针对辖区内学校和医院周边环境问题，大力开展"沙磁护学""沙磁助医"行动，实施增设临时停靠车位、选用更防滑耐磨的路面材料改造人行道、采用红绿黄三色分区引导行人和电动车分流等一系列改造措施，该区人民医院和树人小学周边道路拥堵、停车难、人车秩序混乱等问题得到明显缓解，受到市民一致好评。

三是建设美丽重庆提升城市颜值。一体推进"九治"，聚力打造山城夜景、山城公园、山城步道等"山城+"品牌。开展水、大气、建筑垃圾等专项治理，强化川渝跨界河流联防联治。突出山城特色，围绕建设山城步道、山城绿道、口袋公园等，促进城市颜值不断提升，网红"山城"更具魅力。如重庆大渡口区2024年利用拆迁后的黄桷大楼市场闲置地块建起占地约2500平方米的黄桷记忆坡地公园，既保留了黄桷树等本土特色植被，又融入了健身步道、休闲广场、儿童游乐园等功能设施，使原本的荒地焕然一新，生态环境显著改善，成为周边居民休闲娱乐、健身锻炼的热门场所，惠及群众约 1.5 万人。

4. 彰显数字赋能，发挥三级治理中心支撑作用

主动适应新一轮科技革命和产业变革新趋势，全面加强数字重庆建设，在全国率先建成投用一体建设、两级管理、三级贯通的公共数据资源体系和市、区县、镇街实体化运行的三级数字化城市运行和治理中心，并将三级治理中心作为推进超大城市现代化治理的主抓手、主标识，提速形成支撑"大综合一体化"的数字实战能力。

一是提升三级治理中心实战能力。建设市域一体的公共数据平台，打造城市时空底座（GIS），成为全国数据直达基层试点省市，数据供需满足率达到95%。推动三级数字化城市运行和治理中心实体化运行，八大板块跑道实现重点领域全覆盖，集成融合指挥调度能力初步形成。建立"平急战"状态下多网融合指挥调度体系，实现高效能多跨协同、高质量挂图作战。优化镇街、村（社区）、网格三级职责任务清单，"一表通"应用实现贯通运行，镇街职能体系与"141"基层智治体系深度融合。

二是建立数字协同共治机制。构建城市治理机构与三级治理中心线上线下协同处置共性问题机制。三级治理中心突出"智"的优势，由三级治理中心通过 AI、复盘提升等方式，梳理城市治理高频事项和共性问题，形成重点问题清单和风险研判书，定期推送至市、区县城市治理办公室。市、区县城市治理办突出"统"的优势，全面整合治理资源，一体推进"多跨"问题解决和重大风险化解，形成与三级治理中心双向反馈、整体共治和融合推进的良性格局。

三是强化 AI 赋能城市治理。制定人工智能赋能城市治理三年行动计划，推动构建城市 AI 治理大模型。加力推动六大系统应用开发，"渝快办""渝快政"服务功能扩容提质，"智慧医保""智慧河长""民呼我为""危岩地灾风险管控""高楼消防""工程渣土治理利用"等一批应用上线实战。建起全国规模最大的"智慧河长"平台，覆盖长江、嘉陵江、乌江等河流，实现对管辖河流的"天上看、云端管、地上查、智慧治"，推动全市河流治理模式从

"人防"逐渐向"智防"转变。在整合 12345 热线和市"互联网+督查"平台的基础上建起政民互动的"民呼我为"平台，利用联通 AI 元景大模型赋能民生诉求综合场景，打造全面监测感知社情民意分析模型，建设集政务咨询、投诉受理、建议收集、监督评价、民意调查、决策辅助、风险评估、紧急救助、信息发布于一体的智能化应用，日均为超 8 万人提供"7×24 小时"人工和智能在线服务，一次性解答率达 90%，能够为相关部门减少办理时长 20% 以上，有效改善了人民群众民生诉求服务体验，切实减轻了基层单位办理负担，提升了党政部门治理能力。

三　重庆探索超大城市现代化治理新路子的形势分析

新一代技术变革、国家战略机遇叠加、新型城镇化建设和城市更新加快推进等为重庆探索超大城市现代化治理带来重大机遇与发展优势，但对照打造宜居、韧性、智慧城市目标，还面临综合治理体制不健全、安全韧性水平不高、公共服务短板突出、城市文明素养不足等瓶颈制约，亟须统筹施策提升城市现代化治理质效。

（一）机遇与优势

1. 全球数字化与智能化浪潮为超大城市现代化治理提供历史机遇

随着 5G、人工智能、元宇宙、物联网、数字孪生等技术的迅速发展，超大城市治理步入智能化、高效化与精细化新阶段。党的二十大以来，国家极为重视数字赋能超大城市现代化治理，相继出台《关于深化智慧城市发展　推进城市全域数字化转型的指导意见》《关于推进新型城市基础设施建设打造韧性城市的意见》等政策文件，对城市数字基础设施建设、精准精细治理、数字公共服务、城市数字数据要素赋能体系等作出全方位部署，为各地推动城市治理加快由"物理空间管理"向"数字生态运营"跃升提供了重要制度供给。作为数字中国建设综合试点省市和全国首批参与数据直达基层试点的省市，重庆是国家"东数西算"工程重要的算力枢纽节点，当前已在全国率先建成投用三级数字化城市运行和治理中心，"141"基层智治体系在全市 1031 个镇街实现实战化运行，正加快建设国家人工智能创新应用先导区，以此为基础，以数智化赋能城市"智理"转型，将进一步彰显"数据—算法—场景—制度"四位一体的发展优势和巨大的变革潜力，在更好满足城市治理多元化需求的同时，让城市治理更智能、更高效、更精准。

2. 我国步入推进国家治理体系和治理能力现代化建设的政策"窗口期"

中国式现代化城市治理旨在充分彰显中国特色社会主义的制度优势，探索形成推动和保障中国式现代化行稳致远的独特新型城市。党的十八大以来，习近平总书记对城市治理工作作出系列重要指示批示，为推进城市治理体系和治理能力现代化建设指明方向。党的二十届三中全会提出，坚决破除各方面体制机制弊端，实现改革由局部探索、破冰突围到系统集成、全面深化的转变。重庆是我国辖区面积和人口规模最大的城市，拥有直辖市的扁平化管理体制优势，具备以最大力度、最小代价探索城市"大综合一体化"体制机制改革的条件，为我国率先推进城市现代化治理新路子提供重要试验场。2024年4月，习近平总书记视察重庆时，明确要求重庆建立健全"大综合一体化"城市综合治理体制机制。在此背景下，重庆以全面深化"大综合一体化"体制机制改革为牵引，推动城市治理体系重塑和效能提升，将获得来自国家层面的更多政策支持，面临更加广阔的制度创新空间。

3. 国家战略叠加为重庆推进超大城市现代化治理创造契机

随着我国区域协调发展纵深推进，新时代西部大开发、成渝地区双城经济圈和国家战略腹地建设等重大战略深入实施，将从政策赋能、基础设施与公共服务建设等方面，为重庆在开放合作的城市能级提升场景中探索超大城市现代化治理新路提供多维助力。2024年4月，习近平总书记来渝视察，赋予重庆奋力打造新时代西部大开发重要战略支点、内陆开放综合枢纽"两大定位"，标定了重庆在中国式现代化发展全局中的历史方位，并从战略层面部署了重点任务和重大举措，开辟了重庆城市发展新格局，其战略牵引力、政策推动力和发展支撑力前所未有。党的二十届三中全会审议通过的《中共中央关于进一步全面深化改革、推进中国式现代化的决定》（以下简称《决定》）将"推动成渝地区双城经济圈建设走深走实"继续作为"完善实施区域协调发展战略机制"的重要内容。当前，重庆正以加快建设"六区一高地"为统领，抢抓国家重大生产力布局优化和"两重""两新"建设等政策机遇，构建跨区域

政策协同、产业联动、资源共享体制机制，提质建设成渝地区双城经济圈"三中心一走廊一腹地"，为 AI 赋能超大城市现代化治理优化顶层设计、保障关键要素、提供丰富应用场景。

4. 新型城镇化建设和城市更新持续推进为重庆建设超大城市现代化治理示范区提供支撑

根据城市发展一般规律和发达地区经验，我国将步入城市功能提质升级和城市现代化治理效能提升的关键阶段，相关政策重心更加注重城市内涵的拓展和"质"的大幅提升。党的二十届三中全会《决定》不仅明确了超大城市治理的根本原则，即坚持人民城市人民建、人民城市为人民，还围绕智慧治理体制改革、都市圈同城化、可持续的城市更新模式、地下综合管廊建设和老旧管线改造升级以及强化城市安全韧性等方面提出了更加明确的要求，为超大城市现代化治理探索路径提供了方向导引。2025 年重庆市政府工作报告提出城建"六大攻坚行动"，同时要求迭代城市治理委员会与数字重庆建设双向赋能协同工作机制，健全城市生命线基础设施安全运行保障机制，全域推进"海绵城市"建设等，对深入推进新型城镇化和城市更新作出详细部署，为重庆充分利用国家政策红利，加快建设宜居、韧性、智慧的现代化国际大都市，实现城市治理现代化和高质量发展奠定坚实基础。

（二）困难和挑战

1. 综合治理体制机制不健全

一是部门间协作不足。政府各个部门职能交叉、职能分散、权责不明，信息共享和协作机制不完善，涉及跨行业、跨部门、跨区域的城市问题占比 25% 以上，地下管线分属 8 个行业部门管理，10 条跨区主干道均不同程度存在景观断层、养护统筹不够等跨区治理问题，处理跨部门、跨区域等事务时效率还需提高，需进一步形成工作合力。

二是基层治理体系薄弱。基层治理资金、人才和技术支撑不足，社会力量参与渠道不畅，社区、社会组织、企业等协同治理合力尚未形成，社会组织孵化培育滞后。

三是法治保障和要素配套不足。城市更新对政府资金依存度较大，社会资本占比约 22%，政策保障体系落后于深圳、上海、北京、成都、长沙等地，城市治理缺乏充分的法治保障和资源支持。

四是重点改革亟待加速推进。治理体制尚未实现"统一领导、分级负责、协同高效"，指挥调度机制不健全，分级分类调度、专班运行及跨部门协同机制尚不完善，国土空间规划"一张图"建设还需迭代升级，市、区县、镇街三级的统一地理信息基础服务尚未全覆盖，区域间特别是中心城区与远郊区县之间职责机制存在重叠与空白。

2. 数字化支撑能力有待提升

一是数字化基础设施建设滞后。中心城区虽逐步完善，但渝东南偏远地区的个别区县数字化建设相对滞后，公共服务和城市管理的数字化转型进程不均衡。

二是数据共享难度较大。各行政区和部门之间的数据孤岛现象严重，缺乏有效的信息共享和交流机制，全市政务数据资源目录完整率和部门间数据共享接口标准化率还需进一步提高。

三是三级治理中心感知设备和应用不足。三级治理中心的感知设备总量和接入率还需进一步提升。城市治理问题库建设仍在推进中，三级治理中心在贯通接入城市治理领域高频事件、突出问题及共性诉求方面仍有不足，AI 大模型和线上线下一体化处置亟须突破技术应用层面的瓶颈。

3. 城市安全韧性保障能力较弱

一是基础设施安全稳定运行风险交织叠加。超 20 年老旧燃气管道近 1 万公里，污水集中收集率低于全国均值 5 个百分点。全市桥梁隧道结构复杂，地面塌陷、燃气泄漏、建筑结构失稳及消防隐患等问题相互叠加。

二是防灾减灾基础能力还需进一步增强。中心城区部分区域防洪护岸工程防洪能力达不到 100 年一遇防洪标准。工程建设活动穿山过河、切坡开挖，诱发地质灾害同比上升。

三是社会治理任务繁重。全市专业救援力量分别为北京的 18.9%、上海的 10.4%、广东的 31%，力量配置差距明显，且受工资待遇、发展晋升等因素影响，每年救援队员更替率高达 25%以上。公众安全素养仍存差距，安全意识、自救逃生等安全素养有待提升。

4. 基本公共服务布局不均衡

城乡公共服务差距大。个别偏远区县义务教育阶段生均教育资源投入仅为

中心城区的 42%，农村地区养老机构覆盖率不足 30%，居民面临"看病难、上学难、养老难"等问题。公共服务资源过度集中于中心城区。停车位综合利用率低于 60%，区域性停车难问题仍然存在。中心城区近 56% 的车辆出行均需通过桥梁隧道等组团连接的"咽喉"，中心城区公共服务承载压力过大。

5. 城市文明素质水平有待提升

一是文明创建长效机制不健全。重庆市全国文明城区覆盖率低于北京、上海和天津。文明城市创建存在阶段性突击倾向，公共场所吸烟等问题仍较突出，未形成常态化、可持续的文明培育机制。

二是市民文明意识与行为规范存在差距。部分市民在交通出行、环境维护等方面存在不文明行为，如随意闯红灯、乱扔垃圾、公共场所大声喧哗、高空抛物等现象仍较普遍，与现代城市文明标准存在差距。

三是城乡文明素养发展不均衡。中心城区与远郊区县文明建设投入在一定程度上还存在失衡，2024 年远郊区县公共文化场馆人均服务经费仅为中心城区的 53%，农村地区"新时代文明实践站"标准化建设达标率不足 60%。部分居民对公共设施保护意识薄弱，部分区县的乡村居民破坏绿化、涂鸦公共建筑等行为频发。

四 重庆探索超大城市现代化治理新路子的对策建议

继续深入践行人民城市理念，锚定"打造超大城市现代化治理示范区"目标任务，强化稳进增效、除险固安、改革突破、惠民强企的工作导向，坚持边学边干、边干边总结，不断完善知识体系、话语体系、理论体系，推动城市运行和治理体制机制变革重塑，加快实现超大城市现代化治理能力新跃升，让城市功能更完善、环境更宜居、生活更美好。

（一）加快构建中心城区"大综合一体化"城市综合治理新体制新机制

1. 加快形成中心城区一体联动、整体智治的新格局

一是构建全域协同治理体系。强化城市治理委员会统筹作用，推动规划、建设、运行协同治理，加快构建市与区县高效联动机制。强化"9+2"中心城

区协同联动，聚焦三级治理中心核心功能，加快区县、镇街驾驶舱全面衔接贯通、一体建设，提升机制协同、联合调度、统一行动水平，增强一体化实战能力。深化中心城区一体化治理，探索建立"市管重点、跨区统筹，属地为主、镇街为基础"的治理机制。开发"渝智治"综合管理平台，整合 28 个市级部门业务系统数据资源，基于 GIS 系统开展可视化城市治理。建立跨区域应急响应联动机制，编制突发事件联合处置预案库。

二是深化数字赋能城市治理。迭代建设国土空间数据综合信息系统 2.0，深化实景建设，完成建成区全要素数字化建模。构建"城市大脑+行业小脑+区域节点"三级智能中枢体系。实施"万物互联"工程，布设百万级智能感知终端网络，加强"水电气讯路桥隧轨"等设施感知资源建设，加快构建泛在实时的"物联、数联、智联"三位一体感知网络。深入实施人工智能赋能超大城市现代化治理三年行动计划，重点突破交通拥堵预测等应用场景。

三是完善基础设施共建共享。编制交通、能源、信息、物流等网络融合专项规划，建立重大基础设施项目联合审批"绿色通道"，推行跨区域基础设施建管养一体化模式。

2. 推动城市规划建设运营治理深度融合

一是创新规划统筹机制。以专项规划为基础构建"多规合一"专题图。推行重大项目要素保障提前服务机制，实施全生命周期管理。组建城市规划专家委员会，建立重大项目规划公示听证制度。实施城市设计全覆盖工程，建立重点区域城市设计导则。

二是强化全周期闭环管理。以国土空间信息平台为基础，开发规建管一体化信息平台，实现项目全流程电子化监管。建立重大项目后评估机制，实行"规划—建设—运营"跟踪问效。推行"EPC+O"模式（设计施工运营一体化），试点 30 个示范项目。建立城市基础设施"健康档案"，实施动态监测预警。

三是推进重点领域协同发展。建设长江经济带绿色发展示范区，打造"两江四岸"生态廊道。构建"源网荷储"一体化能源互联网，建设智慧能源枢纽。发展"平急两用"公共设施，改造 100 处以上应急避难场所。

3. 深入推进行政执法一体化改革

一是推动运行机制重塑。推动 7 支综合行政执法队伍建立市级统筹机制，

在"9+2"中心城区实现执法业务统一管理、制度统一执行、计划统一实施、力量统一调度。持续集成综合行政执法场景，推动跨区域、跨部门、跨层级行政执法一体联动，切实解决超大城市治理难题。完善全市综合行政执法机构联席会议机制、执法监督会商机制等，为行政执法统筹推进、联动协商搭好平台。细化行政执法裁量权适用规则，推动柔性执法机制落实。统筹推行行政检查年度计划管理机制，全面推广"综合查一次"组团式执法。

二是持续深化管执协同。在执法事项划入和划出部门之间、镇街与赋权的区县部门之间普遍建立完善管执协同工作的具体措施和工作方案，推动市级各综合行政执法部门全面出台本领域管执协同细则，实现管执协同全覆盖。进一步完善会商协作、投诉举报、线索移送、信息共享等工作规则，提升协作配合水平。

三是持续强化数字赋能。迭代升级"执法+监督"数字应用，一体推进执法要素支撑、监管实战、三级贯通、智慧辅助等能力。提速推进全市执法部门入驻使用，力争到2025年底，数字应用入驻使用率达100%。拓展AI赋能"信用+执法"综合场景，健全完善市级统建的"风险+信用"功能模块。完善全市统一的执法对象库以及执法行为码、执法对象码等功能，全面规范涉企监管执法活动。

4. 持续开展中心城区品质风貌提升行动

一是实施城市颜值提升工程。开展"山水之城"立体绿化行动，推进中心城区全域环境综合治理，实施93条重点线路、窗口区域、43个网红景点综合治理提升。实施"两江四岸"夜景提升计划，打造10公里光影长廊。

二是推进"金角银边"微更新，活化利用100处闲置空间。开展"城市家具"美化行动，统一五大类街道设施风格。办好流动摊贩潮汐摊位、"渝城护学"、"渝城助医"、口袋公园等便民服务项目。

三是推进城市更新攻坚行动。开展老旧小区"四改三治"（改水电气、改管网、改消防、改环境，治违建、治乱停、治乱贴）。实施历史文化街区"修旧如旧"保护工程，活化利用50处以上文物建筑。建设"完整社区"试点，打造20个15分钟生活圈样板。

四是深化文脉传承工程。建立"巴渝文化基因库"，数字化保护100项非遗项目。实施"城市记忆"工程，建设抗战遗址等3条文化步道。开展"母城复兴"计划，修复18个传统风貌区。举办"山水之城"国际设计双年展，提升城市文化影响力。

（二）全面建成贯通实战的三级治理中心

1. 加快提升三级治理中心实战能力

一是强化基础治理能力建设。健全市域一体部署、三级贯通的公共数据平台，融合贯通一体化智能化公共数据平台和三级治理中心平台，一体化迭代升级市、区县、镇街治理中心驾驶舱，在区、街道、社区三级治理中心部署完善智能感知设备（如摄像头、环境传感器、物联终端），增强突发事件实时监测与预警能力。

二是完善多部门协同应急响应机制。依托感知网络实时数据共享，优化跨部门应急指挥流程，建立健全各级治理中心内多部门协同工作机制。优化应急指挥体系，提高突发事件的响应速度和处置效率，减少事件对市民生活的负面影响。

三是推动"人才+技术"双轮驱动。实施人才引进与技术创新并行的战略，出台"智治菁英"培养计划，与重庆高校共建城市治理学院，开设"大数据治理""应急指挥仿真"等特色课程，加强治理人员的专业培训和技术素养提升。

2. 建立健全数字协同共治机制

一是形成全面的数字化重庆治理基本能力。健全一体化智能化公共数据平台，强化AI赋能，构建"一朵云、一张网、一组库、一本账"高效运转机制。完善三级治理中心能力、实战和制度体系，打通"八大板块"核心功能，优化关键绩效与城市运行体征指标，突出中心城区先行先试，不断丰富执法清单、执法目录、执法对象、数字化平台等核心要素，更好实现挂图作战、一屏掌控、一键到达，提升多跨协同实战能效和执法质效。提升多跨协同实战能力，放大"141"基层智治体系效能，持续推动市带区县、区县带镇街协同联动发展格局。

二是构建多方参与的共治格局。推动政府主导，社会组织、企业、居民多方参与的数字治理模式，确保各类社会力量在数字治理体系中发挥积极作用。建立社会各界协同治理的数字化平台，形成全社会共同推动城市治理的良好局面。

三是加强数据互联互通与智能应用。加速大数据、人工智能技术的深度应用，确保各类治理中心能够实时获取并分析海量数据。强化不同部门之间的数据共享与协作，形成城市治理的数字化合力，提升治理中心的精准决策和响应能力，推动智能治理的全面实施。

3. 全力推进人工智能赋能超大城市治理

一是推动人工智能在公共安全领域的应用。加大人工智能技术在城市公共安全领域的应用力度，提升治安防控精准度。实施智能化公共安全管理，在重点区域部署 AI 视觉感知设备，结合热力图分析、行为识别技术，实现治安事件智能预判，提升安全保障能力。

二是优化交通治理与智能调度系统。应用人工智能技术对城市交通进行智能化调度与管理，通过交通流量预测、路径优化等技术，提升交通效率，缓解城市交通拥堵问题。通过 AI 算法分析交通流量、天气变化、公共事件等因素，提前调配交通资源，确保交通畅通。

三是推广"智慧巡查"模式。结合人工智能和传感器技术，利用"智慧巡查"系统，实时监控城市运行状况，及时发现并解决城市管理中存在的问题。通过智能传感器和大数据分析平台，实现城市环境的实时监控，确保城市治理工作的精准性和高效性。

（三）大力巩固提升城市本质安全水平

1. 严格安全风险闭环管控

一是建立风险闭环管控机制。聚焦风险管控、隐患整治、应急处置三个环节，建立完善责任到人、精准研判、分级管控、监测预警、隐患排查、隐患治理、应急准备、处置救援等 8 项制度，实现城市安全风险闭环管控。

二是强化风险源头管控。建成自然灾害风险基础数据库，开展韧性城市国土空间专项规划编制。强化高危项目立项咨询评估，落实建设项目安全设施"三同时"制度。开展城市重要基础设施、人员密集场所等项目规划建设灾害危险性评估，强化灾害风险避让和灾害防范。

三是强化风险智能监测预警。探索建立城市安全风险体征指标体系和风险评估模型，迭代拓面"城市治理风险清单管理"试点成果，强化重点场所、重点设施、重点要素、重要活动的智能监测预警。

2. 加强事故灾害应急保障

一是完善应急预案体系。修订突发事件应急预案管理实施办法，开发预案管理信息系统，加强预案衔接和全过程管理。制定应急预案编制与管理指南，构建镇街、村（社区）应急预案编制参考模板，推动预案情景化、简明化、图表化、流程化。

二是完善应急救援队伍体系。加强应急指挥、应急救援、支持保障三类队伍和"常专群"三支救援力量建设。加强各级应急物资储备库（点）建设，健全应急物资储备管理与处置更新轮换机制。

三是完善救灾救助体系。健全自然灾害救助资金年度预算预拨机制，落实应急期、过渡期救助和冬春、旱灾生活救助以及因灾遇难人员家属抚慰、倒房重建和维修加固补助政策，及时足额发放到户到人。

3. 加强应急管理数字赋能

一是加强数字应急智能化场景建设。建立事故灾害分析模型库，推动系列数字应用实战实效，提升事故灾害模型分析、模拟推演和智能决策能力。迭代升级小流域应用场景，提升小流域山洪地灾风险预警管控能力。

二是加强应急智慧指挥体系建设。搭建空天地一体化态势侦测和感知平台，构建应急救援 AR 实景数字化战场。基于视联网建成"卫星+370MHz+自组网"应急通信网络，全面配备卫星、北斗和 370MHz 通信终端设备，提升"断路、断网、断电"情况下应急指挥能力。

三是加强科技基础支撑能力建设。推动大规模设备更新和消费品以旧换新，加快化工老旧装置更新改造，淘汰落后工艺及设备。开展安全生产新型实用技术、工艺和装备设备评选推广活动。

（四）加快补齐民生服务短板

1. 打造高品质优质生活服务圈

一是聚焦"民呼我为"完善 15 分钟生活圈。以群众急难愁盼问题为切入点，统筹推进教育、医疗、休闲等公共服务设施补短板，重点破解交通拥堵、停车难等"大城市病"。实施中心城区缓堵促畅行动，优化公交优先路网，新增智慧停车泊位，推广轨道 P+R 停车场与共享停车模式，推进形成"有位、有序、共治、共享"的停车管理新格局。加快社区周边公共服务设施建设，实施中心城区缓堵促畅攻坚行动，全面推动"15分钟高品质生活服务圈"建设，提升居民的生活便利性和服务质量。

二是推动社区服务数字化转型。建设集服务预约、诉求反馈、信息共享等功能于一体的"线上+线下"服务平台，实现群众需求精准响应。加大社区智慧化改造投入，推广智能垃圾分类、噪声监测、污水排放实时监管等数字化场景，提升环境治理效能。拓展"云上社区"服务场景，让数字技术融入养老托幼、健康管理等民生领域，打造便捷高效的现代生活模式。

三是开展环境突出问题"小切口"综合整治。系统推进污水管网改造，强化建筑垃圾资源化利用，补齐市政设施短板。针对老旧小区、背街小巷等区域，实施噪声污染专项治理，完善生活污水集中收集系统。推广绿色低碳设施，以"微更新"推动人居环境品质提升，形成可持续的精细化治理格局。

2. 推动公共服务均衡布局

一是加大对基础性公共服务的投入。推动中心城区优质学校与远郊区县薄弱学校结对共建。推进"三甲医院+区县医院+乡镇卫生院"医联体建设，实现远程诊疗服务基层全覆盖。坚持"民呼我为"，及时解决城市治理共性问题和人民群众共性需求，紧盯"一老一小"等重点群体，推进公共服务优质共享，健全"一老一小"服务体系。优化城乡交通网络，加快"四好农村路"建设，构建"轨道+公交+慢行"绿色出行体系。

二是创新数字化赋能机制。建设全市统一的公共服务数字孪生平台，通过物联网实时监测偏远地区学校、医院、养老机构运行状态，动态调配资源。同步开展"数字素养提升行动"，为农村地区培训数字化协管员，破解基层公共服务"最后一公里"落地难题。

三是健全精准化社会保障网络。聚焦"病残孤老"特殊群体，建立社会保障动态监测平台，运用大数据识别未参保人员，定向开通医疗养老"免申即享"服务通道。推动城乡居民基本医疗、养老、住房等社会保障体系完善与普及，健全精准化社会保障体系，提高民生保障的公平性和均衡性。

3. 打造城乡社区治理共同体

一是推动"共治共享"理念落实落地。不断提升"141"基层智治体系实战效能，深化新时代"枫桥经验"重庆实践，健全社会力量、社会组织参与基层治理机制，更好实现多跨协同、量化闭环、整体智治，确保城市治理各项工作一贯到底。优化镇街职能运行体系，推动治理资源向基层下沉，迭代"城市治理进社区"，鼓励居民参与自我管理、自我服务、互帮互助等活动，提升社区治理水平。

二是构建城乡融合治理网络。健全城乡要素双向流动机制，推动基础设施互联、公共服务互通、治理经验互鉴，打造10类城乡结对共建项目库，促进治理资源全域统筹与优势互补。

三是迭代推动社区治理与数据化管理。强化党建统领，发挥"885"工作机制作用，加强社区工作综合评价，用好示范创建方式，鼓励基层首创，总结提炼最佳实践。实施社区治理数字化赋能行动，搭建"一库四平台"智能管理系统，持续推进"一标三实"基础信息采集应用深度融入基层智治平台，深化人口、设施、事件等数据归集共享，构建网格事件智能分拨处置闭环，实现民生服务精准施策与治理效能可视化监测，为社区居民提供更加精准、高效的公共服务。

（五）推动文明城市建设

1.深化精神文明建设改革举措

一是满足市民精神文化需求。以"巴渝故事汇""山城艺术季""红岩精神巡展""长江非遗大赏""渝州戏曲节"等品牌文化活动为载体，增强市民的文化认同与归属感。推动社会主义核心价值观融入日常生活、融入社会治理、融入文化建设，健全红岩文化育人体系，培育城市人文精神。加强社区文化设施建设，鼓励市民广泛参与精神文明建设，营造崇德向善的社会文化氛围。深化"春风满巴渝"社会风气提升行动，推动移风易俗，提升城乡文明治理水平。

二是强化法治教育与社会责任建设。构建"法治+诚信+责任"三位一体的宣传教育体系，通过"线上+线下"的方式深化普法宣传和道德实践。线上依托政务服务平台开设法治课堂，推广以案释法短视频和情景剧；线下打造法治文化主题公园、社区法治长廊等阵地，开展"法律进万家"活动。

三是建立多维度的精神文明评价体系。通过评选表彰"文明单位""文明家庭""最美志愿者"等先进典型，营造比学赶超的良好氛围。将精神文明建

设成效纳入区县、部门年度考核指标，明确量化标准，推动文明培育、实践、创建联动机制落地见效。发挥评价结果的导向作用，定期发布精神文明建设"红黑榜"，激励社会各界积极参与文明创建。

2. 加强文明宣传教育

一是利用现代传媒平台广泛宣传文明理念。依托抖音、微信等新媒体平台以及政府官方网站，策划推出文明城市创建专题宣传活动，制作发布贴近群众生活的短视频、公益广告等内容，扩大文明理念的社会覆盖面和影响力。

二是加大文明行为的宣传力度。通过各类宣传活动，强化文明行为的教育与普及，使文明成为全社会共同的价值追求。利用政府网站、电视广播、社区活动等多种渠道，提升市民的社会责任感，促进形成全社会共同参与、人人争做文明市民的良好氛围。

三是提升市民参与感。搭建"云端议事厅"线上互动平台，畅通市民建言献策渠道，线下定期举办"社区文明提案日""文明积分挑战赛"等活动，激发市民参与文明建设的积极性，构建政府引导与群众自治良性互动的工作机制，形成全社会共建共治共享的文明创建格局。

3. 开展文明实践活动

一是推动社区文明实践活动。积极推动各社区开展文明实践活动，鼓励市民参与环保、公共秩序、志愿服务等社会公益活动，提升市民的责任感与集体荣誉感，推动社会和谐与文明进步。

二是开展"文明城市"主题活动。在全市范围内开展以"文明城市"主题为核心的系列活动，大力弘扬传承红岩精神，深入推进文明创建工作，组织各类文化活动，增强市民的文化认同感与归属感，提高城市整体的文明素质。

三是鼓励开展志愿服务与社会公益活动。倡导市民积极参与志愿服务和社会公益活动，通过志愿者的力量推动社会公益事业发展，提高市民的社会责任感。

参考文献

习近平：《关于〈中共中央关于进一步全面深化改革、推进中国式现代化的决定〉

的说明》，《求是》2024 年第 16 期。

中共中央党史和文献研究院编《习近平关于城市工作论述摘编》，中央文献出版社，2023。

《习近平在重庆考察时强调　进一步全面深化改革开放　不断谱写中国式现代化重庆篇章　蔡奇陪同考察》，《人民日报》2024 年 4 月 25 日。

《聚焦建设"五个中心"重要使命　加快建成社会主义现代化国际大都市》，《人民日报》2023 年 12 月 4 日。

《中共中央关于进一步全面深化改革　推进中国式现代化的决定》，人民出版社，2024。

专题篇

B.2
迈向"大综合一体化":超大城市
现代化治理新路子的实践探索

重庆市城市治理委员会办公室课题组*

摘　要:　"大综合一体化"是城市治理理论的迭代升级,揭示超大城市现代化治理的重要发展趋势。超大城市治理面临统筹力度不够、精细化水平不高、"大城市病"突出等挑战,"大综合一体化"治理可以有效应对这些挑战。"大综合一体化"强调治理资源的整合、治理流程的重塑、治理方式的重构,要求创新治理工作体系、发挥数字技术支撑作用、聚焦重点区域领域率先破题。重庆着力推进规划建设治理一体化、城市交通综合治理、安全韧性城市建设、行政执法一体化等急用先行领域的治理探索,为超大城市走向现代化治理提供新思路、新启发。

关键词:　超大城市治理　大综合一体化　数字赋能

---

* 执笔人:周振涛,重庆市城市治理委员会办公室干部。

随着全球城市化进程的加速，超大城市作为政治、经济、文化、科技的中心，其现代化治理问题日益复杂化和多样化。传统的城市管理方式已难以应对这些新挑战，城市治理理论也正在经历从单一管理向综合治理的转变。这一转变不仅涉及治理手段和治理技术的革新，更是治理理念和治理思路的变迁。2024 年 4 月，习近平总书记视察重庆时，要求重庆积极探索超大城市现代化治理新路子，建立健全"大综合一体化"城市综合治理体制机制，让城市治理更智能、更高效、更精准。"大综合一体化"作为一种新兴的城市治理理念，揭示了超大城市现代化治理的重要发展趋势。"大综合一体化"理念的提出，旨在通过整合城市治理的各类资源，重塑治理流程、重构治理方式，进而实现超大城市治理的整体协同和区域一体。通过"大综合一体化"综合治理，超大城市能够更好地应对复杂的经济、社会和环境问题，有效缓解交通拥堵、环境恶化、秩序混乱等"大城市病"，提高超大城市现代化治理水平，不断提升市民群众的获得感、幸福感、安全感。

一　超大城市现代化治理面临的突出问题

超大城市具有巨大规模经济效应和人口聚集效应，是国家现代化进程的强大引擎。然而，超大城市治理形势仍较为严峻，存在一些突出问题。

（一）超大城市治理统筹力度不够

超大城市治理碎片化问题较为突出，不少城市在系统、协同治理上做得不够，难以应对超大城市本身的复杂性，一些部门各自为政，难以形成治理合力。横向上看，城市治理各个部门职能分离、条块分割的现象仍较为常见，统筹协调机制不健全，治理缺位、越位、不到位的现象较为明显。规划、建设和治理脱节现象较为普遍，部分城市治理主体职能交叉、权责不清。重庆地下管线分属多个行业部门管理，涉及跨行业、跨部门的城市问题占比较高，尚未形成一体协同的地下管线综合治理体制机制。纵向上看，层级职责尚未完全理顺，一些重点项目、跨区设施没有统筹管理，城市不同区域规划、建设、管理、执法标准不一致。重庆中心城区城市结合部综合治理体制机制不够健全，市政基础设施、城市"家具"体量大，管理部门多，规划标准统一难，城市

品质系统提升任重道远，跨区主干道存在景观断层、养护统筹不够等治理问题。

（二）超大城市治理精细化水平有待提升

进入新时代以来，市民群众对安全宜居环境、便捷高效公共服务的期待越来越高，对超大城市精细化治理能力提出新的要求和挑战，但超大城市治理的整体性、精准性和细致性不足。具体表现在：一是市民群众对美好生活的向往对城市治理提出更高期待。随着人民生活水平的提高，市民群众愈加关注城市功能品质的提升，同时社会人口结构变化、新就业群体规模扩大、区域差异较大等，对城市治理的要求从"有没有"上升为"精不精"。二是绿色低碳发展对城市治理提出更高要求。我国生态文明建设仍然处于爬坡上坎阶段，超大城市人口资源环境矛盾依然突出，必须转变发展模式，转变生产生活方式，通过精细的城市治理建设资源节约型和环境友好型城市。三是科技创新带来城市治理方法、工具和手段的迭代升级。大数据、人工智能等技术应用大大提升了城市治理的靶向性以及应对复杂问题的能力，也改变了原有的治理理念、方法和模式。要精准把握数字化、智能化、绿色化发展趋势，持续丰富前沿科技在超大城市治理领域的应用场景。

（三）"大城市病"制约宜居宜业宜行

超大城市人口和功能过度集聚，教育、医疗、养老等优质公共服务普遍集中在主城区，容易滋生"大城市病"，导致安全风险隐患。一方面，城市人居环境品质不高。随着城市空间蔓延和人口规模膨胀，城市综合承载和公共服务压力增大，交通拥堵、环境污染、设施不足等"大城市病"凸显，许多老城区功能品质下降，城乡结合部、城中村等区域环境脏乱、公共空间不足等问题未得到根治。重庆公共服务硬件水平和均衡性仍有待提升，基础教育在区域和城乡之间呈现明显的差异，基层医疗卫生机构"小、散、弱"现象仍然存在。另一方面，城市运行安全韧性承载力不足。超大城市桥梁隧道多、高层建筑密度高、地下空间复杂，对城市安全稳定运行提出较大挑战。超大城市逐渐进入存量风险不断爆发和增量风险持续涌现的"叠加期"，基础设施生命线安全事故易发，应对自然灾害和群体性事件的风险预警与应急处置能力还不够强，城市面临各类自然风险时表现仍较为脆弱。重庆城市基础设施更新改造欠账较多,城市安全风险辨识和监测预警能力还不足,"水电气讯路桥隧轨"数字化管理率还不够高,韧性城市建设仍需持续推进。

二 "大综合一体化"城市综合治理的内涵要义

超大城市现代化治理的形势仍较为严峻,面临治理风险挑战和治理能力要求,存在许多客观上的治理难题,迈向"大综合一体化"城市综合治理是一种有效的破题之道,可以让超大城市治理变得更加全面、系统、高效。

(一)"大综合一体化"概念解析

"大综合一体化"这一概念最先出现在浙江省"大综合一体化"行政执法改革中,其用于行政执法领域,是为了强调行政执法事项的集中化与流程的一体化。2024年4月,习近平总书记视察重庆时将"大综合一体化"的概念拓展到城市治理领域,要求重庆建立健全"大综合一体化"城市综合治理体制机制。解析"大综合一体化"概念,需要明确其内涵特征与外延边界,先分别就"大综合"和"一体化"的含义进行解读,再整合形成"大综合一体化"的内涵,最后界定"大综合一体化"治理的外延边界。

"大综合"主要是从治理内容和治理职能的维度,对以往"城市综合管理"理念的再丰富、再延伸,加大统的力度、扩大管理幅度,将安全韧性、社会民生、交通治理、精神文明、生态建设等纳入超大城市治理的范畴中,推动传统意义上的市政维护、公用事业、环境卫生,向经济、政治、文化、社会、生态、安全等多维度、多体系、多目标的集成治理转变,增强城市运行治理的系统性、整体性和协同性。"一体化"主要是从治理流程和治理方式的维度,针对条块分割、结构松散、各自为政等问题,对城市治理关键流程进行体制性、系统性、结构性功能重构,打破传统城市管理中存在的行政、技术壁垒,优化治理资源配置,集中治理资源解决多跨复合问题,推动跨部门、跨层级条块贯通、上下联动、无缝衔接,实现城市治理从条块分割向整体协同转变、由城乡分离向城乡一体转变。"大综合一体化"主要是以解决治理资源碎片化、职能分散、协同度低等问题为导向,运用数智赋能,系统整合集成各类

治理事项、治理业务、治理资源，以全过程、全空间、全要素、全周期治理的体系性重构，促进部门间、区域间、层级间一体联动，构建职责更清晰、运行更顺畅、治理更高效的城市综合治理新格局。

"大综合一体化"理念应用于超大城市治理领域，是存在一定外延边界的，尤其要处理好两对关系。一是"大综合一体化"治理与经济发展的关系。"大综合一体化"治理与经济发展是相辅相成的，更好的治理为经济发展提供更优的环境，扎实的经济本底为"大综合一体化"治理提供物质技术保障，但"大综合一体化"治理更多的是优化存量而非发展增量，侧重对城市结构功能进行调整完善而非发动增长机器。二是"大综合一体化"治理与数字城市建设的关系。"大综合一体化"治理与数字城市建设是双向赋能的，"大综合一体化"治理可以借助数字工具变得更加精准高效，数字工具也可以丰富自身的应用场景，但是"大综合一体化"治理更强调的是数字工具赋能而非单纯的数字能力建设，着重突出数字工具应用到超大城市治理的具体场景中。

（二）"大综合一体化"城市综合治理的核心要义

"大综合一体化"城市综合治理体制机制内涵丰富，涵盖超大城市治理的诸多领域，对治理方式也提出很多新的要求，其核心要义包括创新工作体系、强化数字支撑和聚焦重点区域领域三个方面。

1. 创新超大城市综合治理工作体系

"大综合一体化"城市综合治理体制机制的建立，要求变革组织架构、加强统筹调度。统筹协调机构是推进超大城市治理工作的"指挥棒"，重点负责超大城市治理的综合统筹、集中指导和督察考核，着力推动城市治理重大改革、重大项目，协调解决城市运行过程中发生的重大问题、重大风险，进而形成横向到边、一贯到底、上下贯通的超大城市治理工作体系。在统筹机构之外，超大城市治理相应板块牵头单位可以组建工作专班，实现日常统筹实体化运行，通过联席会议、督促检查、效能评估等方式，形成超大城市治理综合统筹调度的"最大合力"。

"大综合一体化"治理要求超大城市各区域实现一体协同，必须强化对各区域的统筹指导。要推动完善体制架构，加快构建市与区县高效联动治理机制，聚焦解决城市治理中的重大共性问题和市民反映突出问题，围绕城市公共空间环境顽疾治理，开展专项整治任务，推动任务落图、打表推进，共同孵化、总结推广具有首创性、差异化、辨识度的典型案例和经验做法，整体提升城市治理效能。此外，还需完善"大综合一体化"治理智力支撑体系，为城市治理体制机制变革提供理论指导，在超大城市治理统筹机构框架下，可设立城市治理专家委员会，形成涵盖人工智能、大数据分析、韧性城市、基层治理等多个领域的专家库，构建起超大城市整体智治的支撑体系。

2. 发挥数字技术对超大城市治理的支撑作用

"大综合一体化"将城市当作一个整体来治理，要求建立一体化治理流程，流动的数据是"城市的血液"，数字技术对"大综合一体化"治理起到关键支撑作用，数字化城市治理中心是实现"大综合一体化"治理的重要抓手。要建成实战贯通的数字化城市治理中心，加强超大城市治理数字底座建设，构建算力存储、通信传输、数据要素和数字资源高效运转机制。全面提升应用贯通实战能力，实现城市治理各大板块全面覆盖，加快实现关键核心指标体系、城市体征指标体系等监测预警全域感知、全量监测、全时呈现，对城市精准"体检"、实时"画像"。

超大城市治理与数字城市建设可以双向赋能、协同推进，要积极建立城市治理统筹机构与数字化治理中心协同机制，努力形成超大城市现代化"智"理合力。一方面，充分运用数字手段发现解决共性问题，由数字化城市治理中心建立城市治理全量问题库，梳理高频事项和共性问题，形成重点问题清单，推送至城市治理统筹机构。另一方面，构建线上线下主动发现问题、分级分类、高效处置机制，加快推动问题解决，完善城市治理效能评估体系，统筹机构定期向数字化城市治理中心推送优化建议，协同形成数字赋能超大城市治理基本能力。

人工智能（Artificial Intelligence，AI）是当下数字技术的重要方向、鲜明标识，需要强化 AI 赋能"大综合一体化"城市综合治理。AI 可以监测、识别、派送城市风险点位和市民日常需求，是实现"大综合一体化"城市综合治理的重要帮手。要积极探索 AI 赋能超大城市治理综合应用场景，面向城市治理共性需求，开展应急动员、社会治理、设施运行、生产生活服务等方面的垂直大模型训练，推动构建城市 AI 治理大模型。依托城市本土产业优势孵化智能体矩阵，在政务服务、交通出行、监管巡检、风险防控等领域可率先形成

一批标志性成果。

3. 聚焦重点区域、重要领域率先实现"大综合一体化"

超大城市是一个复杂的巨系统,"大综合一体化"治理工作应找准方向。主城区是超大城市的核心区域,集聚人口、资源、经济、事件等治理对象,是城市问题和风险的高频易发地,也是最能体现"大综合一体化"治理效能的区域。"大综合一体化"治理迫切需要打破主城行政区划框架,把主城各辖区连接起来,将其作为一个整体来治理。在超大城市主城区率先建立"大综合一体化"城市综合治理体制机制,需要构建市与主城各区一贯到底、高效协同的联动机制,以主城建成区为重点,统筹城市结合部,拓展延伸乡镇,整体搭建"市级统筹、横向协同、纵向贯通"的城市综合治理新机制。

"大综合一体化"治理覆盖范围十分广泛,城市治理资源相对有限,需要秉持"急用先行"和"惠民有感"的原则,综合考虑治理内容的可行性、效益性、时效性后,选择重要领域率先实现"大综合一体化"治理。当前,有四个亟待实现"大综合一体化"的城市治理领域,分别是规建治协同、交通治理、安全韧性、行政执法。这四个领域与市民群众切身利益紧密相关,是超大城市治理工作的重要内容。规划建设治理分离、交通出行拥堵、安全韧性不足、执法标准不一是城市治理过程中较为常见的问题,不同部门分头治理难以达到最优效果,亟须重塑治理流程、再造治理体系,是"大综合一体化"治理可以率先破题的重点领域。

三 探索"大综合一体化"城市综合治理的重庆实践

重庆作为中心城区集聚人口超过1000万的超大城市,率先开展"大综合一体化"城市综合治理探索,具有重要的理论创新和实践示范价值。重庆积极建立健全"大综合一体化"城市综合治理体制机制,聚焦加快建设超大城市现代化治理示范区的总体目标,把三级数字化城市运行和治理中心作为重要抓手、鲜明标识,将中心城区作为"大综合一体化"体制机制改革的探路先锋、重点区域,突出抓好城市规划建设治理一体化、城市交通综合治理、安全韧性城市建设、行政执法一体化、城市公共服务高效供给、城市文明综合治理、共建共治共享基层治理和城乡一体治理等重点任务。重庆在规划建设治理一体化、交通综合治理、安全韧性城市建设、行政执法一体化等急用先行领域的探索，可以为超大城市走向现代化治理提供新思路、新启发。

（一）着力推进城市规划建设治理一体化

党的二十届三中全会指出，要全面提高城乡规划、建设、治理融合水平，深化城市建设、运营、治理体制改革。重庆认真贯彻落实党中央重要会议精神，着力提升城市规划建设治理一体化水平。一是创新规划建设治理全链条协同机制。构建国土空间"多规合一"、建设"论证反馈"、治理"关口前置"的城市运行新模式。强化市区共建，中心城区范围内跨区域协同项目优先采取市区共建模式推进。从全域环境治理、"15分钟高品质生活服务圈"建设、城市"微改造"等小切口逐步提升规划建设治理协同水平。二是推动中心城区一体化更新。形成规划指导建设、建设反馈规划的双向互动机制，健全基础设施项目投融资机制，探索市区共建、区建市补、市代区筹模式创新。建立城市体检与城市更新一体化推进机制，在全国率先开展全域城市体检，形成中心城区城市更新存量资源"一张图"。三是推进城市运营维护一体管控。构建城市治理向规划、建设前端延伸和建设移交与运营维护衔接机制，建立中心城区道路分级管控机制。实施"渝城护学"校园周边高质量育人环境和"渝城助医"医院周边环境攻坚提升行动，推动中心城区全域环境治理。

（二）全面提升城市交通综合治理效能

交通拥堵、出行困难是超大城市治理面临的普遍难题，重庆践行以人民为中心的发展思想，加快构建中心城区缓堵促畅综合治理新机制。把握城市运行机动化、城市治理系统化、交通管理智能化的新趋势，紧紧围绕"提升道路交通高峰小时车速"的目标，优化完善交通治理综合协调体制机制，建立"问题发现—综合分析—方案研究—任务交办—验收复盘"全链条动态闭环治理机制。一是开展堵乱点小切口治理。聚焦城市老城区、外围新区、学校周边、医院周边、骨架通道、城市门户、旅游景点等N个治理场景，利用大数据识别分析，梳理中心城区拥堵区域和点位，统筹开展治理方案的制订和实施，采取交通组织优化、停车管理、步行提升、公交港湾改造、车道扩容等治理手段，实施一批"投入小、见效快"的堵乱点治理项目。二是加快数字

赋能交通治理。完善中心城区道路交通智能管理应用和重庆市交通综合信息平台，提高交通运行实时分析、智慧研判、辅助决策、智能调度水平。加快推进"政务·城市交通规划智治"开发建设，谋划问题收集、症结研判、精准治理和实施跟踪场景，推动 AI 赋能城市交通综合治理，支撑城市交通规划系统治理、源头治理、智能治理。三是强化停车综合治理。以"民呼我为"群众投诉事项为重点，滚动摸排掌握违停问题突出区域路段，加强"违停阻路、违停扰序、有库不入"等问题综合治理。推进小微停车场和错时共享车位建设，推进老旧居民小区停车综合治理。加快推进市级重点应用智慧停车"渝畅停"建设，实现停车信息查询、停车诱导、停车换乘、泊位共享等功能。

（三）奋力夯实安全韧性城市底线

安全韧性是超大城市治理工作的重要内容，也是"大综合一体化"城市综合治理需要重点实现的目标。聚焦超大城市安全韧性的"一体化"管控目标，重庆从风险预防、数字管线、应急保障三个方面开展行动。一是构建城市安全综合预防体系。建立"三控八制"城市安全风险闭环管控机制，聚焦风险管控、隐患整治、应急处置三个环节，建立完善责任到人、精准研判、分级管控、监测预警、隐患排查、隐患治理、应急准备、处置救援等八项制度。建立城市安全风险体征指标体系和风险评估模型，迭代拓面"城市治理风险清单管理"试点成果。二是数治一体推进城市生命线治理。推进新型城市基础设施韧性建设改造，提升城市"水电气讯路桥隧轨"等市政设施数字化管理率，实施智能建造项目。推动超大城市地下管线"大综合一体化"治理机制改革，聚焦燃气、供水、排水、油气长输等四类重点管线，加快归集矢量数据，逐步实现数字孪生技术全覆盖。推进供水全生命周期管理，严格控制城市供水公共管网漏损率，形成城市排水内涝应急能力和复盘工作机制，动态排查整治积水风险隐患。三是完善"全灾种、大安全"应急管理体系。构建小流域山洪、地质灾害等风险防控联动体系，形成高层建筑火灾防控长效机制。组建"1+13+42+N"应急救援队伍体系，加强人员密集场所常态化巡逻防控，确保城市运行风险日常情况下高效管控、极端情况下安全可控。推进应急智慧指挥体系建设，构建空天地一体化态势侦测和感知平台。

（四）加快形成行政执法一体化格局

开展"大综合一体化"行政执法改革，是重庆贯彻落实党的二十届三中全会关于"深化行政执法体制改革"重大决策部署的具体举措。重庆聚焦超大城市现代化治理，体系化推进执法队伍、执法事项、执法监管、执法监督、执法平台五个"大综合一体化"。一是科学配置执法事项。对全市 50 个行业（领域）11084 项执法事项实现全覆盖清单式管理，推动执法事项横向集中、纵向下沉，动态调整市、区两级执法事项，探索建立立法反塑机制。二是整体重塑执法力量。系统构建"7+1"综合执法队伍格局，推动行政执法由"以条为主、各自为政"向"条块结合、整体治理"转变。做实做强镇街"一支队伍管执法"，稳妥推进编制划转。三是创新管执协同机制。重塑行业监管与综合行政执法协同运行机制，实现"执好法、管住事、不扰民"。推行"组团式"执法，整合跨部门、跨层级、多频次检查内容，深化"柔性化"执法。四是健全协调监督体系。建成市、县、乡三级全覆盖行政执法协调监督工作体系，实现行政处罚裁量基准全覆盖，创新县乡一体的法制审核机制，建立行政执法监督员及企业联系点制度。五是加强基本能力建设。开发"执法+监督"数字应用，推动行政执法整体重塑、质效提升。着力建设"专业执法+综合执法"数字化能力，加快推进市、县、乡三级执法部门入驻使用，积极构建 AI 赋能"信用+执法"综合场景应用。

参考文献

刘士林：《人民城市：理论渊源和当代发展》，《南京社会科学》2020 年第 8 期。

李金桃：《建设中国特色新型智慧城市：发展愿景、治理模式、价值取向》，《贵州社会科学》2024 年第 1 期。

王刚、吴嘉莉：《城市韧性：理论渊源、定位张力与逻辑转变》，《南京社会科学》2024 年第 2 期。

王佃利：《城市管理转型与城市治理分析框架》，《中国行政管理》2006 年第 12 期。

赵玲玲：《整体智治：基层治理模式创新的实践逻辑与实现路径——以浙江省"大综合一体化"行政执法改革为例》，《地方治理研究》2023 年第 1 期。

B.3
深入践行人民城市理念
积极探索超大城市现代化治理新路子

刘嗣方 *

摘　要： 人民城市理念作为习近平新时代中国特色社会主义思想在城市建设和城市治理领域的重大理论成果，深刻回答了城市现代化治理依靠谁、为了谁的根本问题，以及建设什么样的现代化城市、怎样建设现代化城市的重大命题，立意高远、内涵丰富、逻辑严密，是推动超大城市现代化治理的根本遵循和行动指南。深入践行人民城市理念，积极探索超大城市现代化治理新路子，是习近平总书记赋予重庆的战略使命。党的二十大以来，重庆紧扣奋力谱写中国式现代化重庆篇章总纲领总遵循，坚持人民城市理念，把握超大城市现代化治理的规律和特点，聚力打造超大城市现代化治理示范区，初步形成了具有重庆辨识度、全国影响力、世界知名度的实践样本，走出了一条符合重庆实际的超大城市现代化治理新路子。新时代新征程上，要坚定不移以习近平总书记关于城市工作重要论述为根本遵循，切实把人民城市理念贯穿到超大城市现代化治理的全过程各方面，不断回应人民群众新要求新期待，解决人民群众反映强烈的突出问题，增强人民群众获得感、幸福感、安全感，推动形成具有中国特色的超大城市现代化治理实践成果、制度成果、理论成果，实现城市治理体系和治理能力现代化，持续将中国特色社会主义制度的显著优势转化为强大治理效能。

关键词： 人民城市理念　超大城市　现代化治理

超大城市是人口、资本、信息和技术等要素广泛聚集、高速流动形成的巨大量级城市，超大城市治理是国家治理的重要组成部分。2024 年 4 月，

---

* 刘嗣方，四川外国语大学党委书记。

习近平总书记在重庆考察时强调，重庆是我国辖区面积和人口规模最大的城市，要深入践行人民城市理念，积极探索超大城市现代化治理新路子。① 人民城市理念深刻回答了超大城市治理工作为了谁、依靠谁的根本问题，以及建设什么样的现代化超大城市、怎样建设现代化超大城市的重大命题，是以人民为中心的发展思想在超大城市现代化治理中的集中体现，是习近平总书记关于城市工作重要论述的重要组成部分，是运用"两个结合"就超大城市现代化治理价值旨归问题作出的科学回答，蕴含着深刻的理论意蕴和丰富的实践内涵，是推动超大城市现代化治理的重要遵循和行动指南。建设现代化新重庆新征程上，我们要精准把握人民城市理念的内涵要义，深刻领悟蕴含其中的理论渊源、实践基础和现实意义，运用好人民城市理念的立场、观点和方法，顺应纷繁复杂的国际国内新形势、新一轮科技革命和产业变革新趋势、高质量发展新要求和人民群众新期待，发挥直辖市扁平化管理体制优势，让人民群众获得感、幸福感、安全感更加充实、更有保障、更可持续，推动形成具有中国特色的超大城市现代化治理实践成果、制度成果、理论成果，实现城市治理体系和治理能力现代化，持续将中国特色社会主义制度的显著优势转化为强大治理效能。

一 人民城市理念的核心要义

进入新时代，习近平总书记深刻洞察城市发展大势和规律，围绕"人民城市"这一重大理论和实践问题发表了一系列重要论述。2015 年 12 月，习近平总书记在中央城市工作会议上提出"城市的核心是人""市民是城市建设、城市发展的主体""坚持人民城市为人民"。② 2019 年 11 月，习近平总书记在上海市考察时，提出"人民城市人民建，人民城市为人民"。③ 2020 年 11 月，习近平总书记在浦东开发开放 30 周年庆祝大会上指出，"提高城

---

① 《进一步全面深化改革开放 不断谱写中国式现代化重庆篇章》，《人民日报》2024 年 4 月 25 日。
② 中共中央党史和文献研究院编《习近平关于城市工作论述摘编》，中央文献出版社，2023，第 8 页。
③ 《深入学习贯彻党的十九届四中全会精神 提高社会主义现代化国际大都市治理能力和水平》，《人民日报》2019 年 11 月 4 日。

市治理现代化水平，开创人民城市建设新局面"。① 2022 年 10 月，习近平总书记在党的二十大报告中强调，"坚持人民城市人民建、人民城市为人民，提高城市规划、建设、治理水平"。② 2023 年 12 月，习近平总书记在上海考察时指出，要全面践行人民城市理念，努力走出一条中国特色超大城市治理现代化的新路。③ 党的二十届三中全会提到，"坚持人民城市人民建、人民城市为人民"。④ 2024 年 11 月，习近平总书记给上海市杨浦区"老杨树宣讲汇"全体同志回信，希望他们"带动更多市民深入践行人民城市理念，积极参与城市建设和治理，共建和谐美丽城市，共创幸福美好生活"。⑤ 习近平总书记关于城市工作重要论述蕴含着城市源于人民、依靠人民、造福人民的理论特质，体现了习近平总书记深厚的人民情怀。人民城市这一重要理念明确了推动城市发展、建设和治理的价值观和方法论，揭示了城市现代化治理的根本目的、价值取向、动力源泉，指明了城市现代化治理的本质属性，彰显了中国共产党的性质宗旨和初心使命。人民城市理念既是在新时代城市现代化建设、发展和治理中凝练形成的，也与习近平总书记在地方从政经历和工作实践密不可分。早在福州工作期间，他在主持编制的《福州市 20 年经济社会发展战略设想》中就明确提出，坚持走"人民城市人民建，建好城市为人民"的路子，之后又不断对这一理念进行丰富和拓展，使其更加完善也更具时代性。人民城市理念内涵丰富、体系完整、逻辑严密，具有很强的思想性、实践性、指导性，需要全面领会、系统把握、贯通落实。

深刻把握蕴含其中的以人民为中心的价值取向。城市是生命体、有机体，人是城市的核心要素；城市治理关键在于处理好人的发展与城市发展之间的关

---

① 习近平：《在浦东开发开放 30 周年庆祝大会上的讲话》，人民出版社，2020，第 10 页。

② 习近平：《高举中国特色社会主义伟大旗帜　为全面建设社会主义现代化国家而团结奋斗——在中国共产党第二十次全国代表大会上的报告》，人民出版社，2022，第 32 页。

③ 《聚焦建设"五个中心"重要使命　加快建成社会主义现代化国际大都市》，《人民日报》2023 年 12 月 4 日。

④ 《中共中央关于进一步全面深化改革　推进中国式现代化的决定》，人民出版社，2024，第 22 页。

⑤ 《坚持人民城市人民建人民城市为人民　共建和谐美丽城市共创幸福美好生活》，《人民日报》2024 年 11 月 5 日。

系。"城市是人民的城市，人民城市为人民。"① 人民城市理念是以人民为中心的发展思想在城市工作中的集中体现。一是要让人民生活得更美好、更方便。古希腊哲学家亚里士多德曾说："人们来到城市，是为了生活。人们居住在城市，是为了生活得更好。"② 习近平总书记视察辽宁时指出，"城市更新要因地制宜，同社区建设结合起来，一切着眼于便民、利民、安民"。③ 城市治理的根本目的是让人民群众在城市中生活得更加美好，要把生活过得好、过得方便作为超大城市现代化治理的目标导向，决不能城市越建越大、越建越漂亮，但居民上学、看病、养老越来越难，群众生活越来越不方便。④ 二是要把最好的资源留给人民。习近平总书记强调，"城市建设必须把让人民宜居安居放在首位，把最好的资源留给人民"。⑤ 超大城市现代化治理要把城市的公共空间优先提供给人民，把最好的资源用于改善民生、提升公共服务、创造宜居环境。三是要突出有温度的治理。习近平总书记指出，"城市不仅要有高度，更要有温度"⑥，"为人民群众提供精细的城市管理和良好的公共服务，是城市工作的重头，不能见物不见人"⑦。一个超大城市不仅要有现代化的硬件设施，也要注重在人性化上下功夫，而不是单纯追求城市规模的扩张和经济的增长。在超大城市的规划、建设、管理中不能只追求物质设施的"高、大、上"，只考虑物的尺度而忽略人的尺度，要让生活在其中的人们感受到关爱、尊重和归属感。

深刻把握蕴含其中的人民主体地位的根本立场。人民在城市中处于主体地位，城市建设发展所取得的一切成就都是由人民群众创造的。一是体现在切合人民意愿。习近平总书记强调，"要坚持广大人民群众在城市建设和发展中的

① 《深入学习贯彻党的十九届四中全会精神　提高社会主义现代化国际大都市治理能力和水平》，《人民日报》2019 年 11 月 4 日。
② 〔古希腊〕亚里士多德：《政治学》，高书文译，九州出版社，2007，第 11 页。
③ 《向全国各族人民致以美好的新春祝福　祝各族人民幸福安康　祝伟大祖国繁荣昌盛》，《人民日报》2025 年 1 月 25 日。
④ 中共中央党史和文献研究院编《习近平关于城市工作论述摘编》，中央文献出版社，2023，第 28 页。
⑤ 习近平：《在浦东开发开放 30 周年庆祝大会上的讲话》，人民出版社，2020，第 10 页。
⑥ 《聚焦建设"五个中心"重要使命　加快建成社会主义现代化国际大都市》，《人民日报》2023 年 12 月 4 日。
⑦ 《习近平著作选读》第一卷，人民出版社，2023，第 413 页。

主体地位"。①超大城市现代化治理涉及的领域多、人口多、诉求多，要设身处地为群众考虑，为人民群众的需求提供更多选择，按照人民意愿、紧扣人民需求来优化治理方式和治理内容。二是体现在尊重人民权利。习近平总书记强调，"市民是城市建设、城市发展的主体。要尊重市民对城市发展决策的知情权、参与权、监督权"。②超大城市治理要让人民了解城市规划、建设和管理，让人民监督城市治理的决策和行动，促进治理的民主化和科学化。习近平总书记还指出，"构建权责明晰、服务为先、管理优化、执法规范、安全有序的城市管理体制，让城市成为人民追求更加美好生活的有力依托"。③超大城市体制改革和执法要求，要秉持人民至上这一根本立场，改革城市管理体制要以人为本，执法活动要坚持执法为民，确保执法活动便捷、规范、高效。三是体现在发挥人民作用。习近平总书记强调，"把全过程人民民主融入城市治理现代化，构建人人参与、人人负责、人人奉献、人人共享的城市治理共同体"。④超大城市涉及人口上千万，更应该让人民群众唱主角，构建起共商共治城市治理新格局。只有推动政府与公众的目标、行动互嵌，建立良性互动的制度体系，形成"人民让城市更美好，城市让人民更幸福"的浓厚氛围和优良环境，才能实现超大城市治理效能的真正价值。

深刻把握蕴含其中的城市建设成果为人民共享的目标导向。习近平总书记明确指出，"推进城市治理，根本目的是提升人民群众获得感、幸福感、安全感"。⑤共享改革发展成果是社会主义的本质要求，也是城市发展的关键。一要体现所有人的共享。习近平总书记指出，"城市人口是由各类不同职业的人口构成的。如果一个城市只要高素质人才，只要白领，不要蓝领，城市社会结构就会失衡"。⑥要为他们提供更有针对性的帮助和支持。超大城市是所有人的城市，包括快递小哥、外来务工人员等在内，任何人都不能被

① 习近平：《在浦东开发开放30周年庆祝大会上的讲话》，人民出版社，2020，第10页。
② 《习近平著作选读》第一卷，人民出版社，2023，第423页。
③ 《习近平：全面贯彻党的十八届五中全会精神　依靠改革为科学发展提供持续动力》，《人民日报》2015年11月10日。
④ 《聚焦建设"五个中心"重要使命　加快建成社会主义现代化国际大都市》，《人民日报》2023年12月4日。
⑤ 习近平：《在浦东开发开放30周年庆祝大会上的讲话》，人民出版社，2020，第11页。
⑥ 《习近平著作选读》第一卷，人民出版社，2023，第408页。

遗忘。城市治理工作要考虑到不同人群的需求，为他们提供更有力的保障和支持、更加温馨的服务，让他们也能在城市中过上幸福、有尊严的生活。二要体现全生命周期的共享。习近平总书记指出，"要把全生命周期管理理念贯穿城市规划、建设、管理全过程各环节"。① 要全方位全周期保障人民健康，孩子、年轻人、老年人等群体是每个人要经历的不同阶段，城市工作贯穿人的全生命周期理念，是对人的最大尊重和关怀。超大城市现代化治理不仅要围绕人民群众生老病死进行精细化治理，确保每个群体都能从中受益，也要贯穿全生命周期理念，以超前规划意识、超强服务能力、超高建设水平，全周期统筹城市规划、设计、建设和运维等各环节，提高城市公共服务的共享水平。

深刻把握蕴含其中的城市治理效果由人民来衡量的评价标准。人民是我们党的工作的最高裁决者和最终评判者，城市发展成果的最终评价者是人民群众。一要让人民作为评判主体。习近平总书记强调，"金杯银杯不如群众口碑，群众说好才是真的好"。② 超大城市现代化治理效果好不好，最终要以人民群众是否满意来衡量。检验超大城市治理工作的成效不能自说自话，不能只是关注"做了什么"，而是要看人民"得到什么"，要看人民权益是否真正得到保障。二要把人的需求作为评判标准。习近平总书记强调，"城市工作做得好不好，老百姓满意不满意，生活方便不方便，城市管理和服务状况是重要评判标准"。③ 超大城市现代化治理要把人的需求作为重要标尺，聚焦人民群众的工作和生活状况，把这些作为制定和调整超大城市现代化治理的最重要依据，更好回应在超大城市中人民对生活品质的新需求。三要把人民满意度作为评价结果。习近平总书记强调，要建立健全考核评价监督问责机制，将城市工作纳入经济社会发展综合评价体系和领导干部政绩考核体系，推广现代绩效管理和服务承诺制度，加快建立城市工作行政问责制度，健全社会公众满意度评

---

① 习近平：《在浦东开发开放 30 周年庆祝大会上的讲话》，人民出版社，2020，第 11 页。
② 《习近平：坚定信心开拓创新真抓实干　团结一心开创富民兴陇新局面》，《人民日报》2019 年 8 月 23 日。
③ 《习近平著作选读》第一卷，人民出版社，2023，第 412 页。

价和第三方考评机制。① 在推进超大城市现代化治理中，要建立人民群众满意度评价机制，畅通民意表达渠道，充分听取人民群众意见建议，树牢正确政绩观，不搞华而不实、违背民意、劳民伤财的"面子工程""形象工程""政绩工程"，让城市治理真正得到人民认可，经得起历史检验。

二 人民城市理念的深刻意涵

超大城市首先是城市，符合一般城市现代化治理的规律、特征和要求。中国特色超大城市不仅限于规模意义上的超大城市概念，更是中国共产党领导的社会主义超大城市，是全体人民共建共治共享的城市。坚持人民城市理念本质上是坚持党的全面领导和以人民为中心的价值取向的高度统一。深入贯彻习近平总书记关于城市工作重要论述，必须深刻领会人民城市理念的本质属性和内在特征，系统把握其理论渊源、政党使命、时代意义、理论建构等方面的丰富内涵和实践要求。

人民城市理念蕴含了历史唯物主义的根本观点。马克思主义认为，人民群众是实现社会变革的决定性力量，是历史的真正创造者和推动者。马克思指出"人不是抽象的蛰居于世界之外的存在物。人就是人的世界，就是国家，社会"②，创立了人民群众是社会历史的主体、是推动社会历史发展真正动力的唯物主义历史观。人民群众通过实践不断改造自然、改造社会、改造主观世界，创造物质财富和精神财富，推动人类社会不断发展进步。习近平总书记强调，"人民是历史的创造者，是决定党和国家前途命运的根本力量"③，人民城市理念体现了唯物史观关于社会存在和社会意识关系问题的基本观点，体现了辩证唯物论和历史唯物论的统一，既有深厚的唯物史观基础，又创造性地将唯物史观娴熟运用于城市发展、建设与治理中，极大丰富和发展了马克思主义关于城市发展、建设和治理的重要思想。人民性是马克思主义的本质属性，人民

① 中共中央党史和文献研究院编《习近平关于城市工作论述摘编》，中央文献出版社，2023，第 84 页。
② 《马克思恩格斯全集》（第三卷），人民出版社，2002，第 199 页。
③ 习近平：《决胜全面建成小康社会 夺取新时代中国特色社会主义伟大胜利——在中国共产党第十九次全国代表大会上的报告》，人民出版社，2017，第 21 页。

的创造性实践是社会发展的不竭动力。人民城市理念深刻揭示了人民在超大城市中处于主体地位,人民群众在城市一切活动中发挥着主要作用,现代城市的根本属性是人民性,即城市属于人民、城市发展为了人民、城市治理依靠人民,体现了关于新时代超大城市现代化治理方面的唯物辩证法与历史唯物论的哲学思维,一针见血地指出了城市是由"社会体系的各个环节"所构成的,是一个能够变化并且经常处于变化过程中的有机体,与马克思的社会有机体思想既一脉相承又与时俱进。

人民城市理念反映了马克思主义政党的性质宗旨。人民立场是中国共产党的根本政治立场。早在延安时期,毛泽东就深刻指出,"为什么人的问题,是一个根本的问题,原则的问题"。① 这集中体现了一个政党的性质和宗旨。中国共产党的根本宗旨是全心全意为人民服务,这既是我们党区别于其他政党的显著标志,也是我们党发展壮大并取得各项事业成功的重要原因,这就决定了我国的城市治理必须坚持以人民为中心,走出一条体现社会主义属性和无产阶级政党宗旨的新路。人民城市理念就是党的性质宗旨在城市治理中的生动体现。超大城市治理是一项复杂的系统工程,抓住人民这个关键,才算是抓住了超大城市治理的根基。超大城市治理是中国共产党领导下的社会主义现代化治理,既遵循城市现代化的一般规律,也有基于本国国情、符合自身实际的中国特色。唯有坚持和加强党的全面领导,才能保证城市治理不改道、不偏离。党的政治领导力为建设人民城市提供了政治保证,从根本上保证超大城市治理的总目标始终是推动城市治理体系和治理能力现代化。党的思想引领力为建设人民城市提供了理论指引,建设人民城市是党的城市建设的总遵循,起着引领超大城市治理方向的作用。党的群众组织力为建设人民城市提供了强劲动力,超大城市的特征是人口的高度流动性、交往的高度即时性和生活的高度公共性,只有党才有这个格局和能力把各方面力量组织起来。党的社会号召力为建设人民城市汇聚了多元力量,从根本上解决了超大城市现代化治理过程中社会资源和力量整合的问题。

人民城市理念顺应了新一轮科技革命和产业变革孕育兴起的蓬勃态势。随着新一轮科技革命和信息技术的浪潮席卷而来,以人工智能、大数据、云计

① 《毛泽东选集》(第三卷),人民出版社,1991,第857页。

算、物联网、区块链、5G、空天地一体网络等为代表的新技术快速迭代升级，在城市现代化治理中发挥越来越重要的作用，不仅提升了城市治理的精细化、科学化和智能化水平，更保障了城市的安全与韧性，为市民提供了更高效、便捷的服务。以人为本，是智慧城市建设的核心。人民城市理念始终立足人民城市为人民，坚持科技为人的正确方向，把满足人民对美好生活的向往作为科技创新的落脚点，把惠民、利民、安民、富民、改善民生作为科技创新的重要方向。科技的发展为解决城市治理和服务中长期存在的堵点痛点提供了新思路、新途径。在完善城市治理制度、体制和机制的基础上，充分发挥物联网、大数据、人工智能等新一代信息技术和先进科学技术在超大城市治理方面的积极作用，打造基于城市信息模型与数字孪生技术、城市级可信信息交换与协作网络、城市情境感知等关键支撑技术的数字化支撑与协同平台，实现城市运行的总体部署、融合决策和科学治理。无论是智慧城市运行管理中心为人民群众提供灾害预警和规避方案，还是打造数字化协同应用场景，科技手段的运用都始终聚焦解决人民群众急难愁盼问题，使城市治理更智慧、更高效、更精准、更便捷、更人性化。

人民城市理念彰显了推进中国式现代化的实践要求。在发展中保障和改善民生是中国式现代化的重大任务。超大城市治理是人民城市理念引领下的城市现代化治理，是国家治理体系和治理能力现代化的重要组成部分。与西方基于个体主义公共性、遵循以资本为中心的物化逻辑、以利益群体分化竞争为推动力的城市治理不同，中国式现代化的中国特色、基本特征和本质要求决定了我国城市治理要走符合国情的中国式现代化道路。人民城市治理涵盖经济、政治、文化、社会、生态文明等各个领域在城市尺度上的深度融合与协同治理。坚持人民至上的经济现代化，把满足人民对美好生活的向往作为经济发展的出发点和落脚点，推动高质量发展，实现创新驱动发展，推动城乡区域协调发展，促进全体人民共同富裕。坚持人民至上的政治现代化，把人民当家作主作为城市治理的根本原则，将全过程人民民主融入城市治理，完善共建共治共享治理制度，健全人民群众参与城市治理的机制，让广大人民群众参与到城市建设和治理中来，构建人人参与、人人负责、人人奉献、人人共享的城市治理共同体。坚持人民至上的社会现代化，把保障和改善民生作为社会发展的根本目的，以民生建设增进人民福祉，从教育、医疗、养老、住房等方面入手为人民创造高品质生活。坚持人民至上的文化现代化，要把满足人民精神文化需求作为文化发展的根本任务，推动文化自信自强，在全社会弘扬践行社会主义核心价值观，传承弘扬城市历史文化和现代城市精神，实现物质文明和精神文明相协调的现代化。坚持人民至上的生态现代化，把生态文明建设放在突出地位，树立绿色发展理念，发展绿色经济、循环经济，加强生态环境保护，实现人与自然和谐共生的现代化。

人民城市理念凸显了应对各种风险挑战的现实需要。当前，世界正处于百年变局加速演进的关键时刻，国际形势波谲云诡、周边环境复杂敏感、改革发展稳定任务艰巨繁重，高科技风险与社会各领域风险交织融合，外部环境和影响因素拥有更多不确定性、不稳定性，城市治理面临的风险呈现更加复杂多元的特征，使人民群众生产生活面临巨大挑战。城市的韧性和安全，是人民城市的基本纬度，建设人民城市就是要充分保障人民群众的生命财产安全，提高城市防范风险和应对化解风险的能力，推进高质量韧性安全城市建设。人民城市理念强调城市本身就是一个复杂的有机生命体，城市和人体一样，在面对自然灾害、突发公共安全事件等风险挑战和压力时，也应具备"免疫力""治愈力""恢复力"，才能保持抗压、弹性适应。践行人民城市理念，在韧性安全城市建设中充分体现以人民为中心的发展思想，以生命安全为核心目标，推动安全理念深入人心，增强市民主动识别、应对风险的能力，实现全民参与城市安全治理的良性循环；以预防为主要核心理念，完善公共安全体系，推动公共安全治理模式向事前预防转型；以新质生产力为核心动能，推动韧性安全关键技术的自主研发与全面应用，将前沿技术融入韧性安全体系。

人民城市理念开创了建构中国超大城市治理自主知识体系的全新范式。人民城市理念彰显了人民性这一马克思主义的本质属性。从学术话语看，人民性是具有中国特色的话语，是我国超大城市治理理论的重要特点。在超大城市现代化治理重大理论和实践问题研究中，要牢牢把握人民性的本质属性，从中提炼出既有中国特色又有世界意义的新概念、新范畴、新表达和新理论。人民城市理念根植于中国式现代化的实践，为中国城市治理领域的学术研究提供了正确指引，也提供了研究和提炼中国城市治理的全景视窗、理解系统和科学方法，具有重要的原创性意义，不仅打破了长期由西方国家掌握的城市治理话语权，而且重构城市叙事，提炼城市理论，形成了新的学术范式，也为其他国家

的城市发展与治理实践提供重要的理论借鉴。人民城市理念贯穿马克思主义立场观点方法，在系统总结党领导城市工作的历史经验和新鲜经验基础上，运用"两个结合"提出了一系列富有时代气息和民族特色的新思想新观点新论断，初步建构了中国超大城市治理的自主知识体系、话语体系、工作体系和能力体系，为全球城市建设和管理贡献了中国智慧和中国方案。同时，中国超大城市治理自主知识体系是开放性的体系，既需要我们在现代化治理实践中不断总结提炼，也需要世界上更多的城市提供鲜活的案例经验，共同推动中国特色超大城市现代化治理学科体系、学术体系、话语体系建构。

三　奋力打造践行人民城市理念的重庆超大城市现代化治理示范区

深入践行人民城市理念，积极探索超大城市现代化治理新路子，是习近平总书记赋予重庆的重大使命任务。重庆要牢固树立以人民为中心的发展思想，切实把人民城市理念贯彻落实到超大城市现代化治理的全过程各方面，把人民城市人民建、人民城市人民治、人民城市为人民有机统一起来，围绕经济建设这个中心工作和高质量发展这个首要任务，实施"大综合一体化"综合治理体制机制改革和数字重庆建设"双轮驱动"，创新人民城市治理思路、模式、手段、方法，统筹推动高质量发展、高品质生活、高效能治理，在人民城市建设上探索新经验，打造践行人民城市理念的实践标杆，让人民群众在超大城市现代化治理中拥有更多获得感、幸福感、安全感。

推动规划、建设、管理一体化，着力改善城市人居环境。树立全链条全周期管理意识，系统优化城镇体系，合理安排生产、生活、生态空间，统筹规划、建设、管理三大环节，强化事前、事中、事后的全过程治理，努力创造宜业、宜居、宜乐、宜游的良好环境。优化区域经济布局和国土空间体系，深化国土空间治理多规合一改革，加强专项空间统筹，完善公共空间规划布局，健全国土空间用途一体管制制度，实现国土空间规划一图统管、重大功能设施一体布局、国土空间用途一体管制、规划实施时序一体协同。推进以人为本的新型城镇化，以"9+2"中心城区一体化为牵引，推动渝西地区高质量一体化发展，加快建设渝东新城，推动渝东北片区绿色发展和渝东南片区文旅融合，增强各区县综合承载能力，进一步提升万州、永川城市副中心和黔江等区域中心城市现代化治理水平。推进新型城市基础设施建设，加快实施城市更新行动，更加关注老旧小区的更新和社区服务的完善，推动城市存量空间的改造提质增效，拓展群众身边的公共服务。高质量建设巴渝和美乡村，深化农村住房建设管理体制改革，形成富有巴渝特色的乡村景观风貌。建立城市设施运行全生命周期闭环管理机制，加强城市交通综合治理，突出交通出行的人性化、便捷化、品质化，加快排水管网建设改造，加强群众身边环境问题综合整治，全面提升城市"规建管运维"多个环节综合处置能力。

扩大基本公共服务供给，着力提高人民群众生活品质。要把保障城乡居民安居乐业作为头等大事，紧扣"补短板、强弱项、兜底线、提品质"，全过程全生命周期提升公共服务水平。推动公共服务高质量发展，提质打造"15 分钟高品质生活服务圈"，优化市场化参与公共服务供给机制，构建全方位、立体化的公共就业服务网络，加快优质教育医疗资源均衡布局，推动社会保障提质扩面，兑现"让全体人民住有所居"的承诺。织牢"一老一小"民生保障网，建设一批社区食堂、老年食堂、托育机构，打造养老托育服务载体，为"一老一小"群体提供精准化、精细化服务。从"小切口"破解群众急难愁盼问题，加快建设小微停车场、小微步道、托育机构、社区医疗站、养老服务站、社区食堂、口袋公园等民生设施，努力破解交通拥堵、停车难等"大城市病"，让人民群众居住更加暖心、出行更加顺心、生活更加舒心。

加快数字重庆建设，构建超大城市智慧高效治理新体系。稳步提升数字重庆基本能力，充分运用大数据、云计算、数字孪生、人工智能等现代信息技术，迭代完善数字重庆"1361"整体架构，提升一体化智能化公共数据平台基础支撑能力，搭建物人融合的全域类脑感知、多跨协同高效的智能决策处置、开放共享的创新生态、安全可靠的数据保障系统，构建城市运行和治理智能中枢，实现三级数字化城市运行和治理中心贯通协同实战，迭代六大应用系统服务治理功能，推动 AI 赋能城市全域数字化转型，让城市治理更智能、更高效、更精准。构建党建引领"141"基层智治体系，优化镇街、村社、网格三级职责任务清单，推动市带区县、区县带镇街、镇街带网格工作联动机制，推动基层急需应用整体贯通、线上线下一体处置，推行"一表通"应用贯通运行，增强便民利民惠民服务能力。将企业群众全生命周期中共性、高频的

"单项事"归集为一批"一件事"，以"渝快办"为总入口，打通部门业务系统，关联"渝快码"，实现"一件事"全程网办，解决反复"交材料""跑大厅"的顽瘴痼疾。编织"物联、数联、智联"三位一体的城市感知网，构建"空—地—人"立体感知体系，突出对高楼消防、燃气管网、供水污水管网、安全生产等风险点和高频事项，加强数据归集分析，进行风险隐患监测预警、快反快处，将安全事故预防在前、处置在先，确保城市在日常情况下高效运行、极端情况下安全运行。

推动城乡精神文明建设，着力丰富人民群众精神文化生活。加快建设新时代文化强市，坚持以政治立魂、精神立德、人文立城、文艺立品、创新立业、变革立制，推动以文化人、以文育人、以文聚人，开展各种人民喜闻乐见的文化活动，不断丰富人民精神文化生活，以高质量文化供给彰显人民城市温度。践行社会主义核心价值观，培育新时代文明新风，推动全市域文明培育、文明实践、文明创建，实施公民道德建设工程，推进大中小学思政课一体化建设，开展"渝见有礼"精神文明教育、"最美重庆人"系列评选，让社会主义核心价值观入脑入心。引导全社会传承、宣介、践行"坚韧、忠勇、开放、争先"的重庆城市精神，让重庆城市精神融入人民群众生活日常，全面提升城市文化自信和精神气质。注重保存历史文化遗迹传统风貌，结合历史传承、区域文化、时代要求，采用微改造的"绣花"功夫，不断融入现代元素，让历史文化和现代生活融为一体。实施文化惠民工程，坚持文化为民、文化惠民、文化悦民，搭建"社区学院""城市书房"等基层文化公共服务平台，实现优质文化资源直达基层，让人民享有高品质文化服务。

健全"大综合一体化"体制机制，着力提升城市治理效能。聚焦城市安全、城市运行、城市服务重点领域，建立健全"大综合一体化"城市综合治理体制机制，努力打造宜居、韧性、智慧治理新样板。要持续完善城市治理组织架构，迭代城市治理和数字重庆建设双向赋能协同工作机制，强化"9+2"中心城区协同联动、整体带动，提升机制协同、联动调度、统一行动水平，形成党委统一领导、党政齐抓共管、全社会协同发力的超大城市现代化治理格局。要健全依法决策体制机制，出台让人民群众服务城市治理重大事项决策的规章政策，把公众参与、专家论证、风险评估等确定为城市重大决策的法定程序。要深化城市管理和执法体制改革，推动专业执法与综合执法相结合，完善行业监管与综合行政执法协同机制，加强执法机构建设，促进执法和信用体系建设有效融合，完善执法目录和执法清单，推动相关执法事项"一件事"集成，针对镇街治理探索"一支队伍管执法""一张清单定权责"，为企业和群众提供优质便利服务。

推动党建引领基层治理，着力打造共建共治共享的城市治理共同体。党的全面领导是人民城市的根本保证和最大优势。要进一步健全党建统领"885"工作机制，坚持区县带镇街、镇街带村社、村社带网格，完善市、区县、镇街、村社、网格组织体系，激发各方力量参与城市治理工作的积极性，推动构建富有活力和效率的新型基层社会治理体系，打通党建统领成果转化为基层治理成效的路径。探索建立党建引领共商共建模式，打造红岩先锋变革型组织，突出抓好新兴领域党的建设，引导新经济组织、新就业群体、新社会组织等参与超大城市治理，健全社会力量参与社会治理体制机制，构建党组织领导的共建共治共享的城乡基层治理格局。要健全矛盾纠纷防范化解机制，深化新时代"枫桥经验"重庆实践，搭建"老马工作法""老杨群工""乡贤评理堂"等平台，通过协商增进共识，以协商共治化解矛盾、维护社会和谐稳定。把全过程人民民主融入城市治理现代化，完善"两代表一委员"等进村社机制，用好"渝事好商量"等平台，打造听民意、察民情、聚民智的"直通车"，创新社会参与治理效能评价机制，不断激发人民群众的主人翁意识。

提升城市安全韧性水平，着力保障人民生命财产安全。要把人民生命安全放在第一位，严格落实本质安全要求，综合考虑韧性安全城市建设资源配置，提高防灾、减灾、救灾和急难险重突发公共事件处置保障能力，有效应对具有极端性、异常性和不确定性的各种风险挑战，确保城市平时正常运行、急时安全可控。提升城市基础设施韧性，积极推进"平急两用"的公共基础设施建设，建立完善的城市基础设施网络系统，加强对全市域城市道路、桥梁、防洪防涝系统、供气供水系统、通信电力系统等的隐患排查。完善地下管网、桥梁隧道等配套物联网智能感知设备，实现对城市生命线运行数据的全面感知、自动采集、监测分析、预警上报，持续提升智慧防范风险的能力。提升城市社会韧性，健全完善公共安全宣传教育和信息发布机制，及时准确发布有关自然灾害、事故灾害、公共卫生事件等重大突发事件，健全应急响应社会动员机制，拓展社会组织和社会公众参与防灾减灾渠道。提升城市管理韧性，建立常态化超大城市体检与预防机制，建设与地下空间相一致的数字空间，绘制"一图统览"数字孪生地图。建成燃气管道、供排水系统等城市设施运行数字孪生系统，提升 AI 赋能支撑能力，提高干线系统供应安全水平，筑牢城市安全运行"生命线"。

B.4
超大城市数智治理与决策智伴研究

吴志强*

摘　要： 本报告探讨了超大城市数智治理的背景、挑战与未来路径。首先，城市规划需从"物质载体"向"文明载体"升级，以支撑国家现代化进程。其次，数字化推动城市治理从信息化（1.0）向数智化（3.0）演进，全球经验表明，数据共享、智能决策和跨部门协作至关重要。重庆的"1361"架构展现了数智治理的探索，但仍面临数据孤岛、基础设施薄弱等挑战。实现城市规划与数智治理协同发展，需强化顶层设计、推动产业升级、完善数据标准、深化数字金融创新，并促进公众参与，以构建高效、安全、可持续的数智城市体系。

关键词： 数智治理　决策智伴　超大城市治理

当今世界正处于百年未有之大变局，中国城市化进程在取得巨大成就的同时，也面临内外部环境的快速变化与多重挑战。从传统的以"增量扩张"为特征的城市规划，向更加注重存量优化、内涵发展的城市规划转变，成为城市治理与城市规划领域的共识。同时，以大数据、云计算、人工智能（AI）和物联网（IoT）为代表的数字技术迅猛发展，为城市规划与城市治理带来了新的机遇与挑战。

在2025年全国城市规划学会工作会议中，多位专家学者围绕"以城市来托举国家现代化""以数智来跨入新文明""以城市全生命认识到城市规划的新使命"等主题展开了深入论述，强调了城市规划不仅是物质空间的塑造者，更是城市文明与人机新文明的创造者与守护者。城市规划工作在中国现代化进

＊ 吴志强，中国工程院院士、瑞典皇家工程科学院外籍院士、德国国家工程科学院外籍院士，同济大学建筑与城市规划学院名誉院长。

程中承担着重要功能，要求规划者具备宏观思维、前瞻意识和人文关怀。

超大城市数智化治理应聚焦超大城市如何通过数字技术与智能化应用来实现治理模式创新、产业升级和公共服务高质量发展。以重庆为例，本报告从国际超大城市数智治理的经验出发，探索了"1361"架构下数字重庆建设的阶段性进展和现实挑战，并提出了针对性策略与政策建议。

一　城市规划与数智治理的时代背景

（一）城市规划的历史使命：支撑中国式现代化

近代以来，中国城市在国家现代化进程中始终扮演着重要角色。从辛亥革命到新中国成立，再到改革开放，现代化的目标始终未改，城市是将"古老文明转型为现代国家"的关键"点状引擎"。在工业化与城镇化的早期阶段，城市规划往往侧重于土地利用、区域布局以及基础设施建设。然而，随着社会经济的快速发展与人民生活水平的提高，城市需求不断变化，传统的规划方式已经难以满足新时代的要求。

要深刻认识到"城市规划是文明的终身呵护者"，城市规划者不仅要解决城市现有的空间问题与基础设施短缺问题，更要以长远眼光把握城市文明演化的规律与潜能。当今中国正从"中高收入国家"向"高收入国家"迈进，城市在提升国家整体竞争力与打造世界级城市群中的作用日益凸显。规划要从"物质载体"转向"文明载体"的高度，要让城市成为中华民族伟大复兴的关键平台，并以城市为主体推动中国式现代化。

（二）数智时代的到来：人机共融的新文明

数字技术的迅猛发展为城市规划与治理提供了颠覆式的变革契机。从最初的信息化（1.0 时代），到数据驱动的协同治理（2.0 时代），再到全方位的数智化转型（3.0 时代），全球超大城市都在利用数字技术重塑城市治理模式。大数据、云计算、物联网以及 AI 技术让城市具有更强的"感知""认知""决策"能力，并逐步走向智慧城市。人机共融所带来的不仅是技术层面的飞跃，也包含伦理、规则、文化等人类文明的新重塑。

在城市发展史上，每一次技术革命都深刻影响了城市的形态与治理逻辑。

面对人机融合的时代前夜，我们需要更深刻地反思：城市规划究竟在塑造什么样的文明？一方面，人类必须在快速迭代的技术浪潮中把握方向；另一方面，机器与算法之间也会衍生新的规则和伦理。作为文明与道德的"孵化器"，城市需要在规划、治理和社会建设的方方面面，提前思考如何让"人机新文明"与"城市人文传统"相融合，从而形成合乎人性与可持续发展的城市形态。这既是对城市规划者专业素养的挑战，更是对城市治理者综合能力的考验。

二 超大城市数智治理的国际与国内经验回顾

（一）国际超大城市数智治理的阶段演进

1. 1.0版本（信息化基础设施建设阶段）

20世纪90年代至本世纪初，主要任务是大规模推广ICT基础设施（如宽带网络、数据中心等），并在政府部门内部建立电子政务平台，初步实现线上办公与数据采集。代表性案例包括英国早期的电子政府建设、纽约市的311市民服务系统，以及日本的"U-Japan"战略。此时的城市治理特点是"单点应用"多，部门间数据割裂明显。

2. 2.0版本（数据驱动的协同治理阶段）

2010年前后，数字技术的普及让政府部门意识到"数据共享"的重要性，开始在交通、医疗、公共安全等领域推行跨部门的数据合作与协同治理。此时，各类"智慧城市"项目开始兴起，并逐步从"碎片化"应用走向"平台化"整合。伦敦的GOV.UK、纽约市对大数据整合的探索、日本《综合数据战略》等，均为此阶段的典型。

3. 3.0版本（数智化转型与高质量发展阶段）

2020年后，云计算、AI、物联网以及5G技术加速渗透城市公共服务、产业经济、社会治理等领域，城市智慧化全面深化。典型做法是整合城市全量数据资源，通过一体化平台实现"一网统管"，并在产业升级、金融创新以及社会服务领域全面应用数智化手段，如日本设立的数字服务厅、伦敦《共建智慧城市》规划、纽约市"人工智能之都"建设愿景等。

（二）国内先进城市的经验与启示

国内许多超大城市，如上海、杭州、深圳等，在数字化转型和智慧城市建设方面已取得显著成效。上海在 2010 年前后开始探索智慧城市，经过十余年努力，已初步形成城市精细化管理体系，并在政务服务、城市安全、医疗等方面进行深入应用。杭州的"城市大脑"项目整合交通、城市管理、公共服务数据，通过 AI 算法赋能城市决策，极大提升了城市治理效率。这些案例表明，数字化不仅提升了城市政府的治理效率，也推动了数字经济与传统产业的深度融合，为城市高质量发展提供了新动能。

三 重庆在超大城市数智治理方面的探索

重庆作为中国中西部唯一的直辖市，地形复杂、区县众多、人口规模庞大，具备典型的超大城市治理特点。近年来，重庆围绕数字重庆建设，通过构建"1361"整体架构，逐步探索在公共数据平台、一体化政务服务以及基层数智治理等方面的实践，展现出较好的成效与发展潜力。

（一）"1361"整体架构及其内涵

1. "1"—— 一体化智能化公共数据平台

重庆在全市范围内搭建统一的数据平台，通过"一朵云""一张网""一组库"实现对云网、数据资源、感知设备等的集中管理和调配。通过"渝快办""渝快政"两端为不同群体提供服务支撑，形成较为完善的公共数据平台体系。

2. "3"——市、区县、乡镇三级城市运行和治理中心

通过在市级和区县层面建设城市运行和治理中心，并在乡镇（街道）设置基层治理中心，构建了自上而下的联动管理体系。重点应用场景包括应急管理、社会治理、便民服务等，提升了部门协同和信息共享能力。

3. "6"——六大应用系统

包含数字党建、数字政务、数字经济、数字社会、数字文化、数字法治六大板块，旨在推动数字化与经济、政治、文化、社会、生态文明建设深度融合。通过在各领域多点创新，形成一批实战性应用项目。

4. "1" —— 基层智治体系

通过"1个基层治理指挥中心+4大板块+1个网格"构架，打通镇街、村社、网格之间的数据壁垒，促进数字重庆建设与基层治理体系改革深度耦合，构建起党建统领、扁平指挥、整体智治的基层治理模式。

（二）取得成果及面临挑战

重庆在"1361"架构下已初步形成数字化政务服务与城市运行监测系统，"渝快办""渝快政"等应用上线后有效增强了公共服务供给能力；"民呼我为""危岩地灾风险管控""高楼消防""工程渣土治理利用"等项目则体现了重庆在应急与精细化治理领域的创新。但与国际先进城市相比，重庆数智治理仍面临一些亟待解决的问题。

1. 数据孤岛与跨部门协同仍有短板

尽管公共数据平台已经初具规模，但在具体操作层面，各区县、各部门之间的数据共享和协同机制尚未完善。特别是在产学研合作、产业数智化赋能以及金融创新等方面的数据联动不足，导致协同治理成效有限。

2. 数字基础设施与产业服务能力存在不足

受区位以及投资成本等因素影响，部分区域感知设备尚未实现全覆盖，工业互联网平台建设起步较晚，高端要素和高端人才的吸引力也有所欠缺。制造业转型升级需要更多智能化研发平台与政策扶持，尚未形成有效闭环。

3. 人才与体制机制瓶颈

数智化需要大量高水平的技术与管理人才，而重庆对国际高端要素的吸引力相比于沿海城市还有差距。此外，一些部门在多跨治理或多跨创新时，仍缺乏清晰的协调机制和制度支撑，造成项目落地滞后或执行效率不高。

四 从城市规划视角看数智治理：关键内涵与新使命

（一）城市规划应扮演的角色

1. 全生命周期视角

城市规划需要从城市的全生命周期视角出发，对城市的成长、成熟、衰老以及再更新进行全过程管理与支持。传统规划往往在城市出现"毛病"后才

介入，而新使命要求规划工作在城市运行的全生命周期都要积极介入，体现"上医治未病"的理念。

2.以"文明创造与守护者"为核心定位

规划不再是单纯的"功能分区"或"空间布局"，而是要站在人类文明新阶段的高度去思考人机关系、伦理规则与社会结构的演化。数字技术将深刻影响未来城市形态与居民行为方式，城市规划师必须提前预判、引领文明的正确方向，把城市塑造为人机和谐的新文明承载体。

3.多学科融合与协同治理

城市规划需要与大数据、人工智能、社会学、经济学等多个学科的知识体系交叉互动。同时，在城市治理体系中，规划不仅要与住建、交通、环保等部门协同，还要与产业发展、教育科研、公共安全、文化旅游等方向的数智治理项目紧密融合，形成一体化的规划治理闭环。

（二）数智治理对城市规划的助力

1.精准决策与科学模拟

在数字技术赋能下，城市规划可以借助大数据平台与智能算法对城市环境、交通流量、人口分布等进行模拟和预测，从而实现更科学、更精细的空间布局。过去以经验或调查为主的规划模式，将被多源数据与机器学习相结合的预测分析所取代，使得规划决策更为精准。

2.促进公共参与和社会共建

数字技术能有效降低公众参与城市规划和治理的门槛，在线意见征集平台、互动式虚拟仿真等方式可以让市民更好地表达诉求，也能让规划师快速采集居民反馈并及时做出优化决策。这不仅有助于提高规划质量，也能增强公共信任与社会凝聚力。

3.践行绿色低碳与韧性城市理念

借助数智手段，城市在能源管理、排放控制、应急管理等方面可以实现更高效率和精细化。通过对城市运行数据的实时监测，规划者可以适时调整城市土地、建筑、交通方式，增强城市面对自然灾害与公共卫生事件的韧性，为城市可持续发展提供坚实保障。

五 面向未来的城市规划与数智治理协同路径

综合上述分析，要在新时代背景下实现城市规划与数智治理的有效结合，进一步提升超大城市乃至各类城市的现代化治理水平，需在以下几个关键领域发力。

（一）以数智赋能制造业与产业升级

1. 打造智能制造创新平台

在重庆的实践成果基础上，政府可成立专门的数智制造研究院或实验室，整合高校、科研机构与龙头企业的资源，推动关键技术的联合攻关。在中小企业层面，通过财政补贴、税收优惠与技术培训等手段，降低企业数字化改造的资金与技术门槛。

2. 建设工业互联网生态体系

数智时代的制造业升级离不开工业互联网平台建设。应支持龙头企业牵头打造行业级、区域级平台，整合供应链上下游数据，提升制造业的柔性生产与协同创新能力。

3. 强化产业布局与数字化规划的融合

产业园区规划、物流枢纽布局与智慧交通体系建设需统筹考虑，对企业空间需求、基础设施承载力进行精细化评估与远景预测，用数智化手段实现空间与产业"共振发展"。

（二）深化产教研融合与人才体系建设

1. 设立产教研融合基金与跨学科联合项目

政府应搭建统一的数字化公共平台，推动高校与企业在数据资源、应用场景方面形成优势互补。可鼓励企业在高校设立联合实验室、研究生培养基地，支持高校科研成果向产业转移。

2. 加强城市规划专业与数智技术的交叉培养

高校在城市规划专业中加入数据科学与人工智能课程，培养既懂规划原理

又能运用智能算法的复合型人才。与此同时，也要在计算机、信息管理等专业中开设城市规划与城市治理方向的课程，提升跨学科互通能力。

3. 强化多层次人才激励与国际要素汇聚

通过完善居住证、户籍、人才公寓、教育医疗等配套保障，在城市核心区域或重点园区吸纳高水平的数智化人才和国际创新资源。面向国际市场和国际合作，主动与国际一流科研机构、知名高校建立联合中心或交流合作机制，进一步开阔人才国际化视野。

（三）构建数智化国际要素与数字营商环境

1. 优化数字营商环境

学习上海、杭州等城市在"一网通办""城市大脑"方面的成熟做法，强化自贸试验区、两江新区等重点区域的线上审批和涉外金融服务能力，加快数字人民币、区块链电子发票等应用场景落地。

2. 鼓励跨境数据流动与国际合作

在确保数据安全与隐私合规的前提下，积极探索跨境数据流动制度创新，为跨国企业与国际组织参与城市建设和公共服务供给创造便利条件。深化与欧盟、东盟、RCEP 相关成员在数字贸易、数字金融等领域的双边与多边合作。

3. 打造国际化城市文化与公共服务场景

数字化手段不仅能提升营商效率，也可在城市公共服务、生活品质提升方面发挥重要作用。优化国际人才服务平台，为外国专家提供更友好的文化与语言环境，让国际人士更好地融入城市社区。

（四）推动数字金融创新与监管模式升级

1. 设立数字金融试验区

在金融机构相对集中的城市中心区域或自贸试验区内，尝试"监管沙盒"机制，鼓励金融科技公司对大数据风控、智能投顾、供应链金融等模式进行创新实验。

2. 开展与产业结合的金融应用

城市可与重点制造企业、农业龙头企业、文旅企业等联合，推动供应链金融、产业数字化贷款、知识产权质押融资等场景落地，用数字化降低风控成本，帮助中小企业获得更优惠、更高效的融资渠道。

3. 完善监管与法律体系

在数字金融高速发展的同时，需要同步建立风险监测和预警系统，加强对新金融业态的事前、事中与事后监管。政府可牵头联合高校、研究机构和法律界专家开展研究，为数字金融立法奠定基础。

（五）在城市治理中推进"一网统管"与精细化服务

1. 完善数据标准体系与促进跨部门协调

通过制定统一的城市运行指标体系与数据接口规范，避免各部门对同一数据口径不一、标准不一。由城市治理的牵头机构统一管理数据标准，同时下放数据使用与业务创新的权限给各职能部门。

2. 深化智能化应用场景

在交通、环保、公共安全、医疗、教育等方面落地更多 AI 与物联网应用，实现对城市运行状态的实时感知、智能预警与精准调度。通过大数据分析，更好地研判城市运行规律与潜在风险，从而有效提升城市精细化治理的科学性。

3. 促进公众参与和社会共建

"一网统管"不仅是技术平台，也应成为社会治理的"交互平台"。城市可以通过线上线下融合的方式，让公众在城市规划、交通优化、环境保护、社区治理等议题上参与讨论与决策，形成更具包容性与互动性的治理模式。

六 政策建议与实施路径

综合前述分析，从城市规划与数智治理协同的角度出发，本报告提出以下政策建议与实施路径。

（一）强化顶层设计与战略规划

建立城市规划与数智治理的双轮驱动战略，将城市规划作为"文明托举"与"全生命呵护"的核心抓手，将数智治理作为"创新驱动"与"现代化转型"的技术支撑。进一步完善城市总体规划与数智化专项规划的衔接机制，

对城市的用地规划、基础设施布局与数据基础设施建设统筹考虑。定期组织专家研讨会或城市论坛，引入跨学科专家（规划、计算机、社会学、经济学等），动态评估城市规划与数智治理的适配度。

（二）建立多跨部门、区域协作的工作机制

在市级政府层面，组建由城市规划部门、数据管理部门、各行业主管部门共同参与的"城市数智治理领导小组"，明确责任分工与协同流程。加强市级、国家部门对口支持，积极争取重点试点项目和资金，围绕制造业转型、产教研融合、数字金融创新等重大领域开展专题合作。推动跨区域数据共享和产业协同，尤其在城市群或都市圈内部，通过统一数据标准和枢纽平台，为区域协作治理提供坚实的数据支撑。

（三）健全法规制度与加强隐私安全保障

加快出台与数据管理相关的地方性法规，包括数据采集、存储、共享、交易以及跨境流动等核心环节，为数据要素的合法合规使用提供法律保障。强化数据安全与隐私保护，加强网络安全审查与技术监测，建立城市级网络安全态势感知平台。对涉及公共利益、个人敏感信息的领域实行分级保护与授权机制，确保在数智化治理中个人权益与公共安全之间的平衡。

（四）推动多方共建的产教研融合与人才培养

在政策层面，进一步完善鼓励企事业单位与高校合作的创新激励机制，比如研发补贴、税收减免、成果转化奖励等。加快建设数智化人才培养体系，在城市规划、建筑设计、工商管理等专业中嵌入数字化课程，形成复合型人才梯队。与国际知名高校和科研机构建立联合研究中心或实验室，打造面向全球的高端人才与前沿技术交流平台。

（五）打造国际化数字营商环境与促进高水平对外开放

在自贸区或城市新区进一步放宽数字经济领域的市场准入，吸引跨国企业将研发中心或区域总部设在本地。建立统一便捷的涉外行政审批和金融服务平台，为国际人才提供签证、社保、税收一站式服务。积极参与国际组织及

"一带一路"倡议框架下的数字经济合作，与共建国家在数据跨境流动、电子商务、跨境支付等方面开展多层次合作。

（六）深化数字金融创新与监管改革

推动地方金融监管部门与中央监管机构的对接，适度扩大数字金融业务的试点范围，比如在小额消费金融、智能投顾、供应链金融等领域先行先试。引导传统金融机构与科技企业深度合作，构建完善的金融科技生态圈，鼓励保险、银行、证券等机构运用数智化风控手段。加强对新金融业态的风险监测，建立数字金融风险信息共享机制与预警系统，确保创新与安全平衡发展。

（七）构建"一网统管"与城市精细化治理的全链条

制定城市运行指标体系，涵盖交通、环境、安全、公共服务等关键维度，形成市级或更大区域的一体化管理平台。大力发展感知技术、AI 算法与可视化技术，实现对城市数据的实时监测、分析与智能预警，为决策者提供多维度、可量化的依据。通过公众参与和数据开放平台，让市民和社会组织更好地了解城市运行过程，并在问题发现与决策制定中形成良性互动。

B.5
重庆超大（山地）城市水系统安全韧性对策研究

任南琪　雷晓玲　戴辉自　金高屹　王爱杰*

摘　要：　重庆作为中西部唯一的直辖市，地处三峡库区中上游，集大城市、大农村、大山区、大库区于一体，是典型的超大（山地）城市。重庆市水系统由天然河流、人工水库、地下水和过境水资源组成。作为超大（山地）城市，重庆面临水资源分布不均、水环境污染形成快、工程性缺水、山地管网建设困难、雨季溢流和内涝等挑战。因此，水系统的安全韧性对城市的可持续发展至关重要。本报告概述了重庆市地理、气候特征及水系统的组成与特点，通过分析超大城市水系统韧性体系的构建需求，回顾重庆市在水资源配置、河湖管理、海绵城市建设、黑臭水体治理等方面的实践经验与成效，提出基于数字化、绿色化的超大（山地）城市水系统安全韧性建设的对策建议。

关键词：　水系统安全　超大（山地）城市　绿色智能　川渝联动治水　立体海绵

一　重庆市水系统安全概述

（一）重庆市典型特征

重庆地形崎岖、人口聚集，是典型超大（山地）城市。重庆市位于四川

---

* 任南琪，中国工程院院士，哈尔滨工业大学城乡水资源与水环境全国重点实验室教授；雷晓玲，重庆市科学技术研究院教授；戴辉自，中煤科工重庆设计研究院（集团）有限公司正高级工程师；金高屹，中煤科工重庆设计研究院（集团）有限公司工程师；王爱杰，哈尔滨工业大学城乡水资源与水环境全国重点实验室教授。

盆地东部及其向盆周山地的过渡地带，地貌以丘陵和山地为主，其中山地所占比例高达76%，是三峡库区最大的山地城市。该地区降水量丰富，雨季主要集中在5~9月，年降水量约为1000毫米，气候类型为亚热带湿润气候，四季分明。

重庆市是中国西部地区的超大城市，根据重庆市统计局数据，2024年重庆市常住人口约3190万人，人口密度超每平方公里300人。随着城镇化进程的推进，人口持续向主城区集中，城市人口密度不断增加，人口高度聚集对城市韧性提出了更高要求。

水流势能差大、活动力强，管网排水压力大。重庆是三峡库区重镇，具备典型的库区山地城市地形地貌特征，其地势起伏、地形高差大，这使得境内水流具有较大的势能差，活动能力较强，排水管网的使用工况复杂。作为典型的山地城市，重庆市排水系统的规划、设计、建设和管理维护有别于其他平原城市。受地形地貌与城镇化进程的双重影响，山地城市降雨时雨水汇流速度较平原城市快，大量雨水径流在较短时间内汇集进入市政排水管网，造成排水管网在瞬时负荷上超出设计排水能力，尤其是城市的低洼地段，雨水径流极易聚集，如未能及时排出累积的雨水，极易出现雨水倒灌现象，甚至形成城市洪水，引发内涝灾害。

雨峰靠前，雨型急促，降雨历时短，短时形成暴雨或强降雨。重庆的气候特征决定了其在夏季易遭遇短时强降水，该强降水易迅速转化为灾难性的径流，导致严重的城市内涝，对水资源管理与防洪系统构成更大的压力。如2011年9月6~7日，重庆市出现最大雨量182.7毫米，最大小时雨量83.9毫米，一般的城市雨水排水系统难以承受，易形成局部内涝。重庆的山脉与丘陵使得水流的路径受地形制约，水流的流向与径流路径不易预测，山地中小河流的急剧流动加大了洪水和水土流失的发生频率。随着全球气候变化加剧，山地城市面临的极端气候事件越来越频繁，尤其是集中暴雨的强度和频次急剧增加。

（二）重庆市水系统组成与特点

水系统空间格局以"两江四岸"为核心特征。重庆市中心城区以"两江四岸"为骨架，形成独特的山水城市形态。长江自西南向东北横贯全境，境内河长691千米，年均入境水量2769亿立方米，是城市供水和航运的主动脉；

嘉陵江作为长江最大支流，年均径流量659亿立方米，在朝天门汇入长江，形成三面临江的半岛型城市核心区。两江交汇处及支流区域（如渠江、涪江）支撑了主城都市区的生产生活用水、防洪和生态功能，同时塑造了"山、水、城"融合的城市景观。

水资源分布区域性明显。重庆水资源呈现"东多西少、南多北少"的特点。长江流域及其支流嘉陵江、乌江等地区水资源丰富，而山区和部分丘陵地区水资源相对匮乏。主城都市区水系以长江、嘉陵江干流为核心，支流如花溪河、梁滩河等分布密集。区县水系则呈现多样化特征，渝东北依托长江、乌江及支流（如大宁河、酉水）发展水电与灌溉；渝西地区因水资源分布不均，依赖跨区域调水工程（如渝西水资源配置工程）保障供水；渝东南则以喀斯特地貌为主，水系发育受岩溶影响显著，水源涵养能力较弱。

水源与用水需求均呈多元化。重庆的水源主要包括地表水、地下水和过境水。地表水主要来自长江、嘉陵江等天然河流和人工水库，地下水主要用于城市供水补充，过境水主要来自长江上游。重庆市中心城区的供水主要通过两江提水工程和水厂进行调配，确保城市供水的稳定性和安全性。城市供水系统通过智能化管理和调度，有效应对高峰用水需求，确保城市供水的连续性和稳定性。一些偏远山区和农村地区的供水系统相对薄弱，以中小型水库、山坪塘为主，部分区域仍存在季节性缺水问题。重庆市具有多元复合的用水需求特征，城市居民人均用水量逐年增加，对高品质饮用水和直饮水的需求日益增长。工业用水需求方面，重庆市作为重要工业基地对工业用水需求巨大，随着工业园区建设不断推进，重庆市工业用水需求量将不断提高。随着节水灌溉技术在重庆市的推广，农业用水需求得到一定缓解，但由于重庆区域性缺水矛盾带来的挑战，部分地区农业用水依旧面临较大压力。

动态水位与季节性调控挑战大。长江、嘉陵江水位受降水季节分布影响显著，易引发洪涝灾害；枯水期（12月至2月）水位下降，取水安全面临挑战。水库水位的调节能力较强，能够有效应对季节性水位变化。取水水位则根据河流水位和用水需求进行动态调整，以确保城市供水的稳定性。中心城区取水水位不断适应两江水位年际波动，目前多通过多级泵站和备用水源保障供水稳定性。

城乡水系统建设需求差异性大。中心城区在水系统建设方面重点推进排水管网改造和污水处理扩容来应对城市内涝和水污染问题；区县则持续聚焦城乡供水一体化和农村供水提质行动。重庆通过"一核两网、百库千川"水网规划，构建"多源互济"的水资源配置体系，力争2035年实现骨干水网覆盖率82%以上，全面提升城乡水系统安全韧性。

（三）重庆市水系统安全韧性建设面临的挑战

超大城市水系统安全韧性是指超大城市在面对极端天气、自然灾害、人为风险等不确定性冲击时，通过优化水系统规划、工程设施、管理机制及社会协同，保障城市供水安全、防洪排涝能力及水环境质量，并在灾害发生后快速恢复核心功能的能力。其核心目标是实现"系统抗灾、过程可控、灾后重生"的动态平衡，支撑城市在复杂风险环境下的可持续发展。

重庆市水系统安全韧性体系具有山地适应性、多维度协同与智慧赋能的特征，通过构建"一干多支、一核多点、三塔五引、多源互济"的现代化水网，强化跨区域水资源调配能力，并依托海绵城市建设、智能管理平台及数字孪生模型，实现灾害风险动态管控。同时，以"厂网河一体化"系统治理和景观基础设施融合提升生态韧性。韧性体系受限于多种相关因素的挑战，亟待通过制度创新与科技赋能突破多重治理瓶颈。

当前，重庆市水系统安全韧性面临的主要挑战如下：一是数据协同与基层应用效能有更高的需求。当前，智慧水务平台的数据互通性有待提升，制约基层水务管理的精准化和实时响应能力。区县及社区级监测设备覆盖不均衡，动态数据更新机制需进一步完善。二是跨区域协同治理机制实施难度大，跨部门、跨层级数据共享存在壁垒。成渝双城及市内区县间的水资源统筹规划、联合调度和生态补偿机制尚未形成常态化运作模式，跨行政边界的防洪减灾、污染联防联控等协同治理效能有待提升，亟须突破制度性障碍。三是政策保障与市场激励需协同强化。现有政策对水系统安全韧性设施建设、节水技术推广的约束力不足，绿色金融工具应用覆盖面较窄，社会资本参与渠道有限，亟须构建"刚性约束+柔性激励"相结合的全周期保障体系。四是对科技创新支撑能力及技术标准化与专家协同机制提出更高要求。山地城市水系统安全韧性部分领域标准空白或适用性不强，还需进一步发挥专家团队在技术攻关、标准制定中的跨领域协同作用，基层水务人员数字化技能

培训体系尚未健全，制约新技术规模化应用。五是示范引领与经验输出体系需加快构建。部分现有水韧性试点项目分散化、碎片化，山地特色技术标准总结提炼需要更加系统化，跨区域、国际化经验推广平台尚未成形，标杆效应和辐射带动力有待进一步释放。

二 重庆市水系统安全韧性建设主要历程

（一）优化区域水资源配置格局

以渝西片区为典型，水资源配置工程逐步推进。近年来，重庆市围绕"节水优先、空间均衡、系统治理"方针持续推进水资源优化配置体系建设。2016年起，重庆开始重点推进骨干水源工程和区域调水网络建设，初步缓解渝西等缺水地区的供需矛盾。2021年后，随着《成渝地区双城经济圈建设规划纲要》的实施，重庆市加快融入国家水网布局，启动渝西水资源配置工程、藻渡水库等四个大型水利项目，并推动川渝东北一体化水资源配置工程前期工作，强化跨流域调水能力。渝西地区地处重庆的西部，山区多、地形复杂，水资源紧缺且分布不均，导致该区域在发展过程中面临严重的水资源短缺和供水保障问题，为了解决该问题，渝西水资源配置工程，作为国务院150项重大水利工程之一，通过新建长江、嘉陵江提水工程，实现两江水互联互通、互调互济，年均新增供水量10.12亿立方米，受益人口近千万。至2024年，全市完成水利固定资产投资388.3亿元，新开工水利工程726处，水权改革取得突破，川渝完成全国首单跨省取水权交易。重庆通过"规划引领+项目驱动"，基本形成以长江为轴、多源互补的区域水资源配置格局，为区域高质量发展提供了坚实的水安全保障。

（二）完善河湖长效管护机制

以河湖长制为引领，统筹幸福河湖建设与跨境协同治理。近年来，重庆市在河湖长效管护机制建设上取得显著进展。自2016年全面推行河长制以来，重庆市在全国率先构建了市、区县、乡镇（街道）、村（社区）四级河长体系，分级分段设立河长1.75万余名，实现"一河一长"全覆盖，并通过创新

"双总河长"制、河长履职成效指数动态评价机制等举措，推动河长制从"制度化"向"法治化"升级。在幸福河湖建设方面，重庆自2019年起连续发布6个市级总河长令，逐步从"治污攻坚"转向"生态惠民"。2023年，启动"幸福河湖建设百千行动"，以"重庆市幸福河湖评价指标体系"为指引，围绕河湖安澜、生态健康等7个维度，建成16条市级幸福河湖，并计划至2025年累计建成30条美丽河湖、50条幸福河湖。在河湖跨流域治理方面，重庆与四川共建川渝河长制联合推进办公室，签署跨界河流联防联控协议，联合整治81条跨界河流的污水排放、河道"四乱"等问题，推动流域共治从"单兵作战"向"区域协同"转型。通过智慧河长系统建设、河长+警长/检察长/民间河长等多元共治模式，重庆实现了河湖治理网格化、问题处置闭环化，为长江上游生态屏障构筑和流域高质量发展提供了"重庆样板"。

（三）全域系统化推进海绵城市建设

以立体海绵技术体系为基础，建设具有山地城市特色的海绵城市。自2013年起，重庆市在海绵城市建设的起步阶段逐步强化城市排水防涝系统建设，并将其作为解决低影响开发问题的重要手段。通过海绵城市建设缓解暴雨排水的压力，增强雨水的吸纳、滞蓄和净化能力，推动水资源的可持续利用。

试点先行阶段（2015年），以"1+3"模式探索山地经验。2015年，两江新区悦来新城被列为国家级试点，成为重庆首个海绵城市示范区。该区域通过建设下沉式绿地、透水铺装、雨水花园等设施，结合山地地形构建"源头减排—过程控制—末端调蓄"系统，实现雨水径流控制率达75%以上，成为全国山地海绵城市标杆；同时，万州、璧山、秀山作为市级试点同步推进。万州结合三峡库区生态需求，重点实施初期雨水截流净化工程；璧山通过"大海绵"理念打通水系循环网络，提升区域水质；秀山则全域推广透水铺装、生物滞留带等设施，建成梅江河生态廊道，水质稳定达Ⅲ类以上标准。至2020年底，全市累计建成达标面积421平方公里，超额完成国家"20%建成区达标"目标。

制度与技术体系构建阶段（2016~2020年），从标准到管理的系统化支撑。重庆率先出台《重庆市海绵城市建设管理办法（试行）》及多项地方标准，涵盖规划、设计、施工到运维全流程，形成"区域+项目"双维度评价体

系，并将海绵指标纳入土地出让和竣工验收强制性要求。将年径流总量控制率与年径流污染去除率作为硬性指标，推动海绵设施与城市开发同步实施。此外，悦来新城试点总结的"地形+植物"协同设计、透水路面与智慧蓄水系统等技术经验，通过《重庆市城市更新海绵城市建设技术导则》向全市推广，为山地城市提供可复制的技术参考。

全面推广阶段（2021年至今），从"量"到"质"的系统升级。"十四五"期间，重庆海绵城市建设转向"集中连片"区域化推进，2021年达标面积增至470平方公里（占建成区27%），2022年启动263个排水分区建设，新增达标面积100平方公里。通过"典型排水分区"示范，各区县因地制宜形成特色模式，有效缓解热岛效应并提升水质。至2025年，城市建成区45%以上面积达到海绵城市建设要求，2030年提升至80%，构建起长江上游生态屏障的"山地海绵脉络"。

（四）深入推进黑臭水体治理攻坚战

全面消臭动态清零，确保治理成果的持续性和有效性。重庆市自2016年起，积极响应国家关于"黑臭水体治理"的号召，开展全市范围内的黑臭水体排查与治理行动，发布重庆市黑臭水体治理工作方案，明确提出要在2020年底前消除主城区黑臭水体。为此，重庆市先后采取了多项措施，包括加强排水管网建设、提升污水处理能力、实施生态修复等。经过诸多努力，主城都市区的黑臭水体问题得到有效缓解。随着治理工作的深入，重庆市政府于2024年发布第6号市级总河长令，提出到2027年消除城乡黑臭水体，并形成长效机制，计划包括全面排查、综合整治和长效巩固三个阶段，重点实施生态治理和工程治理，强化污水从源头到末端的全链条治理。

三　重庆市水系统安全韧性建设经验与成效

重庆作为超大（山地）城市的典型代表，历经多年探索与实践，在水系统安全韧性建设中形成了独具特色的发展路径。通过优化水资源配置格局、创新河湖长效管护机制、全域推进海绵城市建设、攻坚黑臭水体治理等关键举措，构建了"均衡配置—协同治理—生态修复"三位一体的水安全保障体系。

在实践层面，渝西水资源调配工程缓解了区域性缺水矛盾，悦来新城海绵试点所采用的立体海绵技术体系有效应对山地暴雨内涝，"智慧河长"平台实现了跨界流域联防联控，为超大城市水系统治理提供了实践经验。重庆市水系统安全韧性建设持续在强化数字化赋能、深化成渝双城协同、突破提高专业技术水平、完善市场化激励机制等方面发力，推动水系统安全从"单点突破"向"全域韧性"跃升，为全国超大城市尤其是山地城市提供可复制、可推广的治理样板。

（一）重庆市水系统安全韧性体系建设成效

1. 均衡立体的水资源配置体系，水安全格局初步形成

近十年来，重庆市以"节水优先、空间均衡、系统治理"为核心，通过工程布局、制度创新与区域协同，构建起"多源互济、南北互补、城乡统筹"的立体化水资源配置体系，水安全保障能力显著提升。在工程层面，以渝西水资源配置工程为引领，惠及渝西等缺水地区近千万人口，区域供水矛盾有效缓解。通过长江、嘉陵江"双江互济"工程，打破流域壁垒，实现跨水系联合调度，推动主城都市区、渝东北、渝东南三大水网片区互联互通。在战略层面，深度融入国家水网布局，依托《成渝地区双城经济圈建设规划纲要》，推动川渝东北一体化水资源配置工程前期工作，完成全国首单跨省取水权交易，开创流域协同管理新模式。在制度层面，《重庆市水网建设规划》2035年前计划完成5726亿元投资，形成"一干多支、三塔五引"的骨干框架，水权交易、智慧水务等改革释放管理效能。当前，重庆已从"单一水源保障"转向"多源立体配置"，从"局部调水"升级为"全域均衡"，水资源承载能力与经济社会高质量发展需求实现动态匹配，为长江上游生态屏障建设和成渝地区双城经济圈战略落地奠定了坚实的水安全基础。

2. 河长制引领协同，治污体系初具规模

自2016年重庆市全面推行河长制以来，河长制成为重庆水资源管理和保护的核心机制。通过设立市、区县、乡镇和村级河长，明确责任和管理职能，重庆市加强河湖的日常监管和治理。尤其是在幸福河湖建设方面，重庆市实施"百千行动"，加强水源地的保护，完善水质监测和污染防治体系，特别是在长江干流和嘉陵江流域，通过大规模的水质提升工程有效减少了污染源，长江

干流重庆段水质保持Ⅱ类标准，保障了水环境质量。

目前，在河长制的制度引领下，重庆市已建成16条幸福河湖。其中，璧山区璧南河在2017年不仅入选全国最美家乡河，还被誉为中国"城市中小河流治理典范"；丰都县龙河在2019年入选全国示范河流；永川区临江河在2022年入选全国首批幸福河湖；渝北区御临河成为2023年度重庆市美丽河湖优秀案例；荣昌区荣峰河在2022年入选全国最美家乡河；长寿区桃花溪于2023年入选全国第二批幸福河湖。在水环境质量方面，2024年，长江干流重庆段的水质连续8年维持在Ⅱ类标准，74个国控断面水质优良比例连续两年达到100%。

在流域治理方面，重庆近年来深入推进川渝地区河长制合作。目前，川渝地区25个断面水质达标率连续三年稳定在100%，相关联防联控联治经验做法被国家发展改革委推向全国。重庆潼南区、铜梁区与四川遂宁市作为毗邻地区，积极探索建立流域联防联控机制，先后签署《河长制领域战略合作框架协议》《河长制跨界合作协议书》《琼江流域水污染联防联控协议》等多项具有指导性和约束力的合作协议。成功实现从以往"分头治水"模式向"联合治水"模式的转变，全力将琼江打造成跨界示范河流的标杆典范。目前，三地正共同申报川渝跨界国家级幸福河湖项目，致力于推动区域内水生态环境的进一步提升。

3.标准化引领全过程，海绵城市管控体系完备

重庆市以标准化建设为核心抓手，通过顶层设计、制度创新和全过程管控，构建了完善的海绵城市管理体系，显著提升了城市水环境韧性。在规划引领方面，重庆市率先编制《重庆市主城区海绵城市专项规划》及区县修建性详细规划，明确"渗、滞、蓄、净、用、排"六位一体的建设目标，统筹划定主城区海绵城市建设分区，覆盖建设面积1188平方公里，覆盖人口约1200万人，系统指导全市主城区海绵城市空间布局与项目实施。管理体系方面，重庆创新建立"市级统筹—区县落实—部门协同"的垂直管控机制，将海绵城市建设要求纳入国土空间规划"一张图"及工程建设项目审批系统，实现从项目立项、用地许可到竣工验收的全流程闭环监管。标准化建设方面，重庆市发布《重庆市海绵城市规划与设计导则（试行）》《低影响开发雨水系统设计标准》《城市雨水利用技术标准》《重庆市城市道路与开放空间低影响开发雨水设施标准设计图集》等涵盖海绵城市建设规划、设计、施工、维护的地方标准、图集等，形成覆盖"设计—施工—验收—运维—评估"全生命周期的技术规范体系。重庆在全国率先建立海绵城市建设效果第三方评估工作机制，委托专业机构对全市海绵城市项目开展绩效评估，通过评估结果有效倒逼建设质量提升。截至 2024 年底，全市达标排水分区共 535 个，达标面积共计 845.8 平方公里，占城市建成区的 46.2%，超额完成"十四五"目标任务；城市水系统韧性持续增强，水安全有效保障，消除内涝积水点 366 个；水生态有效修复，城市可渗透地面面积比例达 42.8%；水环境有效改善，原 48 段黑臭水体无返黑返臭；非常规水资源有效利用，雨水资源化年利用量 221.1 万立方米，再生水年利用量 11542.8 万立方米，为长江经济带城市绿色转型提供了"重庆样本"。

4. 政府主导社会参与，相得益彰建立黑臭水体治理模式

在黑臭水体治理过程中，重庆市采取政府主导与社会参与相结合的策略，形成多方协同的治理格局。自 2016 年启动黑臭水体治理工作以来，取得了显著成效，积累了宝贵经验。截至 2024 年 11 月底，全市共动态排查建档农村黑臭水体 1255 个，面积约 299 万平方米，累计完成治理 1187 个，消除黑臭面积约 286.2 万平方米，约 71.68 万村民受益，26 个区县已初步实现农村黑臭水体"动态清零"。重庆市在黑臭水体治理方面的创新经验获得了全国认可，被生态环境部列为全国黑臭水体治理的示范地区。通过加强管网建设、推动污水处理升级、实施雨水收集系统，重庆市有效控制了污水排放，提升了水体自净能力，降低了黑臭水体发生率。重庆市黑臭水体治理经验不仅包括工程措施，还注重社会治理和民众环保意识的提升，形成了政府引导、社会参与的治理格局。

5. 制度创新技术研发，引导水系统安全持续发展

近年来，重庆市不断加大对水务领域技术研发的支持力度，鼓励高校、科研机构和企业开展水系统安全相关技术的研究与应用，依托海绵专委会、河长专委会、水系统专委会等专家资源提供技术支撑。以科研项目为抓手，重庆市开展全市两江四岸 138 公里岸线所有沿江排水口的排查工作，对主城排水系统（鸡冠石、唐家沱流域）总面积 256.3 平方公里，沿江主干管长度 79.4 公里（跨越渝北区、两江新区、江北区、渝中区、九龙坡区、沙坪坝区、南岸区、

大渡口区、巴南区 9 个行政区）开展调研摸底及实时监测。开展重庆全域乡镇
生活污水处理设施调研评估及改进对策研究，对重庆市 42 个区县所有（820
座）建制镇污水处理厂（不含管网）开展调研，形成"3 张表+3 份报告+8 个
清单+1 个策略"的工作成果，为水污染治理提供了科学依据。同时，重庆市
加强规范化和标准化体系建设，建立完备的地方标准体系，涵盖设计、施工、
验收、评估等各个环节，确保水系统建设的规范化和标准化。

（二）重庆市水系统安全韧性建设具体实践成效

1. 国家级海绵城市试点——两江新区悦来新城的立体海绵城市建设实践

2015 年 4 月，国家公布首批海绵城市试点名单，重庆市两江新区悦来新
城成功获批，跻身全国 16 个海绵城市试点之列。

重庆市两江新区是全国第三个国家级综合配套改革试验区，悦来新城坐落
于两江新区西部片区的中心位置，毗邻国内最大"云计算"数据基地。悦来
新城海绵城市建设项目覆盖面积 18.67 平方公里，规划服务人口 20 万人，项
目区域由悦来生态城、悦来会展城、悦来智慧城三部分组成，其南部的悦来生
态城是国家八大生态城之一。建设主要内容包括城市道路、公园广场、居住小
区、公共建筑项目、环境综合整治、监测评估工程等 70 多个项目。计划项目
投资约 42.2 亿元，其中中央财政补助资金 12 亿元，地方财政资金 4.2 亿元，
社会资本投入 26 亿元。

悦来新城具有重庆典型山地城市特征，在悦来国家级海绵城市试点，重点
解决滨江山地城市的径流污染问题。通过立体海绵技术，例如阶梯式雨水花
园、转输型植草沟、立体绿化等措施，实现雨水的高收低用，有效减小面源污
染负荷，缓解山地城市初期雨水径流污染负荷过大，因山地城市地形高差大、
天然下渗不足导致径流峰值大，冲刷地表形成水土流失且容易形成局部内涝等
问题。

两江新区悦来新城建立海绵城市建设全过程联动机制，在规划保障体系—
设计审查阶段—建设阶段—运营阶段整个过程中落实海绵城市建设相关内容，
市领导小组在建设全过程中起到协调相关部门的作用，两江新区领导小组指导
监督执行。

通过不断探索示范区建设经验，悦来新城海绵城市试点制定发布《重庆

市悦来新城低影响开发管理办法（试行）》等7项政策；编制完成《悦来新城海绵城市建设总体规划》等7项规划；开展"重庆市悦来新城海绵城市透水体系研究及地灾研究"等10项应用技术研究；编制《重庆市低影响开发设施运行维护技术规程》等6项技术标准图集。

建成后的悦来新城依托面积18.67平方公里的用地，以建筑、道路、绿地等城市基础设施为载体，通过"渗、滞、蓄、净、用、排"等技术，形成可吸水的"海绵体"。

2.川渝联防联控联治——迭代"智慧河长"促数智变革

川渝两地历史同脉、水系同源、地理同域、经济同体，流域面积50平方公里以上的跨界河流有81条，流经100多个地市和区县，河流总长度1万多公里。近年来，水系统管理工作坚持在成渝地区双城经济圈建设大背景、大逻辑下，从制度破题、从机制解题。在川渝地区的河流治理合作中，跨省市的河长制联合推进办公室作为全国首个此类机构的设立，标志着河长制实施的创新进展。该联合推进办公室专门应对跨区域、跨流域及跨部门的治理难题，推动川渝地区河流治理的协同发展，实现统一规划、统一治理、统一调度以及统一管理。

重庆市"智慧河长"平台系统，作为川渝地区河流治理合作中的制度共建创新平台建设内容，通过信息共享助力科技赋能。"智慧河长"系统通过市级统建、四级共用的模式，整合先进的感知网络和智能化平台，运用大数据、智能化手段辅助河长决策、助力河湖管理，率先构建了"1（智慧中枢）+1（感知体系）+4（微信公众号、小程序、电脑、平板四终端）+7（七大子系统）"的全面河湖智能化管理保护平台。目前，平台已对5300余条河流的基础信息进行了完善，完成42条流域面积在1000平方公里以上河流的划界工作，并将界桩界碑等数据进行矢量化与数字化处理。同时，平台整合了150余项水利行业数据，还与市级相关部门共享涉河涉污数据。

在长江、嘉陵江、乌江等重要河流，通过布设水质、水量、水面等前端感知网络，综合运用云计算、大数据、物联网、AI分析、污染溯源等现代技术手段，基本达成"天上看、网上管、地上查"的动态监管目标。这一举措有力地推动了管河治河工作向精细化、智能化方向快速发展，能够为跨界河流的河长开展督导、巡河问河以及决策部署等工作提供强有力的数据与技术支撑。

重庆市通过不断迭代"智慧河长"促数智变革，加快推进"智慧河长"二期建设，持续数字化川渝流域面积50平方公里以上的50条河流基础数据，全面跃升成渝江河联防联控联治的数智治理能级。

3. 数字化驱动智慧水务——用"数治"新模式筑牢城市供水生命线

在数字重庆建设按下"快进键"的大背景下，供水领域的数字化转型也迎来了新的发展机遇。数字重庆建设推进会明确提出"推进'水电气讯路桥隧轨'的重大应用开发建设，实现数字化城市运行和治理中心业务贯通"的指示要求，为城市供水管理数字化指明了方向。

城市供水智慧管理平台建设早在2016年就开始推进，部署了自来水生产和输配环节的底层数据感知设备，目前已经实现从水源地到水龙头的全过程运行态势感知，使城市供水水质综合合格率保持在98%以上，公共管网漏损率控制在9%以内。此外，重庆市还建立了"供水爆管处置"典型应用场景，在全市41个区县贯通运行，将供水异常事件平均抢修时间缩短为3.36小时，相比过去平均节约1小时左右。此外，重庆市还推出水安全智慧政务平台，通过集成物联网、大数据和人工智能技术，实现了水务资源的智能调度和管理。通过实时监控系统，重庆市能够对水资源的使用情况进行全面监控，并在发生突发情况时提供及时的决策支持，保障了水资源的安全与可持续利用。

目前，重庆市正在深入推广"政务城市供水全周期管理"应用"三张清单"。该应用作为三级数字化城市运行和治理中心"设施运行"板块重要组成部分，由市城市管理局牵头建设。该应用围绕城市供水"量足、质优、安全、服务好"工作目标，梳理出供水设施规划建设各阶段协同保障不足、城市供水全环节协同保障体系不健全、水源—水龙头全过程运行态势感知能力不足等突出问题，通过拆解集成，构建城市供水设施规划建设管理、城市供水运行监督、城市节约用水管理、供水突发事件协同处置、供水能力评估与效能评价等五个一级场景，设计供水设施数据归集建档、供水规划在线协同编制与归档管理、建设项目在线管理与投产备案、取水信息在线获取与原水调度、制水过程实时监督等二级场景，进一步完善《重庆市城市供水节水条例》政策制度和标准规范，落实从水源到水龙头的全流程协同保障机制，建立城市供水"量足、质优、安全、服务好"的全方位评估体系、国家节水型城市创建评价体系，编制形成"三张清单"。

四　重庆市超大城市水系统安全韧性建设的对策建议

（一）夯实数字化底座，打造全域贯通的水务智能运维体系

重庆市具有很好的数字化发展基础，重庆市基础设施不断完善，算力规模达 2500P，居西部前列；数据资源实现一体化整合，五大基础数据库迭代升级。目前，已建成覆盖水源、管网、水厂等环节的市级智慧水务平台。展望未来，重庆市可在数据深度协同与基层应用上开展工作。一是统一数据接口标准。针对跨部门、跨层级数据交互壁垒，制定水务数据接口强制兼容的标准，要求市政、水利、环保系统及第三方机构采用统一数据协议，完成既有系统接口改造，实现水质、流量等核心数据字段全域自动解析。二是强化区县及末端数据采集。在区县层面推行"区域云、边缘云"建设，部署国产化边缘计算设备，重点补充老旧小区二次供水设施压力传感器、地下管廊温湿度监测仪等设施，实现社区级水务数据采集覆盖率的提升。三是建立智能运维响应机制。探索预测性维护平台，设定管网巡检、设备故障修复等工单智能派发规则，对渗漏预警、泵站能耗异常等场景实现工单自动闭环处理。四是实施数据动态更新责任制。将供水管网拓扑数据、排水户接驳信息等动态更新纳入考核范围，推进 GIS 系统数据每周校核更新、用户用水特征数据每月迭代。

（二）聚焦机制建设，深入推动成渝双城协同与综合治理

流域治理需要尊重生态特点，重庆作为长江上游的重要生态屏障，与成都地区的水资源和生态系统相互关联，单一地区的治理难以实现整体效果。跨区域、跨部门的协同治理能够提升政策一致性、促进技术共享和资源整合，最大化治理效益，确保流域生态保护与修复的有效性。通过区域合作，能够实现流域内水资源和生态环境的可持续发展。一是进一步加强成渝双城区域协同。推动成渝水务基础设施共建共享，联合申报国家重大水利工程专项，共同研究涪江流域深层排水实施路径，探索成渝水库群防洪库容联动体系。优先在试点区域开展"规划一张图、监测一张网、调度一盘棋"管理模式。创新生态补偿

市场化工具，通过区块链技术实现跨界污染溯源与补偿金智能清算。二是进一步推动市域内跨区域协同。水资源管理需要跨越区县、乡镇等行政管理区域的协同。应加强重庆市各区县、乡镇的沟通与合作，建立跨区域的水资源调度和管理机制，完善跨区域的水质监测和污染防治体系，确保水环境质量持续改善。三是进一步推动跨部门、跨领域协同。水系统安全韧性的提升需要跨部门、跨领域协同。要持续发挥由水利、环保、城市建设、交通等部门组成的联合工作机制作用，统筹推进水资源保护、水环境治理、水基础设施建设等工作。通过制定统一的政策标准，协调各部门的工作，避免政策冲突和资源浪费。同时，加强与科研机构、高等院校的合作，开展水利科技创新，提升水系统的智能化和韧性水平。

（三）落实保障措施，构建全周期政策保障与市场化激励体系

在"双碳"背景下，重庆市在长江上游生态保护中承担着重要示范区角色，同时作为西部地区产业转型升级的示范区，肩负着引领绿色低碳发展的重要责任。要重点落实政策与资金支持，严格落实"共抓大保护，不搞大开发"的发展原则，发挥好重庆西部金融中心、具有全国影响力的科技创新中心战略定位的重要示范作用，不断加强对水系统绿色低碳发展的激励。一是探索创设"水安全韧性金融工具包"，包括水务设施灾害保险、绿色信贷贴息、基础设施 REITs 优先发行通道等，为绿色水务项目提供金融支持。二是实施企业节水技术应用"白名单"制度，对采用先进技术的企业，给予用水指标上浮奖励。三是设立绿色低碳水系统专项资金，用于支持低碳水厂建设、污水处理设施升级改造等项目。资金可通过中央财政、地方财政和社会资本相结合的方式筹集。重点支持零碳园区污水处理低碳化，在零碳园区内，推广污水处理设施的零碳排放技术，如污水热源泵、污泥沼气热电联产等。对采用先进技术的项目，提供专项资金支持和政策倾斜。四是鼓励社会资本参与。通过公私合营（PPP）模式，吸引社会资本投资绿色水务项目。政府可提供政策保障和风险补偿，降低投资风险，提升项目吸引力。

（四）着力技术提升，提高技术研发水平与创新应用能力

重庆市持续提升科技创新水平，实施"5+8"重大专项，累计支持科技攻

关项目 611 项，总投入超 90 亿元。通过"416"科技创新布局，推动产学研深度融合，持续推动西部人才中心和创新高地建设。在水系统安全韧性方面，一是加大对水务管理技术的培训投入，特别是在智慧水务、绿色技术和水质监测领域，培养专业的技术队伍，提升基层水务人员的技术能力和专业水平，保障水务管理技术的应用效果。二是设立山地城市水系统技术相关重点实验室，重点攻关山地城市水系统安全韧性建设中冗余性技术。三是在水系统设计、施工中加强信息技术的运用，将 BIM 建模、水力模型仿真纳入从业工程师继续教育必修课。

（五）强调示范引领，创建超大（山地）城市水韧性国家级示范样板

重庆市不断加强水资源、水生态、水安全协同规划，优化城市水系统布局，提升洪涝灾害防御能力。结合山地特色，探索生态修复与海绵城市建设相结合的模式，推动水资源的高效利用和循环再生。强化智慧水务管理，利用大数据和物联网技术实现水资源的精准调配和实时监测。通过总结相关建设经验及成果，申请创建超大（山地）城市水韧性国家级示范样板，形成可复制、可推广的山地城市水韧性建设经验，为全国同类城市提供借鉴，助力长江经济带生态保护和高质量发展，推动城市可持续发展，提升市民生活品质。

参考文献

《2023 年重庆市国民经济和社会发展统计公报》，重庆市人民政府网站，2024 年 3 月 26 日。

《2025 年全市水利工作会议召开》，重庆市水利局网站，2025 年 2 月 8 日。

《3 年投入超 90 亿元，解决关键技术问题 300 余项"5+8"重大（重点）专项发力重庆科创"上大分"》，重庆市人民政府网站，2025 年 2 月 13 日。

《保护改善生态环境　重庆海绵城市建成达标面积达 470 平方公里》，重庆市人民政府网站，2021 年 11 月 18 日。

《川渝河长携手治水 25 个跨界河流国控断面水质 100% 达标》，重庆市人民政府网站，2022 年 7 月 4 日。

《清零黑臭水体　激活美丽乡村"细胞"》，重庆市人民政府网站，2024年12月19日。

《重庆全面深化河长制改革构建起水岸同治新格局》，重庆市农业农村委员会网站，2021年6月9日。

《重庆市人民政府关于渝西水资源配置工程推进情况的报告》，重庆人大网，2024年10月29日。

别致：《遂潼携手护一江碧水》，《当代党员》2023年第1期。

陈朝晖、何强、王桂林等：《三峡库区典型山地城市排水管道结构性安全分析》，《中国给水排水》2011年第8期。

付琦皓、李大松：《关于跨界河流联防联控的思考——以重庆市跨界河流河长制合作为例》，《水利发展研究》2023年第5期。

顾晨：《超大城市供水系统韧性评估与应用实践——以上海受咸潮入侵影响为例》，《净水技术》2024年第5期。

雷晓玲、吕波：《三峡库区黑臭水体治理理论与实践》，中国建筑工业出版社，2018。

雷晓玲、吕波主编《山地海绵城市建设理论与实践》，中国建筑工业出版社，2017。

吕波、雷晓玲主编《山地海绵城市建设案例》，中国建筑工业出版社，2017。

李琪、任超、万丽：《海绵城市规划设计中的指标量化研究——以济南城区为例》，《现代城市研究》2018年第2期。

刘晓涛：《中国式现代化视角下超大城市水安全战略思考——以上海市为例》，《中国水利》2023年第1期。

刘亚丽、陈治刚：《重庆市水资源规划利用战略研究》，《第二届山地城镇可持续发展专家论坛论文集》，2013。

梅勇、唐云辉、况星：《基于GIS技术的重庆市暴雨洪涝灾害风险区划研究》，《中国农学通报》2011年第32期。

《重庆市城乡建委着力推进海绵城市建设》，《重庆建筑》2016年第6期。

叶正伟、李宗花：《重庆市洪涝灾害的特点、成灾机制成灾背景调查与分析》，《重庆环境科学》2003年第1期。

重庆市生态环境局：《重庆交出生态环境高分成绩单　连续4年获国家污染防治攻坚战成效考核优秀等级》，《环境经济》2024年第4期。

B.6
国内外超大城市现代化治理的
理论逻辑与实践进路

陈耀 雷霞 卢晓莉*

摘　要：　城市自诞生之初，便是人类经济、政治、文化、社会最重要的活动场所。随着社会经济的不断发展，超大城市成为人类生产生活的重要承载空间。超大城市在发展演进过程中呈现功能综合复合化，发展逻辑人本化，城乡关系融合化，城市形态网络化、都市圈层化，辐射范围扩大化等规律，超大城市治理也呈现治理理念以人为本、治理路径规划引领、治理手段科技赋能、治理对象软硬并重、治理趋势区域联动等特点。东京、伦敦、上海、纽约、北京及广州等国内外超大城市治理在公私合作、规划引领发展、建设"人民城市"、大数据应用、韧性城市建设以及历史文化名城保护方面积累了丰富的经验。未来，重庆应充分借鉴国内外超大城市发展经验，建强城市治理体系的"基梁根核"，全面优化提升城市治理体系、治理水平、治理环境和治理模式，持续推动城市治理体系和治理能力现代化。

关键词：　超大城市　现代化治理　韧性城市

　　城市自诞生之初，便是人类经济、政治、文化、社会最重要的活动场所。特别是工业革命以来，人口向城市集聚的趋势愈发明显，城市规模不断扩大，超大城市作为人类生产生活承载空间的地位越来越重要。超大城市规模巨大、

---

* 陈耀，中国区域经济学会副会长、中国社会科学院工业经济研究所研究员，教授、博士生导师，主要从事区域经济、产业空间组织和政府政策等相关研究；雷霞，博士，成都市社会科学院副研究员，主要从事区域经济、城市经济、政府作用等相关研究；卢晓莉，成都市社会科学院信息中心副主任、副研究员，成都市金沙智库研究会副秘书长，主要从事社会福利、社会保障、公共服务、法制建设等相关研究。

存在高度社会流动性和异质性等，导致超大城市在治理需求识别、资源动员以及政策执行等方面挑战艰巨，如何推动超大城市治理走出一条既具有地方特色，又体现时代属性、符合超大城市发展规律和特点的现代化治理新路径成为超大城市治理面临的重要任务。①② 深入研究国内外超大城市现代化治理的规律，系统梳理总结东京、伦敦、上海、纽约、北京以及广州等国内外超大城市的治理经验，可为重庆积极探索超大城市现代化治理新路子提供参考借鉴。

一　国内外超大城市现代化治理的理论逻辑

城市发展跃迁是功能体系持续复杂化、高级化的过程，从早期较小规模的城市到中等城市、大城市乃至超大城市，每一步跃迁都基于相应的物质、能量、信息以及组织模式的演进。从功能来看，超大城市从单一的居住、交易、生产功能逐渐向服务、创新、生态、文化、消费等综合功能转型；从发展路径来看，超大城市正经历由工业逻辑回归人本逻辑、从生产导向转向生产生活并重的道路转变；从城乡关系来看，随着生产力不断发展和生产要素在城乡间的重构，城乡关系从分离逐渐走向融合；从空间维度看，城市形态从单中心到多中心、组团式，再到网络化、都市圈化；从辐射带动能力看，城市功能辐射范围从本地化拓展到区域化，再到全球化，若干高能级城市已经具有主导全球资源配置的能力，成为人才、科技、资金、文化艺术、数据的汇聚地和配置枢纽。随着超大城市的不断演进，超大城市治理也因循城市演变规律呈现新特点。

（一）治理理念：以人为本

"城市是人民的城市"，城市工作要"坚持以人民为中心的发展思想，坚持人民城市为人民"。传统工业逻辑将经济增长作为城市发展最重要的甚至是唯一的目的。对资源环境的攫取以及对人的发展的忽略使城市发展难以为继，也使城市开始反思发展的目的和意义。为使城市健康持续发展，超大城市率先

---

① 叶林、梅畅：《面向中国式现代化的超大城市治理：政治逻辑、战略定位与发展路径》，《公共治理研究》2025 年第 1 期。
② 谭莉莉、张美玲：《超大城市现代化治理的理论向度、核心内涵与实践路径——以重庆为例》，《重庆行政》2024 年第 6 期。

践行以人为本的发展理念，从强调经济增长转向经济增长与人的发展并重。秉持以人为本的理念，意味着超大城市始终将人的需求作为治理的重要目标，在治理过程中始终关注市民的身心健康，将人的福祉置于首位；积极聆听市民的心声，相信人在社会治理过程中的重要作用；注重为市民自我价值的实现提供充裕的空间，追求人的全面发展。

（二）治理路径：规划引领

"规划科学是最大的效益，规划失误是最大的浪费，规划折腾是最大的忌讳。"规划活动自古以来便是国家组织管理大规模空间与社会的重要技术工具，更是超大城市优化治理路径的关键环节。超大城市集聚了大量要素，如何优化配置空间资源，减少甚至避免"大城市病"等问题，进而实现城市可持续发展成为超大城市面临的首要问题。以规划为引领优化空间资源配置，引导城市健康、协调、可持续发展，宏观上要以底线思维充分研判城市资源环境承载能力、以战略思维确定城市功能布局及发展特色，要从微观尺度剖析城市发展诉求及供给，还要从体制方面完善"战略结构规划—行动计划—城市总体设计"体系。①

（三）治理手段：科技赋能

"让城市更聪明一些、更智慧一些，是推动城市治理体系和治理能力现代化的必由之路。"作为开放复杂巨系统，传统治理手段和技术已经无法满足超大城市治理需求。得益于科技的飞速发展，超大城市治理效率、治理水平以及治理能力均有了质的飞跃。例如，大数据技术通过收集、处理和分析海量数据，为优化城市公共交通、预测人口流动趋势等提供了更加精准的数据支撑，有效提升了政府决策的合理性。物联网技术的应用则让城市管理者实时监测掌握城市相关基础设施的运行状态，实现基础设施智能化管理，进一步提升管理的效率和响应速度。人工智能则通过深度学习，对城市空间使用进行仿真模拟，推动"自适应城市规划"，为决策者提供智慧支持。

---

① 吴良镛、武廷海：《从战略规划到行动计划——中国城市规划体制初论》，《城市规划》2003 年第 12 期。

（四）治理对象：软硬并重

"城市工作要把创造优良人居环境作为中心目标……要把人民生命安全和身体健康作为城市发展的基础目标"，城市还是"一个民族文化和情感记忆的载体，历史文化是城市魅力之关键"，要让"城市建筑更好地体现地域特征、民族特色和时代风貌"。城市的治理对象既包含基础设施等硬环境的治理，又包含文化氛围等软环境的治理，同时还要注重硬环境与软环境的融合发展。对于超大城市而言，不断优化宜居宜业环境、塑造独特的文化和精神气质是其集聚更多高端要素，增强吸引力、竞争力，进而保持城市长久繁荣兴盛的根本之道。由于超大城市形成过程经历了漫长的岁月，传统城市空间因设施老化、设计规划理念更新等不再符合现代社会需求，但不同时期的历史建筑等硬件设施代表着特定时期的历史文化，是城市记忆最直观、最直接的载体，不宜以大拆大建的粗放式治理为主，而应该通过维护与改造等方式推动有机更新。此外，超大城市治理还应充分挖掘城市发展过程中的独特文化与魅力，注重传统文化与现代文明融合发展。

（五）治理趋势：区域联动

"我国经济发展的空间结构正在发生深刻变化，中心城市和城市群正在成为承载发展要素的主要空间形式。"要"推动城市组团式发展，形成多中心、多层级、多节点的网络型城市群结构"。超大城市辐射带动作用强，与周边区域在空间上连片、在功能上互补、在文化上趋同，逐渐以都市圈与城市群形式参与区域竞争。这就意味着超大城市治理也不能局限于城市内部，而是应该从都市区、都市圈乃至城市群的视角统筹考虑城市治理。一方面，大量要素流动的刚性需求使得超大城市在制定治理规则时必须统筹考虑与周边区域一体化；另一方面，外部效应导致的生态环境等问题无法仅依靠超大城市本身解决。此外，作为区域竞争单元，超大城市与周边区域必须通过协同治理提升整体竞争力。加强区域联动，统筹推动城市面貌改善、城市服务优化、治理制度完善，进而激发区域整体发展活力，成为超大城市现代化治理的重要趋势。

二 国内外超大城市治理的主要经验

城市规模越大，治理面临的问题越复杂，超大城市现代化治理，是一项复杂的系统工程和世界性难题，也是国家治理体系和治理能力现代化的重要组成部分。国内外超大城市在治理实践中不断探索，形成了各具特色的超大城市治理经验。

（一）东京：公私合作的城市治理模式

东京的城市治理实行公私合作模式，即以政府为主导，支持和鼓励企业与社会组织参与，在政府与民间社会之间构建起平等的伙伴关系并保持密切合作。中央政府在规划、发展、统一管理和全国协调方面的主导权以及土地私有制的国情，促成了东京城市治理的公私合作模式。东京的城市治理中，公共权力的运作流程不再仅仅表现为单一型和自上而下的形态，而是互动式、多向度协商合作的过程。政府、企业、非营利组织之间相互支持、相互合作，形成了多重主体参与社会发展和社会治理的多元主体格局。例如，东京在实施户外公园开放共享计划过程中，为满足大众多层次、多样化需求，于2017年修订《都市公园法》，推出Park-PFI（Private Finance Initiative）制度，[1] 鼓励私营主体参与公园经营，形成自上而下和自下而上的管理模式，充分利用企业参与公园的开发、利用、维护等，通过广泛吸收社会力量参与，植入新经济业态，培育新消费场景，为市民提供书吧阅读、露营野餐、临时办公等形式多样、丰富多彩的服务，为推动城市公园实现长效的经营管理模式、持续保持旺盛的生命力提供了制度保障与资金保障。另外，作为全世界公认的垃圾分类最成功的国家，日本在垃圾分类管理方面，实行源头预防模式，秉持"最适量生产、最适量消费、最小量废弃"的原则，引导居民参与垃圾分类焚烧的建设运营监督，强化社区、非营利组织在垃圾治理中的作用，构建了公民、社区、社会组织、企业等"多主体协同治理"的垃圾管理机制，实现了垃圾的循环利用和减量化。[2]

---

[1] 刘晨辉、谢旻科、孟世玉等：《超大城市公园开放共享全流程实践的国际经验与启示》，《风景园林》2024年第2期。

[2] 史敏、倪晓峰：《借鉴日本垃圾分类经验，构建多元主体协作体系》，《深圳特区报》2022年1月25日。

（二）伦敦：规划引领制定城市发展总体愿景

伦敦是著名的全球超大城市，不断革新的治理体系是巩固其世界城市地位的重要制度因素之一，而注重制定战略规划，是大伦敦市政府成立以来采取的重要治理手段。伦敦相继制定了 2004 年、2008 年、2011 年及 2016 年版《大伦敦空间发展战略规划》以及 2015～2019 年战略计划、2019～2023 年战略计划等，围绕经济、社会、文化、商业、服务等制定伦敦城市发展的总体愿景、目标和行动方案，旨在构筑经济繁荣、商业文化创新、社会包容、机会公平的全球化包容国际大都市，致力于推动变革，为所有人打造更美好的伦敦。在基础设施方面，制定《伦敦基础设施规划 2050》和《伦敦智慧规划》，旨在满足未来城市跨界增长和一体化发展对交通、运输、能源的网络化需求。在伦敦都市圈建设过程中，根据城市不同阶段的特点、问题和需求，制定相应的空间规划，对推动伦敦都市圈建设起到了积极而有效的作用。如 20 世纪 40 年代的"四个同心圈"规划，50 年代的八个卫星城规划，60 年代的三条快速主干道发展长廊与三座"反磁力吸引中心"城市规划。进入 21 世纪，则开始关注核心区的创新开发模式。[①] 在规划编制程序上，伦敦非常重视规划的公众参与。伦敦市规划和地方规划在编制草案后，都需要听取公众意见。通过在官网上发布草案征求组织和个人的咨询意见、市长根据咨询意见发布草案修改版本、成立评审小组、召开公众评审会议等流程，最终，由评审小组向中央政府报告，决定是否通过规划。地方规划编制中，还会不定期举办公开会议，与公众进行更直接的互动。

（三）纽约：充分利用大数据解决"大城市病"

纽约作为引领世界潮流的国际大都市，在运用以大数据为代表的新兴科技推动城市治理方面走在前列。纽约利用大数据技术应对和治理大城市中常见的各种问题，提升城市管理和公共服务的效率。首先，纽约利用大数据技术进行城市病的诊断和治理。例如，纽约 311 呼叫系统收集了大量城市数据，通过分析 311 投诉数据，结合社交媒体、道路网络数据和兴趣点（POIs）数据，纽约

---

① 邢琰、成子怡：《伦敦都市圈规划管理经验》，《前线》2018 年第 3 期。

精细诊断城市噪声问题，为相关决策者解决问题提供了翔实的信息数据支持。新冠疫情期间，311 呼叫系统有关非紧急城市服务的访问，提高了政府相关部门相应公众查询的效率，为政府掌握社区对危机的各种反应提供了支撑。此外，大数据还被广泛应用于交通管理、治安管理、环境保护等方面。其次，纽约市在智慧城市建设方面取得显著成效。通过建立智慧城市体系框架，纽约市不仅提升了治理效率，还降低了治理成本。智慧城市建设推动了大数据技术的迅速发展，通过采集和整合城市各类运行数据，动态监测城市发展现状，为城市治理过程中的决策制定与部门协作提供了数据和技术支撑。再次，纽约通过政府数据大规模开放促进数据资源利用。纽约通过《开放数据法案》，旨在推动政府数据公开并免费提供给公众，以提高政府的透明度、责任感和运作效率，同时创造商机并鼓励公众参与改善政府运作及当地社区建设。自 2012 年该法案通过以来，纽约市开放数据门户提供了超过 1300 个数据集，涵盖健康、教育、交通、公共安全、住房和商业等多个领域。[1] 纽约市的开放数据计划激发了公众积极性，相关数据被创新性应用于地图制作、可视化展示、工具开发、应用程序创建和数据分析等各种场景。最后，纽约市十分注重数据安全和隐私保护。一方面，纽约市通过立法手段加强对数据收集和使用的监管。另一方面，纽约采用基于区块链的数据治理及隐私保护技术。区块链技术以其去中心化、去信任的特点，为实现跨机构、跨组织的大数据可信共享流通提供了可能。这种技术不仅有助于解决数据孤岛问题，还能在保护用户隐私的同时，实现数据的安全共享。此外，纽约采取从个人控制到社会控制的转变策略以应对信息时代数据安全与隐私保护问题。传统的个人信息保护理念主要强调个人对信息的控制权，但在大数据时代，个人信息的社会性和公共性日益凸显，纽约也更加注重平衡个人利益和社会整体利益，以适应大数据时代个人信息利用的新环境和新方式。

（四）上海：积极践行"人民城市"重要理念

作为全球人口最多的现代意义上的城市之一，上海是我国最大的经济中心

---

[1]　Okamoto, K., "What is being Done with Open Government Data? An Exploratory Analysis of Public Uses of New York City Open Data," *Webology*, 2016, 13.

和重要的国际金融中心。近几年，上海认真贯彻习近平总书记提出的"人民城市"理念，把增进民生福祉作为城市建设和治理的出发点与落脚点，把全过程人民民主融入城市现代化治理，充分发挥党的领导和社会主义制度的显著优势，调动人民群众积极性、主动性、创造性，构建人人参与、人人负责、人人奉献、人人共享的城市治理共同体。2020年，上海市第十一届委员会第九次全体会议审议通过《中共上海市委关于深入贯彻落实"人民城市人民建，人民城市为人民"重要理念，谱写新时代人民城市新篇章的意见》，把"人民城市人民建，人民城市为人民"重要理念贯彻落实到上海城市发展全过程和城市工作各方面，把为人民谋幸福、让生活更美好作为鲜明主题，切实将人民城市建设的工作要求转化为紧紧依靠人民、不断造福人民、牢牢植根人民的务实行动。① 实践中，上海坚持把不断满足人民群众对美好生活的期盼作为核心任务，聚焦"老小旧远"等民生堵点痛点问题，增加投入，扩大开放，创新方式，不断提升基本公共服务的供给能力，不断提高人民群众的生活品质，市民获得感、幸福感、安全感持续增强。比如，在养老服务体系建设方面，重点围绕推行养老服务市场开放、开展养老服务"长护险"试点、打造一站式养老服务综合体、制定养老服务标准、实行养老服务顾问、推动小区适老化改造、探索智慧养老等，有效提供多样化、多层次养老服务需求；在推动人民参与方面，2020年，上海市政府在"人民建议征集信箱"、"市委领导信箱"、"市政府领导信箱"、"投诉受理信箱"、群众来信、走访反映、12345等征集平台基础上，单独设立"上海市人民建议征集办公室"，全面推动人民建议征集制度转型升级。②

（五）北京：推进韧性城市建设提升风险应对能力

北京作为首都和超大城市，地位特殊、城市系统复杂，面临的各种风险挑战多，遇到灾害容易发生链式反应和放大效应，建设安全韧性城市成为北京城市治理的重中之重。北京将韧性城市理念融入首都规划、建设、管理各方面的

---

① 《人民城市人民建，人民城市为人民！上海市委全会通过重磅〈意见〉》，澎湃新闻，2020年6月23日。
② 陶希东：《〈上海城市治理蓝皮书〉主报告：人民城市建设与十四五时期上海城市治理新方略》，国际城市观察公众号，2022年10月14日。

决策部署中，不仅是全国首个将韧性城市建设纳入新一轮城市总体规划的城市，还制定韧性城市建设专项规划，以规划为统领，分类分级推动韧性城市建设各项工作落地落实，为建设国际一流和谐宜居之都、率先基本实现社会主义现代化提供安全保障。首先，北京市在 2017 年制定的《北京城市总体规划（2016 年—2035 年）》这一新时代指导首都发展的纲领性文件中提出"提高城市韧性"的要求，从战略层面谋划城市安全可持续发展的整体格局，从治理层面创新提升综合应对灾害风险挑战的城市治理能力，从系统层面持续推进城市安全体系不断完善，力争在北京总规划的实施中不断提高首都城市韧性建设水平。[①] 其次，2021 年北京市为进一步推动韧性城市建设，出台《关于加快推进韧性城市建设的指导意见》，提出北京要坚持以防为主、平战结合，研究把握首都城市和超大城市运行规律，把韧性城市要求融入城市规划建设管理发展之中，推进韧性城市建设制度化、规范化、标准化，全方位提升城市韧性，实现城市发展有空间、有余量、有弹性、有储备，形成全天候、系统性、现代化的城市安全保障体系。[②] 2024 年，北京又出台韧性城市建设在空间领域的指导性文件《北京市韧性城市空间专项规划（2022 年—2035 年）》，在空间维度超前谋划，构建了安全可靠、灵活转换、快速恢复、有机组织、适应未来的首都韧性城市空间治理体系。作为超大城市，北京要构建集中式与分布式相结合的韧性城市空间分区，努力完善城市开敞空间系统，依托城市公园环、郊野公园环、环首都森林湿地公园环和重要的生命线环廊，构建三条韧性支撑环，不断提高城市有效应对重大风险灾害和不确定性的综合能力。

（六）广州：多维度公众参与推动历史文化名城保护

广州作为一个建城史超 2200 年的城市，充分挖掘历史文化资源、强化历史文化保护、凸显城市独特魅力是其城市治理的重要目标。社会力量参与是名城保护可持续发展的方向。扩大社会力量参与历史文化名城名镇名村的保护利用，不仅能使历史文化遗产活起来，让历史文化资源焕发新活力、新

① 路林：《北京城市总体规划中韧性城市建设的战略谋划和系统构建》，《城市与减灾》2022年第 5 期。

② 陶凤、韦璐：《北京发布韧性城市建设指导意见　全方位提升首都城市韧性》，《北京商报》2021 年 11 月 11 日。

价值，更好地融入经济社会发展，也符合人们不断增长、层次日渐丰富的文化生活需求。广州围绕"营造共建共治共享社会治理格局"，通过制定共同行动纲领和框架，创新社区治理工作机制、完善方法手段，开展了一系列多维度公众参与历史文化名城保护工作，构建起多途径、常态化的共同缔造工作机制，激发了市民参与历史名城建设热情，初步形成广泛参与、共同保护的良好氛围。例如，在恩宁路历史文化街区改造过程中，探索构建"政府主导、企业运作、多方参与、利益共享"的微改造城市更新模式。政府拥有该街区绝大部分房屋和土地所有权，在改造过程中通过建设—经营—转让（BOT）模式引入企业参与街区的保护利用、建设及运营工作，企业建设结束之后将享有15年的运营期，将所有权与经营权分离，实现国有资产的盘活。在逢源大街—荔湾湖历史文化街区治理过程中，秉持"共商共建共治共享"原则。行政部门牵头成立"共同缔造委员会"，发动片区居民、商户、专家学者、广大群众、志愿者等多方力量共同参与片区更新改造。街区保护利用规划结合"共同缔造"参与式规划设计的实践，充分了解居民需求，在保护和发展中寻找平衡，针对历史文化街区内的建（构）筑物提出"保护修缮、改善、整修、整治、改造"五类分级保护和整治措施，因地制宜，分类施策。广州在历史文化名城保护治理过程中十分鼓励全民参与，以实现历史文化遗产共爱共保共享。通过成立名城守护官志愿者组织、名城保护联盟公益组织等，促进公众从"站着看"到"一起做"，共同讲好名城故事。

三　国内外超大城市治理经验对重庆的启示

城市治理是一门复杂的科学，更是精细的艺术。国内外超大城市治理特点和治理经验表明，重庆应构建治理体系的"基梁根核"，持续推动城市治理体系和治理能力现代化。

（一）以规划制度为基构建城市多主体—全周期治理体系

坚持和完善超大城市的制度体系，将制度优势转化为治理效能，促进城市治理体系的科学化、专业化和规范化。借鉴先进经验，运用国际视野、突出系统思维、强化顶层设计，把"多主体""全周期"思维贯穿到城市治理总体设计与制度完善中，优化重庆超大城市治理总体规划，建立健全规划指标逐级落实和分阶段实施机制，切实维护规划的权威性和可持续性；通过制度完善，推进不同主体间平等协商、有序协作，增强社会多元主体参与共治的合法性；按照全覆盖、全时空、全流程的思路，制定城市治理领域的标准与规范。

（二）以科技智慧为梁提升城市精细—韧性治理水平

科技是城市规划、空间发展、组织管理的重要驱动力。信息网络时代，大数据、移动互联网等现代信息技术的运用，对实现城市智慧治理、精细治理、韧性治理具有重大的支撑作用。重庆应秉持统一平台、系统整合、信息共享、资源共用、业务协同的理念，全面加强城市大脑、超算中心、大数据中心、高密度城市感知系统建设，推动"物联数联智联"的城市数字化转型；以整合构建统一的城市治理数据共享交换平台和信息系统为重点，盘活各个部门的信息数据库资源，推进各级共享交换平台对接，支撑信息资源的跨部门、跨层级、跨区域互通和协同共享。

（三）以文化文脉为根建构城市文化认同—价值认同治理环境

城市作为人类文明成果的基本载体，其特有的文化形态是城市的核心和灵魂。在人口、物资高流动性的超大城市，如何形成城市新的语言风格、区域文化、价值追求，又保留传统的地方特色和群体情感，是超大城市治理的重要目标。重庆在城市规划建设、产业布局、城市装饰、生活方式、行为规范、社会制度等方面，应嵌入城市的文化元素，丰富文化内涵，打造成熟的城市文化，提高城市的感召力和凝聚力；注重城市人口的合理分布，使外来人口和当地人口结构合理，既有利于形成新文化特色，又有利于延续城市传统文化，强化市民的文化认同与价值认同。

（四）以体制机制为核建立超大城市都市圈—跨区域治理模式

从我国城市化和城市区域发展的趋势来看，在互联网、物联网、大数据等现代科技的促动下，以超大城市为核心的都市圈，未来将呈现更高程度的融合发展趋势。以重庆为核心的重庆都市圈应树立跨区域协同治理、系统治理、一

体化治理新理念，在交通通信、产业发展、数据共享、环境保护、公共服务、应急管理等方面与周边区域实现共建共治共享的协同治理，有力带动提升区域治理一体化水平；以高质量升级优化川渝毗邻地区合作功能平台，积极向上争取升级为国家级"川渝跨省域经济区和行政区适度分离改革试验区"，努力在利益协调机制、投融资体制改革、要素市场化配置改革、城乡融合改革等方面取得突破，为化解我国"区域协作需求与行政条块分割之间的矛盾"提供样板和经验。

参考文献

刘晨晖、谢旻珂、孟世玉等：《超大城市公园开放共享全流程实践的国际经验与启示》，《风景园林》2024年第2期。

路林：《北京城市总体规划中韧性城市建设的战略谋划和系统构建》，《城市与减灾》2022年第5期。

史敏、倪晓峰：《借鉴日本垃圾分类经验，构建多元主体协作体系》，《深圳特区报》2022年1月25日。

谭莉莉、张美玲：《超大城市现代化治理的理论向度、核心内涵与实践路径——以重庆为例》，《重庆行政》2024年第6期。

陶凤、韦璐：《北京发布韧性城市建设指导意见　全方位提升首都城市韧性》，《北京商报》2021年11月11日。

吴良镛、武廷海：《从战略规划到行动计划——中国城市规划体制初论》，《城市规划》2003年第12期。

叶林、梅畅：《面向中国式现代化的超大城市治理：政治逻辑、战略定位与发展路径》，《公共治理研究》2025年第1期。

B.7
加快构建超大特大城市智慧高效
治理新体系研究

伍爱群*

摘　要：　党的二十届三中全会提出，要推动形成超大特大城市智慧高效治理新体系。我国超大特大城市在经济社会发展中发挥引擎作用的同时，也面临传统风险因素多、新型风险发展快、极端天气破坏强、冲击作用影响深等挑战，亟须构建新的城市治理范式。为此，超大特大城市要依托数字新技术、加强数据赋能，在城市大脑、数据治理、全域感知、场景应用、安全防护等方面进一步探索实践，加快构建智慧高效治理新体系，充分彰显其连接性、敏捷性、精准性、整体性，以智慧高效治理新进展新成就，助力推进国家治理体系和治理能力现代化。

关键词：　超大特大城市　智慧治理　数据治理　城市治理

　　党的二十届三中全会审议通过的《中共中央关于进一步全面深化改革、推进中国式现代化的决定》提出，要"深化城市建设、运营、治理体制改革"，"推动形成超大特大城市智慧高效治理新体系"。根据《国务院关于调整城市规模划分标准的通知》（国发〔2014〕51号）文件精神，以城区常住人口规模为划分标准，其中常住人口1000万人以上的为超大城市、500万~1000万人的为特大城市。超大特大城市作为开放复杂的巨系统，具有人口高度聚集、要素结构复杂、新旧风险叠加等特点，在全国和区域经济社会发展中发挥引擎作用的同时，自身面临的复杂挑战与治理难题也日益显现，亟须构建智慧高效治理新体系。

---

* 伍爱群，全国政协委员，上海航天信息科技研究院院长，华东师范大学特聘教授，主要研究方向为国家安全、应急管理、城市风险、网络安全、卫星通信等。

一　超大特大城市各类风险交织叠加导致治理难度大

超大特大城市因其人口密集、要素集聚、系统复杂等特点，面临传统与新型风险交织叠加的挑战，治理难度相比一般城市明显增大。

一是传统风险因素多。一方面，超大特大城市人口规模大、密度高、流动量大且频繁，这些人口在给城市作出贡献、创造价值的同时，也在很大程度上增加了城市的脆弱性，一旦发生风险，很可能迅速蔓延，极端情况下甚至突破灾害类别和行政边界。另一方面，超大特大城市的生命线系统较为复杂，高负荷、长周期运行后出现一定程度的不稳定性，比如交通运输系统、能源动力系统、信息传播系统、生活供应系统等若干子系统，可能会出现功能过载、超负荷运转等问题，当风险积累到一定程度时，某一子系统有可能出现脆断风险，进而影响整个城市的正常运转。

二是新型风险发展快。当前，超大特大城市也面临新产品、新设施、新业态不断涌现而带来的新型风险，城市治理往往面临"想不到、认不清、管不好"等新考验。在一些超大特大城市，自动驾驶或智能网联汽车、无人机、飞行汽车等新产品开始或即将走进大众消费领域，由此带来"技术性失控"风险；新型储能、光伏发电、氢能、充电桩等设施加速建设，这些设施往往密集分布在特定区域或地下空间，其安全性需高度关注；新就业形态带来新的社会风险，比如零工经济导致用工安全培训不足，快递、网约车等从业者风险意识薄弱，道路交通事故隐患大大增加。

三是极端天气破坏强。近年来，短时强降水、台风风暴潮、高温热浪、低温寒潮等极端天气事件频次增加，强度也比以往明显加大，极端天气不稳定性急剧增加，对超大特大城市造成严重影响甚至带来重大生命财产损失。据世界气象组织和我国气候中心有关专家推测，全球气候变暖是造成近年来极端天气事件频发、强度增加的最根本原因，今后气候系统不稳定性可能加剧。因此，在减缓气候变化取得成效之前，极端天气事件和重大自然灾害将越来越多，目前发生的破纪录极端事件很可能会成为经常发生的事件，这将给超大特大城市治理带来严峻挑战。

四是冲击作用影响深。超大特大城市各系统高效运转、高度关联，单一风险发生后很可能触发连锁反应，导致风险"叠加、交互、耦合"，呈现非线性和跨域性等特征，最终致使风险或灾害明显升级，给城市治理和安全运行带来重大冲击。比如，自然灾害、技术失误等可能引发特定领域重大风险，但经过传递后会对城市关联系统造成连锁性冲击，进而可能蔓延至生态环境、社会治理等系统中，进一步耦合会造成灾害升级，放大和加深单一风险给城市治理带来的巨大冲击。

二　构建智慧高效治理新体系是超大特大城市应对治理难题的必由之路

习近平总书记强调："运用大数据、云计算、区块链、人工智能等前沿技术推动城市管理手段、管理模式、管理理念创新，从数字化到智能化再到智慧化，让城市更聪明一些、更智慧一些，是推动城市治理体系和治理能力现代化的必由之路。"2024年4月，习近平总书记在重庆考察时指出，强化数字赋能、推进城市治理现代化，要科学规划建设大数据平台和网络系统，强化联合指挥和各方协同，切实提高执行力；要加快智慧城市建设步伐，构建城市运行和治理智能中枢，建立健全"大综合一体化"城市综合治理体制机制，让城市治理更智能、更高效、更精准。可见，越是超大特大城市，越需要科技赋能、智慧引领，运用数字技术提升风险预警水平和基础设施韧性，构建城市运行和治理现代化的感知触角及智能中枢，科学、精准、系统化解风险和应对挑战，形成智慧高效治理新体系，推动实现城市治理体系和治理能力现代化。

一是超大特大城市风险挑战压力大，需要加快构建新的治理范式。超大特大城市作为经济社会发展的核心引擎，各类要素高度聚集，复杂性持续增强，风险隐患防范压力大，必须做到早发现、早研判、早预警、早处置，亟须在最低层级、用最短时间、花相对最小的成本、解决最大最关键的问题。比如，要防范城市重点领域风险，聚焦安全风险，加强动态感知、科学研判、快速响应，强化防汛防台、轨道交通、高层建筑、人员密集公共场所等领域风险排查，从根本上消除隐患，保障城市平稳运行。然而，传统治理模式难以有效适应和匹配复杂环境下的治理目标，超大特大城市急需新的治理范式和运行框架，更好处理由规模增长带来的高度复杂性和不确定性，实践形成更加智慧、

更加高效的治理体系，为加快推进国家治理体系和治理能力现代化贡献城市力量。

二是人民城市重要理念落地生根，要求超大特大城市更加智慧高效地感知人民需求。近年来，在人工智能、云计算、大数据、物联网等高新技术的驱动下，城市形态逐渐从工业城市、信息城市走向感知城市，一些超大特大城市通过归集各类感知数据，较大程度上实现了城市运行精确监测、感知数据精细治理、数据服务精准赋能，为城市公共服务提供高标准、高质量、高可靠的"数据要素"支持。随着"人民城市人民建，人民城市为人民"重要理念的深入实践，感知人民群众的现实需求日益成为超大特大城市的重要内容，以便为人民群众创造更加美好的生活。因此，要以人民为中心，以技术为支撑，通过城市感知体系识别汇聚人民群众的现实需求，进一步改善提升超大特大城市公共服务水平。

三是数字新技术快速蓬勃发展，为超大特大城市构建智慧高效治理新体系提供了现实基础和技术保障。当前，大数据、物联网、云计算、人工智能等数字技术的发展使得信息的存储、传输、计算与交互发生极大变化，各类智能化平台日益崛起，智能升级、智慧应用不断加速。数字技术在数据收集、全域感知、深度分析方面展现出广阔的应用前景，使城市治理能够突破以往的条件限制，综合运用现代信息技术进行全景融合和高量赋能，进而全面快速精准地感知、判断、预测城市问题，为城市治理创造新的空间，使城市治理迈向精准化、智能化、高效化，为超大特大城市形成智慧高效治理新体系提供了现实技术条件和安全运行保障。

三　超大特大城市智慧高效治理新体系的内涵特征和运行框架

（一）主要内涵

超大特大城市智慧高效治理新体系是一个精准感知、高度联通、快速响应、全面系统的城市治理新模式，依托数字新技术、围绕人民需求、通过技术赋权与数据赋能，对城市经济、社会、生态、交通、公共服务等各个领域进行全方位感知、分析、处置，赋能城市规划、建设、管理、运营全生命周期，构建人机物高度互联、风险事件敏捷反应的治理新格局，实现城市全域的协同化、高效化、智慧化治理。

（二）四大特征：连接性、敏捷性、精准性、整体性

1. 连接性

智慧高效治理新体系的最基本特征是连接性。在物理层面，新兴数字技术将城市部件和基础设施连接起来，将实体城市虚拟化与数字化，使得全面感知整座城市成为可能，可以像感受单一个体一样精确感知城市生命体征，更加精准地把握城市脉动和治理需求。在主体层面，数字技术能够跨越各治理主体边界，使得不同治理主体之间产生广泛的互联互通、协作共享、业务协同，为跨部门和跨层级问题的解决提供了技术支持、降低了治理成本，有效推动传统部门式治理转向现代式、整体性、智慧化、高效能治理。

2. 敏捷性

智慧高效治理新体系的最直接特征是敏捷性。云计算、区块链、人工智能等以大数据为支撑的前沿技术，以及多场景开发应用的各类数字平台，可以有效展示城市运行中的演进规律和发展趋势，使得政府有关部门能够更加精准地掌握城市运行总体状况和特定领域局部细节，打造全局"一屏掌控"、政令"一键智达"的协同应用场景，实现实时监测、精准分析、智能决策，大幅提高治理主体的快速响应和敏捷处置能力。

3. 精准性

智慧高效治理新体系的最显著特征是精准性。超大特大城市智慧高效治理新体系，以满足人民需求、契合人民利益、促成人民满意为出发点和落脚点，把绣花般的耐心和精细贯通城市治理各环节、各区域，同时以便民惠企为导向，大力延伸和拓展公共服务的广度深度，通过需求研判、数据共享、智能识别等创新路径，提高政务服务的集成性和精细度，促进政务服务向精准化转变。

4. 整体性

智慧高效治理新体系的最本质特征是整体性。超大特大城市智慧高效治理遵循整体政府理念，聚焦城市治理重点难点问题，理顺不同部门与层级之间的工作职责与衔接机制，探索横向到边、纵向贯通的联合指挥与调度机制，全面

打造"一个窗口对外"。同时，通过特定平台集成系列政策、规划和标准，为各方参与城市治理提供明确的整体框架，积极引导形成良好的治理格局。

（三）运行框架：城市大脑、全域感知、数据治理、场景应用、安全防护

1. 城市大脑

超大特大城市全面利用地理、人口、经济、社会、环境等方面的数据，融合构建海量数据库，打造具有全域感知能力、数据运用能力、场景应对能力的城市大脑。城市大脑是超大特大城市的数据中心、智能中枢、智慧中心，充分运用政府、企业和社会各方面数据，释放显现数据的生产力和服务力，展示发挥指挥中枢、决策核心、协调平台的重要作用，有效实现城市运行的体征感知、预测预警、资源调配、宏观决策等功能，推动实现城市治理的决策、调度、运营、执行之间高效统一、相互协同。

2. 全域感知

随着数字化转型的深入推进，超大特大城市传感器、摄像头等硬件设施投入持续加大，城市神经末梢感知能力普遍增强，这是超大特大城市构建智慧高效治理新体系的重要载体。全域感知系统通过接入大数据平台和网络系统，让城市物理空间与数字空间可以高度联通衔接，治理主体能够敏捷地感知城市运行和发展中的动态信息，高效回应企业发展诉求和人民现实需求，为联合指挥和各方协同提供了基础支撑，为科学决策和智慧治理提供了有力的技术工具。

3. 数据治理

智慧高效治理新体系是由数据驱动的，通过数据生产、流通、开发、应用提升城市治理的智慧化水平。数据治理充分利用包括物联网、云计算在内的最新信息技术，收集、存储、分析海量数据，为精准化高效决策提供数据支撑，推动超大特大城市治理更加敏捷、更加智慧。数据治理通过建立城市体征指标体系，依托物联、数联、智联汇聚城市运行中的数据信息，将各类数据进行集成化管理和运营，实现数据要素的全方位流通和数据价值的最大化，让超大特大城市高效治理充满数据的"智慧"。

4. 场景应用

拓展智慧治理应用场景，是超大特大城市智慧高效治理新体系的题中应有

之义。为此，需结合超大特大城市高频场景，持续推进各类智慧化应用，特别是城市运行、交通管理、生态环境等领域，亟须推进跨层级、跨部门、跨业务的服务协同，以场景应用破解治理难题。比如，在缓解交通拥堵应用场景，可以通过实时交通流量数据与历史出行记录的深度融合，构建更为精准的交通预测模型，优化交通信号控制，缓解交通拥堵现象。

5. 安全防护

超大特大城市通过数字赋能提升城市治理水平，但也带来安全风险挑战，增加了安全领域的复杂性，需要加强城市治理数据安全防护，为其智慧化、高效化治理提供坚强保障。超大特大城市治理所面临的数字化风险和数据安全防护是多维度的，既有技术层面的系统漏洞、网络攻击等潜在威胁，也有管理层面的数据孤岛、监管滞后等安全挑战，甚至还有数字伦理、信任赤字等突出问题，构成了复杂的数字风险综合体，亟须加强立体式安全防护，避免数字化风险叠加及外溢。

四 超大特大城市智慧高效治理新体系的构建路径

超大特大城市构建智慧高效治理新体系，要坚持中心城区先行先试、探路领跑，率先应用大数据、云计算、人工智能等前沿技术，全面汇聚各领域海量基础数据，以点带面系统推进城市大脑、全域感知、数据治理、场景应用、安全防护五个领域建设，全面构建数字化智能化体系，全面提高全天候城市运行本质安全水平，全面提升政务服务便捷高效水平，最终推动城市治理体系和治理能力现代化取得明显进展。

（一）做强城市大脑

1. 建强城市大脑中枢

强化 AI 赋能，接入利用 DeepSeek 等大模型，增强城市大脑的智能监测预警、高效智慧决策、实战高效应对能力。推动 AI、大数据、云计算等前沿技术融合应用，将城市大脑中枢打造成为新技术集成创新平台，充分发挥在城市治理中的智慧高效作用。提升中枢系统与重要平台的连通性，推动城市数据实时流动、高度互联，使城市大脑中枢成为重大城市治理事件的决策中心和政府

内部机构融合的有效载体。

2.优化城市大脑界面

深化城市大脑界面建设，汇聚惠企便民、服务推送、用后评价等功能，让全部应用场景一目了然、一键即达。推进微信、支付宝等与城市治理系统联通，利用其用户范围广的优势，联动线上线下推送高频服务信息，让居民、企业、游客都能便捷地链接城市大脑、享受城市服务。在融合办事事项服务的基础上，推出"看病一件事""游客一件事"等特色服务。

（二）完善感知系统

1.拓展感知网络

推动现代化信息基础设施与城市公共基础设施功能集成，支持基础设施长距离感知、实时监测、无电无网部署，大幅提升公共安全、道路交通、生态环境等领域的感知水平。大力推广智能终端应用，在公共场所和办公楼宇等地方部署智能服务终端，延伸感知系统神经末梢。

2.提高感知能力

全面开发智能感知功能，通过建设互联互通的感知网络、分层协同的感知平台、持续运营的感知中心，支撑城市治理动态精准感知。采用多维感知技术，通过毫米波雷达与机器视觉多维感知，解决气候和光线变化引起的感知准确率低等问题。打造高水平云管平台，提供定制化专链路服务，优化基础算力平台，促进城市基础设施智能化升级。提高网络承载能力和运行速度，确保数据能够快速流通，为智能感知高效运行提供有力保障。

（三）创新数据治理

1.强化数据互通

破解信息孤岛问题，推进各子系统、各分平台全面有效接入城市治理主系统，实现跨区域、跨层级、跨部门数据联通。加强与功能类保障类企业合作，促进政府公共数据和城市体征数据有效融合，打造一体化数据中心。提高数据处理能力，强化数据深度挖掘、关联关系分析等应用，为城市高效治理提供技术支撑。

2. 扩大数据开放

编制城市公共数据开放整体目录，有序持续增加开放数据规模和质量，分权限、分领域、分层级深化公共数据开放，特别是经济、生态、卫生等领域数据。提升数据开放共享的标准化程度，鼓励各主体进行深度加工和增值利用。充分利用城市规模效应，探索建立数据资源的确权、开放、流通、交易规则，打造形成数据价值交易市场。

3. 深化数据利用

加强 AI 算法和分析工具应用，对城市海量数据进行深度分析，更精准地识别问题、预测趋势、提出解决方案。提高数据分析智能化水平，进一步加强数据赋能建设。建立数据利用技术体系，提高数据标准化利用水平。借助可验证计算等技术，保障数据资源安全开发利用。

（四）拓展应用场景

1. 民生服务场景

通过智能交通系统，实现交通拥堵预测、智能信号灯控制，提升出行效率。利用传感器和数据分析，监测和改善空气质量、水资源管理，打造宜居环境。通过智能预警系统，及时响应突发事件，保障公共安全。利用数字技术，提升文化体验，如虚拟现实博物馆、智能导览等。利用医疗大数据，提升医疗效率，改善患者体验。

2. 产业服务场景

建立统一的政策发布平台和查询网站，分行业分领域展示政策内容，依托人工智能大模型技术，方便企业高效查询和了解政策，精准匹配和使用政策。推动涉企政策"应上尽上"，加快涉企服务事项全部一站办理。针对项目建设审批过程中的痛点，推动形成拿地即开工、竣工即验收等"一类事"高效审批，努力提供全程政府代办等特色增值服务。推动智慧园区实现综合立体防护、人员秒级通行、车辆无人值守等功能，打造服务高效、管理睿智、生活智能的园区生活，构建良好的园区营商环境。

3. 拓展广度深度

聚焦超大特大城市难点痛点，全面推动新场景设计研发，应用推广包括停车"先离场后付费"、旅游"30 秒酒店入住"等在内的场景实践。全面建立

场景建设应用评价机制和指标体系，包括用户数、使用率、满意率等指标，全面准确评价场景应用运行质量。高效利用 AI、物联网、绿色建筑等技术应用，实现数字技术与施工建造现场管理的深度融合，提升项目精细化管理水平。

（五）加强安全防护

1. 完善数据安全管理体系

甄别数据泄露的可能途径，有效防范和响应潜在的数据安全风险。明确数据分类管理，根据不同职能和岗位分类设置不同的安全级别和访问权限。建立安全事故报告和处理机制，建立科学有效的应急响应机制。

2. 完善数据安全技术体系

采取数据传输加密、存储加密、脱敏、访问控制、接口鉴权等技术措施，形成完备的识别、监测与防护的数据安全技术体系。结合网络安全态势感知、异常流量监测、用户行为分析等安全保障技术，建立数据安全监管机制。采用数据加密技术，对敏感数据进行加密，定期进行数据备份并测试数据恢复。

3. 完善数据安全运营体系

加快建立"团队+机制+工具+服务"的数据安全运营体系，实现持续化的运营落地，形成"管理—技术—运营"闭环机制。更加注重伦理与隐私保护，明确数据主体的访问权和被遗忘权等，保证数据经纪商的数据来源正规合法。注重数据安全审查，保证严格的安全监管和可用性。

参考文献

《习近平在重庆考察调研》，新华网，2024 年 4 月 23 日。

《中共中央关于进一步全面深化改革　推进中国式现代化的决定》，新华社，2024 年 7 月 21 日。

陈水生：《城市治理数字化转型：动因、内涵与路径》，《理论与改革》2022 年第 1 期。

圭卯：《以数字之力重构城市治理智慧体系》，《数字经济》2023 年第 Z1 期。

李雪松：《新时代城市精细化治理的逻辑重构：一个"技术赋能"的视角》，《城市发展研究》2020 年第 5 期。

翟云、蒋敏娟、王伟玲：《中国数字化转型的理论阐释与运行机制》，《电子政务》2021年第6期。

张成岗、阿柔娜：《智慧治理的内涵及其发展趋势》，《国家治理》2021年第9期。

赵静、薛澜、吴冠生：《敏捷思维引领城市治理转型：对多城市治理实践的分析》，《中国行政管理》2021年第8期。

B.8

多维协同与数智赋能：重庆超大城市
交通综合治理路径研究

唐伯明　曾超*

摘　要：　近年来，随着城市化进程的加速推进及社会经济的蓬勃发展，重庆市的交通拥堵问题日益严峻。其特殊的地形地貌，叠加机动车数量的迅猛增长及资源配置的不均衡现状，给重庆这座超大城市的交通治理工作带来巨大挑战。本报告首先回顾了重庆市交通发展历史脉络，结合现状数据剖析城市交通存在的主要问题；分析总结国内外典型超大城市的交通治理经验，为重庆市的交通治理提供宝贵的启示和借鉴。基于上述分析提出一套全面且具有针对性的重庆市交通综合治理的多维路径，涵盖交通需求管理、精细化交通组织及小切口治理、交通基础设施建设维护、公共交通提质增效、停车综合治理、智慧交通数字赋能、交通治理综合协调体制机制、政策法规保障及支持引导、技术人才保障、宣传教育保障等十大维度。通过实施上述综合治理措施，有望缓解重庆市的交通拥堵状况，提升城市交通的运行效率及公共交通服务水平，推动城市交通朝着智能、绿色、高效的方向稳步迈进。

关键词：　超大城市　交通综合治理　多维协同　重庆

　　随着城市化进程的加速推进和社会经济的快速发展，重庆市作为我国重要的超大城市之一，其交通拥堵问题日益严峻，成为制约城市可持续发展的重要因素。作为中国西部唯一的直辖市，重庆市近年来城市规模快速扩张，人口持续增

---

* 唐伯明，重庆交通大学原校长，博士，教授，博士生导师，交通运输部专家委员会成员、中国公路学会副理事长；曾超，重庆交通大学交通运输学院院长助理，交通运输工程博士，城乡规划学博士后，副教授，博士生导师，重庆市公路学会静态交通专委会秘书长。

长，交通压力不断增加，复杂的山地地形特征、快速增长的机动车保有量及不均衡的交通资源配置，使得超大城市重庆面临独特的交通治理挑战。在此背景下，坚持问题导向，科学、有序缓解重庆市中心城区区域性、时段性交通拥堵问题已成为保障城市高质量发展和人民群众高品质生活的迫切需要，也是深入贯彻落实习近平总书记提出的"积极探索超大城市现代化治理新路子"的重要实践。本报告系统梳理重庆交通发展现状，深入剖析存在的问题，并结合国内外成功经验，提出适合重庆特点的交通综合治理路径。通过本研究，期望为重庆市建设高效、智能、绿色、可持续的综合交通体系，着力破解交通拥堵等超大城市共性问题、以系统思维智能手段推进缓堵保畅提供决策参考，同时也为其他超大城市交通治理提供借鉴。

一 重庆市超大城市交通现状及问题剖析

（一）重庆市交通发展历程回顾

重庆市交通发展历程是一部与山地地形顽强抗争、不断突破地理限制的奋斗史，也是一部见证城市经济社会蓬勃发展的变迁史。其发展可大致划分为以下几个关键阶段。

1. 早期交通基础薄弱阶段（1949～1977年）

新中国成立初期，重庆交通基础设施较为薄弱。道路方面，不仅里程稀少，而且大多路况不佳，狭窄且崎岖不平，标准低，难以满足日益增长的交通需求。以当时主城区的道路为例，多为双车道道路，且坡度较大，弯道多，行车安全性和舒适性较差。桥梁和隧道数量更是屈指可数，1966年1月，嘉陵江大桥建成通车，连通了渝中区和江北区，其他区域的跨江交通主要依赖轮渡，通行效率低，严重制约了城市各区域之间的联系与交流。在公共交通方面，以少量的公共汽车和电车为主，线路覆盖范围极为有限，车辆老旧，舒适性差，准点率难以保证。

2. 交通建设起步阶段（1978～1996年）

改革开放后，重庆交通迎来了新的发展契机。随着经济逐步复苏，对交通基础设施的投入不断加大，开始大规模修建和改造公路与城市道路，如1980年建成的重庆长江大桥，结束了长江天堑对重庆交通的限制，又如1995年建

设的成渝高速公路，大大促进了重庆与周边城市的交通联系。公共交通方面，车辆数量有所增加，线路不断延伸，覆盖范围逐渐扩大。同时，出租汽车行业开始兴起，为居民出行提供了更多选择。

3. 直辖后交通快速发展阶段（1997~2012年）

1997年重庆直辖，为交通发展带来了前所未有的机遇。重庆相继建成渝遂高速、渝湘高速等多条高速公路，实现"四小时重庆"的目标，渝怀铁路、遂渝铁路等相继建成通车，加强了重庆与周边地区的铁路联系。公共交通方面，2004年重庆轨道交通2号线开通试运行，成为中国西部地区第一条城市轨道交通线路，开启了重庆轨道交通时代。同时，积极推进公交优先发展战略，建设公交专用道，提高公交运行效率。

4. 交通综合发展与提升阶段（2013年至今）

近年来，重庆交通进入综合发展与提升阶段，更加注重交通的智能化、绿色化和一体化发展。持续完善交通网络，加密高速路网、铁路路网、城市快速路网，提高交通枢纽的互联互通水平，提升了重庆在全国交通格局中的地位。城市轨道交通建设加速推进，多条线路相继开通运营，在公共交通方面，重庆轨道交通运营里程已位居全国前列，形成了较为完善的轨道交通网络。同时，大力发展智能交通，利用大数据、人工智能等技术，实现交通信号的智能控制、交通流量的实时监测与分析，提高交通运行效率。

（二）现状特征与问题分析

1. 机动车保有量与增长趋势

近年来，重庆市机动车保有量仍处于增长态势。截至2024年底，全市汽车保有量达636.7万辆，中心城区汽车保有量达231.1万辆，与上一年中心城区汽车保有量219.5万辆相比，增长5.28%，近五年来，全市机动车保有量的年平均增长率达到6.59%，如图1所示。

机动车保有量的快速增长给城市交通带来了巨大压力，早晚高峰时段，中心城区主要道路的交通拥堵指数大幅攀升，内环以内城市道路平均运行速度仅25.1公里/小时，跨两江日交通量达251万辆，穿两山日交通量达121万辆，部分拥堵路段的车速甚至低于15公里/小时，严重影响了居民的出行效率。另外，随着机动车数量的增加，道路维修和养护成本上升，核心商圈、老旧小

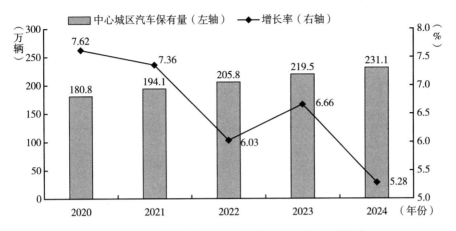

图1　2020~2024年重庆中心城区汽车拥有量及增长率

数据来源：历年各公开数据。

区、医院、学校周边停车位供需矛盾日益突出，车辆乱停乱放现象凸显，进一步加剧了交通拥堵，叠加跨江、穿山等特殊地形和城市组团式分布等因素，南北过江通道、东西向跨区道路、上下内环连接点等路段和节点易在早晚高峰时段出现拥堵状况。①

2. 公共交通覆盖与运能

重庆市公共交通主要包括轨道交通、常规路面公交、轮渡索道等辅助公共交通方式，近年来在覆盖范围和运输能力方面取得显著成效。

在轨道交通方面，截至2024年底，重庆轨道交通运营里程突破523公里，运营线路增至12条，组成了全世界规模最大的山地城市轨道交通运营网络。轨道日均客流由300万人次提升至约400万人次②，公共交通客运分担率由43.9%提升至54%，轨道交通网络初步形成，覆盖了中心城区的主要区域，但仍然存在宏观层面轨道布局不均衡、中观层面与产业规划衔接不畅、微观层面换乘通畅度不足等问题。

在常规路面公交方面，截至2023年底，中心城区公交运营线路超950条，

---

① 《百度地图2024年第三季度百城通勤高峰拥堵榜》，2024年11月。

② 《全年客运量28亿人次！重庆交通开投集团2024年成绩单出炉》，https://gzw.cq.gov.cn/gqdj/202501/t20250120_14183313.html，2025年1月20日。

运营线路总长 16443.2 公里，2024 年中心城区优化调整公交线路 207 条次，新开微循环公交线路 25 条，开展了定制公交、都市观光漫游线路、响应式下客等多样化服务。尽管公交线网覆盖面较广，公交与轨道的无缝接驳在一定程度上提升了城市公共交通机动化出行分担率，但仍存在部分公交站点与轨道换乘站点衔接不够顺畅、换乘距离较长的问题，影响了乘客的出行体验。

3. 道路网络布局与通行能力

重庆市道路网络布局受山地地形和城市组团式发展的影响，具有其独特性。截至 2023 年底，中心城区已建成 6600 公里城市道路，37 座跨江大桥，102 座隧道[①]，路网密度增幅连续两年位居全国前列，路网密度达到 7.6 公里/公里^2，位居全国第 7[②]（见图 2）。但干道之间缺乏必要的道路联系，部分次支道路的贯通性不足，路网交通量分配不合理，过境道路单一，形成了"多箭穿心"的路网格局，导致交通流过于集中在少数干道上，次支路以 72% 的里程仅承担 15% 的车流，而快速路和主干路以 28% 的里程承担了 85% 的车流。

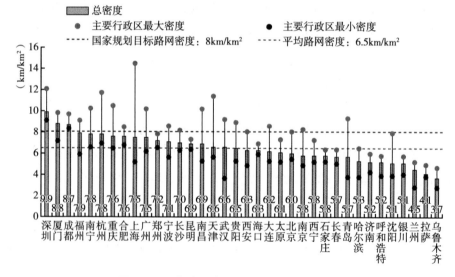

图 2　2023 年全国主要城市行政区路网密度

数据来源：公开数据。

---

① 2023 年《重庆市中心城区交通发展年度报告》，2024 年 5 月。
② 《2024 年度中国主要城市道路网密度与运行状态监测报告》，2024 年 6 月。

在道路通行能力方面，由于地形复杂，道路坡度大、弯道多，对车辆行驶速度和通行能力产生了较大影响，跨江大桥、穿山隧道、城市主干道与内环快速路连接段在高峰时段已处于饱和或超饱和状态，通行能力瓶颈问题日益突出。

4. 交通管理智能化水平

在交通信号控制方面，中心城区已开展多年智慧交通管理系统建设，定向车道、串联掉头等创新成果取得较好的示范效果，但仍存在部分路口的交通信号配时未能根据实时交通流量进行动态调整，使得高峰时段车辆排队时间过长，而在非高峰时段绿灯时间又有剩余，造成道路资源的浪费。智能监测方面，虽然在大部分道路上安装了交通监控设备，但对交通流量的实时预测和智能分析引导方面的应用仍需加强。

二　国内外超大城市交通治理经验借鉴

（一）国外先进城市经验

1. 美国纽约

纽约于 2025 年 1 月 5 日正式实行拥堵收费计划，旨在缓解曼哈顿核心区域的交通拥堵，这一举措在美国尚属首次，一经推出便备受瞩目[1]，该政策对进入曼哈顿岛第 60 街及以南拥堵区域的车辆征收"拥堵费"。收费标准根据高峰时段、车辆种类等有所不同，出租车和网约车乘客费用较低，低收入群体和残疾人士等享有折扣或免征权益。该政策的执行预计将减少 10% 的车辆进入中央商务区，区域内车辆行驶总里程减少 5%，还能为纽约大都会运输署带来每年约 10 亿美元收入用于改善公共交通设施。这一举措利用经济杠杆调节交通流量，为缓解交通压力和发展公共交通提供资金支持。

---

[1] 《纽约市开征美国首个交通拥堵费：高峰时段至少 9 美元，争论多年才艰难实施》，https：//baijiahao.baidu.com/s？id=1820540424614586719&wfr=spider&for=pc，2025 年 1 月 7 日。

2. 英国伦敦

伦敦以发达的公共交通网络著称，公共交通出行在市区占总出行比例达72%。[①] 公共交通以轨道交通为核心，采用多层次、多类型模式，包括地铁、轻轨、高架铁路等，地铁与城郊铁路共轨共站，多种交通方式纵横交错，完善的公共交通体系，提高了居民出行的便捷性和可达性，减少了私家车上路；大力发展共享出行，2024 年伦敦街头共享电动自行车数量达 37694 辆，较 2023 年大幅增加，以运营商 Lime 为例，共享单车在通勤高峰时使用量增长 91%，约 1150 万次。

3. 法国巴黎

2003 年以来，巴黎通过一系列交通改革取消了 9% 的路内停车位（14300个），并对原有 95% 的免费停车位进行收费。其中，取消约 4000 个路内停车位，用来建设 1451 个巴黎公共自行车站点，这些站点布设了约 20000 辆公共自行车。2020 年底，该市宣布取消 7 万个地面停车位，以赋予拥挤而狭窄的街道更多使用空间。新空间的使用重点聚焦增加城市绿化，提高公共空间质量。

除了少数特殊车位，巴黎包括路内停车位在内的所有停车位都需要付费，收费时段通常为周一至周六上午 9 点至晚上 8 点，停车费价格取决于所涉及的区域，最高可达每小时 10 欧元。从 2021 年 8 月 2 日上午 9 点开始，巴黎 1~11 区每小时的停车费上涨到 6 欧元，12~20 区上涨到 4 欧元。不过居民停车所享受的优惠价并未上调，拥有私人车辆的居民停车需要获得住宅停车卡，该卡允许车辆在车主家附近的 4 个停车分区停放连续 7 天的时间，巴黎分为 160 个停车分区。允许居民在家附近有黄点的即时付费停车系统的街道上停车，年票为45 欧元，日停车费为 1.5 欧元。违章罚款金额也有所上调：1~11 区从 50 欧元涨到 75 欧元，12~20 区从 35 欧元涨到 50 欧元。

4. 日本东京

首先是发展大容量轨道交通。以轨道交通支撑都市圈运行，这是改善交通的根本因素，日客运量近 4000 万人次；同时，发挥轨道交通引导作用，围绕综合交通枢纽高强度开发，如东京站所在的大丸久地区，枢纽规划合理，与周边建

---

① 伦敦交通局官方网站，Transport for London，tfl. gov. uk。

筑实现一体化，线路多、出入口多，提升了居民轨道出行意愿，该地区83%的出行靠轨道交通，小汽车出行仅占4%。其次是通过停车治理调控车辆。1962年颁布《车库法》，实施"有位购车"制度，约束机动车保有需求；开展清理违停运动，大力度处罚违法停车。通过这些措施，东京中心区小汽车保有率低、使用强度小，拥堵明显缓解，如2018年东京都23区小汽车出行仅占8%。

5. 新加坡

新加坡在交通需求管理与智能交通系统应用方面成果斐然。在交通需求管理方面，新加坡实行严格的车辆配额制度。自1990年起实行拥车证（COE）制度，居民购车需先投标竞得拥车证；2023年新加坡机动车保有量仅98万辆，远低于同等规模城市，极大地减轻了交通压力。同时，1998年启用的电子道路收费系统（ERP）是其交通管理的关键举措。该系统按时间、路段等因素自动扣费，高峰时段进入中心城区收费高，如工作日7~9点某些关键路段收费达5新加坡元。这一差异化策略促使驾驶员合理规划出行，ERP实施后，中心城区高峰流量下降约15%，车速提升20%~30%，拥堵明显改善。

在智能交通系统应用方面，通过在主要道路安装大量交通传感器，实时采集车辆信息并传输至管理中心，利用大数据和人工智能分析预测流量趋势，及时调整信号配时。如流量大的路口，系统动态调整信号灯时间，减少车辆等待时间。此外，新加坡还为市民提供全面的交通信息服务，通过智能交通系统，实现管理的智能化、精细化，提升了交通效率，让市民出行更便捷高效。

（二）国内典型城市案例

1. 深圳

深圳在交通治理领域的创新实践，特别是"预约通行"与"共享停车"模式，为缓解交通拥堵和停车难题提供了宝贵经验。针对东部景区如大、小梅沙等地节假日车流量剧增的问题，深圳自2024年5月1日至10月7日，在双休日及法定节假日对9座及以下小型客车实施预约通行政策。通过精准调控车辆数量和时间，有效缓解了景区周边的交通压力。据统计，在国庆假期，小梅沙海洋世界周边道路的交通拥堵指数较以往同期下降30%，车辆平均行驶速度提升20%，显著提升了游客的出行体验。

在停车治理方面，深圳的共享停车模式成效显著，面对机动车保有量与停车位数量失衡的问题，通过整合企业园区停车场资源，在夜间等空闲时段向周边居民提供错峰停放车位，这一模式不仅盘活了闲置停车资源，提高了车位利用率，还有效缓解了居民停车难问题，减少了因寻找车位而产生的无效交通流，进而降低了交通拥堵的可能性。

2. 杭州

杭州通过数据赋能和创新警务模式，有效提升了交通管理水平。据统计，2023 年主城区干道及快速路的高峰时段车速分别提升至 26.2 公里/小时和 47.4 公里/小时，同比分别增长 3.1% 和 4.3%，在缓解交通拥堵方面取得显著成效。杭州还注重交通治理的系统化、数字化和精细化。通过实施交通治理体制机制重塑、公共交通分担率提升、交通运行管理增效等措施，杭州的交通健康指数在全国超大城市中名列前茅。特别是智慧交通体系的迭代升级，为城市交通治理注入了新的活力。

同时，杭州还积极推动绿色出行，加强公共交通建设，提升公共交通吸引力，进一步缓解了城市交通压力。这些先进经验不仅为杭州市民提供了更加便捷、高效的出行环境，也为其他超大城市交通治理提供了有益借鉴。

3. 武汉

武汉在交通治理方面以"精致交通"建设为核心，通过精细化管理提升交通运行效率，同时开展事故深度调查，从源头上预防交通事故，保障交通安全。自 2020 年起，武汉交管部门提出"精致交通"建设三年行动计划，旨在通过综合运用多种交通组织优化措施，提高道路交通管理的科学化、规范化、精细化水平。通过合理分配通行路权、深入挖掘道路资源、精细路口路段设计等措施，交通高峰期路口通行效率平均提高 5%，交通违法现象减少 20%；主要堵点交通拥堵指数下降 30%，拥堵时间减少 15 分钟，一些交通梗阻基本消除，道路通行秩序明显好转。

武汉还高度重视交通事故预防工作，积极开展事故深度调查。通过对交通事故的深入分析，查找事故发生的深层次原因，包括车辆状况、驾驶员行为、道路设施、交通管理等方面存在的问题。针对调查发现的问题，采取针对性的整改措施，从源头上预防交通事故的发生。

武汉的"精致交通"建设和事故深度调查工作，从交通运行优化和事故预防两个方面入手，全面提升了城市交通治理水平。其精细化管理理念和实践经验，对于重庆市改善交通状况、提高交通安全性具有重要的启示和借鉴意义。

（三）经验总结与启示

通过分析国内外典型城市交通治理案例，可为重庆交通治理提供有益启示。

在交通需求管理方面，新加坡车辆配额和电子收费成效显著。重庆可结合经济及交通发展实际，在现有"桥隧限行"政策的基础上，在解放碑、观音桥等商圈或拥堵区域采用限定时段收取拥堵费或市场调节价提高停放成本的方式引导市民合理出行。

在智能交通系统应用方面，在现有智能交通系统的基础上，打破仅用传感器等设备实时采集信息的局限，重视大数据分析平台的深度挖掘及应用，实现流量监测、预测和调控，动态优化信号，提供实时交通信息便民服务。

在公共交通发展方面，东京、伦敦以轨道交通为主干，提升公共交通换乘便捷性的经验值得学习。重庆应优先发展轨道交通，扩大覆盖面，加密线路站点，加强与其他交通方式衔接，优化换乘设施，优化公交线路，提高服务水平，吸引市民选择公交出行。

在道路网络优化和交通组织方面，武汉的"精致交通"理念效果显著。重庆应进一步加强道路规划建设，优化布局，加强次支道路建设，打通断头路，精细化治理拥堵节点，改善交通微循环。

在停车管理方面，深圳共享停车模式可借鉴。重庆在2024年开展机关企事业单位5.3万泊位共享的基础上，可进一步推动商业、居住区等配建停车设施在闲置时段的社会化共享，可借鉴伦敦、巴黎的路内停车管理经验，细化路内停车收费分区，对停车位供给紧张区域的刚性停车需求论证采用居住区停车认证的可行性。

三 重庆市超大城市交通综合治理的多维路径

紧密围绕"提升中心城区道路交通运行效率"的总体目标，重庆市通过

优化完善交通治理综合协调体制机制，建立以问题为导向的"发现—会商—交办—评估"全过程缓堵促畅动态调度处理机制，构建交通综合治理多维路径（见图3）。

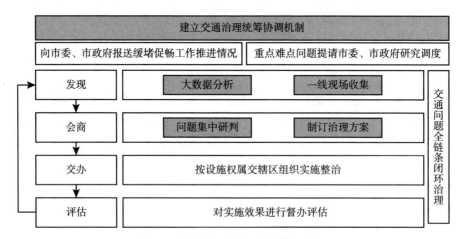

图3　重庆市交通治理统筹协调机制

（一）交通需求管理维度

从时间和经济层面调控交通需求。一方面，通过实施错峰上下班、上下学政策，均衡交通流量在时间上的分布，避免人员和车辆集中出行，缓解高峰时段的交通压力；另一方面，论证通过经济手段，研究停车价格修订过程中利用市场调节价对非高峰时段出行的车辆给予停车费用优惠的可行性，引导车主合理选择出行时间和方式，减少不必要的出行，从而调节交通流量。

（二）精细化交通组织及小切口治理维度

全面梳理中心城区拥堵区域和点位，通过局部车行道、人行道、绿化带的调整和渠化改造等措施，实施一批"投入小、见效快"的堵乱点治理项目。通过优化信号灯联网联控，实施一批车道瘦身、潮汐车道和路口精细化等交通组织类措施，重点针对学校、医院、景区周边等路段，从优化调整内部秩序管理和外部道路秩序管理两端出发，制订实施"一点一策"综合治理方案。

（三）交通基础设施建设维护维度

加快构建功能明确、级配合理的城市道路网系统，推动重大路桥隧项目、主次支路网加密项目、打通断头路项目，针对中心城区部分区域次支道路密度低、断头路多影响交通微循环的问题，加大对次支道路建设的投入，合理规划布局，提高覆盖率。完善中心城区轨道交通网，持续提升路轨两网融合度，推动城市轨道交通线路建设项目及轨道站点步行便捷性提升项目、轨道站点周边接驳路网项目。推进城市交通基础设施"微改精建"，推动立体过街设施、山城步道、公共停车场建设等项目。

在桥梁隧道等关键节点交通优化方面：对跨江桥梁、隧道等关键节点，从交通组织和设施改造两方面进行优化。在交通组织方面，合理设置车道功能，如设置潮汐车道，根据交通流向动态调整车道通行方向；优化交通信号配时，根据实时交通流量调整信号灯时间。在设施改造方面，对进出口进行渠化设计，增加车道数，设置相关设施减少车辆冲突；升级隧道内照明、通风等设施，提高通行能力和安全性。

在道路维护管理强化方面：加强路桥隧的日常维护，集中开展重要道路病害及窨井盖整治，提升道路平整度和舒适度。严格占挖监管、加强施工围挡治理、开展道路塌陷隐患排查整治等专项行动，推动道路及其附属设施的综合整治工作。

（四）公共交通提质增效维度

加大轨道交通线路和站点的建设力度，重点加密中心城区线路，填补覆盖空白区域，连接主要功能区、交通枢纽和居民区，提高可达性；加快在建线路建设，确保按时完工运营；优化线路布局和运营组织，合理安排列车发车时间和间隔，提高运营效率和客运分担率。

推动常规公交与轨道交通的协同发展，持续推行小巷公交，拓展通学、通勤等定制公交服务。优化调整与轨道交通线路走向一致的重复、低效公交线路，持续新增和优化调整公交线路，新增轨道接驳微循环公交线路。

（五）停车综合治理维度

以"民呼我为"群众投诉反映问题为重点，滚动摸排掌握违停问题突出区

域和路段，通过增加停车供给、规范路内停车位、优化完善交通设施、强化停车智能诱导、加强道路违停执法、宣传引导守法停车等措施，综合治理"违停阻路、违停扰序、有库不入"等问题突出的路段。推进小微停车场和错时共享车位建设，推进学校、医院停车综合治理，推进老旧居民小区停车综合治理。

（六）智慧交通数字赋能维度

完善提升中心城区道路交通智能管理应用和交通综合信息平台功能，提高交通运行实时分析、智慧研判、辅助决策、智能调度水平。整合交通管理部门、公共交通运营企业、互联网出行平台等多源交通数据，建立大数据平台。通过数据处理技术实现数据的标准化处理、存储和高效分析，为交通实时监测提供准确信息，掌握道路的交通流量、车速、拥堵状况等；同时，挖掘数据潜在价值，为交通管理和决策提供数据支撑，优化交通治理措施和公共交通服务。

（七）交通治理综合协调体制机制维度

迭代升级中心城区缓堵促畅工作机制。为充分发挥"大综合一体化"城市综合治理体制机制运行效能，将"中心城区缓堵保畅工作领导小组"更名为"中心城区缓堵促畅工作专班"，调整设置在重庆市城市治理委员会内，作为重庆市城市治理委员会工作专班之一。由重庆市城市管理局、重庆市住房和城乡建设委员会、重庆市公安局、重庆市交通运输委员会、重庆市规划和自然资源局、重庆市发展和改革委员会、重庆市教育委员会、重庆市财政局、重庆市卫生健康委员会等部门组成。

建立交通治理统筹协调机制。综合中心城区道路交通智能管理应用及市级交通综合信息平台的分析，以及公安部门根据拥堵情况提出的问题清单，重庆市城市治理委员会办公室建立月调度联席会议机制，集中研判问题和制订治理方案，按设施权属交由辖区组织实施整治，并对实施效果进行督办评估，推动交通问题全链条闭环治理。市城市治理委员会办公室按季度向市委、市政府报送缓堵促畅工作推进情况，涉及重点难点问题提请市委、市政府研究调度。

（八）政策法规保障及支持引导维度

完善交通管理相关法规，为交通综合治理提供法律依据和保障。在公共交通发展方面，立法保障公共交通优先地位，明确政府和企业责任，规范运营行为，保障乘客权益；在智能交通建设方面，制定法规规范数据采集、存储、使用和共享，保障数据安全和隐私，明确技术应用标准和安全要求。

政府在财政补贴、土地供应、项目审批等方面提供政策支持，推动交通治理工作的开展。财政补贴上，加大对公共交通的投入，设立专项资金支持交通基础设施建设和智能交通应用研发；土地供应上，优先保障交通设施用地，采用 TOD 模式促进交通与城市协调发展；项目审批上，简化流程，建立绿色通道，加快交通治理项目的实施，提高交通运行效率。

（九）技术人才保障维度

加强智能交通技术的研发应用，建立产学研合作机制，培养和引进专业技术人才，为交通治理提供技术和人才支持，推动智能交通系统的建设和优化。

（十）宣传教育保障维度

通过多种渠道加强交通文明宣传教育，提高市民的交通安全和文明出行意识，引导市民选择绿色出行方式，营造良好的交通出行氛围，促进交通综合治理工作的顺利进行。

四　展望

随着科技的飞速发展和城市的不断演进，交通领域面临着新的机遇和挑战，未来的研究方向也将呈现多元化的趋势。首先，自动驾驶技术作为未来交通发展的重要方向，具有巨大的发展潜力。未来，还需深入研究自动驾驶技术对交通管理、法律法规、社会伦理等方面的影响，制定相应的政策和法规，为自动驾驶技术的广泛应用创造良好的环境。其次，绿色交通是实现城市可持续发展的必然选择，未来的研究应围绕绿色交通体系的构建展开，还应注重发展步行和自行车交通，完善步行和自行车道网络，改善步行和自行车出行环境，提高绿色出行的比例，研究绿色交通与城市规划的融合，优化城市功能布局，减少居民的出行距离和交通需求，从源头上降低交通对环境的影响。最后，交通与城市协同发展是未来城市发展的重要趋势，需要进一步深入研究。加强城

市规划与交通规划的协同，在城市规划中充分考虑交通因素，合理布局城市功能区，使居住、工作、商业等功能区相对集中，减少长距离通勤需求。

因此，随着交通发展新趋势的不断涌现，后续应加强对自动驾驶、绿色交通、交通与城市协同发展等方面的研究，为重庆市乃至全国的交通发展提供理论支持和技术保障，推动城市交通向更加智能、绿色、高效的方向发展。

B.9
"全灾种、大应急、一体化"推进城市应急治理体系建设的探索

王 林 裴子瑀*

摘 要： 近年来，重庆市积极推进应急治理体系的创新与改革，在救援队伍规范化建设、多元化应急力量协同发展、应急装备与资源共享机制等方面取得显著成效，注重突出"统、防、救"三条主线，构建起市、区县、乡镇（街道）三级数字应急平台，形成了具有地方特色的应急治理体系。但在统筹调度能力、城市体征感知和智能决策体系建设等方面仍存在挑战，亟须进一步加强关键领域和重要环节的改革突破，提升各级应急力量的协调联动和资源整合能力。未来，重庆应持续聚焦体制机制创新，持续完善应急组织体系、强化统筹指挥、推动智能化信息平台建设以及深化区域协同机制，推动"全灾种、大应急、一体化"理念的深度落实，以更高水平的应急治理体系建设应对日益复杂的灾害风险，成为全国领先的城市应急管理体系标杆。

关键词： "全灾种、大应急、一体化" 城市应急治理体系 重庆

随着灾害种类和频发次数的增加，习近平总书记提出的"两个坚持、三个转变"防灾减灾救灾理念为我国应急管理和灾害防范工作提供了重要指导。党的二十大提出的"大安全、大应急"框架，明确了应急管理要从"全灾种、全主体、全过程、全时空"的角度进行综合化、系统化、科学化改革，实现从单一灾种应对向"全灾种、大应急"转变，推动各类灾害、事故的统筹管理。2024年4月，习近平总书记视察重庆时提出，要深入践行人民城市理念，

---

* 王林，重庆大学管理科学与房地产学院/重庆大学建设经济与管理中心教授、博导；裴子瑀，重庆大学管理科学与房地产学院博士研究生。

积极探索超大城市现代化治理新路子。重庆深入学习贯彻习近平总书记视察重庆重要讲话重要指示精神，积极探索超大城市现代化治理新路子，扎实推动数字赋能超大城市治理体制机制变革重塑，加快打造安全韧性、精准精确、共建共治共享的人民城市建设和治理新范例。在应急管理体系建设方面，坚持系统化谋划、体系化推进、事项化落实、闭环化管理，强化和突出"全灾种、大应急、一体化"，在多方面提升全市灾害监测预防、应急响应及恢复能力。

一 "全灾种、大应急、一体化"推进城市应急治理体系建设进展及成效

"全灾种、大应急、一体化"推进城市应急治理体系建设，不仅强调应急管理，还强调全灾种、多领域、全流程的监测预防及恢复重建，更强调夯实基层应急基础、优化应急资源配置，并推动各级政府和社会力量的协同合作。

（一）完善救援队伍建设与多元力量协同机制

重庆市坚持"总体谋划、以上率下、分级推动"的原则，率先在全国建立由应急管理部门直接领导和调度的区县与乡镇（街道）救援队伍。以"全灾种、大应急"理念为指导，一方面实施"纵深发展、横向覆盖"双重战略，建设"市—区县—乡镇（街道）"三级体系和"市—区县—乡镇（街道）—村（社区）—重点单位"五级网络，确保应急工作触角延伸至基层末端。特别是在政企联动方面，加强与大型国企的合作，将中央企业的应急力量纳入体系，进一步增强多行业的应急救援能力。另一方面，通过"上下联动、一体调度"，市、区县、乡镇（街道）分级设置应急指挥部，并通过跨部门、跨区域的指挥平台实现联动响应与一体调度。

此外，重庆在原有消防救援总队和安全生产事故救援队伍的基础上，新增专业救援总队、航空救援总队及应急通信保障队伍，强化了多层次、多领域的救援力量。2019年机构改革以来，全市已建设超过1000支乡镇（街道）应急救援队伍，救援队伍人数达到4.5万人，形成"乡镇先期处置、区县常态应对、市级专业攻坚、国家队重点支撑"的梯度救援体系，航空救援可在1小时内到达，地面救援能在30分钟内展开，群防员能在10分钟内到达现场，保障

了全市应急救援能力的快速响应与高效执行。

面对 2024 年 9 月持续高温天气带来的安全风险，重庆市各地协同联动开展高温灾害应对行动。渝中区应急管理局联合商务部门，对区内危化品企业实施专项检查，深入脱硫塔、油罐区等有限空间作业点，确保防范措施到位、应急装备完善。江北区以林长制为抓手，督促各镇街、林区经营主体严格落实森林防火责任，每日组织 350 人巡查林区、240 人驻防重点区域，确保高温天气下森林防火工作稳步推进。国网重庆市南供电公司强化电力设施安全防护，联合南岸区城市管理局开展"人巡＋无人机"监测模式，排查线路通道树障隐患，并对山林间电力设备周边进行洒水降温作业，降低火灾风险。巫山县和城口县紧盯乡镇及重点设施，成立检查组深入一线开展隐患排查和安全巡查，进一步夯实极端天气下的应急响应能力，确保防灾减灾工作落地见效。

（二）强化风险源头管控与应急处置能力提升

风险源头管控方面，重庆市通过严格实施高危项目立项评估、重大工程安全风险评估论证和园区厂区安全复核制度，进一步提升重点行业和关键领域的本质安全水平。针对事故频发行业，持续推进"金土地工程"，加快"病险"水库加固、危旧桥梁改造及农村公路安防工程建设，优化城乡基础设施安全性能，减少潜在安全隐患。围绕主动防御能力建设，实施"防灾减灾救灾固本强基三年行动"，加快国债专项资金项目落地，提升灾害防御基础设施安全水平。

风险预报预警方面，建立"预报预警—叫应—响应—转移避险"全链条工作机制，气象预报预警呈"24→6→2"小时递进式发布，水利和规资部门实行气象水文地灾耦合预报。应急管理部门通过"渝快政、渝快办"精准靶向发布叫应，打通基层责任人信息反馈回路，基层以信息化、应急广播、鸣锣敲门等方式层层叫应。迭代升级"44NN"预警响应体系，深入推进"十户联防"机制，当达到"三个必转"条件时立即按照转移避险分片负责制组织转移避险。

日常隐患排查方面，对全市 5 万余家重点企业（管护单位）落实"三个责任人"制度、对一线岗位从业人员实施"两单两卡"制度，确保安全责任落实到位。2024 年 4 月 25~26 日，组织监管、执法人员及企业负责人参加全国工贸行业重大事故隐患判定标准培训，提升隐患识别和动态清零能力。对地

质灾害、洪旱和森林火灾等实施安全隐患"日—周—月"排查，对41类3.8万处自然灾害风险点实行闭环管控。8月26日，市安委会召开全市有限空间及有毒有害场所隐患整治会议，全面启动起底排查，重点解决底数不清、风险不明、整治不到位等问题。

应急救援执行方面，持续深化"1366"应急管理体系建设，完善"统、防、救"三大工作主线，强化"平时"合力推进、"战时"统一调度的救援机制。2024年4月15～19日，市专业救援总队赴酉阳县开展森林防灭火、有限空间事故等专项业务技能培训，提升区县救援队伍应急处置能力。6月21日11时，总队接国家安全生产应急救援中心调令，紧急调派61名指战员、17台车辆、500余件（套）抗洪装备，驰援广西桂林抗洪抢险。队伍历经12小时昼夜兼程，于6月22日零时50分抵达现场，迅速投入排涝作业和群众转移工作，高效完成救援任务。

为进一步提升救援能力，重庆市坚持实施抢险救援行政指挥与技术指挥分离措施，选拔培养技术指挥官，赋予其现场救援技术指挥权，确保在复杂救援环境下的高效指挥和协调。同时，重庆还建立"大救灾"协同机制，在坚持"属地为主"的基础上，按照"应急管当前、发改管长远"原则，构建"点对点"灾后恢复重建帮扶机制。

（三）优化应急装备体系与多维保障网络建设

2022年6月，重庆市专业应急救援总队挂牌成立，整合4支煤矿救援队伍，配备1.8万台（套）各类型救援装备，具备矿山事故、森林火灾、地震、洪旱灾害等多类灾害的综合救援能力。针对高空、深水、山区等难度较大的救援任务，市政府不断推动救援装备的提档升级，常态化配备6架直升机，并大幅增加临时起降点数量。重型装备和高精尖设备的列装，提升了水下作业能力，特别是水下深潜作业深度从45米提升至90米，进一步增强了"全灾种"复合救援能力。

应急预案方面，重庆率先出台并修订《重庆市突发事件应急预案管理实施办法》，构建了包括自然灾害、事故灾难、公共卫生和社会安全事件4类60个专项预案的"大综合"预案体系，确保应急响应的精准高效。2024年7月1日，新《重庆市安全生产条例》正式施行，其系统梳理全市安全生产发展现状，针对突出问题制定可操作性强的制度规范，并将行之有效的实践经验提炼为法律制度，增强立法的针对性与地方特色。与此同时，完成全市应急避难场所建设，并逐步扩展至农村地区，建成 2.53 万个农村临时避难场所，确保全市各自然村全覆盖。

协作联动方面，持续加强与四川、贵州、湖北等省份的跨区域联防联控机制，全市上下游流域、临边临界区县 80% 以上签订了应急救援合作协议。2024 年 12 月 5 日，搭建"重庆—山西—湖北"三省市应急管理系统的沟通对接机制，推动专业救援总队在"一专多能"方向持续优化建设，增强跨区域交流与协同作战能力，共同构筑安全防线。

队伍保障方面，市内航空应急救援体系初步形成，通过"水—陆—空—天"一体化保障体系，进一步提高救援效率。

应急物资储备方面，创新七级储备体系，并与红十字会建立社会资源合作机制，推动巨灾保险的稳步推进。2024 年 8 月 23 日，市道路交通事故社会救助基金管理中心组织召开新一轮合作律所追偿工作培训会议，围绕追偿流程、法律依据、绩效评估及案件信息保密等 20 个方面进行专题培训，并就垫付费用追偿工作提出要求，强调提升追偿效率，确保救助基金的规范高效运作。

（四）推动社会应急力量建设与安全文化创新

为增强救援力量，重庆市提前布局，构建了多支社会应急力量辅助队伍，并率先探索建立群团合作机制。通过与市红十字会等组织在应急响应调度、备灾体系建设、救灾救援能力建设、社会资源动员等方面的深度合作，充实社会共治体系，提升群防群治能力。目前，全市已登记 44 支社会应急力量，约 3900 人，涉及洞穴通信、丛林搜救、山地救援等多个专业领域，极大地弥补了专业救援队伍的不足，进一步提高了应急反应与灾后恢复能力。

同时，重庆市注重多维度打造安全文化，并通过创新策划宣传活动增强公众安全意识。在"5·12"防灾减灾日、安全生产月等传统宣传载体的基础上，新建 25 个应急科普宣传教育和安全体验基地，开展"最佳改革创新案例"等评选活动。2024 年 5 月 13 日，市专业救援总队联合重庆市江北中学，围绕"人人讲安全、个个会应急——畅通生命通道"主题，开展防灾减灾救灾应急安全知识宣传活动，普及避险、自救、互救技能。5 月 31 日，重庆首届"5·31"全民

安全开放日活动在渝北区中央公园举行，市民沉浸式体验应急避险场景，近距离学习应急技能。8月6日，森林草原防灭火指挥部组织的森林防灭火宣传文艺巡演正式启动，在全市10余个重点林区开展，采用歌舞、小品、魔术、快板等形式，结合有奖问答与知识讲解，加大森林防灭火宣传力度。此外，通过广泛发动风险"吹哨人"、升级12350举报系统、出台安全生产举报奖励及地质灾害报告奖励政策等措施，显著提高社会参与度。

（五）提升多层次多维度的数智应急治理能力

通过全方位数据整合、智能平台搭建和数字技术应用，重庆市构建了"一体化"共建共享的数字化治理体系。依托数字重庆建设"1361"整体架构中的一体化智能化公共数据平台，归集整合4056万条应急管理数据，制定统一的数据标准，实现多源数据的精准调度和跨领域共享。目前，已建成"会商预警""危岩地灾""防汛抗旱"等20个子应用，推动应急管理向智能化、精准化方向迈进。基于"多跨式"纵横贯通的架构，市、区县、乡镇（街道）三级协同联动，覆盖行政主体、市场主体、风险主体、基层队伍及社会公众，形成指挥舱、工作台、掌上通三端互动机制，提升应急信息的共享效率和快速响应能力。围绕风险预测预警，重庆市建立"3+N"城市安全风险评估架构，设立330个风险体征指标、监测33万个风险点位，研发洪涝风险分析模型，在汛期开展32场次实战演练，确保态势感知全周期、风险防范全闭环、指挥救援全透明，进一步夯实"防减救"全链条数字化治理体系。

2024年10月，全市防灾减灾救灾机制重塑取得实战成效，重庆市全面提升应急通信保障和装备水平，强化"三断"场景下的应急响应能力。新建的"智管平台"整合"VTS""一库一图""视频监控"等系统，实现船舶监控、安全管理、危防管理、船员管理等业务互联互通，助力水上突发事件的智能化处置。此外，重庆安全技术职业学院构建"1+3+N"数字校园体系，推进综合数据治理，建设综合数据服务平台、大数据分析平台、态势感知平台，健全教务、科研、学工、财务等业务系统，为全市应急管理领域的数智化发展提供了示范。11~12月，重庆市安委办、市防减救灾办组织新闻采风组，围绕数字应急、森林防灭火、有限空间管理、危化安全、应急装备等领域，深入总结全市应急管理经验，推动数智应急体系再升级，助力城市治理现代化水平持续提升。

（六）全覆盖构建党建统领"141"基层智治体系

重庆市在推动基层治理现代化的进程中，构建了"141"基层智治体系。该体系通过全面建设"1个"镇街基层治理指挥中心，党的建设、经济发展、民生服务、平安法治"4大"板块以及"1个"村（社区）网格，形成集指挥、调度、服务于一体的基层治理新模式。依据"1+3+N"模式，在全市1.1万个村（社区）实现网格化覆盖，精确划分网格责任区域，确保治理力量精准高效地触及每一个角落。2024年7月13日，市专业救援总队派专人专车前往巫山县官渡镇庙坝村，开展"赠、借、培"三服务活动，为该村提供森林灭火类救援装备，派遣指挥员现场培训村级救援队伍，确保灾害发生时能够实现先期有效处置，并以此次活动为契机，持续开展"三进三服务"等行动，不断筑牢基层防灾减灾的第一道防线，提升乡村应急治理能力，确保人民群众生命财产安全。目前，重庆市已组建42支区县队伍和1031支镇街队伍，队伍标准分别为区县50人、镇街20人。配齐基层应急管理和救援专职人员，扩充灾害应急责任人、排查网格员、灾害信息员分别至102万人、12.8万人、2.1万人。各级队伍实行分片训练、灾前驻防、临灾统一调配，基层应急响应时间从30分钟缩短至10分钟，显著提高了应急处置能力。

各区县的创新探索不断推进该体系的深化与落地，通过每月举办"数字大讲堂"、定期开展网格员能力提升行动等举措，基层治理人员的专业素养和应急处置能力得到显著提升。例如，江北区五里店街道在"枫桥经验"的基础上，通过强化基层治理指挥体系与数字化应用，推动警民合作与社区力量深度融合，使75%的核心业务实现数字化管理，有效提升了基层治理的综合效能与社会协同能力。长寿区进一步巩固党建统领下的数字化转型，全面提升镇街"141"体系的应用效能，通过系统化建设和高素质队伍打造，选派优秀年轻干部到沿海地区开展标杆游学，持续增强基层治理的服务能力和应对复杂局面的能力。黔江区城南街道创新设立"塑、智、育、治"四字工作法，持续加强基层治理指挥中心、人员定岗定责、核心业务梳理、数字应急预案、网格多元化管理等核心建设。涪陵区敦仁街道的"343"工作思路通过深化网格管理、强化数据平台与任务流转机制，构建了更加完善的多维度、全流程治理机制。

（七）推动"统+智+治"大综合一体化新模式

为深入落实习近平总书记考察重庆时的重要讲话精神，重庆市积极推动"大综合一体化"城市综合治理体制机制建设，牢牢把握"大统合、智赋能、精治理"的改革方向，以系统性思维推动超大城市治理模式的深刻变革。

在加大"统"的力度方面，通过成立城市治理委员会，实施全市城市治理综合统筹，整合市级各类部门力量，构建了高效的协同机制。特别是在行政执法领域，突破了传统行政执法条线分散的局限，对执法队伍、事项、监管、监督、平台等关键领域进行科学配置与整合，形成统一高效的行政执法体系。全市"7+1"综合执法架构的构建，使各级执法主体与基层力量更加高效地协同运作，极大地提升了执法精度与处理效率。

在用好"智"的方法方面，积极推进智慧城市治理战略，充分发挥数字赋能作用，推动数字技术与城市治理深度融合。通过建设三级数字化城市运行和治理中心，推动"算力云""通信网""要素库""资源账"高效运转，全面提升城市治理的智能化水平。通过建立数字孪生系统，全面感知和实时监控以燃气管网、供排水和高楼消防等城市基础设施为例的关键风险点位，有效保障城市运营的安全与稳定。

在找准"治"的方向方面，率先推动"大综合一体化"城市综合治理体制机制在中心城区落地生根。同时，加强市与中心城区之间的无缝对接，推动规划、建设与治理全链条深度融合，形成市域范围内的全方位统筹。此外，注重提升城市治理韧性，着力建设更为完善的城市生命线保障体系，推动老旧基础设施改造升级，强化防灾减灾与应急响应能力，确保城市在面对突发事件时能够迅速恢复、持续稳定运行。

二 "全灾种、大应急、一体化"城市应急管理体系建设面临的挑战

（一）统筹调度能力不足，协同机制仍不完善

随着新产业、新业态、新模式的涌现，涉及多行业的应急管理职责划分变

得更加复杂，如何明确各主管部门的安全监管职责，并确保相关部门协调合作，是亟待解决的问题。一是各部门协调难度大，应急管理统筹性不足。防汛抗旱、抗震救灾、森林草原防灭火和综合减灾等多领域的工作机制，虽已有一定进展，但整体还需进一步加强和完善，避免出现"监管空档"或多部门职责交叉的问题。二是指挥层级过多，响应链条过长。"两委四指"办公室在指挥调度上存在不足，特别是在应急状态下，部分区县在协调各相关部门以及乡镇（街道）时，指挥调度力度不够，导致时效性不高、响应速度较慢，影响了应急处理效率。三是救援力量调度不完善，资源整合不足。社会应急力量在突发事件中的作用日益重要，但目前仍未实现统一管理，缺乏高效的调度和协调机制，导致救援资源难以充分发挥作用。四是应急响应统筹性和稳定性欠缺。当前，应急治理体系在跨部门协同、预案动态调整、数据驱动决策、伦理评估等方面尚未形成完整的制度保障，很可能导致实际应急行动中出现合法性不足、推诿扯皮、响应标准不统一等问题。

（二）体征感知覆盖不足，隐患处置滞后

城市应急治理的精细化、智能化发展要求对风险体征实现全方位感知和精准研判，但当前基础设施监测体系仍存短板，制约了城市安全防控的科学化、主动性。一是城市生命线监测盲区较多，安全运行缺乏实时保障。燃气管网、供排水、综合管廊、桥梁隧道等关键城市生命线设施的监测系统尚不完善。现有危岩地质灾害监测覆盖率为84.7%，未达到全覆盖要求，关键基础设施的运行安全缺乏有效保障。二是气象与水文的灾害预警精准度不高。现有的气象、水文监测设施广度和密度不足，分析模型和预报精准度难以满足日益复杂的灾害预警需求，且部分区县未建设电子围栏，预警信息的靶向发布能力较弱，导致灾情预报存在迟报、误报等问题，尤其是在小流域气象、山洪和地质灾害预报方面亟须优化提升。三是城市地下管线安全隐患突出。尽管城市隐患排查和整改持续加强，但部分单位在风险排查和整改方面仍存在差距，特别是在复杂的地下管线管理中，多个部门和不同权属单位的协调不到位，导致隐患处置不及时，管线安全风险较高。

（三）数据支撑能力不足，决策支持建设欠缺

在复杂灾害情景下，缺乏集中的数据平台对全局态势进行动态监测与精准分析，可能导致各部门在决策过程中出现信息不对称问题，从而影响科学研判和精准处置。一是灾害模拟推演能力较弱。当前，灾害推演仍主要依赖历史数据和静态模型，人工智能、数字孪生等前沿技术的应用尚处于初级阶段，难以实现灾害情景的动态仿真推演，特别是在极端天气、跨区域灾害、次生灾害等复杂情景下，现有推演手段难以精准刻画多灾种耦合背景下的灾害演化路径，导致应急预案的科学性和实战性不足，行动指引不够精准。二是新型灾害预测能力滞后。目前，灾害预警系统多以单一灾种为预警单位，未能形成对暴雨、山洪、滑坡、泥石流等灾害链条的系统性分析，难以精准识别灾害的"连锁风险"。同时，随着极端天气频发和城市化进程加快，极端高温、山火、气象干旱等新型灾害风险日益突出，现有灾害监测与分析体系仍以传统气象、地质灾害为主，对化工园区、地下空间、综合管廊等新型风险源的动态监测能力相对薄弱，预警精度和响应速度亟待提升。三是预案评估与决策优化机制不健全。现有预案大多依赖历史灾害案例和静态风险评估制订，缺乏针对灾害发展态势的即时修正能力，尤其在极端天气、城市安全事故等突发场景下，应急决策难以及时响应突发变量，导致救援资源调度不均衡、处置策略滞后。此外，灾害应急演练仍以常规情景推演为主，未能实现基于实时数据的智能模拟和评估，导致预案适应性与精准度不足。

（四）社会共治合力不够，基层应急能力有待提升

在推进基层应急管理现代化的进程中，社会共治体系的高效协同与基层应急治理的坚实稳固，是提升防灾减灾能力、增强突发事件应对韧性的关键支撑。一是群防群治力量薄弱，基层应急管理职责未能充分落实。重庆市虽已建立2.1万名灾害信息员队伍，但还存在人员兼职交叉、任务叠加、专业培训不足等问题。二是基层救援队伍稳定性不足，战斗力难以长期保持。全市区县应急专业救援队伍共有1500余人，但受限于待遇水平、晋升通道不畅等因素，队伍流失率高达25%。救援人员高流动性不仅影响队伍整体战斗力的维持，也对长远的专业化、职业化建设提出挑战。三是应急通信保障体系仍存

短板，极端情况下信息传递风险较高。全市救援队伍的通信指挥网络仅覆盖至区县层面，卫星电话仅配备至 555 个重点乡镇（街道），尚未实现对全区域的有效覆盖。在极端天气或重大灾害发生时，基层救援人员与指挥中心之间的通信易受影响，信息传递链条不够畅通，可能导致指令下达滞后、应急处置效率降低。

三 "全灾种、大应急、一体化"城市应急治理体系建设的政策建议

面对日益复杂和多样化的灾害风险，提升城市应急治理体系的整体能力已成为当务之急。从组织架构与决策层面着手，通过强化党领导下的应急组织体系与指挥机制，推动跨部门协同和指挥统一，确保在重大突发事件中实现高效统筹与精准决策。基于全生命周期视角，构建全面覆盖风险管控、隐患排查、应急准备、处置救援和恢复重建的应急治理体系，提升城市安全治理的系统性和科学性。完善灾境全览、知识积累与智慧决策支持体系，提升应急决策的精准性与科学性，确保全局信息流畅与决策有效性。推动以数智大脑为核心的社会共治与基层组织体系建设，激发社会力量广泛参与，提升基层应急管理能力，构建全民共治共享的应急治理格局。

（一）健全应急组织体系与指挥机制，提升统筹指挥与多元协作能力

构建党领导下权责清晰、指挥统一、多方协同的现代化应急治理组织体系，全面提升"全灾种、大应急、一体化"综合指挥能力。

一是强化党领导下的应急组织体系。以应急管理部门为核心，统筹公安、卫生、交通等职能部门，明确职责边界与协作流程，建立"大部门"协同机制；完善职责清单、定期考核和全流程监督机制，提升应急工作统筹性与执行力；建立动态响应机制，确保事件等级升级（一般→重大）或降级（重大→一般）时资源调配与预案能够精准匹配。

二是构建统一指挥平台。引入"一键控制"技术和智慧化信息平台，实现灾情实时监控、情报精准研判与跨层级数据共享，缩短应急响应时间；运用

无人机、卫星遥感等技术强化精准侦察能力，提升潜在风险识别率；梳理标准化应急操作程序，明确协调职责，定期演练促进多部门协同，确保高效应急响应。

三是深化多主体协同联动。强化央地、军地垂直联动，确保中央指令与地方执行无缝衔接，建立军地联合救援机制，实现资源调配"全国一盘棋"；以成渝地区双城经济圈为试点，推动跨区域资源共享、信息互通与联合演练，打造区域协作样板；构建政企社协同平台，明确社会救援力量准入标准与权益保障机制，形成"专业力量主导、群众力量补充"的应急合力。

四是推进"五位一体"系统改革。通过法律修订明确跨部门权责边界，强化应急行动合法性，减少推诿扯皮；制定全流程管理规范，完善预案动态更新机制，促进应急响应标准化与稳定性；建设全国应急大数据平台，推广 AI 辅助决策；推动数据驱动型决策，提升风险预警精准度与资源配置效率；将伦理评估纳入决策流程，增强应急行动的人文关怀与社会公平性，构建科学化、人性化的治理闭环。

（二）健全基于全生命周期视角的应急治理体系，提升"防—备—救—建"一体化能力

从全生命周期视角推进城市应急治理体系建设，涵盖风险管控、隐患排查、应急准备、处置救援和恢复重建，提升城市安全治理的科学性、系统性和高效性。

一是构建风险分级管控与隐患排查双重预防机制。完善风险感知、分析和分级管控机制，强化"全灾种、大应急"智能监测和多维感知，确保风险信息实时掌握与快速响应；建立规范化隐患排查体系，落实"日—周—月"定期排查及专项排查，利用专业人员经验和智能技术提高排查效率与质量；建设城市生命线工程监测系统，实现风险隐患的实时监控与预警，确保"防患于未然"常态化。

二是完善应急准备与预备整装能力。加强应急队伍专业化建设与培训，提升应急处置能力；优化应急预案设计，定期开展实战演练，确保预案可操作性与实效性；充实关键装备与物资储备，加强应急储备点建设，确保物资供应的及时性与充足性；建设应急指挥基地与信息平台，实现应急指挥与后勤保障高

效衔接。

三是构建"众救—智救—细救"多维救援能力。建立政府、企业和其他社会力量的多主体协作救援体系，形成强大救援合力；加强信息化技术应用，提升救援行动的准确性与时效性；实施精细化救援措施，确保救援工作的全面落地；推动"空天地井"一体化救援模式，实现全方位应急救援全覆盖。

四是完善"生命—生产—生活—生态"恢复重建机制。加强受灾群众生理和心理健康服务，提供全方位生命恢复支持；推进生产要素和产业链重建，助力经济复苏；保障物资和精神生活恢复，维护社会稳定；兼顾生态修复，推动自然环境恢复和可持续发展。

（三）健全全局态势总揽、知识经验积累与智慧决策辅助体系，提升科学决策能力

提升应急管理在复杂环境中的监测、预判和决策水平，完善灾境全览、知险智库和智灾慧策体系，推动城市应急治理体系的系统化、科学化和实效化发展。

一是完善灾境全览体系，提升总揽统观能力。建设综合数据驾驶舱，整合多领域数据并实时更新，打造统一管理平台，支持全局监控和动态监测，满足各部门精准决策需求；推进灾害沙盘模拟演示，利用模拟技术展示灾害发展路径，提高预见性和科学性，优化应急预案；强化动态标绘功能，实时更新灾害点、救援力量与资源调配情况，提供清晰支持，帮助应急管理人员迅速制定应对措施，保障人民生命财产安全。

二是完善知险智库体系，提升知史明鉴能力。整合政府、国际机构和科研院所等数据，建设历史灾害案例库，通过分类分析提炼关键经验，为决策提供支持；推进潜在灾害预测库建设，结合历史数据与趋势，识别和预警新型灾害，并将预测结果融入应急预案；建立灾害链耦合库，分析各类灾害因果关系和连锁效应，建立多灾种预警机制，为风险防范提供全面应对方案。

三是完善智灾慧策体系，提升睿见妙策能力。生成灾害根源诊断报告，深入分析灾害触发因素，为预防和事后分析提供科学依据，减少灾害重发风险；通过场景模拟和大数据分析，生成次生衍生灾害风险预测报告，提前识别潜在

风险，优化资源调度与应对策略；整合实时数据和资源信息，生成应急响应和现场处置报告，提供即时处置建议，确保指挥中心及时调整措施；生成应急预案评估报告，模拟演练和历史对比分析，指出薄弱环节并提供改进建议，确保预案具备快速、有效的应对能力。

（四）健全基于数智大脑的社会共治与基层组织体系，促进"共商—共建—共治—共享"与提升基层应急管理能力

强化公众防灾减灾意识，形成广泛的社会共治格局，支持基层组织进行动态监测和精准指挥，提升应急响应的时效性和科学性。

一是引领社会共治体系建设，推动跨界协同治理。城市治理委员会作为社会共治体系的核心推动者，应以战略眼光统筹全市应急管理资源，推动全民应急响应平台的建立与完善；通过协调社会各界力量广泛参与，优化数据网络覆盖，利用公众节点数据弥补监测盲区，提升监测精准度；推动灾害信息上报、资源共享、公众教育等多功能应用场景建设，实现社会资源的整合与高效动员；深化"共商—共建—共治—共享"现代应急治理模式，推动基层社区从被动反应向主动防范转变，强化社区自助、自救与协同能力的提升。

二是推动数字化应急治理体系建设，强化智能决策支撑。基于数字重庆建设"1361"整体架构，由城市治理委员会统筹推进数字化应急能力建设，构建数据驱动的智能应急治理体系；推进应急管理数据标准化治理，确保"全灾种、大应急"数据与空间数据的精准关联，确保数据的无缝衔接；拓展数据驱动的应用场景，优化智能决策支持，提升应急响应效率；强化跨部门协同，优化多部门业务流程，推动高效衔接与联动。

三是增强基层应急管理自主性，优化信息交互机制。建设基层应急管理平台，提升基层应急管理的自主性与响应速度，构建现代化基层应急操作体系；推动基层与公众间的数据交互机制创新，确保信息即时传递与双向互动，增强应急响应的灵活性；实施透明化治理，建立操作流程记录体系，确保应急操作的透明度与事后评估精准性；提供全方位功能支持，增强基层应急管理的高效应对能力；提升组织指挥能力，通过培训与演练强化基层领导力与团队协作能力，确保在高压环境下保持高效指挥与协调。

参考文献

《中共中央办公厅国务院办公厅关于进一步提升基层应急管理能力的意见》,《人民日报》2024 年 10 月 9 日。

《中华人民共和国突发事件应对法》,《人民日报》2024 年 7 月 2 日。

谌舟颖、孔锋:《河南郑州"7·20"特大暴雨洪涝灾害应急管理碎片化及综合治理研究》,《水利水电技术(中英文)》2022 年第 8 期。

《应急管理部:应急救援力量体系重塑重构适应"全灾种"救援需要》,《中国安全生产科学技术》2019 年第 9 期。

张铮、李政华:《中国特色应急管理制度体系构建:现实基础、存在问题与发展策略》,《管理世界》2022 年第 1 期。

B.10
超大城市现代化治理的工作体系
构建与实践路径

王 斌*

摘 要： 党的二十届三中全会指出，要坚持人民城市人民建、人民城市为
人民，推动形成超大特大城市智慧高效治理新体系。重庆市在打造超大城市
现代化治理示范区的实践中，通过党建统领推进城市治理思路理念、方法手
段、体制机制的变革重塑，以"141"基层智治体系创新为实践基础，已经
基本建成多跨协同、量化闭环、整体智治的系统体系，取得超大城市现代化
治理的理论发展与实践创新。在进一步深化示范区建设中，要构建起以城市
治理知识理论为基础、城市治理能力为框架、城市治理技术为支撑的系统性
工作体系，通过治理主体实体化、治理机制整体化、治理体系数字化的实践
路径，进一步提升超大城市现代化治理的质效，打造超大城市现代化治理标
志性成果。

关键词： 超大城市现代化治理 工作体系 人民城市 重庆

重庆市打造超大城市现代化治理示范区，是学习贯彻习近平总书记视察重
庆重要讲话重要指示精神的重要实践和理论探索。重庆市在打造超大城市现代
化治理示范区的重要任务中，以数字重庆建设为牵引，以整体智治为切入点，
以体制机制改革为核心，在以党建统领为框架的超大城市现代化治理新路子的

* 王斌，教授、博士生导师，西南大学国家治理学院，西南大学 MPA 教育管理中心主任，重庆
市行政管理学会副会长、重庆市基层治理共同体研究中心执行主任，西南大学中国式现代化
研究院超大城市现代化治理研究中心执行主任，主要研究方向为公共治理、行政管理、基层
治理、社会组织管理、人才学。

实践中做出了引领示范，基本构建起人人参与、人人负责、人人奉献、人人共享的城市治理共同体，让城市运行更有序、治理更精细、服务更精准。

一　重庆市超大城市现代化治理的实践进展与创新成就

重庆是区域上既有现代化城区也有广袤农村的超大城市，更是集山脉、大河、大江、平原于一体的全地形超大城市。重庆在建设超大城市现代化治理示范区的进程中，始终坚持人民城市人民建、人民城市为人民的路线方针，2023年，构建了"一中心四板块一网格"基层智治体系①（以下简称"141"体系），以机构扁平化改革、事务职责化到岗、任务网格化到人的成功创新经验，在超大城市现代化治理实践中创造了具有重庆辨识度的新典范，为超大城市现代化治理提供了新借鉴。

（一）基于系统性重塑的城市智治实践进展

以民生发展要求为出发点，重庆市以镇街辖区为城市治理单元，将社会大众生活领域的民生需求融入其中。一是以党建统领构建起各级党委对城市治理工作总揽全局、统筹各方的领导机制，以党建工作为抓手实现横向联通治理主体，运用数字化全链条技术实现治理数据整合统筹，提升了城市治理资源的使用效能，提高了党领导城市智治的质效水平。二是通过整合多中心为一中心，实现城市治理事务的横向全联通，以基层治理指挥中心为主体推进治理数据全归集，形成职责体系完整、执行有力的基层治理组织体系。三是通过权责清单和职能转变实现职责重构，并以三级数字化城市运行和治理

---

① 党建统领"141"基层智治体系，是重庆市在全国率先实现省域基层治理体系整体重构的创新，"141"的第一个"1"指建设镇街基层治理指挥中心，作为镇街平时运行"中枢"、急时前沿指挥部，由镇街党（工）委书记任指挥长，专人24小时值守，遇有情况直报快处；"4"指构建党的建设、经济发展、民生服务、平安法治4个板块，每个板块设立若干岗位，由镇街领导直接分工负责、调度到岗；最后一个"1"指规范建设村（社区）网格，借助"网格长+专职网格员、兼职网格员、网格指导员+其他各类力量"的"1+3+N"模式，在全市1.1万个村（社区）全覆盖配备专/兼职网格员，着力提高网格精细化治理、精准化服务水平。

中心的实体化建设，构建起多跨协同、闭环管理、流程规范的城市智治体系，确保治理资源在重点关键领域的整体性配置和使用，提升了全市城市治理工作的效能。

以城市治理任务为变革点，重庆市对城市治理流程进行标准化改革，通过治理责任清单制度的实施，构建了标准化的治理业务全链条闭环管理机制，实现城市治理的条抓块统。一是科学运用清单制度，强化条抓块统的全覆盖责任落实机制，实现三级治理中心指挥与处置责任的贯通，构建起纵向无隙、衔接贯通的治理工作责任体系，实现三级治理中心的平台贯通与功能贯通，推进城市治理任务在全领域全方面落实落细的工作责任机制。二是以城市治理业务流程再造为路径，坚持系统治理、综合治理、依法治理、源头治理和专项治理有机结合，运用业务流程再造技术，构建起城市治理任务的全链条处理流程机制，推进城市治理业务流程的规范性，完善城市治理任务分析研判、资源配置、落实处置的全链条处理流程机制，实现城市治理业务各环节的监测、预警、处置、反馈工作，提高城市治理的精准性和有效性。

（二）基于整体性重构的城市智治创新成就

重庆市以智治格局体制机制整体化改革，构建了党建统领的城市智治领导体系。聚焦城市智治的全过程，建成领导决策、战略推进的党的全面领导整体框架；聚焦城市智治的全领域，建成统一领导、筹划全局的党的全面领导工作体制；聚焦城市智治的全链条，建成市委有战略决策、区县党委有贯彻措施、镇街党委有实施办法的党的全面领导运行机制。在具体实践中，重庆市以"八张问题清单"①为抓手，通过构建数字城市建设的数据工作制度，将各级党组织在城市智治中的领导责任、各级政府在城市智治中的执行责任层层压实，实现城市治理组织形态与智治形态的精准对接，实现智治载体和应用场景与城市治理的适配性，推进智治时代城市治理的组织形态现代化建设。

---

① 八张问题清单是指，重庆市构建整体智治基层党建工作格局中"巡视、督查、审计、环保、网络舆情、安全生产、信访、社会平安稳定"八张问题清单。

重庆市以数字履职的基本能力为抓手，构建了职能协同的城市智治执行体系。以三级治理中心为框架推进城市智治事务的数字化调节、监管、管理、服务等职能的系统集成，通过对传统城市治理业务系统的重构，进而以集约的方式构建起城市治理数字化履职能力体系。以业务流程再造为抓手，通过场景应用的统筹开发工作，开展城市治理的闭环管理机制改革，实现城市智治职能履行的系统性集成和协同，提升城市智治效能。在具体实践中，重庆市以"五项机制"[1] 为抓手，以结果导向评价机制强化城市智治业务管理责任制，实现城市智治管理责任到岗到人，提升城市智治管理水平。以"八张报表"[2] 为抓手，通过从组织层面推动治理观念转变、数字本领增强、基本能力提升，强化各级党政机关和部门在城市治理中主动推动流程再造、制度重塑、整体优化的履职主动性和能力。

二　超大城市现代化治理工作体系的理论构建

超大城市现代化治理是一个既有成功经验，又有巨大挑战的理论与实践创新，要遵循从实践走向理论的发展逻辑，通过对实践经验的知识创造来构建工作体系。

（一）超大城市现代化治理工作体系的理论框架

超大城市现代化治理工作体系是以城市治理知识理论为基础、城市治理能力为框架、城市治理技术为支撑的一整套系统性的完整体系。其中，知识理论是以成功的实践经验为素材，通过改革而凝结的治理知识要点和治理理论观点，是确保超大城市现代化治理深入发展的基础；治理能力是以城市现代化发展规律为依据，通过治理实践活动凝结形成的城市功能的具体体现，是超大城市现代化治理有序推进的组织框架；治理技术是以数字智治为载体，通过对城

---

[1] 五项机制是指，重庆市常态化"三服务"、最佳实践案例激励推广和典型问题复盘、领导班子运行评估和群众口碑评价、区县委书记和市级部门一把手例会、争先创优赛马比拼共五项制度。

[2] 八张报表是指，重庆市党建、经济、平安、改革、创新、生态、文化、民生八个领域的绩效表。

市治理的全方位智慧变革而形成的专业技术，是超大城市现代化治理高效运行的专业支撑。

超大城市现代化治理的知识理论包括治理的要素重组、系统重塑、整体重构。将实践成就作为素材重组治理要素，要从理论上厘清各级党组织、政府机构、社会组织、村社公众等要素之间的差异性，要聚焦数字变革，通过协同理论实现治理要素重组。以改革实践总结探索治理结构的系统变革理论，要在理论指导下构建基于数字技术的治理业务系统，实现综合应用场景理论模型融入组织体系的治理系统重塑。以实践难题为切口促进治理全流程的一体化和协同化，要通过理论指导实现数字化平台和数据共享，实现数据共享、协作解决社会问题的理论框架，通过整体性重构理论破解治理碎片化顽疾。

超大城市现代化治理的能力体系构建，要聚焦城市精神、城市发展和区域差异。聚焦城市精神所代表的城市特征，以系统重塑实现超大城市现代化治理的体系能力，通过数字化城市工作机制进行重塑，应对现代化带来的体系能力挑战。聚焦城市发展的生命线，推动城市资源与自然生态资源在地理区域上交互融合，构建健全的超大城市创新生态，从机制上解决原有城市治理和运营方式变革中的新问题、新矛盾。客观分析区域差异，从顶层设计上实现多跨协同，做好市级部门与各区县在整体性治理要求中的主体协同，实现市级单位的总体作用、区县的直接作用，构建类型多样、层级清晰的城市公共管理体系，形成重点能力、基本能力与体系能力递进发展的能力结构。

超大城市现代化治理的技术体系，要实现对组织变革的有效支撑。通过智治技术应对数字城市整体建设变革，以数字技术实现集约智治要素，构建数字资源一本账管理机制，推进各类组织横向协同、各级组织纵向贯通，打通城市设施运行、生产生活服务、生态景观、社会治理等重点领域的整体性变革路径。通过智治技术应对数字智治深化发展要求，以智治技术模块化操作机制实现智治要素在市、区县、镇街、村社、网格的五级联动，将城市治理耦合于社会经济生活中。通过智治技术应对城市基层治理的复杂现实，整体重构交叉重叠融合的治理事务，实现城市治理事务模块重组，强化数字化协同，推动城市治理要素的跨系统、跨层级应用。

（二）强化党建统领工作机制

党建统领是实现超大城市现代化治理的核心要义，是各级党委、党组织通过组织功能，提升全面领导城市治理工作的总体效应、整体效能的核心机制。

构建整体智治的党的建设机制。党建统领整体智治体系，首要任务是构建党建统领城市智治的理念思维和方法体系，要通过建立党委总揽全局、统领有力的领导机制，建成党建统领、整体智治、高效协同的党建制度体系，以城市治理任务、内容、事项的逻辑链条，探索建成省（市）委宏观决策、区县党委中观实施、基层党委微观落实的党的建设机制。

构建科学的党委决策领导机制。加强党在超大城市治理中的全面领导，要从各级党委对城市治理重大决策的科学领导入手，通过党的全面领导构建起各级党委、党组织对决策流程的领导机制，特别是要以完善规范的调查研究流程为基础，推进党委对重大决策必要性、可行性和有效性论证的领导工作机制规范化建设，提升各级党委科学决策的领导水平。

构建科学的党委功能发挥机制。加强各级党委在超大城市现代化治理中政治功能和组织功能的发挥机制建设，强化各级党委对城市治理工作的政治引导，构建以政治性、时代性、原则性、战斗性为核心的工作机制，实现党在领导城市治理中的政治功能。强化基层党委在贯彻落实上级党委决策的工作中，聚焦公共治理、基层治理和社会治理中群众急难愁盼问题，构建起具有组织领导力、组织引领力的工作机制，实现党委纵向领导、横向总揽城市治理业务，确保党委组织功能高效发挥。

（三）建成治理能力工作机制

治理能力是超大城市现代化治理工作有效运转的框架体系，是基于治理工作要求，有效配置治理力量、推进治理事务、整合治理资源的组织框架的工作机制。

增强城市治理的履职能力。将职能体系优化作为重点，以数字化城市运行和治理中心一体化运行为抓手，完善各级政府和职能部门的职能体系，提升对城市治理问题的战略执行能力与科学管理能力，提升各级政府履职管理水平。将职责体系落实作为重点，以城市治理业务岗位化建设为抓手，完善全社会各

类治理主体和机构参与城市治理的责任体系，以岗位为载体建成有序参与格局，切实提高全社会参与治理水平。

强化城市治理的专业能力。以规范的城市治理工作为抓手，提升各级党委、党组织对城市治理业务的专业化领导能力，通过横向总揽城市治理主体，纵向领导城市治理业务，提升城市治理领导能力。以强化城市治理职能关系为切入点，提升党政机关和职能部门的城市治理统筹能力。以明晰城市治理职责关系为切入点，通过对治理业务事项、权力事项和公共服务事项进行流程再造，提升专业部门城市治理的公共管理能力。

拓展城市治理的工作能力。以高效的工作能力为重点，在实践中提升各级党组织的政治领导力、思想引领力、群众组织力、社会号召力，增强领导城市基层治理的工作能力。加强各级政府的治理执行力建设，通过基于目标管理的岗位主体责任制建设，强化主体责任评估考核机制，提升执行城市治理的工作能力。加强超大城市治理队伍胜任力建设，构建职业能力标准体系与职业发展机制，分类培养各领域志愿化、专业化、职业化和专家化的城市治理人才，提升落实城市治理的工作能力。

（四）推进数字城市建设工作机制

数字城市建设是实现超大城市现代化治理的重要工作任务，是基于数字技术赋能城市建设，实现城市治理智慧化、韧性化的重要工作机制。

持续推进超大城市数字治理体系重构。通过城市治理全链条统筹治理业务，提升党建统领在城市治理中的全领域领导效能，搭建好数字城市治理的主心骨。强化重点应用场景的整体运用构架，建成职责体系完整、资源配置优化、执行有力的数字工作机制。通过将数据技术与数字城市有机融合，实现数字化资源整合及共享，推进城市治理中的横向协同、纵向联动，实现横向到边、纵向到底的全方位数字共享，建成超大城市现代化治理的智慧治理智能中枢运行工作机制。

坚持推进超大城市数字治理机制再造。在数字城市建设中，以"大综合一体化"体系为工作框架，明确城市治理各主体在大综合框架中的角色定位，明晰城市治理业务在一体化框架中的功能，以数字技术和数字平台为支撑，聚焦产业、生产、生活和安全等领域的数字化建设，通过构建党建链接、治理链合、工作链动的数字治理机制，探索一区县一品牌数字治理典型、一镇街一特色数字治理办法，构建起市委统筹、区县党委统划、镇街党委统管的数字城市治理机制，再造数字城市全链条治理机制。

强力推进城市智慧管理的系统化建设。在超大城市现代化治理中，智慧管理机制是重大民生需求落实和重要事务处置的系统化工作方式。推进智慧管理机制建设，要聚焦城市治理中跨部门跨区域管理、协同处置和联合应对的智慧管理运作机制建设。特别是通过智治城市大脑，以应用场景建模、可视化呈现和数据挖掘分析方法，构建起多部门跨区域智慧管理协同配合工作机制，实现统一指挥、反应灵敏、功能齐全、协调有序、运转高效的联动智慧管理机制，提升城市智慧管理的系统化水平。

三 构建超大城市现代化治理工作体系的实践路径

超大城市现代化治理工作体系的落实，要采取治理主体实体化、治理机制整体化、治理体系数字化的实践路径，才能提升超大城市现代化治理的质效。

（一）以三级治理中心实体化为路径，提升实战能力

三级数字化城市运行和治理中心是夯实超大城市现代化治理工作体系的重要载体，要通过聚焦管理力、执行力和战斗力，实现实战能力的整体提升。

以明确三级中心职能体系来提升管理力。在三级数字化城市运行和治理中心的建设中，要坚持以系统完备为原则，明确职能体系，实现三级中心组织体系的上下贯通、执行有力，提升管理能力。以党的十九届四中全会确定的"经济调节、市场监管、社会管理、公共服务、生态环境保护"五大职能为根本职能，确定市级中心统筹、区县中心执行、镇街中心落实的科学职能体系。通过核心绩效指标逐级细化、细分为各级中心的管理绩效评价标准体系，对"统筹、执行、落实"三级职能体系进行分解，聚焦各项城市治理职能开展核心业务梳理，实现三级治理中心的业务链条体系化，构建起系统完备、职能健全的数字化城市运行和治理中心组织体系。

以明晰中心岗位职责体系来提升执行力。以科学的岗位结构为基础，规范的职责体系为关系，通过机制重塑，构建多跨业务履职机制。职责体系是岗位

履职的准则与标准，要以定量的方式，运用数据化的履职标准，构建中心岗位目标责任，推进治理岗位的内容定量化、过程数据化、评价标准化，建成基于岗位的闭环管理机制。要以岗位职责体系为抓手，强化镇街治理中心的组织运行机制，实现党建统领、设施运行、社会治理、应急动员、文明创建、生态景观、生产生活服务等治理内容的全覆盖真落实。

以强化专业人才队伍建设来提升战斗力。以人事相宜、以用为本的原则，构建起三级治理中心的专业人才管理与培养机制。以科学规范的职位分析、准确的职位说明书等专业化人才管理工作方式与工具，明确三级中心干部和成员的工作业务流程。以治理工作事项为内容构建城市治理人才管理业务流程，加强中心干部专业化配置与培养。以高效的基本能力为重点，运用基于岗位主体责任的目标管理制度，完善评估考核机制，培养和提升中心干部专业能力。

（二）以"大综合一体化"治理机制为路径，实现综合治理

大综合统筹城市运行和治理，要以机制的路径整合横向协同与纵向贯通，提升市、区县、镇街三级的一体化治理水平，实现综合治理。

以整体化构建统筹机制，实现治理条抓块统。构建总体谋划、统筹协调、整体推进、督促落实的"大综合一体化"整体性框架，三级主体要以协同理念构建整体化统筹机制。在总体谋划方面，持续对机构部门职责再梳理、再优化、再完善，科学推进动态调整机制。在统筹协调方面，以一类事项一个部门统筹、一件事情一个部门负责的原则，推进协同机制建设，通过职责梳理，建成职责分工明确、运行流程高效、形成工作合力的城市运行与基层治理多跨协同的条抓块统工作机制。

以一体化完善清单机制，推进一件事一次办。以核心业务一体梳理、关键指标一体构建、事件办理一体流转，优化完善清单机制。以城市治理事项为依据，运用平衡计分卡等管理技术，锁定关键成功因素，构建关键绩效指标体系，形成关键治理指标清单。以具体的指标体系完善治理事项要素，利用关键绩效指标实现责任分工清晰准确、责任链条相互衔接。以现代绩效管理技术优化清单机制的运行流程，将一件事一次办运行流程固化为发现、处置、办结、反馈的高效运行闭环管理机制。

以职能化变革执法模式，建成综合治理格局。进一步完善基层综合执法体制机制，以执法职能为核心、执法事项为重点、执法平台为载体、执法监管为任务，建成城市综合治理格局。通过建设统一的执法监管数字应用平台，形成横向整体协同、纵向三级贯通的执法监督一体化机制。合理界定区县部门与镇街执法权责边界，合理确定专业部门与乡镇政府行政执法权限边界，推动形成一体化的基层治理综合权责体系。探索行政监管与行政执法业务协同场景化应用，实现行业监管部门与执法部门协同的综合治理。

（三）以数字化整体智治体系为路径，推进"三智"治理

超大城市现代化治理的实践体现为通过智能运行、智慧管理、智能控制的路径，形成城市公共服务、公共安全、公共应用的发展模式，实现城市整体智治。

以智能化综合公共服务，建好城市中枢大脑。以规范化、标准化综合智能要素和智能模块，建好城市治理的基础数据库和公共服务主题数据库。以城市治理模型、大数据分析处理工具为基本能力，强化算力汇聚中枢，强化汇聚数据、数字化业务办理的算法能力体系，建设城市公共服务生产力。建成实现公共服务供给纵向贯通、横向互联的一体化指挥中枢系统，实现公共服务供给链条的科学决策、综合指挥、汇聚应用和事务处置一体化，实现公共服务的多跨联动供给调配体系。

以智慧化整合公共安全，建好平安管理机制。通过智慧化整合公共安全工作要素与要件，着力推进公共安全治理精准化、系统化，增强公共安全治理预见性、高效性和协同性，建成城市公共安全区域联动的管理机制。建好公共安全事前预防系统，以各类数据库为基础，聚焦源头防范、风险化解、应急准备和监测预警四个环节的智慧化，实现基于时间序列分析的突发事件全生命周期和应急预警链条式闭环管理。通过各种智慧化平台、智慧化公众号、智慧化软件等智慧技术实现对公共安全事前、事中、事后全过程参与的畅通性和规范性，推动城市公共安全全覆盖。

以智控化集成公共应用，建成公共管理机制。以数字化智能控制集成体系，完善城市管理的公共应用集成，将城市治理中的运行公共管理、民生公共管理、政务公共管理模块通过智能控制技术进行集成，将其开发为

数字化政府机关部门之间"只跑一次"应用平台，构建起公共事务的智能化公共管理机制，形成一体化、规范化的公共事务处置与流转工作机制。构建跨部门、跨区域、跨层级智能化集成控制的"公共管理一键通"工作机制，全面贯通各类公共应用的运行管理，确保城市治理中的公共管理能够一贯到底。

B.11
超大城市信用治理的探索与实践

类延村　陈杰*

摘　要：　信用治理是推进超大城市治理现代化的重要路径。本报告聚焦超大城市信用治理，以北京、上海、广州等十个超大城市为研究对象，详细梳理其在信用制度、信息管理、奖惩机制、信用市场和信用文化等方面的逻辑取向与实践做法。在阐述其对城市发展重要意义的基础上，深入剖析超大城市信用治理面临的挑战，如复杂空间与交往格局下的信用风险、系统耦合与数据壁垒下的协同困境、规则滞后与技术风险下的适应性挑战、主体协同与利益博弈下的治理张力等。针对现存问题，从"角色重构—过程革新—功能升级"视角探索政府在超大城市信用治理中职能转型的理论进路，并从完善信用法治体系、创新信用治理模式、优化信用评价机制和推进信用与城市发展融合等多维度提出优化路径，推动超大城市信用治理高质量发展。

关键词：　超大城市　信用治理　信用体系建设　技术赋能

　　城市信用治理是新时代市域社会治理现代化的重要议题，也是实现城市高质量发展的关键环节。2022年3月，中共中央办公厅、国务院办公厅发布《关于推进社会信用体系建设高质量发展促进形成新发展格局的意见》，强调要完善社会信用体系，促进其与大数据融合发展，为经济社会发展提供有力支

* 类延村，西南政法大学政治与公共管理学院副院长、教授，重庆城市治理与发展研究院副院长，法学博士，硕士研究生导师，主要研究方向为城市治理、信用治理等；陈杰，重庆对外经贸学院重庆超大城市数字化治理学院教师，管理学硕士，主要研究方向为城市治理、信用治理。

撑，这为超大城市信用治理指明了方向。① 超大城市作为国家经济、文化、科技等要素的高度集聚地，在国家发展战略中占据重要地位。然而，其庞大的人口规模、复杂的空间结构和多元的社会经济环境，给信用治理带来诸多挑战。本报告聚焦于此，深入剖析问题并提出优化路径，以期推动超大城市信用治理的发展。

一　超大城市与超大城市信用治理

（一）超大城市的界定与特征

"超大城市"这一术语于 2014 年由中央政府正式提出。在政策领域，根据国务院发布的《关于调整城市规模划分标准的通知》（国发〔2014〕51 号）规定，城区常住人口 1000 万以上的城市被归类为"超大城市"。2023 年 10 月，中华人民共和国住房和城乡建设部公布的《2022 年城市建设统计年鉴》显示，全国共有上海、北京、深圳、重庆、广州、成都、天津、东莞、武汉、杭州 10 个超大城市。在学术领域，超大城市在国际学术界对应的概念为"Megacity"，意思为"巨型城市"。联合国统计司将巨型城市的标准界定为"城市聚集区"（具有超地域边界的特征），人口至少 1000 万。综上，人口规模巨大是超大城市的首要评判标准。

超大城市作为人类文明的复杂空间载体，其内在特征集中体现为多维度的规模效应与资源约束性矛盾。首要特征表现为人口与城区规模的超常规扩张，其常住人口普遍突破千万级阈值，建成区面积呈几何级增长，形成具有全球影响力的巨型城市系统。同时，聚集性特征通过交通、经济、数字与物质流量的高密度叠加得以显现，2024 年前三季度重庆城市轨道交通客运量突破 10.6 亿人次，北京、上海等超大城市年均生活垃圾产生量逾 1000 万吨，这种要素的强聚集性直接转化为治理负荷的指数级攀升。此外，城市用地增量空间的稀缺性成为制约发展的刚性条件，东亚与东南亚地区超大城市建设用地扩张速度大

---

① 详见《关于推进社会信用体系建设高质量发展促进形成新发展格局的意见》（中办发〔2022〕第 25 号）。

幅下降，空间开发模式被迫转向以存量更新为主导的再开发路径。更为突出的是资源约束性的持续强化，表现为基础设施系统（如轨道交通、污水处理设施）持续超负荷运行，公共资源配置的结构性矛盾凸显。以上海为例，中心城区公共停车位缺口大，用电高峰时段局部区域供电可靠率低，反映出超大城市在资源分配优先性决策中的系统性困境。这些特征的交织，构成了超大城市可持续发展的复合性挑战。

（二）超大城市信用治理的内涵与重要性

超大城市信用治理是运用信用理念、机制和手段，对城市经济社会活动中的各类信用关系进行规范、引导和监督，以促进市场主体诚信经营、社会公众诚信守法，提升城市整体信用水平的综合性治理活动。在超大城市的现代化治理进程中，信用治理发挥着举足轻重的作用，其有效实践蕴含着多维度的深远意义。

信用治理有助于优化资源配置，提高市场监管效率。大城市资源分配难度大，信用治理通过建立科学的信用评价体系，引导资源流向信用良好的主体，避免资源错配，为超大城市的经济高效运行奠定坚实基础。例如，广州市搭建的公共信用信息平台，整合多部门信用信息，利用大数据和云计算技术实现精准监管，提升了政府监管效率和市民信任度。

信用治理能提升社会公共服务质量。超大城市公共服务供给压力大，将信用体系与公共服务融合，依据信用状况提供差异化服务，可激励市民守信，提高公共服务系统运行效率。例如，在交通、医疗、教育等领域，对高信用群体给予便利和优惠，能激励市民珍视自身信用，促使更多人遵守规则、诚信行事，进而提升整个公共服务系统的运行效率与服务质量，让有限的公共服务资源发挥更大效能，满足超大城市居民多样化需求。

信用治理能够增强社会凝聚力，提升城市治理效能。超大城市人员构成复杂，社会关系多元，且人口流动性大，人际关系趋于陌生化，传统的基于熟人社会的信用约束机制逐渐失效。在这种环境下，信用治理通过建立完善的信用体系，可以弥补传统信用机制的不足。例如，杭州市推出"钱江分"市民信用评分体系，根据信用评分给予市民不同的公共服务便利，增强了市民对城市的认同感和归属感，促进了社会和谐有序发展。

二　超大城市信用治理的逻辑取向与实践程式

（一）超大城市信用治理的逻辑取向

超大城市信用治理以法治化、公平化与效能化为核心逻辑，旨在构建适应人口集聚、要素流动和风险叠加特征的信用生态系统，需在国家治理现代化框架下协调法治、公平与效率原则的实践张力。

1. 法治原则：以合法性框架规范治理边界

法治原则要求信用治理严格遵循法律规范，通过创制性立法平衡公权干预与私权保护。[①]例如，《北京市社会信用条例（草案）》以立法明确信用信息归集边界与授权规则，防范数据滥用；重庆市通过信用政策合法性审查机制，确保联合惩戒措施与《行政处罚法》衔接，强化程序正义。学界主张以"法律保留原则"约束失信认定标准，[②]并通过信用承诺制度实现"软法"与"硬法"协同。

2. 公平原则：以差异化机制实现实质正义

公平原则强调突破形式平等，通过信用评价的差异化设计保障弱势主体权益。杭州市"钱江分"信用评分体系动态关联履约记录与公共服务权益，以激励相容推动社会共治；上海市针对新兴产业制定专属信用标准，避免传统指标抑制技术创新；深圳市建立信用修复机制，允许失信主体通过履行义务或公益活动消除"终身污名"，体现对"二次机会"伦理的尊重。

3. 效率原则：以数字赋能优化治理效能

效率原则依托数字技术破解治理规模难题，提升精准性与协同性。超大城市信用治理需应对海量数据与复杂场景的双重挑战，数字技术成为破局关键。广州市"智慧信用平台"整合42个部门10亿条数据，运用区块链与机器学习实现风险预警（如食品安全领域的"信用画像"）；张震提出"敏捷治理"模式，建议授权地方政府动态调整信用规则（如疫情期医疗企业信用评价

---

① 张震：《超大城市治理的创制性立法保障》，《郑州大学学报》（哲学社会科学版）2024年第6期。
② 贾韶琦：《社会信用立法的功能定位与核心问题》，《理论月刊》2023年第1期。

"快速通道");深圳市将信用嵌入政府采购流程,取消保证金的收取,通过"信用+公共服务"降低企业制度性成本,彰显治理效能升级。

(二)超大城市信用治理的实践程式

超大城市信用治理的实践程式呈现"制度—技术—机制—市场—文化"五位一体的系统性特征,其核心逻辑在于通过法治化制度框架、数字化信息平台、差异化奖惩机制、专业化服务市场与常态化文化培育,构建多维度协同的治理生态。基于国家发展改革委提出的"信用信息共享—信用监管创新—信用经济赋能"三阶段发展路径,结合10个超大城市(上海、北京、深圳、重庆、广州、成都、天津、东莞、武汉和杭州)的实践案例,从制度创新、信息治理、机制优化、市场培育与文化浸润五个维度展开论述(见表1)。

表1　超大城市信用治理的实践程式框架

维度	核心要素	典型实践案例	理论支撑
制度创新	立法体系、行业标准、政策协同	《北京市社会信用条例(草案)》	协同治理理论
信息治理	数据共享、技术赋能、隐私保护	广州公共信用信息平台	数字法治理论
机制优化	联合奖惩、场景嵌入、动态修复	杭州"钱江分"体系	激励相容理论
市场培育	机构孵化、服务创新、监管规范	成都信用服务产业集群	新公共管理理论
文化浸润	教育普及、典型示范、社区参与	武汉诚信宣传教育活动	社会资本理论

1.制度建构注重法治化与差异化协同

在现代社会,信用制度对维系诚信至关重要。超大城市信用治理的制度框架呈现"中央立法统筹+地方特色创新"的双轨特征。例如,北京市出台的《北京市社会信用条例(草案)》创设了信用分级分类监管、失信行为认定清单等制度,其立法创新被国务院纳入《社会信用体系建设法(草案)》推广至全国。上海市则针对自贸区跨境数据流动需求,制定跨境信用信息共享管理办法,允许经安全评估的境外信用机构接入公共信用平台,多家外资金融机构实现数据互通。研究统计发现,10个超大城市累计出台信用制度文件977件,其中地方性法规占比0.6%,规范性文件占比93.0%,形成覆盖金融、环保等多个领域的制度网络(见表2)。

表 2　超大城市信用制度文件类型分布

单位：件

城市	地方性法规	政府规章	规范性文件	行业标准	合计
上海	1	1	159	11	172
北京	1	1	150	11	163
深圳	1	3	75	13	92
重庆	1	0	91	1	93
广州	0	1	71	4	76
成都	0	1	117	1	119
天津	1	1	115	7	124
东莞	0	0	16	0	16
武汉	0	0	56	0	56
杭州	1	1	59	5	66
总计	6	9	909	53	977

资料来源：北大法宝数据库及全国标准信息服务平台。

2. 信息整合聚焦数据共享与安全治理

信用信息是信用管理的关键，超大城市借助技术创新破解"数据孤岛"与"隐私泄露"双重困境。例如，广州市建成全国首个区块链信用信息平台，通过智能合约实现跨部门数据自动核验。深圳市首创"信用数据沙箱"机制，允许金融机构在隔离环境下训练风控模型，使中小企业贷款审批时效大幅缩短。上海市浦东新区运用联邦学习技术，在不转移原始数据前提下实现银行、税务、海关三方信用数据联合建模，使企业授信额度预测准确率较传统模型大幅提升，该案例入选国家发展改革委"信用创新十大工程"。

3. 机制创新强调精准激励与动态修复

信用奖惩机制是对信用信息的重要运用，也是城市信用治理的核心。城市信用治理，就其目的而言，落脚点在于在城市社会生活中增加守信行为、减少失信行为，促进城市经济社会的良性发展。超大城市信用奖惩机制呈现"场景嵌入+动态调整"特征。例如，杭州市"钱江分"体系将市民信用评分与多项公共服务挂钩，信用分达到一定程度可享受地铁折扣、医院挂号优先等权益，激励了大量守信行为。重庆市建立全国首个信用修复"负面清单"，明确7类不可修复失信行为，其余失信主体可通过公益服务、信用培训等途径，实现信用动态修复。

4. 市场培育着眼于专业化服务与生态构建

信用机构的发展体现城市信用治理水平，超大城市通过"政府引导+市场主导"模式培育信用服务产业集群。例如，成都市建成西部信用服务产业园，吸引中诚信、芝麻信用等多家机构入驻。深圳市设立信用科技专项基金，支持开发信用风险量化模型、智能合约审计系统等创新产品，其中"跨境信用链"项目实现粤港澳三地信用互认。经研究统计，2023 年 10 个超大城市信用服务机构数量占全国总量的 38.6%，其中注册资本超 1 亿元的头部机构占比达 64%（见表 3）。

表 3 超大城市信用服务机构分布（2023 年）

单位：家

城市	机构数量	注册资本超 1 亿元	主营业务分布
上海	238	32	跨境征信、资信评级
北京	195	28	政府信用评估、ESG 评级
深圳	167	25	区块链存证、智能合约
广州	142	18	消费金融风控、信用修复
杭州	123	15	大数据征信、场景化评分
成都	89	9	中小企业信用担保、供应链金融
重庆	76	7	农村信用体系、乡村振兴评估
天津	65	5	港口物流信用、跨境贸易征信
武汉	57	4	长江经济带信用协同、碳信用评估
东莞	43	2	制造业供应链信用、跨境电商征信
总计	1195	145	—

资料来源：企查查企业征信数据库。

5. 文化浸润致力于价值内化与社会参与

信用文化的培育是超大城市信用治理从"制度约束"向"价值认同"跃迁的关键路径。超大城市通过"教育渗透+社区共建"推动信用文化内生演化。在教育方面，信用教育通过早期社会化过程形塑公民诚信认知。例如，武汉市教育局联合信用办于 2020 年启动"诚信教育进课堂"工程，开发《诚信与社会责任》系列教材，涵盖小学至高中全学段，内容包含信用历史、契约

精神、失信案例等模块，截至 2023 年已覆盖全市 1200 所学校的 120 万学生。①
在社区共建层面，信用治理嵌入基层社会治理网络以提升参与效能。北京市推行"信用社区"创建活动，将物业费缴纳率、邻里纠纷调解成功率、志愿服务参与度等指标纳入评价体系，并对 AAA 级信用社区提供公共设施改造资金倾斜政策。② 杭州市则通过"诚信日"活动联动社区与企业，举办信用主题讲座、诚信商户评选等活动，推动"信用即资产"理念的社会扩散。③ 这种"软性治理"模式促进了信用价值的传播和转化。

三 超大城市信用治理的基本特征与问题挑战

（一）复杂性：复杂空间与交往格局下的信用风险

超大城市信用治理的复杂性源于其空间结构的非均衡性与社会关系的陌生化特征。一是从空间维度看，城市功能分异导致信用风险分布失衡。例如，北京市核心区（如金融街、国贸）集聚高信用密度主体，而边缘区域因产业配套滞后、监管资源不足，成为失信行为高发区，形成"信用洼地"效应。二是从社会维度看，人口流动频繁与网络社交扩张使传统熟人社会的信用约束机制失效。上海作为国际化大都市，流动人口占比大，人际关系匿名化导致短期逐利倾向加剧，虚假信息传播、合同违约等失信行为呈指数级增长。④ 总而言之，空间分异与交往异化的双重张力，使信用治理面临风险识别难、监管成本高的复杂挑战。

（二）整体性：系统耦合与数据壁垒下的协同困境

超大城市信用治理需以系统性思维整合制度、信息与机制要素，但其整体性受到数据孤岛与制度碎片化的严重制约。一是信用信息整合存在技术性与制度性壁垒。以广州为例，税务部门、市场监管部门、金融机构各自掌握着企业

① 武汉市教育局：《中小学诚信教育项目实施效果评估报告》，2023。
② 北京市民政局：《北京市信用社区建设白皮书（2024）》，2024。
③ 杭州市文明办：《杭州市民诚信素养调查报告》，2024。
④ 陶希东：《全球超大城市社会治理模式与经验》，上海社会科学院出版社，2021。

不同维度的信用信息，但由于数据格式、更新频率等差异，跨部门共享率不足，信用画像精准度受限。二是中小微企业信用信息分散于交易平台、行业协会等非官方渠道，收集和整合难度较大，使其在融资、市场准入等方面面临诸多困难。协同治理理论强调，跨主体数据共享是信用治理效能提升的关键，而当前"条块分割"管理体制导致治理闭环难以形成。以深圳为例，在信用奖惩实施过程中，部分领域存在多部门重复监管或监管空白的情况，导致信用管理效率低下，政策执行效果不佳。数据壁垒与制度碎片化削弱了信用治理的系统效能，亟须构建"制度—技术—机制"三位一体的协同框架。

（三）动态性：规则滞后与技术风险下的适应性挑战

超大城市信用治理需动态适应城市发展与技术迭代，但立法滞后与安全漏洞制约其敏捷性。一是上位法缺失导致地方立法冲突。例如，《北京市社会信用条例（草案）》与上海市跨境数据管理规范在个人信息采集范围上存在差异，跨区域企业合规成本倍增。二是技术风险加剧信用信息安全危机。一些信用信息平台在技术防护方面存在漏洞，容易遭受黑客攻击；部分信用服务机构在信息管理过程中，存在违规操作、过度收集信息等问题，增加了信息安全风险。综上，规则滞后与技术风险的叠加，要求信用治理建立"弹性立法+安全冗余"的双重适应机制。

（四）多元性：主体协同与利益博弈下的治理张力

超大城市信用治理的多元性体现为治理主体的多样性与利益诉求的复杂性，导致治理目标与手段的张力加剧。从主体维度看，信用治理涉及政府、市场、社会组织及公众等多方主体，其角色定位与权责边界模糊。例如，上海市在构建信用联合奖惩机制时，政府部门主导政策制定，但行业协会、平台企业等市场主体在执行中常因利益分歧而协作低效。从利益维度看，不同主体对信用数据的获取与使用存在博弈现象：公共部门强调治理效率，企业关注商业价值，公众则重视隐私保护。以深圳市为例，金融机构要求开放更多个人信用数据以优化风控模型，而市民群体则通过诉讼维权抵制过度采集生物识别信息。多元主体的利益冲突与协作障碍，要求信用治理建立"权责明晰—激励相容—动态协商"的协同机制。

四 政府在超大城市信用治理中职能转型的理论进路

（一）角色重构：从政策执行到价值引领

政府角色正从信用政策执行者转向价值引领者，通过法治权威构建与文化认同培育统筹治理复杂性。其一，法治化权威构建需以立法重塑治理合法性，如优化综合性信用立法框架、强化政策合法性审查，推动工具诚信与权益转化相衔接（如《北京市社会信用条例（草案）》界定信用信息边界）。其二，文化认同培育需通过全生命周期诚信教育（如分层课程设计）与道德信用积分等机制，将制度刚性约束升华为社会价值共识，激活"关系型信用"网络传播效应。[①]

（二）过程革新：从被动响应到主动治理

技术驱动与跨域协同构成主动治理的核心路径。一方面，技术驱动的风险预警依托区块链、大数据等工具实现风险前置干预，如深圳市建立共享经济用户信用档案，动态关联信用评分与使用权限，打破传统治理滞后性。另一方面，跨域协同机制创新则通过整合多元主体数据（如上海互联网金融信用管理平台），构建风险联防联控体系，降低制度性交易成本，契合多中心治理理论逻辑。

（三）功能升级：从信用评价到系统监管

智能化与动态化是功能升级的关键维度。智能化监管体系构建借助大数据与机器学习实现精准防控，如广州市信用信息平台整合 10 亿条数据建立食品安全风险预测模型（准确率 92%），重构"网络社会"治理范式。动态化奖惩机制设计通过"守信受益、失信受限"规则引导行为选择，如杭州市"钱江分"系统将 214 项公共服务与信用评分挂钩，以成本收益调节推动信用治理向系统监管跃迁，呼应制度经济学"选择性激励"理论。

[①] 张康之：《社会治理中的伦理重构》，中国社会科学出版社，2017。

五　优化超大城市信用治理的实践进路

（一）完善信用法治体系：构建多层次立法框架

完善信用法治体系需推进国家立法与地方立法的协同创新，形成统一性与差异化的制度框架。国家层面应加快制定社会信用基础性立法，明确信用治理的基本原则与权利义务，为超大城市信用立法提供上位法依据；[①] 地方层面可借鉴长三角等区域立法协同经验，细化信用信息归集与奖惩规则，并通过引入"信用权"概念完善修复与异议程序（如上海"信用承诺替代证明"试点）。[②] 在实施层面，需强化法律监督机制，推行信用执法"负面清单"与区块链存证技术（如深圳"双随机"执法模式），同时建立法治评估体系，将信用法治成效纳入政府绩效考核（如杭州城市信用法治白皮书），确保法治体系动态优化。[③]

（二）信用信息安全治理：构建风险防控矩阵

信用信息安全治理需以技术创新与制度约束为"双轮驱动"，平衡数据利用与隐私保护。技术层面应加强加密技术与联邦学习应用（如北京信用数据分类分级保护），实现"可用不可见"的数据共享；制度层面可参照欧盟《通用数据保护条例》（GDPR）建立全生命周期管理规范，明确数据权责边界。同时，构建权利救济与风险补偿机制，通过"熔断机制"阻断异常数据流动，探索"信用数据安全保险"（如武汉试点）降低主体损失。这一矩阵式防控体系既需加大技术研发投入，亦需完善制度执行路径，以应对超大城市信用信息规模与复杂性挑战。

---

① 类延村、邱钦沛：《城市信用治理的问题管窥与治道变革——以全国首批社会信用体系建设示范城市为例》，《征信》2021 年第 10 期。
② 孙肖远：《构建区域信用治理与区域法治建设协同推进机制——以信用长三角建设为例》，《现代经济探讨》2014 年第 9 期。
③ 门钰璐、严宏伟、王丛虎：《社会信用合作治理体系的构建——基于数据开放的视角》，《行政管理改革》2022 年第 7 期。

（三）信用治理的协同合作：构建多元主体共治网络

超大城市信用治理需突破单一主体局限，构建政府、市场与社会协同的"三螺旋"模型。政府应发挥政策引领作用，依托"信用联盟"（如苏州工业园区）整合跨部门奖惩机制；市场需激活信用服务创新动能，推动信用数据资产化；社会则通过行为监督与文化培育强化共治基础。区域协作方面可借鉴"全球城市信用联盟"经验，建立跨区域信用互认与信息共享平台（如南京—合肥失信名单实时互通），打破行政壁垒，提升协同治理效率。

（四）信用评价体系重构：动态智能评估机制

信用评价体系需向动态化、智能化转型，构建科学多元的指标体系与创新应用场景。在指标设计上，应突破传统财务维度，纳入社会责任、创新能力等非财务要素，并建立区块链存证的动态修正机制（如成都"信用画像"）。应用场景拓展则需建立"信用清单"制度，将评价结果嵌入共享经济监管（如成都共享单车配额动态调整）、夜间经济治理等领域，形成"守信激励、失信惩戒"的闭环。通过评价体系与治理场景的深度融合，提升信用工具的精准性与公信力。

（五）信用赋能城市发展：全领域深度融合

信用赋能需构建"信用+"生态系统，实现经济、社会等领域的价值转化。经济发展领域可探索信用资产证券化（如杭州"小微企业信用债"）与"信用创业孵化器"（如上海杨浦区试点），优化资源配置；社会治理领域可通过"信用驾照"（重庆交通失信惩戒）、"信用码"（深圳政务服务集成）等模式提升效能。未来需强化技术赋能与制度创新，拓展"信用+"场景边界，推动信用资本向城市发展动能的高效转化。

（六）诚信文化培育：构建全周期教育体系

诚信文化培育需实施"信用素养提升工程"，构建覆盖基础教育至职业教育的全周期教育网络。基础教育阶段可开发 AR 游戏等沉浸式课程（如苏州中小学信用必修课），职业教育阶段强化信用伦理与实践技能融合，针对公务员群体则需建立信用档案与晋升挂钩机制（"信用一票否决制"）。文化传播需创新载体，利用元宇宙技术打造"信用体验馆"（如北京 VR 展馆）或举办"信用文化节"（如广州诚信商家灯光秀），通过多维度渗透加强社会认同。

综上所述，超大城市信用治理正处于从"制度构建"向"效能提升"的关键范式转型期。研究构建的"法治保障—技术赋能—协同共治—文化培育"四位一体治理框架，从多个维度为破解当前超大城市信用治理中存在的立法碎片化、"数据孤岛"、主体离散等治理困境提供了系统性解决方案。通过完善信用法治体系，为信用治理提供坚实的法律支撑；借助技术创新，保障信用信息安全，提升信用评价的智能化水平；推动协同共治，凝聚各方力量，形成多元主体共同参与的治理格局；培育诚信文化，营造良好的信用环境，增强社会成员的信用意识。以此而言，超大城市信用治理研究需持续关注信用治理的"韧性"建构。在公共卫生事件、金融危机等极端情境下，信用治理体系应具备快速响应、有效应对的能力，确保城市经济社会的稳定运行。因此，加强应急响应机制设计是未来研究的重要方向。同时，随着 Web3.0 和 DAO 组织的发展，多元化信用治理模式可能引发治理范式的深刻变革。此种新兴模式将对传统信用治理理念、机制和方法产生巨大冲击，需要学界持续跟踪研究，深入探讨其在超大城市信用治理中的应用前景和潜在风险，为超大城市信用治理的创新发展提供理论支持和实践赋能。

B.12
数字化赋能超大城市治理"双短板"
修复路径研究[*]

王 伟 王浩名[**]

摘 要： 超大城市作为国家经济社会发展的重要引擎，其治理能力现代化关乎国家治理体系和治理能力现代化的全局。然而，超大城市治理长期以来存在"双短板"问题，即精细化治理"最后一公里"难题与条块分割导致的"最初一公里"梗阻，严重制约了城市治理效能的提升。数字化治理的兴起与发展为破解城市治理难题提供了新的思路和方案。本报告通过剖析超大城市治理"双短板"内涵与表现，阐述数字化赋能修复超大城市"双短板"整体逻辑架构，提出数字化赋能修复"双短板"的路径，旨在为超大城市治理现代化提供理论创新与实践指导，推动形成智慧高效治理新体系。

关键词： 数字化赋能 超大城市 精细化治理 智慧高效治理

超大城市作为人口高度集聚、经济社会活动高度密集的区域，其治理复杂性远超一般城市。一方面，超大城市人口规模巨大且流动性强，居民需求多样且动态，要求公共服务必须更加精准、及时和有效，传统治理模式难以应对千人千面的复杂需求，导致精细化治理和服务均等化的"最后一公里"执行困难，影响人民满意度。另一方面，"层级+条块"治理体系普遍存在权责分割问题，纵向层级与横向部门间缺乏有效协作，"信息孤岛"和资源分散现象突

---

* 本报告由国家重点研发计划"城市运行管理服务支撑体系及平台关键技术研究与应用"（2023YFC3807600）支持。
** 王伟，中央财经大学政府管理学院系主任，副教授，主要研究方向为城市治理；王浩名，南京大学政府管理学院硕士研究生。

出，加剧了"最初一公里"梗阻现象，严重制约治理效能。新一代信息技术的快速发展使得城市治理理念、模式与手段发生深刻变革。应用大数据、云计算和人工智能等数字技术，能够监测城市状态、提升公共服务智能化水平，并促进跨部门协同，提高治理效率和降低成本，在超大城市治理中优势更加凸显。现有研究虽对数字化治理展开广泛探讨，但针对超大城市治理中"最后一公里"和"最初一公里"的"双短板"问题，系统性研究仍显不足。本报告深入剖析数字化赋能"双短板"修复的内在逻辑和作用机制，从系统论角度探讨二者关联及对整体治理效能的影响。同时，针对治理"双短板"的表现与成因，提出有针对性的数字化修复路径与对策，为超大城市治理能力提升提供实践指导。

一　超大城市治理"双短板"内涵与表现

（一）"双短板"内涵

超大城市治理"双短板"是指制约治理效能提升的两个关键结构性问题：条块分割的"最初一公里"短板和精细化治理的"最后一公里"短板。前者源于职能部门和行政层级之间存在的壁垒，这种壁垒使得部门之间协调困难，政策在制定与衔接过程中出现脱节现象，信息流通严重受阻，极大地制约了治理资源的有效整合与顺畅运作。在城市治理的顶层设计与执行开端，该短板就为后续的治理工作埋下隐患，阻碍了治理体系的高效协同运行。后者则表现为政策执行在基层的衰减和梗阻困境，在超大城市复杂的治理环境下，这一短板导致资源难以触达居民，进而引发多元需求难以满足、响应迟缓及执行偏差等一系列问题，严重阻碍了治理效能的有效传递，削弱了城市治理的精细化程度与居民的实际体验感。这两大短板相互交织，严重制约超大城市治理效率的提升与治理现代化的进程。

（二）"最初一公里"短板表现

在超大城市治理中，"最初一公里"直接关乎整体治理成效。而条块分割这一长期存在的结构性沉疴，已然成为引发"最初一公里"梗阻的关键诱因，

从部门协作、政策落实到信息流通等多个维度，对城市治理的高效推进形成严重阻碍。

1. 信息流通不畅，成为顶层协同决策的关键阻碍

信息作为超大城市治理体系的基础要素与关键支撑，其流通与共享的顺畅程度直接关乎城市治理效能。在顶层协同决策场景中，由于决策过程对信息的及时性、准确性和完整性要求极高，需要各部门迅速响应并紧密协同处置，信息流通不畅问题便尤为凸显。一方面，各部门在信息系统建设过程中，缺乏整体规划与协同意识，各自为政，导致信息系统独立分散，形成了"信息孤岛"。同时，数据共享机制的缺失，使得部门间信息难以有效交互与整合，极大地限制了决策所需信息的全面性与综合性。另一方面，冗长的信息传递层级成为信息流通的阻碍。在信息自下而上或横向传递过程中，每经过一个层级，都可能因人为理解偏差、沟通损耗等因素，导致信息失真和延误。这不仅延长了决策周期，更严重影响了顶层决策的科学性与有效性，使决策难以精准对接城市治理的实际需求，降低了城市治理的整体效率和质量。

2. 部门间协调障碍凸显，跨部门协作举步维艰

在超大城市治理体系中，部门职能交叉重叠与权责边界模糊构成了深层次的结构性矛盾。这一症结常常使部门间协作陷入困境，面对复杂治理事务时，相互推诿、扯皮现象时有发生，阻碍了跨部门协作的顺畅推进，进而导致协同效率显著降低。与此同时，传统依赖线下的沟通模式在超大城市治理的复杂需求面前，暴露出明显的滞后性。各部门间信息壁垒森严，信息不对称问题突出，在应急响应这类对协同效率要求极高的关键场景下，极大地限制了协同工作效能的发挥，致使响应迟缓、应对失序，对城市治理整体成效产生较大负面影响。

3. 政策制定执行脱节，难以契合复杂治理环境

在超大城市治理语境下，政策制定与执行之间易存在脱节现象，具体主要呈现在两个维度：其一，在政策制定的前期调研阶段，对基层实际状况的了解存在深度与广度不足的问题。由于未能充分且精准地掌握基层治理中的现实条件、民众诉求以及潜在矛盾，所制定的政策在面对基层复杂多变的治理场景时，缺乏切实可行的操作路径，难以有效落地实施。其二，在政策执行环节，欠缺必要的灵活性与动态调整机制。面对复杂多元且瞬息万变的超大城市治理

环境，尤其是在突发事件应急处置过程中，既定政策难以依据实际情况迅速做出适应性调整，呈现执行僵化的态势。这种僵化不仅导致政策无法有效应对突发状况，还严重削弱了政策执行效果，进而致使城市治理效能在关键时刻大打折扣。

（三）"最后一公里"短板表现

在超大城市治理体系中，"最后一公里"的顺畅程度直接关系到治理的精细化程度与居民的切实感受。精细化治理"最后一公里"短板犹如顽疾，深深嵌入超大城市的基层治理脉络之中，从居民需求洞察反馈到服务供给、执行能力，全方位制约城市治理服务效能提升。

1. 居民需求洞察反馈失位，难以支撑精准治理

在人民城市理念下，居民需求处于核心地位，是衡量城市治理成效与方向的关键指标。然而，在超大城市的治理实践中，针对居民需求的管理与回应机制暴露出诸多不容忽视的缺陷。传统的居民需求收集方式过度依赖有限的渠道，如线下问卷调查、社区座谈会等，信息收集效率很低。这种低效率使得城市管理者难以全面、及时、精准地把握居民多元且动态变化的真实需求。在决策过程中，基于不完整、不准确的需求信息做出的决策，极有可能偏离居民的实际期望，进而引发决策失误，导致公共资源的错配与浪费。与此同时，居民反馈处理机制存在严重的滞后性与不透明性。居民反馈的问题往往无法在第一时间得到妥善处理，处理进度与结果也未能及时、全面地向居民反馈，沟通缺乏连贯性与持续性。这不仅使得居民的合理诉求难以得到有效回应，还严重影响了居民对政府的信任，削弱了政府与居民之间的紧密联系，不利于城市治理的良性互动与可持续发展。为切实提升城市治理的精细化水平，实现服务供给的精准对接，亟须对居民需求洞察与反馈机制进行系统性优化，构建高效、透明、持续的需求管理体系，以适应超大城市复杂多变的治理环境，不断增强居民的获得感、幸福感与安全感。

2. 基层服务供需失衡，难以满足居民多元动态需求

在超大城市的治理格局中，庞大的人口基数、复杂的人口结构以及高频的人口流动性，共同塑造了居民需求多元化与动态化的显著特征。在此背景下，传统的普惠式服务模式因其固有的局限性，难以精准对接居民的个性化与差异

化需求，从而陷入供给困境。从根源上剖析，这种困境的产生主要归因于资源配置缺乏精准性。资源未能依据居民需求的时空分布特点实现有效调配，致使服务供给与居民实际需求之间出现严重的不匹配现象。同时，信息不对称问题广泛存在，服务提供者与需求者之间无法实现充分、有效的信息交互，而调度机制的不完善进一步加剧了这一矛盾，使得有限的服务资源难以在恰当的时间和地点，以恰当的方式满足居民的需求。此外，超大城市复杂的治理层级结构成为服务响应的阻碍。信息在多层级传递过程中，容易出现延误与损耗，导致服务响应速度迟缓。这种迟缓不仅降低了居民对公共服务的满意度，削弱了居民在城市生活中的体验感，还对政府的公信力产生负面影响，损害了政府与居民之间的信任关系，进而对城市治理的可持续发展构成挑战。

3. 基层执行能力不足，难以保障政策高效落实

在超大城市的治理架构中，基层执行能力是政策有效落实的关键基石，其重要性不言而喻。然而，当下超大城市基层执行能力的短板清晰可见。部分基层工作人员在解读政策时存在理解上的偏差，使得政策在执行过程中难以精准落地，执行效果大打折扣，进而严重影响政策的预期成效，长此以往，还会对政府的公信力造成负面影响，削弱民众对政府决策的信任。与此同时，基层工作人员专业素养和技能水平呈现参差不齐的状态。特别是在数字化浪潮席卷城市治理的当下，部分人员因缺乏足够的数字化技能和知识储备，难以充分利用数字化工具和平台提升治理效率，在处理复杂的数字化治理任务时力不从心，这成为阻碍城市治理效率提升的一大瓶颈，严重制约了超大城市数字化治理进程的推进与治理效能的提升。

二　数字化赋能超大城市"双短板"修复逻辑框架

（一）理论基础

1. 以人民为中心的发展思想：价值引领与目标导向

以人民为中心的发展思想是习近平新时代中国特色社会主义思想的核心理念，也是数字化赋能超大城市治理"双短板"修复的根本出发点和落脚点。数字化赋能的目标是提升人民群众的获得感、幸福感和安全感，解决人民群众

最关心、最直接、最现实的利益问题，回应人民群众对美好生活的向往。数字化赋能的效果应以人民群众的感受和评价为标准，通过数字化手段解决超大城市治理的"最后一公里"和"最初一公里"问题，提升公共服务供给的精准性和响应速度，打破条块分割造成的协同障碍和信息壁垒。

2. 整体性治理理论：打破壁垒实现协同治理

整体性治理理论强调打破部门壁垒、层级壁垒和区域壁垒，构建跨部门、跨层级、跨区域的协同治理格局，实现治理资源的整合优化和治理效能的整体提升。数字技术为打破壁垒提供了有力工具，通过构建统一的数据平台、共享数据资源、优化业务流程，实现跨部门、跨层级的信息互联互通和业务协同联动。

3. 数字治理理论：数据驱动与流程重塑

数字治理理论强调运用数字技术和数据资源，重塑治理流程、创新治理模式、提升治理能力。数字化赋能"双短板"修复要充分发挥数据的基础性和战略性资源作用，以数据为驱动，实现治理决策的科学化、治理管理的精准化和服务供给的智能化。通过流程重塑，提升治理效率、降低治理成本、优化治理体验，实现治理体系和治理能力现代化。

（二）数字化赋能超大城市"双短板"修复逻辑框架

在超大城市治理面临"双短板"严峻挑战的背景下，数字化赋能成为提升超大城市治理效能的核心路径。然而数字化赋能超大城市整体性治理，绝非简单的技术叠加，而是一项复杂且系统的工程。这一过程需要构建严密的整体逻辑架构，从而充分发挥数字化在超大城市治理中的变革性力量。

技术支撑、数据驱动、工具增能、流程再造、模式重塑、组织变革六个关键维度相互关联、协同作用，共同构成了一个系统性变革框架。技术支撑为治理提供了基础保障，数据驱动为治理提供了核心资源，工具增能则为治理提供了智能化手段，流程再造提高了治理的效率和精准性，模式重塑优化了治理的整体架构，组织变革提升了治理的协同能力，有效弥补了条块分割的"最初一公里"短板和精细化治理的"最后一公里"短板，形成党政主导与基层群众诉求驱动、自上而下与自下而上双向的新循环，推动超大城市治理向整体性、协同性和精细化方向发展，最终实现以人民为中心的治理目标（见图1）。

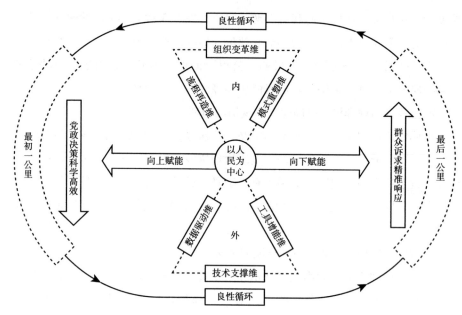

图1　数字化赋能超大城市"双短板"修复逻辑框架

1. 技术支撑维

在数字化赋能超大城市治理的进程中，技术支撑无疑是最为关键的基石。其核心要义在于深度融合新兴技术，精心构建起一套智能化与高效化兼具的治理技术体系。精细感知、人工智能、物联网、大数据等前沿技术的协同应用，为城市治理筑牢了坚实的技术底座。精细感知技术借助各类传感器、智能设备等，实现对城市运行状态全方位、多角度的实时监测，收集海量的城市体征数据，如交通流量、基础设施运行状况、公共空间使用情况等，为后续的智能分析与决策提供丰富的数据支撑。人工智能技术则凭借机器学习算法对这些数据进行深度挖掘与分析，精准识别治理中的潜在问题与规律。自然语言处理技术在政务服务领域的应用，实现了智能客服的高效互动，大幅提升公共服务的智能化水平，优化政务服务流程，显著提高办事效率与群众满意度。

2. 数据驱动维

数据驱动构成了数字化赋能的核心逻辑架构。其理论根基源于将数据视作城市治理的核心战略资源，通过全方位的数据收集、高质量的数据治理、深度的数据分析以及广泛的数据共享，打破部门间的信息壁垒，进而达成跨领域的协同治理格局。数据驱动的循证治理范式革新，实现决策模式从依赖经验向基于科学数据的根本性转变。通过搭建"宏观—中观—微观"耦合的决策支持系统，对城市治理的业务逻辑进行深度剖析，对政策设计进行前瞻性模拟，对政策效用进行精准评估，实现全流程的仿真推演。例如，在城市交通拥堵治理中，基于大数据分析居民出行规律、交通流量变化等数据，制订科学合理的交通疏导方案，有效缓解拥堵状况。同时，数据驱动促使城市治理从单业务智能向多业务群体智能转变，不同业务领域的数据相互融合并发挥协同作用，大大增强城市治理的科学性与精准性。

3. 工具增能维

工具增能是数字化赋能超大城市治理的重要手段。其理论基础在于通过智能化工具的广泛应用，提升治理的科学性与效率。运用人工智能、大数据等技术，开发一系列智能化治理工具，例如，智能政务服务平台可实现政务服务事项的网上一站式办理，简化办事流程，提高办理效率；智能决策辅助系统通过对海量数据的分析与挖掘，为决策者提供科学的决策建议。这些工具不仅显著提高治理效率，还增强治理的精准性与科学性。同时，工具增能通过智能平台降低公共服务获取门槛，使不同阶层、不同区域的居民都能便捷地享受到公共服务，推动公共服务的普惠共享，提升公共服务的公平性与可及性。

4. 流程再造维

流程再造是数字化赋能超大城市治理的重要内容。其理论依据是通过对治理流程的深度优化，提升治理的效率与精准度。以数据和数字技术为支撑，实现治理流程的智能化与精细化。构建全流程决策支持"驾驶舱"，整合各类数据资源，以可视化方式呈现治理关键指标与决策依据，实现从传统长时间决策向分钟级快速决策的转变。在城市应急管理流程重塑中，借助物联网、大数据等技术实时监测突发事件，提前预警并迅速启动应急预案，实现从被动响应式治理向主动预防式治理的转变，极大提升治理的预见性与主动性。

5. 模式重塑维

模式重塑是数字化赋能超大城市治理的重要战略方向。其理论基础建立在以创新治理模式为手段，实现从碎片化治理向整体性治理的跨越。以系统观念为引领，将数字技术全方位嵌入城市治理的各个环节，形成一个动态感知、预警预测、研判执行和反馈调节的闭环治理模式。以城市12345热线为例，通过

数字技术整合各类诉求渠道，实现市民诉求的统一受理。利用人工智能和大数据技术对市民诉求进行智能分类、分析，及时发现高频问题和潜在风险并预警。相关部门根据研判结果迅速采取行动解决问题，处理结果及时反馈给市民，市民可进一步反馈意见，形成治理闭环。模式重塑还体现在从单向管理向双向互动的深刻转变，借助数字技术搭建公众参与平台，优化公共服务供给，鼓励市民积极参与城市治理，增强公众的参与感和责任感。

6. 组织变革维

组织变革是数字化赋能超大城市治理的关键环节。其理论基础在于通过对组织结构与流程的系统性优化，实现治理效能的显著提升。组织变革涵盖结构变革、人员变革和文化变革三个层面。结构变革指调整工作结构和职权关系，减少管理层级，构建扁平化组织架构，促进信息的快速流通与决策的高效执行；人员变革注重培养和引进具备数字化技能与创新思维的人才，提升组织成员的数字素养与业务能力；文化变革则聚焦重塑组织文化基因，向敏捷灵活、学习成长型组织转变，营造适应变革的文化氛围，赋能组织重生。例如，部分城市政府部门成立数字化工作小组，专门负责数字化项目的推进与协调，实现资源的优化配置，提升组织整体效能。

三　数字化赋能超大城市治理"双短板"修复路径

基于前文修复逻辑框架的构建，结合我国超大城市数字化治理的实践经验，提出数字化赋能超大城市治理"双短板"修复的三条基本路径。

（一）搭建一体化数智大脑中枢，筑牢城市治理根基

在超大城市复杂的治理体系中，搭建一体化数智大脑中枢是实现数字化转型的核心任务，是打通"双短板"治理脉络的关键所在，为全方位提升城市治理效能提供坚实的技术支撑与数据保障。

一体化数智大脑中枢架构设计需紧密贴合超大城市治理的多元实际需求，精心构建"感知—分析—决策—执行—评估"的闭环运行体系。这一体系如同城市的智能神经系统，能够实时感知城市运行的细微变化，精准分析各类数据背后的潜在问题，迅速做出科学合理的决策，并高效执行决策指令，事后及

时评估执行效果，不断优化治理流程。以杭州为例，其城市大脑在交通治理领域，通过遍布全城的摄像头、传感器等感知设备，实时收集交通流量、路况等信息，运用大数据分析技术预测交通拥堵趋势，为交通管理部门提供精准的决策依据，实现信号灯智能配时、交通疏导精准化，有效缓解了城市交通拥堵难题。

平台功能模块要紧紧围绕"双短板"修复这一核心目标展开建设。多渠道诉求接入与智能分类系统作为平台的前端触角，广泛汇集来自政务热线、网站、App、微信小程序和社交媒体等多方渠道的居民诉求，运用先进的自然语言处理技术进行智能分类和初步筛查，确保每一条有效信息都能被精准捕捉并快速进入后续处理流程。上海"一网通办"平台在这方面成效显著，通过整合各类政务服务入口，实现市民诉求"一口受理"，大大提高了市民反馈问题的便捷性和政府受理问题的效率。

任务精准派发与跟踪督办模块是保障治理任务高效落实的关键环节，负责将分类后的诉求任务按照既定规则和责任分工，精准高效地派发至相应责任部门，并借助实时监控技术，对任务办理过程进行全程跟踪，确保各项任务按时、高质量完成。深圳在城市管理领域，通过数字化任务派发系统，实现城市管理问题的快速响应与处理，从发现问题到解决问题的周期大幅缩短，城市管理效能显著提升。

数据分析与决策支持功能区则是平台的智慧中枢，利用先进的人工智能技术深度挖掘平台积累的海量数据，精准识别城市治理中的热点问题和潜在风险，并运用数据分析模型进行趋势预测，为城市治理者提供科学、精准的决策依据和切实可行的优化建议。杭州城市大脑在城市规划与公共服务领域，通过对人口分布、公共服务设施使用情况等数据的分析，为新的学校、医院等公共服务设施选址提供科学参考，提升了公共服务的均衡性和可及性。

（二）聚焦"最初一公里"，破解协同治理难题

1.建立统一数据标准与治理机制，打破部门数据壁垒

统一的数据标准与信息共享机制是数字时代跨部门协作的基石，只有打破部门间的数据壁垒，实现数据的顺畅流通与高效共享，才能为超大城市协同治理提供有力的数据支持。以上海为例，其建立了全市统一的数据标准规范，涵

盖数据格式、编码规则、接口标准等，确保各部门数据在采集、存储、传输和使用过程中的一致性和兼容性。同时，搭建了完善的数据共享平台，开发统一的 API 接口，实现政务数据在不同部门间的安全、高效交换。通过这些举措，上海市在城市应急管理领域，实现公安、消防、医疗、交通等多部门的数据实时共享，极大地提升了应急响应速度和协同作战能力。

2. 依托数据共享，实现部门协同联动新突破

部门壁垒和"信息孤岛"长期制约着超大城市治理的协同效率，借助数据共享推动部门协同联动是破解这一难题的关键。北京市在城市环境治理中，通过统一数据标准，建立跨部门的环境数据共享平台，使生态环境、城管、水务等部门能够实时共享环境监测数据、执法数据等，打破了信息壁垒，为联合执法、协同治理奠定了坚实的数据基础。同时，搭建协同工作平台，为各部门提供统一的工作入口和协同办公环境，实现工作流程的线上化、自动化驱动，各部门能够在平台上实时沟通、协同办理任务，大大提升了跨部门协同效率，有效解决了城市环境治理中多头管理、职责不清等问题。

3. 运用数字全周期监测，优化政策制定与执行闭环

政策制定与执行的脱节是"最初一公里"面临的突出问题，数字监测为优化政策制定与执行提供了全新的手段和视角，保障政策连贯性与执行力。重庆市在交通政策制定过程中，通过在全市交通网络中部署大量的传感器、摄像头等监测设备，实时采集交通流量、车速、拥堵路段等数据，并运用大数据分析技术对交通运行状况进行智能分析。根据分析结果，及时调整交通管制措施、优化公交线路设置，实现了政策执行的动态调整和精准优化。同时，建立完善的政策效果评估体系，借助数字监测数据，对政策实施后的交通改善效果进行全面、精准评估，将评估结果及时反馈给政策制定部门，为后续政策的优化提供有力依据，有效提升了政策的科学性和精准性。

（三）深耕"最后一公里"，提升基层治理效能

1. 依托数字技术，实现居民需求响应与资源配置优化协同共进

在超大城市"最后一公里"的治理过程中，如何精准对接居民需求，优化资源配置与服务供给，是提升城市治理效能的关键。成都构建全方位居民需求收集网络，开发政务 App、小程序，建设民意平台，利用社交媒体监测舆

情,全面收集居民需求并及时分类处理。同时,搭建实时反馈与互动机制,借助信息化系统实现诉求处理全流程透明,增强居民参与感。深圳则借助大数据分析优化资源配置与服务。依据人口分布和需求特点,动态调配公共资源,如在教育领域合理布局学校、调配师资;在公共服务方面,根据市民特征实现个性化服务推送,满足多样化需求。上述实践表明,一方面,及时准确的居民需求反馈为资源配置和服务优化提供了明确方向;另一方面,精准高效的资源服务供给又能进一步提升居民对城市治理的满意度和认同感,形成城市治理的良性循环。

2. 依托数字平台,推动基层服务优化与创新

数字平台是基层服务优化的重要基础设施,通过资源整合与线上线下融合,有效提升基层服务质量和居民办事便捷性。杭州市打造了统一的基层服务数字平台,整合各类服务资源,构建了统一的服务资源库。通过大数据分析精准识别居民需求,实现服务资源与居民需求的智能对接,提高了基层服务的精准性和效率。同时,大力推进线上线下融合服务模式,将大部分基层服务事项迁移至线上办理,实现居民"最多跑一次"甚至"一次不用跑",对于一些必须线下办理的事项,优化线下服务流程,设置综合服务窗口,提供一站式服务,极大地提升了居民的办事体验和满意度。

3. 借助数字工具,提高基层执行能力与水平

基层执行能力不足是制约"最后一公里"治理成效的重要因素,数字工具的应用为提升基层执行能力提供了有效途径。在超大城市治理中,许多城市为基层工作人员配备了智能助手与辅助决策工具,如移动执法终端、智能办公软件等,这些工具能够帮助基层工作人员快速获取信息、查询政策法规、进行数据分析,有效解决了信息不对称和工作压力大等问题,提升了工作效率和质量。同时,创建数字化培训系统,为基层工作人员提供丰富的线上课程和培训资源,针对城市治理中的重点领域和关键环节进行定制化培训,并通过开展实践模拟与考核,建立数字技能评价机制,激励基层工作人员不断学习和应用数字技术,提高自身的数字化素养和业务能力,推动城市治理向智能化、精细化方向发展。

参考文献

李文钊：《数字界面视角下超大城市治理数字化转型原理——以城市大脑为例》，《电子政务》2021 年第 3 期。

邱倩、张继颖、初程程：《超大城市治理数字化转型：逻辑、进路与优化》，《北京行政学院学报》2023 年第 6 期。

宋晔琴、顾丽梅、张扬：《数字平台何以赋能超大城市敏捷治理——基于组织边界跨越视角的分析》，《上海行政学院学报》2024 年第 1 期。

王磊、张云昊：《公共数据共享如何加速超大城市治理数字化转型？——基于上海公共数据平台建设过程的案例分析》，《电子政务》2024 年第 3 期。

王蕾、唐任伍：《超大城市治理难题与精细化治理对策》，《中国流通经济》2023 年第 12 期。

魏华：《人工智能赋能超大城市治理现代化》，《理论视野》2022 年第 10 期。

文宏、王晟：《迈向超大城市敏捷治理：基于全域数字化转型的视角》，《电子政务》2024 年第 12 期。

徐连明：《超大城市数字化治理的协同障碍与发展路径研究——以上海市"一网统管"为例》，《华东师范大学学报》（哲学社会科学版）2022 年第 5 期。

张丙宣、罗琳：《数字化创新与数字化转型：技术赋能城市治理的路径》，《党政研究》2023 年第 5 期。

张骐严：《上海超大城市治理模式的数字化、精细化创新》，《科学发展》2021 年第 11 期。

B.13
超大城市精细化治理的多维逻辑与重庆探索

伏 虎[*]

摘　要： 本报告聚焦超大城市精细化治理的理论与实践，以重庆为例，探讨其在城市治理现代化中的探索与挑战，重点从政治逻辑、学理逻辑和实践逻辑三个维度，深入解析城市精细化治理的内涵与要求。政治逻辑强调以人民为中心，适应超大城市运行特点，树立全周期管理意识；学理逻辑强调精细化治理应以服务为导向，注重治理方式的规范化和高效运行；实践逻辑要求结合超大城市的功能属性，强调精细化治理在应对复杂性、脆弱性和促进社会参与中的现实价值。在此基础上，梳理重庆超大城市精细化治理取得的成效，包括体制机制优化、资源整合、风险防控和清单管控等，分析其存在的短板难题，如硬件设施不足、智能化水平有待提升、资源保障不足以及社会参与度低等。建议未来构建"规建管一体化"模式、强化以人民为中心的发展理念以及理顺体制机制，为超大城市精细化治理提供参考。

关键词： 超大城市　精细化治理　治理现代化　数字重庆

随着城市化进程加速，超大城市治理面临人口密集、资源紧张、系统脆弱性加剧等挑战。中央城市工作会议提出"走出一条中国特色超大城市治理新路子"，强调精细化治理是提升城市韧性与宜居性的关键。重庆作为我国辖区面积、人口规模最大的直辖市，兼具山地城市的复杂性与超大城市的典型特征，其治理实践具有重要的研究价值。本报告从多维逻辑视角解析超大城市精

---

* 伏虎，博士，中共重庆市委党校（重庆行政学院）副教授、硕士生导师，主要研究方向为城市治理、区域经济。

细化治理的理论内涵，结合重庆的探索经验与问题，提出优化路径，以期为探索符合超大城市特点和发展规律的城市治理模式、实现城市治理现代化提供现实参考。

一　超大城市精细化治理的多维逻辑

（一）政治逻辑——从习近平总书记关于城市工作的重要论述中把握城市精细化治理的核心要义

党的十八大以来，习近平总书记深刻把握城市发展大势，洞察城市发展规律，围绕城市工作发表一系列重要论述，谱写了习近平新时代中国特色社会主义思想的"城市篇"，为做好新时代城市工作提供了根本遵循。

1. 城市精细化治理的核心原则是"以人民为中心"

习近平总书记强调，"坚持人民城市人民建、人民城市为人民""推进城市治理，根本目的是提升人民群众获得感、幸福感、安全感"。随着城市人口、功能和规模扩张，城市治理难度也越来越大。如何在城市系统日益复杂的条件下精准治理城市运行中的矛盾和问题，确保人民群众享有更好的公共服务，是推进超大城市治理现代化必须解决的重要课题。

习近平总书记指出，"城市是人集中生活的地方，城市建设必须把让人民宜居安居放在首位，把最好的资源留给人民"。城市精细化治理既是规划、建设、管理等全周期的目标集合，又是政策从设计、执行到落地、反馈的实施策略和执行过程。这意味着，作为公共政策的城市精细化治理的本质，就是基于"人民至上"对城市资源的有效分配。这里的"资源"具体而言，既包括政治制度、治理架构、运作机制等制度资源，也包括人员、物资、财力等物质资源，通过"全环节全流程"的城市精细化治理，实现制度资源与物质资源的高度适配。

基于上述探讨，城市精细化治理的核心原则，即坚持以人民为中心的发展思想，通过彻底改变粗放管理方式，推进服务供给精细化，找准服务群众的切入点和着力点，精准对接群众需求实施服务供给侧改革，精准解决人民群众最关心、最直接、最现实的利益问题，让人民群众在城市生活更方便、更舒心、更美好。

2. 城市精细化治理必须适应超大城市的运行特点

习近平总书记指出，要建设和谐宜居、富有活力、各具特色的现代化城市，提高新型城镇化水平，走出一条中国特色城市发展道路；打造宜居、韧性、智慧城市；探索具有中国特色、体现时代特征、彰显我国社会主义制度优势的超大城市发展之路。这些重要论述阐明了中国特色城市发展道路的基本内涵，明确了城市精细化治理的目标任务。

城市精细化治理的目标是使城市运行更安全、更有序、更干净。城市是经济社会发展的载体，城市精细化治理必然要求转变传统粗放的管理方式，广泛运用大数据+智慧化治理，实行网格化管理，建立和完善数字化城市管理服务平台，并使之适应"推动城市治理的重心和配套资源向街道社区下沉，聚焦基层党建、社区治理和公共服务等主责主业，整合审批、服务、执法等方面力量，面向区域内群众开展服务"的要求，对接街道、社区的服务需求。

3. 城市精细化治理要树立"全周期管理"意识

2020年，习近平总书记在武汉视察时强调，要着力完善城市治理体系和城乡基层治理体系，树立"全周期管理"意识。"全周期管理"从时间维度为城市精细化治理提供了新视角，城市本身作为一个复杂的有机生命体，其发展和治理具有一定的规律性。城市精细化治理要根据城市的全生命周期理论，准确把握城市工作的不同阶段和事件的发展动态，以此实现城市治理的精准施策。

城市精细化治理需在规划、建设和管理阶段采取不同策略。规划阶段，应考虑城市功能、区位、资源、生态和文化，通过开放平台和公共参与，确保规划反映多元需求，避免失误。建设阶段，应立足全过程视角强化质量监督，提升工程品质，同时激发公众参与，实现共建共享。管理阶段，以人民满意度为标准，推动城市管理标准化、精细化、智能化，提升服务效率和质量，实现公共服务的就近、便利和可预期。精细化治理需结合城市全生命周期，采取适宜策略，确保目标与策略一致。

综上，包括重庆在内的超大城市在探索城市精细化治理中，要把提高精细化水平作为提升治理效能的关键，秉持以人民为中心的发展理念，树立"全周期意识"，在探索适应超大城市运行特点的新路中推动重庆城市精细化治理提质升级。

（二）学理逻辑——从管理学基本原理中把握城市精细化治理的科学指向

治理活动是在特定公共需求的情境下，通过制度设计、权力制衡和利益协调机制，在组织或社会系统中建立决策框架和监督体系，确保各利益相关方的权责平衡，实现组织战略目标的动态过程。在这一框架下，目标、方法和过程是决定治理成效的关键要素。精细化治理作为一种以服务为宗旨、以满足居民需求为核心的服务供给与互动方式，在其目标设定、策略选择和执行过程中，都应体现这一价值追求。作为高度复杂的社会物质系统，超大城市面临变化的瞬时性、管理和服务需求的多元化、城市问题的关联性等新趋势，呼唤城市治理在理念认识、方法策略、制度规则、操作实践方面有所更新。

1. 以服务为先、需求导向为价值内涵

由于经济、社会和物质系统的复杂性和多样性，超大城市治理目标的精确设定必须基于对各区域社会经济活动服务需求及其变化趋势的深入了解，以制定差异化、个性化和多样化的目标。

超大城市社会经济结构的分层和流动性特点意味着不同居民群体对公共服务和产品的需求存在明显差异。有效满足这些差异化需求对于提高城市的治理包容性、经济竞争力和吸引力至关重要。治理策略应特别关注中低收入群体和流动人口的需求，通过持续监测和反馈，提供适当的服务和政策响应。因此，精准的治理目标应基于对不同群体需求的深入理解，并设定明确的差异化目标。

超大城市中的不同区域具有独特的经济社会功能和人口地理特征。这些差异源于区域自身条件、城市发展历史以及内外政治经济社会因素的综合作用。在城市的快速变化中，区域间的差异可能会继续变化，带来不确定性。因此，精细化治理的目标应反映区域间在管理和服务需求上的差异，根据各区域的具体条件和结构特点进行精确的目标设定，以实现有效的治理。

2. 以管理方式的精密细致为要素条件

精细化治理要求城市治理手段规范化和标准化。规范化涉及建立完善的法律法规体系，确保城市治理拥有严格的规则和法治基础，明确政府、社会和企业的职责，为公众权利提供基准，推动合作治理。这有助于提高治理的长效性和稳定性，克服传统经验式管理的不足，明确各方的责权利，优化政府职能，加强公众监督。

标准化则是在经济、技术、科学等各类活动中，通过制定和执行标准来统一重复性事务，以提高秩序和社会效益。城市治理的标准化涉及制定明确的设施管理、服务供给和执法标准，并通过监督考核机制不断改进。这有助于协调政府层级和部门间的关系，优化流程，提高效率。标准化有助于确保城市服务供给有明确的操作标准，降低损耗，提高治理效率和质量，解决传统管理的随意性和规范性问题。

3. 以治理过程的高效运行为基本特征

城市治理的有效性在很大程度上取决于其对复杂和不确定问题的响应能力。然而，现有的城市运行机制常常未能满足精细化治理的需求，特别是在政策的动态调整和应变能力上缺乏关注，这限制了治理能力和水平的提升。

精细化治理强调持续改进和以服务为导向，要求迅速适应经济社会的快速变化和多样化需求。为此，必须强化自下而上的反馈机制和多元协同治理，以提升治理的响应性，并提高公众满意度。提升城市治理的响应性需要流程优化、技术创新以及政府与社会多元主体之间新的协同机制。这不仅涉及填补政府职责空白、补齐制度规范短板，还需要加强政府与社会的良性互动，增强治理的互动性和灵活性。

综上，精细化治理可以定义为一种以服务为先、需求导向为价值内涵，通过精准定位管理目标和细致的管理手段，适应城市快速发展变化，形成不断迭代、追求卓越的治理模式。

（三）实践逻辑——从超大城市的功能属性中把握城市精细化治理的现实价值

精细化治理适应城市规模扩张和复杂性，通过细致、专业和精确的实践，有效协调城市资源，避免主观、表面和片面问题，防止功能失调。在超大城市中，精细化治理提升了执法量化标准，增强了自主性、适应性和可控性。

1. 以"包容差异"回应复杂性

在超大城市中，由于其结构的复杂性和元素的多样性，传统的城市管控手

段已不再适用。精细化治理通过专业化和个性化的方法，关注细节，精准链接资源，以适应城市治理的复杂性。这种方法能够提高城市治理的灵活性和效率，缩小治理需求与能力之间的差距。同时，它强调制度化和标准化，追求更稳定、可预测、可推广，但需避免过度追求形式上的精细化而忽视了服务的本质。精细化的核心是科学和理性，要求尊重城市运行的规律，容忍差异性和不确定性。

2. 以"精细安全"应对脆弱性

随着城市规模的扩大，其脆弱性也不断增加。超大城市中的基础设施，如交通和通信系统，具有高度的联动性，容易因局部问题引发系统性后果。精细化通过关注细节和个体需求，提高城市韧性，避免因小问题而导致大范围影响。

3. 以"协同治理"促进社会参与

在超大城市中，问题的复杂性和多元性要求社会各方参与。精细化鼓励构建一个协同、协商和合作的治理体系，调动个人和社会组织的积极性，形成多方参与的治理模式，以提高解决复杂问题的能力。同时，通过应用现代信息技术，精细化治理使社会事实更加清晰，治理过程更加开放、透明、可追溯和可控制，实现科学决策和精准施策。

综上所述，重庆城市精细化治理工作持续提质升级，要响应城市发展现状及阶段特征，推动精细、专业和精准的实践，从而持续提升超大城市治理的自主性、适应性和可控性。在把握内涵的基础上，需要在现状梳理中把握重庆城市精细化治理的探索与成效，在问题识别中提炼其短板与瓶颈，从而揭示优化路径与完善空间。

二 重庆城市精细化治理的探索与成效

重庆始终坚持以习近平总书记关于城市工作重要论述为遵循，以城市运行管理服务平台为载体，依托"新城建""城市治理风险清单管理"等国家级试点，在探索超大城市现代化治理新路中，城市精细化治理取得长足进展，城市运行效能和风险防控水平得到显著提升。

（一）优化城市精细化治理的体制机制

一是成立重庆市城市治理委员会，由市委书记、市长担任委员会主任，以市委、市政府相关部门为成员单位，委员会办公室设在市城市管理局。

二是从全市人大层面助推，2025 年 3 月，重庆市第六届人民代表大会常务委员会第十五次会议审议通过《重庆市人民代表大会常务委员会关于助推超大城市现代化治理示范区建设的决定》，提出聚焦宜居城市建设、安全韧性城市建设、智慧城市建设等方面推动相关立法项目，围绕推进城市品质提升、交通缓堵促畅等方面强化监督问效。

三是在"数字重庆"框架下推进城市管理平台建设，采用"基础平台+行业应用"的模块化建设模式，以实现精细化治理与各领域的联动。市级平台集成省级监管和市级指挥功能，实现业务指导、监督和公众服务系统的全市统一使用，同时鼓励区县根据本地特色加以创新。截至 2025 年 1 月，市级和 9 个区县平台已建成并联网运行。

四是通过出台多项地方标准和技术导则，以及启动相关立法工作，推动制度管理向规则治理、智慧治理转型。包括智慧城市管理信息系统技术规范和智慧城市管理部件物联技术导则等行业规范，以及重庆市城市运行管理"一网统管"办法等制定工作。

（二）整合城市精细化治理的资源要素

一是摸清超大城市管理的"家底"。包括对中心城区 1700 平方公里的建成区进行普查，确权并录入超过 1100 万个部件信息；开展针对古树名木、城市绿地等的专项普查；开展公厕、公园、停车场等的专题调查；同时，开展包括道路桥梁隧道、供水、地下管网在内的全国性自然灾害综合风险普查。

二是夯实超大城市的基础设施。包括为中心城区 445 座垃圾中转站、10000 个化粪池、32 座跨江大桥等安装物联网模块；中心城区的路内停车智能泊位占比达到 90%；两江四岸核心区的照明灯饰实现 100% 的智能控制。

三是持续推进多跨协同、资源共享。通过数字重庆建设的"一体化智能化公共数据平台"，实现城市运行数据的全面共享，为平台的运行提供有效支持。

（三）整体强化城市精细化治理的风险防控

一是在"统筹发展和安全"的要求下整体管控城市运行安全。成立市和区县两级城市运行安全办公室，由市城市管理局负责日常工作，并建立包括季度例会、年度会议等在内的工作制度。通过整合多个部门的资源，形成协同工作机制，共同推进供水、供电、燃气等关键领域的安全管理，并建立三级治理中心以应对重大事件。

二是建设具有重庆特色的城市运行安全监管系统。该系统覆盖风险评估、在线监测、预警、问题处理和应急指挥等安全全过程，实现了监管的图表化、可视化和自动化，提高了风险应对的智能化水平。同时，作为全国首个试点，重庆还构建风险数据库，编制风险清单，并创建风险分布图，明确城市运行安全的责任和底数。

三是探索形成具有重庆辨识度的城市治理风险清单动态管控模式。通过市、区两级协同治理综合平台，实现风险治理的上下联动和跨部门合作。如沙坪坝区通过风险管控机制缩短了安全隐患处理时间，江北区整合社区网格员等资源，实现了风险闭环，提高了响应和处置效率。

（四）持续推进城市精细化治理的清单管控

一是按照"三级治理纵向贯通"思路，系统性地升级停车管理、渣土治理、窨井盖治理和城市生命线工程等市级应用系统。通过整合运管服平台与三级治理中心，平台的运行效率得到提升。

二是围绕道路、设施、立面、隧道以及水域等区域，实施规范化作业、标准化评价、智慧化管理和全范围、全过程、全时段监管，全面提升精细化保洁水平，让干净整洁有序成为常态。推进城市供水管网向镇街、村社延伸。稳步推进城市道路、桥梁、隧道及附属设施更新改造，印发实施《重庆市城市道路全要素设计导则》。持续规范路内停车位设施设置，完成重点区域停车治理、路内停车泊位智能化改造。

三是聚焦秩序优化，提高城市品质。按照"消存量、遏增量、建机制、管长远"要求，全面完成违法建设专项治理重点任务。加大建筑垃圾运输车辆、人行道占道停车、共享单车停放秩序等重点领域执法力度，持续净化立面空间。

三　重庆城市精细化治理存在的短板与问题

与城市精细化治理的多重内涵相比，尤其是对标超大城市治理的整体要求，重庆城市精细化治理还存在覆盖不足、管控乏力、保障缺位、参与不广等问题，这也是提质升级的空间所在。

（一）"硬件先天不足"，精细化存在"死角"

一是前期规划"预留不足"，导致"生活便利"与"市容整洁"相冲突。据统计，重庆中心城区共有约 9000 个住宅小区，山地城市导致组团式商圈不断出现，高人口密度的市民聚居区域越来越多。但由于城区规划和建设配套预留不够，商业商务区、商品交易市场、农产品集贸市场等总量不足、分布不均，间有"一脚宽"人行道及人行道断带。市中心老城区城市基础设施缺失等历史欠账，导致停车位缺口、流动摊贩占道经营、店商跨门槛经营等问题频现。从市民群众切身感受和反映强烈的具体情况看，如停车难问题较突出，公共停车场建设落地难，"四老"区域停车位供给明显不足，智能化建设相对滞后；再如，城市"有限空间"安全监管不够，窨井盖、化粪池等空间管理效果存在差距，市容环卫管理存在盲区，部分背街小巷、城市结合部、桥下空间、房前屋后等地带存在环境脏乱差现象。

二是路网配套有差距，导致"城市拥堵""马路停车"等现象。目前，重庆中心城区路网密度仅为 6.7 公里/公里^2，不仅远低于上海（10.3）、杭州（9.4）、武汉（8.7）、成都（7.5），甚至低于全国大城市平均水平（7.1）和中央城市工作会议提出的最低标准（8.0），城市路网配套不合理。尽管路网密度低与重庆市特殊的地形结构有关，短期内无法快速提升，但通过城市规划、建设、管理等各方协力，尚有相当的改善空间，尤其是在缓解交通堵点、改善微循环等方面，推动城市精细化治理仍有空间。

（二）"软件尚在起步"，精细化管控乏力

一是城市智能化应用尚处于"探路期"。重庆初步实现了以数字城管为基础的城市治理格局，但与上海、杭州等发达城市相比还有差距，特别是在城市桥梁隧道、各类井盖、环卫设施、化粪池危险源、古树名木等领域的智能化应用还不够，大数据分析辅助决策还在探索中。与《数字化城市运行和治理中心建设方案》对照，尤其是与超大城市全局"一屏掌控"、政令"一键智达"、执行"一贯到底"、监督"一览无余"的数字化协同工作场景目标相比，还处于起步探索阶段。

二是"横向纵向联动"不到位。一方面，横向联动"说多做少"。以在人行道占道停车整治为例，所涉及部门联合行文多、联合行动少，面上配合多、资源整合少，临时联动多、长效协作少。另一方面，纵向整合薄弱。在重庆城市管理职能下放乡镇（街道）后，90%以上的街道社区"挤占"了本就吃紧的城市管理编制，街道在服务工作中的基础地位未能充分体现。此外，随着重庆市建成区扩张，社区、企业、社会组织、小区物业的治理边界逐步模糊，"各负其责"的立体交叉网络格局尚未做实。

（三）"要素保障缺位"，制约精细化服务能力

一是经费保障不足。目前，重庆城市管理维护缺乏特定的经费标准，只能参考国家和地方的老旧定额，这些定额不适应山地城市的实际情况，且实际经费保障不足定额标准的一半。

二是人员配置不足。城市管理综合行政执法人员编制比例低于国家的参考标准，正式执法人员与协管人员比例不平衡，部分区县最高达到1:4以上。同时，执法车辆和器材配备不足，影响执法工作的开展。

三是资源投入侧重"有形可见"。城市治理资源主要集中在看得见的问题上，如街面整治和环境卫生等，而缺乏对全周期管理的考虑。例如，城市环卫系统主要关注清扫保洁，未覆盖垃圾溯源等业务，垃圾分类和户外广告等行业也缺乏精细化介入，外包服务企业监管不力。

（四）"多管但难齐下"，精细化治理的参与面待拓展

政府过多"兜底"，易沦为"政府唱戏、群众看戏"。重庆城市管理偏重行政的"有形之手"，环卫、绿化以外的行业市场化程度较低，也缺乏社会组织、企业和市民的多方参与。景观照明"三同时""门前三包"、配套绿地建设等工作中，社会单位思想上重视行为上被动、项目质量参差不齐、安全管理乏力。爱心亭、电线杆等各类杆、桩、亭、体占道现象严重，高矮不同、颜色各异，但各业主单位只建不管，城管部门被迫兜底。背后的深层次问题在于，部分主体在治理实践中仍延续以政府及其职能部门为中心的认知，把城市居民视为管理对象，而非服务对象或参与主体，难以规划和满足公民的个性化需求，也缺乏人文理念、精益思维和服务意识等方面的跟进。

四　未来展望：探索城市精细化治理"主动型"新生态

在对重庆城市精细化治理的内涵进行深入研讨、全面梳理现状、审慎审视问题并充分借鉴先进经验的基础上，本报告初步构建了重庆城市精细化治理的思路与策略。进一步聚焦核心命题——重庆城市精细化治理的"提质升级"，沿着前述维度深入梳理，形成具体的提质升级路径，旨在探索构建重庆城市精细化治理的"主动型"新生态，以实现城市的可持续发展与居民生活质量的全面提升。

从顶层设计层面来看，重庆城市精细化治理的提质升级需秉持系统思维与民生导向。一方面，健全完善"大综合一体化"城市综合治理体制机制，将"人民至上"理念贯穿城市管理全程，聚焦群众关切的突出问题，坚持源头治理与常态长效治理相结合，实现区域全覆盖与分级分类施策，切实提升市民的获得感、幸福感、安全感。另一方面，全面推进韧性城市建设，充分利用数字孪生技术整合城市"神经网络"大数据，补齐城市运行与治理短板，健全人机协同、平急结合的联合指挥调度机制，确保城市风险可控。同时，实施城市功能完善与品质提升工程，加大生态修复与绿化美化力度，塑造富有活力的城市夜景风貌，并保护利用历史文化建筑，传承历史记忆。此外，提高城市基层

精细化服务水平，推动资源、服务、管理向基层下沉，加强城市文明建设，探索规划、建设与管理全生命周期精细化路径，完善市、区县、镇街的事权分工，形成协同高效的治理格局。在强化智慧赋能与流程再造中推进数字城管平台升级，实现管理、技术与处置流程的紧密耦合。在发挥市民监督平台作用中引导市民参与城市管理，营造共治共享的良好氛围。

在提质升级路径方面，重庆城市精细化治理需增强规划、建设、管理的科学性、系统性与协调性，合理安排公共设施与空间布局，加强规划实施评估与反馈，从源头预防违法违规行为。构建"规建管一体化"治理模式，建立城市规划、建设、管理协调机制，保障城市治理部门在各环节的相应权力，如将执法职能从事后处理向源头前移。树立以人民为中心的理念，在"规建管一体化"前期，坚持问需于民，健全信息公开、诉求反映、表彰激励等机制，通过公示、听证会等形式听取市民建议；坚持问效于民，建立相关民调指标，以市民满意度为工作标准，探索人性化治理模式，提升群众信任度。进一步理顺城市治理体制机制，统筹解决机构性质问题，将城市管理综合执法机构纳入对应序列，明确行政机关身份定位，设置市、区县相对独立的城市管理机构，统一名称与职权，实现管理权与处罚权统一。科学界定职权范围，重点在与群众生活密切相关的领域推行综合执法。

为保障提质升级的顺利实施，重庆城市精细化治理需强化法治化与智慧化建设。建议加快城市综合管理立法进程，借鉴其他城市经验，以人大立法形式出台地方性城市治理系列法规，厘清部门及市、区县、镇街职责，明确运行、监督体系与法律责任，避免多头管理。探索精细管理保障机制，树立"城市环境就是生产力"理念，建立与"三分建设、七分管理"相适应的保障机制，落实《城市维护建设税法》，保障城市公共事业与设施维护建设。赋予市级城市管理部门制定维护定额职能，实现维护建设费合理分配，解决投入保障不足问题。持续提升管理精细度，净化城市环境，提升清扫保洁机械化水平，统筹城乡垃圾治理，推进生活垃圾分类；绿化城市生态，加强园林绿化品质提升，打造错落有致的园林景观，建设文化体育休闲设施；美化城市设施，打造特色旅游品牌，推进景观照明品质提升；"序化"城市空间，推进管线下地，规范设置设施，治理违法建设。携手"智慧名城"建设，推广江北智慧城管模式，建立责任明确的网格管理机制，扩大智能感知设备应用，开发智慧公园、供水、环卫、停车等系统，加快大数据分析决策应用，实现城市管理智能化。培育社会力量参与，调动慈善组织、群众性组织等参与城市管理，持续推进"五长制"，拓宽居民参与平台，鼓励居民参与治理事务。

通过以上顶层设计、提质升级路径与保障措施的协同推进，重庆城市精细化治理有望构建起一个以人民为中心、法治化与智慧化相结合、多元主体协同参与的"主动型"新生态，为城市的高质量发展与居民的高品质生活提供坚强保障，为其他城市提供可借鉴的经验与模式。

参考文献

陈水生、卢弥：《超大城市精细化治理：一个整体性的构建路径》，《城市问题》2021 年第 9 期。

董慧、王晓珍：《超大城市治理现代化：经验、理念与治理体系建构》，《学习与实践》2022 年第 5 期。

伏虎：《从空间失配到空间适配：城市公共产品"空间公平"研究》，《重庆行政（公共论坛）》2018 年第 4 期。

韩志明、刘子扬：《迈向大城善治的新时代进路——超大城市治理转型升级的谋划及其实践》，《城市问题》2023 年第 4 期。

彭勃、杨铭奕：《问题倒逼与平台驱动：超大城市治理重心下沉的两条路径》，《理论与改革》2023 年第 3 期。

王郁、李凌冰、魏程瑞：《超大城市精细化管理的概念内涵与实现路径——以上海为例》，《上海交通大学学报》（哲学社会科学版）2019 年第 2 期。

姚迈新：《超大城市精细化管理的地方实践与反思》，《行政与法》2021 年第 2 期。

B.14
中国超大城市科创街区实践经验及启示

谷晓坤*

摘 要： 在"科技回归都市"与城市更新的共同推动下，科创街区作为中心城区新型科技创新空间载体不断涌现。本报告在分析科创街区生成逻辑的基础上，界定了其具有的城市性和科技性两大本质属性，将其划分为大学校园街区融合型、城市更新型和高新产业园区转型延伸型三种类型；进一步以南京鼓楼硅巷、上海硅巷科创街区和西安嘉会坊为例，详细介绍了不同类型科创街区的实践探索；最后，从空间载体更新、创新生态培育和品牌形象传播三个方面，总结了三个城市科创街区的案例经验，并进一步提出对重庆超大城市治理的启示，以期助力重庆市科创能级和城市更新的融合提升。

关键词： 超大城市 科创街区 城市治理 科技创新 城市更新

一 科创街区：科技回归都市与老旧更新
现实需求的双向匹配

（一）科技回归都市的全球趋势

近几年，科技的都市黏性带来了科技创新企业和人才在城市空间中的集聚，特别是在大都市中心城区集聚的新趋势，又称为"科技回归都市"，或大都市的"再中心化"。城市中心区域凭借其优越的地理位置、便捷的交通网

---

* 谷晓坤，上海交通大学国际与公共事务学院，中国城市治理研究院研究员，主要研究方向为城市空间治理、城乡融合。

络、丰富的资源要素和浓厚的创新氛围，成为科技创新企业和人才的首选之地。而且，由于其原有的产业已经逐渐衰落或迁移，更新改造的成本相对较低，这恰好为新创业活动的集聚提供了难得的机遇。与此同时，都市拥有丰富多样的应用场景，涵盖智慧交通、智能医疗、城市治理、环境保护等众多领域，为新技术的验证和迭代提供了广阔的空间和丰富的实践机会。需求牵引创新的良性循环，进一步促进科技创新在大都市中心区的集聚和发展，使城市中心成为科技创新的重要驱动力和承载地，并且推动城市发展逻辑从原先的"业兴人，人兴城"升级为"城兴人，人兴业"的新模式。

在此背景下，科创赋能城市更新，成为全球大都市中心区更新的共同趋势。美国布鲁金斯学会精准捕捉到全球创新地理格局的前沿变革，率先将这些位于城区的新兴创新空间称为创新街区（Innovation District）——由领先的"锚定"机构和企业集群与初创企业、孵化器和加速器连接的地理区域，并且具有空间紧凑、交通便利、技术发达、空间用途混合等特点。如美国的纽约硅巷、肯戴尔广场、西雅图联合湖南区，英国的伦敦国王十字中心区和伦敦硅环，以及西班牙巴塞罗那22@街区等。政府自上而下或市场自下而上的城市更新，推动这些遗留的产业空间转型成为新的科技创新要素集聚区。

（二）中国超大城市中心城区更新的现实需求

中国城市在发展过程中，尤其是大城市和超大城市，普遍面临主动或被动的产业升级带来的城市用地闲置问题，主要有以下三类用地空间：一是工业用地闲置。20世纪90年代以来，许多城市实施"退二进三"政策，即把中心城区的第二产业（工业）迁移到城市外围，鼓励发展第三产业（金融、商业、服务业等）。在这一过程中，许多旧工厂、旧仓库和旧厂房被遗留下来，形成了大量闲置空间，虽然一直积极推进更新，但是仍然有大量存量闲置空间有待更新利用。二是商业用地闲置。2010年以来随着线上经济的兴起，实体商业受到冲击，一些大城市的商场和商业空间无法维持运营，出现大面积的退租和空置，这些商业空间大多位于城市中心区，商业用地闲置与原有的工业用地闲置叠加，加剧了中心城区空间闲置问题。三是办公空间闲置。2020年以来，受经济下行和产业调整等内部因素以及国际局势的影响，许多大城市中心城区的办公楼也开始出现闲置，尤其是一些超大城市的高级写字楼，闲置率超过

20%，有的甚至达到40%，最终形成中心城区工业、商业、办公三类空间均出现一定程度闲置的复杂问题。

近年来，我国上海、南京、西安等地已开始探索科技回归都市的实践路径，通过对中心城区闲置的老旧厂房、过剩的商办物业等存量空间进行再开发，推动闲置空间向创新空间转型，形成了不同类型的科创街区。不同于在城市外围利用大片土地建设开发区、工业园区等城市开发行动，科创街区利用中心城区存量空间和丰富的街区环境，在高校、科研院所、医院、大型科技企业周边，通过城市更新发展形成空间小尺度、科技创新要素高密度、生产生活功能强混合的无边界街区。

（三）科创街区具有城市性和科技性双维特征

科创街区的本质属性可以用两个维度来界定：一是城市性，二是科技性，分别对应于"街区"和"科创"。街区化生活环境揭示了科创街区所具备的城市特质，而科创导向的定位则强调了其"热带雨林"式的生态创新系统本质。

城市性指科创街区作为城市的一部分，具有城市街区的公共性、开放性、多样性和可达性，是城市生活和文化的重要载体。它强调街区的混合使用功能，包括居住、商业、办公、文化娱乐等多种功能的融合，以满足不同人群的需求，促进社会互动和文化交流。同时，城市性还体现在科创街区对城市历史文化遗产的保护和利用，以及对城市生态环境的改善和提升，增强城市的文化内涵和吸引力。

科技性指新兴的都市型科技类企业（包括大型科技企业和初创科技企业）及其他科创要素高度集聚所形成的创新生态系统。它强调科技创新资源的集聚，如高校、科研院所、创新型企业等，以及创新生态的构建，包括创新文化、创新服务、创新政策等多方面。

（四）科创街区的三种主要类型

中国的科创街区探索刚刚起步，借鉴布鲁金斯学会创新街区分类，基于上海、南京、广州、西安等科创街区实践，对应知识生产端、城市更新端和产业升级端的空间响应策略，科创街区也可以分为三种类型：第一类，大学校园街区融合型。这类科创街区属于布鲁金斯学会划分的"锚定+"型，围绕一个或多个"锚定机构"（如大学、研究机构）展开。这些锚定机构作为科技创新的核心，吸引和支持周边的小型初创企业和相关机构。比如南京鼓楼硅巷、上海同济大学周边的创智天地。第二类，城市更新型。这类科创街区通过城市更新对传统城市街区的生活功能进行更新提升，同时将闲置的工业用地、商业用地和办公空间转化为科创空间，更新中强调生活便利、公共服务配套和创新生态环境改善，是传统城市更新基础上的科创转型，比如上海硅巷、南京硅巷、广州越秀硅巷等。第三类，高新产业园区转型延伸型。这类科创街区通常位于国家认定的高新技术产业园区或者园区的周边延伸带，多年积累的高度集聚的产业要素外溢，与周边街区的生活功能相融合，从而形成产业功能与生活功能平衡的新型空间，比如上海漕河泾周边街区、西安嘉会坊等。

二　超大城市科创街区的实践探索：以南京、上海、西安为例

（一）大学校园街区融合型：南京鼓楼硅巷

鼓楼区是南京建置之始，秦淮河、金川河环绕其间，幕府山、狮子山雄姿屹立，明城墙、阅江楼闻名遐迩，钟灵毓秀、山水城林都在鼓楼区集中展现。鼓楼区内有南京大学等 20 所高等院校、120 家科研机构，大学校园与鼓楼街区构成深度嵌入式空间格局。2019 年以来，鼓楼区把硅巷建设作为集聚科创资源的重要抓手，结合城市更新计划、区域特点和创新优势，坚持人、产、城融合发展理念，以培育引进科技产业、增强城市创新活力为目标，积极对接梳理高校院所资源，通过推动空间优化、要素集聚、能级提升，致力在硅巷建设中打造标杆、探索新路，构建"无边界"园区。鼓楼区确立并实施了三个重大策略：一是全域创新，围绕未来城市核心区创新发展的新需求，以智力创新为核心、以创新人才为突破，构建校、产、人、城融合发展的知识经济型城市综合创新生态。二是开放融合，顺应科技、产业跨界融合的大趋势，激活鼓楼区科教优势和高校院所的存量资源，推动大院大所与城市双向开放，打破"围墙"。三是空间再造，以城市更新为契机，推动老旧城区空间再造，打造

产业明确、公共服务设施便利、空间功能复合、价格可承担的多样化产业空间。

通过校地合作打造创新生态。比如,以南京大学为核心建设科创街区,鼓楼区政府与南京大学签订战略合作协议,共同推动硅巷建设。双方共同推动校内外载体进行产业置换,对南京大学校内的费彝民楼等载体进行置换后,吸引字节跳动等互联网大数据龙头企业入驻。发挥南京大学科研创新生涯地优势,依托南京大学校友经济,打造以软件工程与大数据等产业为主导的环南京大学创新集群。为进一步激发鼓楼区科技创新活力,出台《鼓楼区提升科技成果转化能力九条措施》,建立从科技成果发现、验证、转化到产业化的全链条服务体系,全力构筑科技成果转化高地。

通过城市更新提升街区品质。结合"四高四区"功能定位中"塑造高颜值形象,打造美丽古都典范区"的要求,鼓楼区重点打造南京大学校园外西北区域的金银街,将其定位为国际青年文化艺术街区。利用金银街道路北侧车辆停放空间,对街区实施微改造、微更新,该空间成为年轻人的文化潮流聚集地。至2024年底,鼓楼区已建成总规模62万平方米的硅巷产业载体,主要包括十四所、金陵机械厂老厂区、中电熊猫三乐研发中心、南京铁道职业技术学院等以及更新转型的智梦园硅巷、红五月硅巷、万谷硅巷、金川硅巷等;已入驻各类创新型企业1263家、高新技术企业198家、科技型中小企业274家;初步形成了数字经济、信息技术、现代服务业、文化创意、生物医药等多条主导产业链,硅巷主导产业集聚度总体达79.51%。

(二)城市更新型:上海硅巷科创街区

上海硅巷位于长宁区中心地带,由愚园路、武夷路、定西路等合围而成的约1.48平方公里的区域。上海硅巷具备得天独厚的科创资源基础。一是区位优势突出,地处长宁区中心地带,毗邻中山公园商圈,交通便捷,拥有武夷路、愚园路两条百年道路,人文底蕴深厚,为科创发展提供了多元化的应用场景。二是科创策源能力强,区域内有中国科学院上海硅酸盐所、上海微系统所等4个大院大所及11个重点实验室,科技含"硅"量高。三是数字基因深厚,软件信息服务、信息基础设施、物流供应链等产业在此成长集聚。

空间更新是上海硅巷的关键动力,空间更新经历了从品质街区更新到科创街区更新两个不同阶段。第一个阶段聚焦社区住宅修缮、街道基础设施、公共空间营造等生活功能和商业功能，通过更新营造精致、有腔调的品质街区。第二个阶段以新微科技园公司、上海仪电集团、辰联建设为代表的企业积极参与自有物业的自主更新中，将飞乐音响厂、上海手表厂、巴黎春天购物中心等约10万平方米的产业空间更新改造，形成新微智谷、新象限·武夷等科技企业办公空间，"上海硅巷 No. 1"等科创人才共享办公和交流展示平台，以及翡悦里、"硅巷花园"等公共文化空间，为科创人群和初创企业营造了创新、就业、生活、休闲多功能融合共生的新型空间。

在科创生态培育方面，上海硅巷以院地合作为抓手，构建起以中国科学院上海微系统所为创新策源地、上海微技术工业研究院等新型研发机构为产品中试与技术转化平台、新微科技集团为科技创投融资与产业化平台的"三位一体"协同创新体系。街区聚焦智能网联、金融科技、绿色低碳、元宇宙、区块链、文化创意等前沿领域，通过域外招商、会展招商、平台招商等多元化方式，引进华泰创新、中邮证券、中金浩等一批行业知名企业，带动关联企业集聚发展。联合华泰创新等行业领先企业，探索打造具有突破性科技成果率先转化和硬科技企业加速孵化能力的高质量孵化器，成为街区最重要的创新引擎。

截至 2024 年，上海硅巷科创街区内集聚科技类企业 860 余家，包括一批国家级、市级专精特新企业和"小巨人"企业，在芯片设计、智能网联、生物医药等新赛道形成了一定的产业集群。同时，青年人集聚效应明显。通过手机信令大数据分析，街区内 40 岁及以下青年群体占比超过 55%，呈现高度集聚态势。另外，城市形象明显提升。通过一系列城市更新行动，武夷路、愚园路等核心道路的街区形象焕然一新，定西路"硅巷花园"等一批极具科创特色的街边空间相继亮相，市民的科技素养和创新意识在潜移默化中得到提升。

（三）高新产业园区转型延伸型：西安嘉会坊

西安高新区嘉会坊科创街区核心区占地面积约 14.7 万平方米，其中包括 11 万平方米楼宇空间，3.7 万平方米中心花园广场，以及总长 1100 米的 4 条特色步行街。项目辐射周边区域约 2 平方公里，东起嘉会巷，西至高新三路，

南起光泰路，北至光德路。嘉会坊的前身是西安高新区1991年建设初期的工业建成区，也是高新区一期建设的起步区。随着西安高新区整体发展重心向西南方向延伸，该区域原有企业面临转型升级和外迁。2015年9月，西安高新区正式启动"西安市众创示范街区"的建设工作，通过对旧城区、旧街道、旧厂房进行有机更新改造，打造集创新创业服务、时尚商业、文化展示、国际交流等多功能于一体的创新创业街区。

嘉会坊坚持"政府引导、企业主体、市场化运作"的原则，采取一系列创新举措：一是采用PPP模式，吸引社会资本参与，形成多元化投入机制；二是整合利用存量资源，采取"长租+场地置换"的方式，盘活区域内空置厂房、办公楼宇；三是因地制宜开展城市修缮，在保留原有建筑风貌基础上进行外立面改造、业态更新；四是搭建开放共享平台，鼓励大中小企业、高校院所、金融机构、中介服务等创新主体入驻嘉会坊，发挥各自优势，实现互利共赢。

在科创生态培育方面，嘉会坊重点引进一批在创业孵化、技术转移、投融资、人才服务等方面具有丰富资源和专业能力的"双创"服务机构，包括联创智荟、3W创路、蒜泥科技等知名创业孵化机构，工大飞天、西电星火、交大1896等高校院所众创空间，远诺技术转移中心、西安软件行业协会等专业服务机构，以及盈峰资本、前沿科投、天健君合等投融资机构。通过锚定高能级的"双创"机构，嘉会坊为初创企业和创业者提供全方位、全链条、专业化的创新创业服务，有力促进了科技成果转化和产业化发展。

在科创文化营造方面，嘉会坊着力打造独具特色的"科技+文化"融合业态。一方面，引进一批文化创意类企业和机构，如喜马拉雅FM线下体验馆等，丰富街区文化业态；另一方面，常态化举办丰富多彩的创新创业文化活动，如"创咖派对""双创嘉年华""国际啤酒音乐节"等，不断提升街区活力和影响力。

在运营管理方面，嘉会坊创新实施"管委会+运营公司"的双轨制治理模式。管委会负责重大事项决策、统筹规划、政策扶持等，西安创业园作为专业化的运营公司，负责市场化运作、专业化服务、品牌建设等。通过政府和市场合理分工、各司其职，共同推动嘉会坊高质量发展。同时，嘉会坊还建立了议事协调、联席会议等机制，加强街区内各类主体间的交流合作，形成创新发展合力。

至 2024 年底，嘉会坊累计注册企业近 5000 家，引进和培育科技型中小企业 500 余家，国家高新技术企业 180 余家。促进各类创新创业人才就业 1 万余人，引进海归创业人才企业落户 160 余家，聚集西安市"五类人才"400 余人。此外，嘉会坊还引进中国欧美同学会国际人才创新创业基地等一批高端创新平台，成为中国西部汇聚全球创新资源的"强磁场"。

三　南京、上海、西安三城科创街区的主要经验

总结南京、上海、西安三种不同类型科创街区的实践探索，可以发现，科创街区营造需以"空间—生态—品牌"三位一体模式展开，具体包括空间载体更新、创新生态培育（锚定机构＋初创企业＋人才产业政策＋"贴心"治理）、品牌形象传播等三个路径。

（一）空间载体更新是科创街区营造的基础，两者深度融合

城市更新为科创街区提供了空间载体，而科创街区则为城市更新注入了新的活力和动力。与传统城市更新以生活和商业功能更新为主不同，面向科创街区的空间载体更新，特别强调以下几点：一是空间功能的混合布局和混合利用，通过更新将居住、商业、办公、文化娱乐等多种功能有机结合起来。这种混合使用不仅提高了空间的利用效率，还促进了不同人群之间的交流和互动，形成了良好的创新氛围。二是科创街区的空间设计通常遵循小尺度、共享化原则，以提高空间的灵活性和多样性，与科创人群共享、开放、交流的创新需求相适应，提高了街区的吸引力。另外，科创街区的建设注重保护和利用城市的历史文化遗产，实现城市更新的可持续发展。

（二）创新生态培育是科创街区营造的核心

通过创新生态培育，吸引和集聚创新要素，构建良好的创新生态系统。具体而言，创新生态培育包括以下几个方面。

一是锚定核心科创资源：科创街区通常以高校、科研院所、大型科技企业等为核心"锚点"，这些机构为街区提供了丰富的创新资源和人才支持。这些

"锚点"不仅是科技创新的重要基地，也是吸引其他创新要素集聚的核心力量。南京鼓楼硅巷锚定了区内南京大学等 20 所高等院校、120 家科研机构，通过创新校地合作方式打造创新生态。上海硅巷锚定了中国科学院上海微系统、上海微技术工研院、新微科技集团三个大所，打造科技创投融资与产业化平台的"三位一体"协同创新体系。

二是重视吸引和培育初创科技企业：科创街区通过提供良好的创新环境和政策支持，吸引初创科技企业入驻。西安嘉会坊科创街区引进和培育科技型中小企业 500 余家，上海硅巷科创街区内集聚科技类企业 860 余家，包括一批国家级、市级专精特新企业和"小巨人"企业。

三是细化落实人才和产业扶持政策：科创街区通过制定和实施人才产业政策，吸引和留住创新人才。这些政策包括税收优惠、资金扶持、人才引进等方面的措施，能够降低企业的创新成本和风险，提高创新效率。南京鼓楼区出台《鼓楼区提升科技成果转化能力九条措施》，上海长宁区发布《长宁区鼓励科技创新的若干政策措施》。

四是实施"贴心"治理模式：通过提供"贴心"的治理服务，营造良好的创新环境，提高创新主体的满意度和归属感。上海长宁区政府联合中国科学院、企业及社区，形成"政—研—企—社"协作机制。西安嘉会坊创新实施"管委会+运营公司"的双轨制治理模式，还建立了议事协调、联席会议等机制，加强街区内各类主体间的交流合作。

（三）品牌形象构建是科创街区营造的重要环节

通过打造具有特色的品牌形象，提升科创街区的知名度和影响力。上海硅巷科创街区通过举办"硅巷早餐会"等活动，打造资源平台，提升品牌价值。同时，注重社区参与和治理，鼓励社区居民、企业和组织等参与科创街区的建设和管理，形成共建共治共享的格局。与澎湃新闻等主流媒体合作传播上海硅巷科创街区品牌形象，以及在 B 站、小红书等自媒体平台上形成网红效应，提高口碑传播度，这种特色品牌形象不仅吸引了大量创新创业人才和企业的目光，更成为城市创新发展的亮丽名片，使其在激烈的区域竞争中脱颖而出。

四　对重庆市超大城市治理的启示

面对科技回归都市的大趋势，重庆市可借鉴上海、南京、西安等先发城市科创街区经验，同时立足重庆山城特色，以"空间重塑、生态赋能、品牌突围"为核心路径，探索出一条"科创赋能更新、更新反哺科创"的超大城市治理新路，助力成渝地区双城经济圈创新能级跃升。

（一）锚定重庆高校资源，打造"环高校科创走廊"

重庆市拥有重庆大学、西南大学等高水平高校及科研院所，但校地协同不足，创新资源未充分转化为本地产业动能。建议借鉴南京鼓楼硅巷模式，推动政府与高校签订战略协议，通过置换校内老旧建筑或利用周边闲置空间，共建联合科创载体，打造开放式创新街区。研究出台专项政策，支持高校专利本地转化，吸引校友企业回渝落地。

（二）中心城区更新与科创街区联动推进

重庆中心城区存在大量老旧厂房、商业楼宇（如九龙坡区老工业基地、渝中区解放碑周边），但现有更新项目多偏重商业开发，科创功能融合不足。建议分类盘活存量载体：针对工业遗产、空置商办楼宇，制订差异化更新方案。"微更新"强调"科创+文化"，对街区外立面、公共空间进行轻量化改造，嵌入共享办公、路演中心等科创功能，降低企业入驻成本。

（三）完善初创企业扶持体系

设立科创街区专项基金，为入驻企业提供租金补贴、研发费用加计扣除等支持；搭建"一站式"服务平台，整合知识产权、融资对接等专业服务。加大力度为海归人才、青年创客提供住房补贴、个税减免及子女教育配套政策，打造最优人才生态。

（四）打造"山地硅巷"科创街区品牌

重庆拥有独特的山水城市景观和网红基因，但科创品牌辨识度不足。建议结合重庆地貌特征，推出"山地硅巷"概念，将洪崖洞、鹅岭二厂等文旅地

标与科创场景融合，形成"科技+文旅"独特标签，打造科创街区新 IP。举办"重庆创客节"，提升全球曝光度。联合抖音、小红书等平台策划类似"重庆科创探秘"的主题活动，邀请科技博主、创业者分享街区故事等。

（五）实施"政府+企业+市场+组织+社区"共治模式

政府、国有企业、专业运营公司、中介组织、社区等共同成立科创街区建设联盟，形成"政府定标准、国企做平台、市场做运营、基层做服务、社区做温度"的科创友好型协同共治新模式。设立"社区创新基金"，支持本地小微企业与创客项目，营造共建共享氛围。

参考文献

布鲁金斯学会：《创新区的崛起：美国创新的新地理》，2014 年 5 月。

邓智团、陈玉娇：《创新街区的场所营造研究》，《城市规划》2020 年第 4 期。

吴建南：《以创新街区培育新质生产力的实践路径》，《人民论坛·学术前沿》2024 年第 20 期。

周叵斌、师浩辰、王世福等：《城创融合视角下从工业区到创新街区的更新路径与国际经验》，《国际城市规划》2022 年第 5 期。

谷晓坤：《科技回归与城市更新：大城市科创街区的上海、南京、广州实践》，中国土地科学公众号，2025 年 3 月 11 日。

B.15
超大城市全域有机更新的理论解析与路径研究

范海霞*

摘　要： 随着城市化的深入推进，不少城市尤其是超大城市从增量扩张时代进入存量优化时代，即以全域有机更新推动城市高质量发展。从2019年中央经济工作会议首次提出"城市更新"概念到国家"十四五"规划首次部署"实施城市更新行动"，再到党的二十届三中全会提出"建立可持续的城市更新模式和政策法规"，均体现出城市发展战略的深化和升级。在此背景下，推动超大城市全域有机更新，成为城市工作的一个重要议题，需要学界从概念内涵、实践路径、制度设计等方面深入分析和探讨，为城市内涵式高质量发展提供基本理论支撑。

关键词： 超大城市　全域有机更新　城市更新　制度设计

当前，我国超大城市发展进入城市更新的重要时期，城市建设和改造从规模化转向常态化、小规模、渐进式、精细化提升，城市治理从粗放式转向精治、法治、共治。这就要求超大城市统筹全域空间、综合谋划施策，推进全域有机更新。梳理城市更新概念演进脉络，厘清全域有机更新的概念内涵和价值理念，总结提炼超大城市推进全域有机更新的实践路径，并在比较分析基础上提出超大城市全域有机更新的制度设计，为我国超大城市建立可持续的城市更新模式、推动城市高质量发展提供理论支撑，具有重要的现实意义。

---

* 范海霞，中共杭州市委党校市情研究所（咨政研究部）所长（主任）、副研究员，主要研究方向为公共政策。

一 概念内涵：从城市更新到全域有机更新

城市更新伴随城市化进程而生，城市更新理论研究也伴随城市工作实践而产生，随着城市更新不同阶段的发展而完善，形成了包含城市更新技术问题、内涵特征、发展阶段、城市案例、运行机制、实践路径等方面的研究体系。

（一）城市更新相关概念演进

关于城市更新概念，国外最早是 1958 年在荷兰海牙召开的城市更新研讨会上提出的，国内最早由陈占祥先生于 20 世纪 80 年代提出，他强调系统思维、人本思想，"把环境看成变化着的生命系统""人是这一系统中的一个不可分割的部分"。1989 年吴良镛提出"有机更新"思想，认为"城市永远处于新陈代谢之中"，要探索"有机更新"的规律。随后，城市更新理论在城市发展的实践中不断丰富和完善，研究重点大致发生了三个转向。①从单一维度转向多维度研究。由于我国城市理论伴随城市工作实践而生，最初理论研究相对单一，主要聚焦城市规划、实践案例、模式研究等。到了 20 世纪 90 年代，以 1994 年在南京召开的"城市更新与改造国际会议"、1995 年在西安召开的中国城市规划学会"旧城更新座谈会"为标志，城市更新学术研究进入繁荣期，研究内容逐渐多维化，包括城市更新价值取向、动力机制、更新制度等。②从物质层面转向精神层面。2000 年前后至 2011 年，城市更新实践向多元化发展，城市更新更加注重历史文化的保护与传承，理论研究也相应地向精神层面转变。于立、张康生（2007 年）认为，城市文化政策对可持续的城市发展起到了巨大的推动作用，并提出通过文化要素引导促进城市复兴（城市更新）的策略。③从方法论转向系统论。随着我国城镇化进入"下半场"（2011 年我国城镇化率突破 50%），自 2012 年起，城市更新理论研究进入多学科融合、跨学界业界政界交流的新阶段，将城市视为自组织的复杂系统，在更大范围的生态系统中探讨城市系统与自然系统的融合。

（二）全域有机更新基本内涵

着重从三个维度解析全域有机更新基本内涵：①有机更新。"有机"是指事物间有序与协调的性状，体现要素的系统整合和优化配置，而"更新"不是指事物简单的复制或重构，而是在原有基础上的提升和革新。有机更新有着丰富的内涵：一是有机更新不是"格式化"所更新的对象，而是通过科学调适和提升对象并使其适应当下及今后的发展需要；二是有机更新强调系统性和协调性，是一种积极的帕累托改进，即可以增进大多数人的福利且不会对其他人的利益造成损害；三是有机更新蕴含着"生态优先、绿色发展"的哲理，追求经济、社会和生态协同发展，追求人类生产、生活和生态"三生融合"。②全域有机更新。全域有机更新以"创新、绿色、协调、开放、共享"新发展理念为导向，全域统筹城市、乡村、园区等空间秩序优化，以城乡空间品质改善带动经济社会发展方式转变，进而实现民生服务提升、产业动能转换、生态价值彰显、文化特色鲜明、社会治理有效的发展格局。③超大城市全域有机更新。2014年国务院发布《关于调整城市规模划分标准的通知》，城区常住人口1000万以上的城市为超大城市，城区常住人口500万~1000万的城市为特大城市。目前中国有10个超大城市，分别是上海、北京、深圳、重庆、广州、成都、天津、东莞、武汉和杭州。党的二十大报告提出，坚持人民城市人民建、人民城市为人民，提高城市规划、建设、治理水平，加快转变超大特大城市发展方式。党的二十届三中全会强调，深化城市建设、运营、治理体制改革，加快转变城市发展方式。超大城市治理具有引领性、试验性、基础性、示范性，超大城市实施全域有机更新，是探索城市内涵式发展新路子、推进中国式现代化的必然选择。我国超大城市推进全域有机更新，不是西方城市复兴、有机更新的"翻版"，也不是原有更新模式的"再版"，而是在中国式现代化新征程上建设人民城市的"新版"。超大城市全域有机更新蕴含着人民城市理念与价值旨归，蕴含着破立并举、辩证统一的改革逻辑与方法论，蕴含着"见物见人见精神"的有机融合。

（三）全域有机更新突出特征

全域有机更新在城市有机更新基础上，更加注重城乡一体、全域统筹，更加注重系统推进、有机联动，更加注重产城融合、绿色发展，更加注重文脉传承、个性彰显，更加注重品质提升、共治共享，是全市域覆盖、系统化统筹、精细化操作、全周期治理、全社会参与的高质量发展模式。结合城市更新概念

演进、全域有机更新内涵分析，以及超大城市治理体系的复杂性，全域有机更新的突出特征可概括为"四化三高"：全域化，坚持全域"一盘棋"，树立系统思维、采用综合方法、找准关键抓手，实现城市、乡村、园区有机更新全覆盖；有机化，坚持空间"生命体""共同体"理念，注重系统联系，突出协调发展，不搞大拆大建，强调"绣花"功夫，有机推进生态修复与城乡修补；生态化，坚持全域"大花园"，走绿色发展之路，保持生态文明建设的战略定力，以全域美丽激发全域活力；个性化，彰显地方特色，突出城市气质，传承历史文脉，塑造独特风貌，推进文化"双创"；高质量，推进全域创新驱动，持续为科技创新提供土壤与空间，持续增强科技创新策源功能、高端产业引领功能，实现城市全域数字化转型；高品质，坚持全域美好生活，在适应民生需求中增强改革发展动力，高品质满足人民群众美好生活需要；高效能，坚持系统治理、依法治理、源头治理、综合治理，从理念、战略、规划、制度、结构、技术、文化等方面着手，推动政府治理和社会自我调节、居民自治良性互动，提升城市现代化治理水平，构建智慧高效治理新体系。

二 实践路径：从"全领域"到"全市域""全地域"

根据城市发展规律，超大城市均经历了从城市扩张到城市更新的过程，也都经历了从某个领域或某几个领域到全领域、从老城区到全市域、从城到乡的全域有机更新进程。通过总结梳理、比较分析，我国超大城市推进全域有机更新，主要有以下三种实践路径。

（一）全领域：以破解"城市病"为重点的由点到线、由线到片的全域有机更新

改革开放后，随着城市化和经济社会快速发展，城市功能显著强化，人民生活品质极大改善，但同时面临城市空间格局受限、交通拥堵等"城市病"凸显、文化保护传承压力增大、居住环境有待改善等问题和挑战，为此，不少城市由点到线、由线到片，开展包括城市形态、产业内容、人文景观、人居环境等在内的有机更新（见图1）。①城市形态有机更新。为破解城市空间格局受限、拆旧建新、"摊大饼"式发展等问题，以拉开城市发展框架、优化城市

空间布局为重点，通过撤市设区、"城中村"改造、新城开发、综合体建设、道路和河道有机更新等举措，快速推进重要节点和片区建设，有效提升城市能级和综合承载能力。城市形态有机更新在城市有机更新中启动最早、持续时间最长、影响最大。②产业内容有机更新。针对老城区衰败、居住环境恶化、产业转型难题，通过老城区工业企业搬迁、产业平台建设、商业特色街区建设、市场整合改造提升等举措，促进资源在更大市域空间范围内高效流动，推动城市更新从着眼空间改造走向谋划产业转型。③人文景观有机更新。针对城市快速建设过程中对城市文脉传承、历史文化保护的忽视而导致的"千城一面"问题，通过加强城市历史文化保护与传承、加强自然人文景观修复、强化城市生态环境保护等举措，增强城市文化底蕴和提高辨识度。④人居环境有机更新。21世纪以来，北京、上海、重庆、成都、杭州等城市先后通过实施危旧房改造、庭院改善、背街小巷改善、老旧小区物业改善等工程，加强人居环境有机更新，加大公共服务供给，不断提升城市生活品质。人居环境有机更新是城市有机更新中的"里子工程"，是城市有机更新从物理形态更新走向深层次社会治理提升的标志。

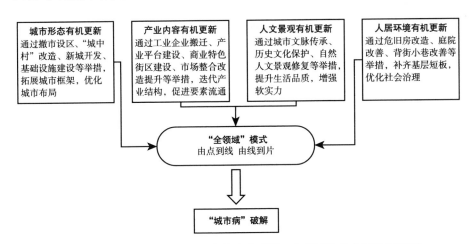

图1 以"城市病"破解为重点的由点到线、由线到片的全域有机更新

（二）全市域：以"大事件"牵引的由"碎片化"向"整体化"转变的全域有机更新

纵观21世纪以来十大超大城市有机更新的实践，城市全域有机更新是一

个不断探索、不断拓展的过程。如果说以"城市病"破解为重点的城市更新像是西医的"头痛医头，脚痛医脚"，那么以"大事件"牵引的城市更新则更像是中医的整体观念，抓住"大事件"，找准"牵一发而动全身"的重点，以"大事件"带动城市环境改善、空间优化、功能提升、治理升级（见图2）。以广州、成都、杭州为例，简要剖析"大事件"牵引城市全域有机更新的模式与路径。①广州：亚运会推动老城区承载压力疏解。广州抓住筹办2010年亚运会契机，一方面，推动广州新城这一战略性节点的落地落实，加速城市扩张进程。另一方面，采用综合开发模式推动广州新城发展成为功能复合的综合性中心，进而实现疏解旧城区人口、完善城市功能、提升城市影响力等多重效应。②成都：国际论坛牵引城市功能品质提升。成都以2013年全球财富论坛和第十二届世界华商大会的举办为重要契机，通过提高国际航空联通度（打造辐射西部连接世界的国际性区域航空枢纽）、提高道路交通网络通达度（构建起"三环十二射"高速公路网络，建成承接华南华中，连接西南西北，沟通中亚、南亚、欧洲的西部铁路交通枢纽），并借助"一论坛一会"提升城市知名度，为成都发展提供源源不断的物质流、能量流、信息流，为深化成都全

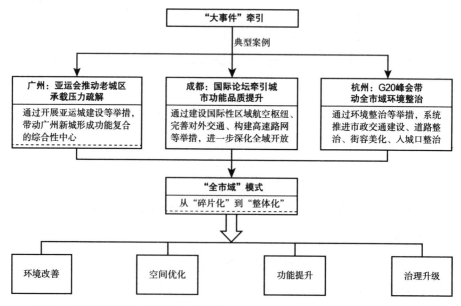

图2 以"大事件"牵引的由"碎片化"向"整体化"转变的全域有机更新

域开放提供新的引擎，为成都成功跻身全球城市行列提供新"跳板"。③杭州：G20峰会带动全市域环境整治。2016年G20峰会筹备过程中，杭州着眼全市域，落实"最高标准、最快速度、最实作风、最好效果"要求，把环境整治作为服务保障峰会的重点，系统推进并圆满完成108个市政交通基础设施建设项目、264个道路整治与街容美化项目和33个入城口整治项目，既向世界展示了"西湖风光、江南韵味、中国气派、世界大同"历史与现实交汇的独特韵味和别样精彩，又开启了杭州城市有机更新从"碎片化"向"全域化"转变的新阶段。

（三）全地域：以"城乡融合""三生融合"为特征的常态化、微改造、精提升全域有机更新

进入新时代，城市更新已从个别行动发展为共识，城市更新行动上升为国家战略，与区域发展战略、乡村振兴战略组成国家空间发展战略体系。超大城市有机更新突出增量优化与存量挖潜并重、硬环境与软环境并重、城与乡并重，更加突出整体性和体系化、可持续性和常态化（见图3）。比较有代表性的模式包括：①特色小镇"三生融合"模式。在城市产业平台整合提升基础上，以杭州为代表的城市率先探索特色小镇建设，围绕"形态小而美、产业特而强、功能聚而合、机制新而活"，形成产业强、生活美、生态优的产业新空间。②老旧小区"微更新"模式。突出城市更新的"绣花"功夫，更加注重老旧小区功能完善、空间挖潜和服务提升，打造有完善设施、有整洁环境、有配套服务、有长效管理、有特色文化、有和谐关系的"六有"宜居小区。③未来社区"三化集成"模式。2019年以来，杭州结合大规模城中村改造的成果，积极推进未来社区建设。未来社区以满足人民美好生活向往为中心，聚焦人本化、生态化、数字化，构建以未来邻里、教育、健康、服务和治理等九大场景为重点的集成系统，是全域有机更新在城市基本功能单元上的新创举。④美丽乡村"五美与共"模式。2024年中央一号文件提出，要学习运用"千万工程"蕴含的发展理念、工作方法和推进机制，2025年中央一号文件强调，深入学习运用"千万工程"经验，并对"着力推进乡村建设"进行重点部署。自2003年习近平总书记在浙江工作时亲自部署推动"千万工程"以来，全国造就了万千美丽乡村，也推动有机更新走向城乡融合，实现美丽生态、美丽经济、美好生活的有机融合。

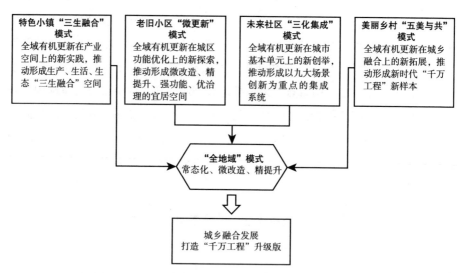

图3 以"城乡融合""三生融合"为特征的常态化、微改造、精提升全域有机更新

三 制度设计：从先破后立到破立并举

系统推进超大城市全域有机更新，构建可持续的城市更新模式和政策法规体系是城市高质量发展阶段的必然要求。在总结超大城市推进全域有机更新实践的基础上，有必要针对全域有机更新面临的增量空间有限与存量挖潜不足、安全韧性不足、公共服务供给压力与不均衡等问题，从原来大拆大建、"手术式"、破旧立新推进城市更新变为破立统一、破立并举，加快构建起超大城市全域有机更新常态化、可持续化的制度体系。

（一）坚持增量与存量并重，构建高效率"精明增长"体系

增量和存量并重才能充分激发城市发展动力。完善增量空间高质量布局机制。超大城市要融入进一步全面深化改革大局，重点做好规划体系上的顶层设计，将全域有机更新纳入规划的必备法定环节，开展土地利用适应性评估、综合承载容量提升、低效土地空间更新改造、土地用途管制等，实现土地资源更集约、更高效、更可持续的高质量利用，塑造高品质城乡空间。深化存量改革深入挖掘存量潜力。坚持"有限城区、无限发展"的"经营城市"新理念，

综合运用乡村规划、土地指标、产业导入、财政金融等政策，以土地综合整治为载体深入践行新时代"千万工程"，推动土地综合整治向"多跨融合"升级，打造"土地综合整治+"新模式，促进"三生融合"、三产融合、城乡融合。持续推进"工业上楼"，实现"供地"与"供楼"并重、租赁与出让并举，加大存量资源盘活力度。构建全域有机更新统筹推进机制。制定全域有机更新实施办法，推动全域有机更新法治化，重点围绕土地利用、征地拆迁、规划设计、民生项目、管理机制、融资模式等方面，形成完备的法治保障和法规支撑体系。加大全市域发展空间统筹力度，有效打破影响空间统筹和联动发展的"拉链"和"梗阻点"，深化网络化、组团式、生态型空间布局，统筹美丽城市、美丽城镇、美丽乡村建设，实现生产空间集约高效、生活空间宜居适度、生态空间山清水秀。建立城市更新和城市体检一体推进机制。构建城市体检评估体系，建立可持续的城市更新模式和政策法规体系，以城市体检推动解决城市规划、建设和治理之间相互矛盾的问题。

（二）坚持集聚与疏解并重，构建高质量"空间布局"体系

持续推进功能疏解优化市区经济和空间结构。梳理产业、市场、教育、医疗等领域非城市核心功能"清单"，在全域有机更新过程中有序向外疏解非城市核心功能。同时，优化中心城区产业结构，增强老城区内生动力和活力，适当放宽容积率、建筑密度、地下开发等限制性指标，增加产业空间、双创空间，吸引创业创新人才和企业入驻，复兴中心城区。通过加装电梯、改善（共享）停车空间、增加休憩设施、改造绿化空间等手段，优化老城区基础设施配套。以"邻里中心"为模式，推进老城区市场整合改造提升。加快推进重点功能区块建设。找准城市新的增长极，合理把握土地资源投放时序和节奏，加大对重点功能区供应力度，加强要素保障、加大资金支持、加快项目招引，持续推动重点板块城市功能完善、空间布局优化、线性系统联通、特色品质提升，进一步激发城市发展动力，形成老城与新城并进、城区与乡村互动的城市发展新格局。高质量推进城市基础设施建设。统筹优化综合交通枢纽格局，统筹轨道交通线网、道路网布局与周边用地功能有机结合，进一步完善国际、区际、城际、城市、城乡多层次的综合交通运输系统布局，进一步拉开城市框架，不断增强超大城市国际门户枢纽功能。

（三）坚持发展与安全并重，构建高品质"三生融合"体系

持续推进产业平台有机更新。产业是城市经济发展的重要命脉，空间是产业发展的首要基础。通过空间腾拓"先手棋"、项目引育"主动仗"、创新驱动"新引擎"、营商环境"组合拳"，改善生产环境、配套生活服务、优化设备技术、提升产业生态，全域推进产业平台有机更新，变"土地存量"为"空间潜量"、变"空间潜量"为"产业增量"。着力培育发展数字赋能的新兴经济形态。发展"数字+文创""数字+服务"新门类，加快人工智能、虚拟现实与服务业结合，培育数字化现代服务业新业态新模式。创建未来产业育新基地、加快产业发展模式创新。完善超大城市带动都市圈大中小城市协调发展机制。系统总结长三角、珠三角一体化发展的成功经验，以及上海张江—南通园区的经验做法，探索建立跨区域产业园区利益分配机制、"飞地经济"税收分成制度，培育发展梯次配套的都市产业发展圈。进一步充分发挥中心城市、超大城市的辐射作用，完善都市圈发展协调推进机制，推动跨行政区"一张图"规划，建立跨市域重大设施联合推进机制，共同构建便捷高效的通勤圈、便利共享的生活圈，推进都市圈内大中小城市和小城镇协调发展。全面推进安全韧性城市建设。针对超大城市高集聚性、高异质性、高开放性、高流动性特征，构建平战一体、精巧规制的韧性治理新模式。加强"平急两用""嵌入式"公共基础设施建设，坚持条抓块统、充分发挥"管执一体"机制作用，提高城市应变处置能力，充分发挥基层网格智治优势，变网络治理势能为超大城市韧性治理效能。

（四）坚持技术与应用并重，构建高价值"城市场景"体系

建设AI城市。强化数字赋能，让城市更聪明一些、更智慧一些。深入推进"人工智能+"行动，推动信息设施与城市路桥、管网、照明等公共设施功能集成，提升全市域、立体化智能感知能力，建设数字孪生城市，推动人工智能赋能城市精细化治理。加快推进智慧房管、智慧交通和城市管理领域的城市运行"一网统管"等平台建设，超大城市率先打造房屋全生命周期管理模式、交通治堵样板。推进新型城市基础设施建设。进一步延伸拓展"城市大脑"在城市规划、建设、管理等领域的应用，加快构建智慧城市基础设施运行管理

体系，切实增强数字治理能力。用好国家"两重""两新"政策机遇，重点聚焦燃气、供排水、桥梁隧道等重点领域，加快推进实施一批新城建项目，加快推进老旧燃气、供水、排水等管网更新改造，推动城市基础设施数字化改造，提升城市运行基础设施主动安全防控能力。创新抓场景，把城市场景打造成核心资产。以有否体现政府能力提升、能否提升公共资源利用效率、是否利于降低城市运营成本、是否更加便民利民惠民为基点，重点在城市管理、社会治理领域拓展应用场景建设，谋划好每个场景的落地。探索标准化、规模化、跨界协同的应用落地路径，形成"好场景吸引好项目、好项目创造好场景"的良性循环，持续释放场景价值，加快实现场所到场景、场景到产品、产品到产业的"三个飞跃"。迭代升级"一网统管"治理平台。建立"大综合一体化"城市综合治理体制机制，系统整合多部门执法和管理力量，推动城市执法、城市管理融入基层治理，持续释放"数字政府"动能。

（五）坚持物质与精神并重，构建高内涵"文化赋美"体系

跳出物质层面的"破旧立新"，推动超大城市进入将文化作为城市更新的思维方式、逻辑主线、发展范式和创新实践的阶段。深度挖掘文化，彰显城市的历史美学。加强考古、历史探索和文化研究，深入实施"城市记忆"工程和"文化兴盛"工程，推动"数字+文化"展示，让历史可看、文化可味，让城市因历史而美丽。加强城市设计，展现现代城市美学。将城市设计融入城市工作全局，提炼不同片区不同区域环境特征、历史文脉、空间形态等要素，优化城市设计和建筑设计。实现全域景区化和城市设计全覆盖，加快塑造独一无二的城市辨识度，形成城在景中、景在城中的景观风貌。把城市设计内容转化为规划控制要求，加强对空间立体性、平面协调性、风貌整体性、文脉延续性等方面的管控，打造富有特色的城市风貌。完善文脉传承机制，彰显城市独特韵味。加强文旅、园文、农业农村等部门联动，进一步保护好历史文化遗产，让不同历史时期的建筑在当代共生共荣，打造"建筑历史博物馆"，彰显"历史与现实交汇的独特韵味"。注重艺术赋美，涵养城市艺术精神。运用数字VR、情景快闪等技术载体，用艺术点亮城市之美，让空间释放城市精神，共同缔造中华民族现代文明的城市录。同时，适度宽容城市"非正式空间"，激发城市的"烟火气"和"市井味"。打造"善治文化"价值体系。一方面，搭

建全域有机更新和社会治理多元化参与平台，鼓励全员参与，完善全域有机更新治理体系，体现城市的人民性。另一方面，坚持以文凝心、以文聚力，深化空间"微营造"，培育睦邻善治"新场景"，打造基层网格"家"文化、"睦"文化、"融"文化，变城市基层治理"最后一公里"为"善治零距离"。

参考文献

陈占祥：《城市设计》，《城市规划研究》1983 年第 1 期。

刘伯霞、刘杰、程婷等：《中国城市更新的理论与实践》，《中国名城》2021 年第 7 期。

童明、白雪燕、江嘉玮：《有机思想、有机城市与有机更新》，《时代建筑》2021 年第 4 期。

吴良镛：《北京旧城居住区的整治途径——城市细胞的有机更新与"新四合院"的探索》，《建筑学报》1989 年第 7 期。

阳建强、陈月：《1949-2019 年中国城市更新的发展与回顾》，《城市规划》2020 年第 2 期。

于立、张康生：《以文化为导向的英国城市复兴策略》，《国际城市规划》2007 年第 4 期。

朱盼、田晓晴、王颖：《基于人民城市理念的城市更新三重逻辑及价值导向研究》，《空间与社会评论》2023 年第 1 期。

B.16
人工智能赋能重庆超大城市现代化治理实践路径探索

黄　建*

摘　要： 人工智能等前沿技术是破解超大城市治理难题、推动超大城市治理体系和治理能力现代化的必由之路。本报告立足重庆加快建设超大城市现代化治理示范区背景，分析国内外人工智能赋能超大城市治理的总体现状，以及重庆以人工智能赋能超大城市治理的现实基础和面临的主要挑战，从建强"人工智能+城市治理"能力支撑体系、完善"人工智能+城市治理"大模型、构建"人工智能+城市治理"重点领域应用场景、注重"人工智能+城市治理"复合人才引育、强化"人工智能+城市治理"安全防护体系建设五个方面，提出人工智能赋能重庆超大城市现代化治理的实践路径及政策建议，以期为我国推动超大城市治理体系和治理能力现代化提供参考。

关键词： 人工智能　超大城市治理　城市治理大模型　重庆

　　习近平总书记指出，"人工智能是引领这一轮科技革命和产业变革的战略性技术"，"加快发展新一代人工智能是事关我国能否抓住新一轮科技革命和产业变革机遇的战略问题"。党的二十届三中全会审议通过的《中共中央关于进一步全面深化改革、推进中国式现代化的决定》（以下简称《决定》）提出，"推动形成超大特大城市智慧高效治理新体系"。当今世界，超大城市作为人类经济社会活动的核心载体、建筑和设施的集结地，经济密度高、人口密度大、城市功能多元，传统治理模式面临的效率低下、资源分配不均等问题日益凸显。人工智能技术以其在数据处理、模式识别、自动化决策等方面的显著

---

* 黄建，重庆市城市治理研究院党支部书记、院长，正高级工程师。

优势，已成为赋能破解超大城市现代化治理难题的重要路径。重庆是中西部唯一的直辖市和国家重要中心城市，集大城市、大农村、大山区、大库区于一体，具有空间规模宏大、人口聚集度高、行政管理单元多、城乡区域差异大、影响因素复杂等特点，是以人工智能破题中国特色超大城市现代化治理的最佳实践地。抢抓新一轮科技革命和产业革命纵深推进机遇，加快推动人工智能技术和大模型赋能城市现代化治理，既是重庆提升城市治理综合效能，加快建设宜居、韧性、智慧城市的迫切要求，也是重庆打造超大城市现代化治理示范区，为推动我国城市治理体系和治理能力现代化探路的战略需要，具有重要的现实意义。

一　全球人工智能赋能超大城市治理的总体现状

（一）海外"人工智能+城市治理"处于大规模应用落地前期

随着 2023 年 ChatGPT 引领全球生成式 AI 大模型技术的加速迭代，人工智能技术成为超大城市现代化治理的重要驱动力。美国突出以生成式 AI 推动交通与城市规划创新，如波士顿借助生成式 AI 技术，将丹麦哥本哈根的自行车基础设施"移植"到本地进行模拟，帮助市民直观感受改造效果；MIT 研究团队通过 AI 生成可视化方案，提高绿色出行理念的公众接受度，加速可持续城市规划进程。欧盟国家在人工智能赋能城市公共服务方面取得积极探索，如西班牙巴塞罗那通过 AI 算法分析城市能源消耗数据，动态调整电网负荷与可再生能源分配，降低碳排放，类似实践在欧盟多国推广，符合其绿色低碳发展目标。丹麦哥本哈根推广智能自行车，配备 GPS 和能量存储电池，结合轨道交通形成"1 公里接驳圈"，预计 50% 的市民选择自行车通勤。瑞典斯德哥尔摩在市中心设置智能监测点，通过射频识别和自动拍照技术收取拥堵税，使交通拥堵减少 25%，温室气体排放降低 40%。日本重点探索 AI 技术在老龄化社会与灾害应对中的应用，如东京部署 AI 系统分析地震、台风等灾害的历史数据与实时传感器信息，预测灾害影响范围并优化疏散路径；针对老龄化社会，大阪引入 AI 驱动的护理机器人，协助老年人日常起居与健康监测。这些机器人通过自然语言处理与行为识别技术，提供个性化服务，缓解护理人员短缺压力。新加坡推出 100 多个生成式 AI 项目，涵盖教育内容自动生成、社区服务聊天机器人等，如社区中心通过 AI 助手为居民提供 24 小时政务咨询。

（二）国内人工智能赋能超大城市治理加速布局

一是规划政策密集出台，"AI+城市治理"正从战略引领转向能力体系构建。党的二十大报告提出，要加快建设网络强国、数字中国，"加快转变超大特大城市发展方式"，"打造宜居、韧性、智慧城市"。《决定》明确提出"建立人工智能安全监管制度"，并强调深化城市治理体制改革，推动人工智能技术融入城市治理的各个环节。这一文件为地方政策制定提供了顶层设计依据，要求各地在技术应用中兼顾创新与安全监管。2024 年 12 月，《中共中央办公厅　国务院办公厅关于推进新型城市基础设施建设打造韧性城市的意见》要求，"推动新一代信息技术与城市基础设施建设深度融合，以信息平台建设为牵引，以智能设施建设为基础，以智慧应用场景为依托，推动城市基础设施数字化改造，构建智能高效的新型城市基础设施体系"，"加快构建国家、省、城市三级平台体系，加强与城市智能中枢等现有平台系统的有效衔接，实现信息共享、分级监管、协同联动"。

二是国内各地在人工智能赋能城市治理方面展开积极探索。国内已有多个城市引入无人清扫环卫车、清扫机器人、智能清扫设备等人工智能设备，采用人机协同作业模式，显著提高了清扫作业的安全性和精准度，减轻了环卫工人的劳动强度，避免了高危作业、封控管理、极端天气等高风险事件带来的安全风险。杭州市翠苑一区利用人工智能小程序"线上呼"，实时感应孤寡老人家中马桶用水情况；借助人工智能技术和数字设备，聚焦"一老一小一弱"，及时监测、分析"老弱小"社会人口特征、重要健康指标、日常活动信息等，实时及时预警，提升基层治理温度。深圳市福田区推出首批 70 个 AI 公务员，覆盖公文处理、民生服务、应急管理、招商引资等 240 个政务场景，在提升效率、简化流程、优化审批等方面效果显著。佛山市将 DeepSeek 人工智能系统进行本地化部署，构建了城市管理、生态环境、政务等多领域知识库，鼓励政府工作人员使用智能问答、文生图、公文写作助手、表格公式助手等多项实用功能，有效提升了工作和决策效率。北京市海淀区试点建设"公共空间城市管理服务一体化"模式，通过 AI 巡逻车与工作人员配合进行网格式巡查，快

速识别和处置非机动车乱停放、暴露垃圾、堆物堆料等多跨城市服务事件，实现对道路日常保洁、城市巡查、应急处理等场景的闭环处理，提高了城市管理的效率和精度。江西聚焦"AI+医疗"，在全省所有县的乡、村两级应用基层人工辅助智能医疗系统，向基层医生提供人工智能全科辅助的诊疗治疗方案等服务，促进县域医疗信息一体化和优质医疗资源下沉。武汉市部署的智能防汛系统，巧妙融合气象卫星、水文传感和社区摄像头数据，实现洪涝灾害提前72小时预警，使2023年全市汛期财产损失同比下降68%。

二 重庆以人工智能赋能超大城市治理的现实基础与面临的挑战分析

（一）具备四大基础条件

一是创造性搭建数字重庆建设"1361"整体构架，"AI+城市治理"基础底座逐步夯实。按照"集约建设、互联互通、协同联动"的要求，坚持以用促建、共建共享，初步建成全国首个市域统一部署、两级管理、三级贯通的一体化智能化公共数据平台，形成面向政务管理、服务企业群众的"两端"体系，创新打造一体化数字资源系统，形成算力存储"一朵云"、通信传输"一张网"、数据要素"一组库"、数字资源"一本账"，覆盖率和支撑力持续提升。做优"一张网"，按照政务外网与视联网"一网两线、异构互备"，建设全国首个异构互备的电子政务网络。坚持"业务梳理—数据归集—应用打造"三位一体，全力推进市、区县、镇街三级治理中心建设落地见效，实现全局"一屏掌控"、政令"一键智达"、执行"一贯到底"、监督"一览无余"。统筹建设数字党建、数字政务、数字经济、数字社会、数字文化、数字法治六大应用系统，按照"迁移一批、迭代一批、开发一批、谋划一批"的思路滚动推进应用建设，大力推动数字化与全面深化改革相融合。着眼提升超大城市治理能力，创新实施"党建扎桩·治理结网"党建统领基层治理现代化改革，整体推进"四体系一平台"建设，在全国率先实现省域基层治理体系系统重塑，推动基层治理由自上而下向上下联动、由单打独斗向协同共治、由传统治理向智能治理转变。

二是开发部署全国首个城市治理大模型体系，"AI+城市治理"核心载体初步成形。在数字重庆建设"1361"整体架构下，将大模型技术引入城市运行和治理领域。基于"一体化智能化公共数据平台""三级数字化城市运行和治理中心""六大系统""基层智治"等数字重庆建设积累的海量数字资源和丰富创新场景，建设以生成式大模型驱动的国家级新一代人工智能公共算力开放创新平台，创新"实战实用提想法、大模型技术赋能管理办法、三级治理中心落做法"的治理范式，打造全国第一个城市治理大模型知识体系、工作体系、创新生态体系，推动城市治理体系"整体性转变、全方位赋能、革命性重塑"。

三是围绕算力、算网和数据支撑，"AI+城市治理"要素保障持续强化。智能算力是面向人工智能创新应用、基于 GPU 等专用芯片规模化部署计算平台的能力，已成为国际算力竞争焦点和数字经济发展的核心生产力。重庆作为国家"东数西算"工程全国一体化算力网络国家八大枢纽节点之一，目前已建成重庆人工智能创新中心、明月湖智算中心、商汤智算中心等智算平台，智能算力供给规模超过 3000P；上线国家（西部）算力调度平台，实现多元异构的算力接入和跨区域调度；建设共享算力资源池，汇聚华为等主流异构算力资源以及新疆、四川等市外算力资源。算力设施网络传输方面，实施"信号升格"和"追光行动"，每万人拥有 5G 基站数超 31 个；加快全国一体化算力网络（成渝）国家枢纽节点建设，本地网间互联带宽和互联网省际出口直联带宽大幅扩容，建成成渝"5 毫秒"城市圈。数据支撑方面，创新西部数据交易中心建设，建成运营低空经济、汽车等特色数据交易专区，全国首创"数盾合规""数度寻源"等服务模式，跻身全国数据交易场所第一梯队；探索数据治理、数据开放、数据安全等体系建设，构建起供需交易、平台技术、配套服务、行业数据等"1+4"交易生态体系，在全国率先建成"国家—市—区县"三级数据共享交换体系，推进数据资源上传下沉和融合应用；截至 2024 年 12 月，工业互联网标识解析国家顶级节点（重庆）上线二级节点超过 50 个，覆盖西部 10 个省（区、市）21 个垂直行业，累计标识注册量、标识解析量和接入企业节点实现积极突破；全市共享数据和开放数据量突飞猛进，数据开放水平位于全国第一梯队。

四是创新生态不断优化，"AI+城市治理"具备纵深推进潜力。重庆在人

工智能领域布局较早、规划实、基础扎实，有着深厚的科创积淀，已取得一定先机。据不完全统计，2023年全市人工智能产业产值突破150亿元。已引培科大讯飞、旷视科技、中科摇橹船、中科云从等多家人工智能知名企业，现有人工智能行业领域软件和服务企业200余家。工业机器人、工业母机等智能制造装备"整机制造+零部件配套+系统集成"发展格局基本形成。全市机器人重点企业超300家，减速器、控制器等配套生产企业超20家，系统集成等企业超30家，基本形成完整产业链；集聚驼航科技、亿飞智联、国飞等无人机龙头企业，具备垂直起降固定翼、氢能长航时等整机生产能力。截至2024年，重庆市布局建设人工智能领域市级以上科技创新基地71个，集聚数智科技领域国家级人才58人（含两院院士5人），实施人工智能重大（重点）专项5批次，在先进计算软件、工业互联网等领域产出一批有全国影响力的标志性成果；获批建设视听交互国家新一代人工智能开放创新平台、重庆国家应用数学中心，引进建设北京大学重庆大数据研究院、沪渝人工智能研究院等新型研发机构，建有"工业软件云创实验室""大数据生物智能重庆市重点实验室"等人工智能相关领域的重庆市重点实验室，"重庆市AI机器人技术创新中心""重庆市金融数字智能技术创新中心"等人工智能相关领域的重庆市技术创新中心。

（二）面临三大主要挑战

一是数据安全风险挑战不容忽视。人工智能的感知、判断和决策处置，均离不开海量数据的支撑。重庆市在探索人工智能赋能超大城市现代化治理的过程中，不可避免地面临数据安全和隐私泄露等方面的风险挑战。比如，政务AI应用开发常需与第三方服务商共享数据，可能因权限管理不当或合作方违规操作导致敏感信息泄露；公共AI工具（如大模型）被误用于处理涉密信息时，可能因工具本身的安全缺陷或恶意攻击导致数据扩散；黑客可能利用AI技术发起针对性攻击，如通过对抗样本干扰模型判断，或通过数据投毒破坏训练数据完整性；攻击者可能窃取AI模型参数或训练数据，用于非法目的；政务AI平台若未严格限制运维账号权限，也可能被内部人员滥用或外部攻击者利用。上述潜在安全风险，要求重庆市亟须加快完善数据加密、权限管理、应急预案等措施，进而筑牢人工智能治理安全防护体系。

二是要素保障能力还需提升。人工智能大模型赋能超大城市现代化治理需要强大的算力资源保障。相较于深圳正在打造的 10 万卡智算集群供给调度规模超 3 万 P，重庆算力统一调度机制尚不完善，人工智能算力公共平台的供给规模仍显不足，算力短缺方面还需破题。与此同时，重庆因电力资源禀赋相对较差，光伏发电、风电、水电只在部分区县分布，目前仍以火电为主，且多为外购，市场化交易让利空间小，导致数据中心平均电价与周边地区相比较高，直接推高算力成本。尽管重庆依托一体化智能化公共数据平台，将分散的数据资源打通，但部分部门仍存在数据壁垒，数据共享的范围和深度有限，制约了海量数据在人工智能赋能超大城市治理中的充分应用。

三是人工智能技术的本土支撑力还需提升。据《互联网周刊》发布的"2023 人工智能企业百强"榜单，重庆无 1 家本土企业上榜，相比北京（34家）、上海（17 家）、深圳（8 家）、四川（2 家）存在差距。中国新一代人工智能发展战略研究院发布的《中国新一代人工智能科技产业区域竞争力评价指数（2024）》显示，重庆人工智能产业综合竞争力仍待提升。在人工智能大模型的开发部署方面，重庆虽有高科技企业在国家网信办备案 3 个垂直大模型（度小满、OPPO、智鑫数创），但数量上与北京、上海、浙江、四川等存在差距。

三　推动人工智能赋能重庆超大城市现代化治理的建议

（一）建强"人工智能+城市治理"能力支撑体系

完备的能力支撑体系是构建"城市大脑"数智底座、充分发挥人工智能效能的基础保障，包括算力支撑、数据供给、感知系统、容灾备灾能力等方面。在算力支撑方面，打造"通用+智能+超算"多元算力供给体系，适度超前布局超算中心和智算中心，建设普惠性城市算力公共服务平台，打造多层次商用算力体系，积极融入全国一体化算力网络；建立"云边端"协同的立体化架构、算力调度系统、容灾备份机制；构建弹性智能基础设施，确保极端情况下核心系统算力供给不间断；按需扩容重庆国家级互联网骨干直联点带宽，

加快全市算力设施间、成渝算力设施间以及与其他全国一体化算力网络国家枢纽节点算力设施的一跳直达链路建设。在数据供给方面，聚焦重庆超大城市治理九大重点领域，建设中文语料数据集、音频数据集、视频数据集等多模态数据集；完善基础数据库，建设城市治理专题数据库，优化数据资源编目、治理、共享等机制，推动数据资源规范化建设；打造高质量数据集，提高人工智能技术应用效能；创新数据要素流通机制，实现"数据可用不可见"的安全共享。在感知系统方面，建设统一的物联感知系统，尤其在燃气管道、防汛抗旱、火灾防控等重点区域，加强摄像头、北斗定位、无人机等智能采集终端感知设备部署；织密城市智能感知网络，建设人工智能应用的"神经末梢"。在容灾备灾能力方面，推动构建安全可信、绿色节能的存储型、灾备型数据存力基础设施；加强重要业务数据容灾备份建设，在主城新区部署建设同城双活数据中心，在山区库区部署建设异地灾备数据中心，实现核心数据、重要数据灾备覆盖率达到100%。

（二）完善"人工智能+城市治理"大模型

构建超大城市治理大模型是人工智能的核心引擎，是推动治理范式从"经验驱动"向"数据驱动"转变的关键。按照"多元开放、经济适用"的原则，接入市场主流的大语言模型、视觉大模型、多模态大模型等通用大模型，加快形成异构模型底座，灵活替换、持续迭代支撑城市治理的大模型。聚焦城市治理重点领域和场景需求，训练垂直领域专家模块，建成具备感知识别、监测预警、智能生成、智能互动、智能推荐、研判决策、分类分拨、审核评估等能力的超大城市治理混合专家模型（MoE）。支持超大规模、复杂场景下的人工智能应用，实现城市运行安全预警、城市运行高效智治、城市运行精准服务，赋能全市高水平城市治理。建立完备的任务监控、评估机制，为大模型训练、微调、部署等提供一站式服务与全流程管理。

（三）构建"人工智能+城市治理"重点领域应用场景

应用场景是技术赋能的实践载体，将技术与需求相结合，实现价值闭环，才能推动治理效能螺旋式上升。围绕城市规划、建设、治理、安全、交通、行政执法、平安稳定、城市文明、公共服务等九大重点领域，以数字重庆建设

"1361"整体架构为统领,协同三级数字化城市运行和治理中心八大板块,积极探索 AI 在城市治理中的实践应用,推动人工智能技术与城市治理深度融合。如在城市规划领域,融合 AI 与数字孪生技术,实现国土空间智能规划;在城市建设领域,推动 AI 与建筑信息模型(BIM)结合,开发地下管网预警、"无人建造"机器人等场景;在公共服务领域,聚焦教育、医疗、养老等民生需求,推进 AI 辅助诊疗、精准就业服务等应用。在城市运营维护方面,目前重庆在低空空域监测、巡查方面尚存在显著的技术与应用空白,市场需求迫切,可充分结合城市空间资源管理与市区高密度铁塔布局的优势,在铁塔与公园等可用区域布设机场设施,架构完整的水陆空一体巡查机器人矩阵与低空领域巡查系统,覆盖重庆市区的城市巡查、地理测绘、物流运输等多维度、跨领域应用需求,为城市治理与应急响应提供全面、高效的技术支撑,助力城市智能化治理与产业升级。在城市大型公园等绿色空间中,可充分利用机器人矩阵,构建人机协同的智能化安全监控体系,通过部署配备高清摄像头、红外传感器及环境感知模块的无人船、无人车、无人机及巡逻机器人,形成水陆空一体化的立体巡查网络,实现对复杂地形、大尺度水面与林地空间的自主巡逻,快速识别并解决潜在风险,显著提升城市绿色空间的夜间安全管理效能与应急响应能力。

(四)注重"人工智能+城市治理"复合人才引育

AI 赋能超大城市治理,离不开大量既懂数智化前沿技术,又熟悉城市运营管理规则的复合人才。要加大力度引进海外高层次人才,完善人才激励机制,吸引更多优秀人才参与重庆城市治理大模型建设,不断提升基础通用型大模型的跨领域学习能力和持续进化能力,以及行业定制型大模型的定制化能力。支持重庆大学、西南大学等高校设立"人工智能+城市治理"交叉学科,开设 AI 算法、公共政策、城市管理等融合课程,建立"人工智能+城市治理"本硕博贯通培养机制。设立专项奖学金,定向培养具备数据思维与治理经验的专业人才。依托重大项目建设战略科学家梯队,组织实施人工智能产业卓越工程师薪火计划和城市管理运营人才支持计划,培养大批卓越工程师、大国工匠和更多复合型经营管理人才。超常布局急需学科专业,支持更多高校和职业学校开设"AI+城市治理"相关应用专业,推动将人工智能产业纳入国家产教融

合创新工作的重点，支持人工智能头部企业与院校合作建设城市治理领域实训基地。选拔科技企业工程师与治理专家组建导师团，针对渣土车监管、数字孪生系统等具体场景，开展"技术+业务"双师带教。每年评选一批优秀 AI 治理案例，将案例转化为标准化培训课程。建立市、区、街道三级培训体系，围绕数据解读、AI 工具操作、智能决策等模块，开展分层分类培训。

（五）强化"AI+城市治理"安全防护体系建设

人工智能治理安全风险的防控能力，直接关系一个城市的综合治理质效和政府公信力。要从数据安全、算法可信、应急防御、制度保障四个维度，全方位构建安全防护体系，实现技术创新与风险防控的动态平衡。构建覆盖采集、传输、存储、使用、销毁的数据安全闭环，采用区块链技术实现政务数据流转可追溯，对敏感数据（如人脸、医疗记录）实施联邦学习与同态加密处理。构建多模态、多维度的基础模型测评体系，开展人工智能安全技术研究，建立安全保障体制机制，制定大模型、智能体安全评估标准，保障技术及数据安全。定期对大模型系统进行模型对抗性测试、生成内容安全评估和系统稳定性评估等，确保服务的安全性和稳定性；针对大模型系统存在的风险，进行细致识别和分类分级，构建大模型系统安全评估体系，并基于评估结果持续丰富测试应用。对于测试中发现的共性问题，应及时通报并采取有效整改措施。联合高校、安全企业建立 AI 安全靶场，针对轨道交通调度、危岩监测等场景演练。基于《数据安全法》制定地方实施细则，按"核心—重要——般"三级对城市治理数据进行分类，实施差异化防护。向监管部门备案算法逻辑与训练数据集，引入第三方机构开展公平性、鲁棒性测试。针对市民投诉高频场景（如政务服务 AI 客服），建立"算法影响评估"机制，定期披露决策依据。

参考文献

《抢抓人工智能发展的历史性机遇（深入学习贯彻习近平新时代中国特色社会主义思想）》，《人民日报》2025 年 2 月 24 日。

《数字赋能破解城市发展、服务、治理难题　重庆探索超大城市现代化治理新路》，

《重庆日报》2025 年 2 月 20 日。

《国家发展改革委等部门关于印发〈数据中心绿色低碳发展专项行动计划〉的通知》（发改环资〔2024〕970 号），2024 年 7 月 23 日。

黄孝斌、魏剑平、潘光荣等：《人工智能在城市治理数字化转型中的探索与实践》，《城市管理与科技》2023 年第 4 期。

郑永年：《"第四次工业革命"与人类社会的政治秩序》，《现代国际关系》2024 年第 12 期。

中国信息通信研究院云计算与大数据研究所：《中国算力中心服务商分析报告（2024 年）》，2020 年 7 月。

实 践 篇

B.17
重庆城市运营维护微观治理一体化实践探索

罗 鹏[*]

摘 要: 习近平总书记在重庆考察时指出,要加快智慧城市建设步伐,构建城市运行和治理智能中枢,建立健全"大综合一体化"城市综合治理体制机制,让城市治理更智能、更高效、更精准。重庆市城市管理局坚决贯彻落实习近平总书记重要指示批示精神,会同市级相关部门坚持改革创新,聚焦城市路桥隧设施、管网管廊管线、城市水务、园林绿化、灯光照明、城市停车管理、物业管理等7个方面一体化管理,探索推动城市运营维护微观治理一体化工作。

关键词: 城市运营维护 微观治理 "大综合一体化" 数字赋能 重庆

一 重庆城市运营维护现状

城市运营维护是城市人民政府有关职能部门通过科学规划、有效管理,保障城市正常的社会秩序,提高城市运营效率的管理范畴,主要内容包括基础设

---
* 罗鹏,重庆市城市管理局安全监督处副处长。

施建设与维护、公共服务设施维护等。

重庆城市运营维护管理部门主要涉及市规划自然资源局、市住房城乡建设委、市城市管理局等部门。市城市管理局主要承担市政公用设施运行管理、市容环境卫生管理、城市供水节水管理、城市园林绿化管理、城市管理综合行政执法等工作。从职责范围来看，全市城市运营维护工作绝大部分由市城市管理局承担，市容环境卫生管理已基本实现一体化管理。

（一）城市路桥隧设施管理

市城市管理局是全市城市道路桥梁的行业主管部门，按照"市管重点、市管标准"的原则，实行市、区县两级分级管理。市直管设施（包括城市快速路273.99公里、城市桥隧等结构设施395座）的行政管理工作由市城市管理局负责，维护工作由其直属事业单位市政设施运行保障中心承担。市级行业管理设施（包括城市跨江大桥20座、长大隧道16座），由市城市管理局负责行业指导，城投路桥、重庆路桥、华葡桥梁等8家专业桥隧管护企业负责具体运营。其他属于区县直管的设施则由属地城市管理部门负责。

（二）管网管廊管线管理

市住房城乡建委是城市管线综合管理部门，负责建立管线综合协调机制，统筹城市综合管廊建设和管理。具体职责上，市发展改革委负责长输油气管线保护工作，市经济信息委是电力和天然气管线行业主管部门，市城市管理局是城市照明、供水管线行业主管部门，市住房城乡建委是排水管线行业主管部门，市广播电视局是广播电视管线行业主管部门，市通信管理局是通信管线行业主管部门，各管线行业主管部门负责本行业管线规划、建设和运行维护管理，制定相关的政策法规、标准规范。

（三）城市水务管理

城市水务主要包括城市供水、排水节水，均属于市政公用事业。城市供水，是指城市公共供水和自建设施供水；城市节水，是指在满足经济社会可持续发展条件的前提下，减少取水、供水和用水过程中的水量消耗和损失，提高水的利用效率和效益，科学开发、高效利用和有效保护水资源的行为。市城市

管理局作为全市供水、节水行业主管部门，负责城市供水、节水的监督管理工作，包括城市供水规划，水厂及供水管网建设方案审批，城市供水水质监督、设施安全、城市节水等管理，指导区县城市供水、节水管理等；特许经营企业具体负责自来水厂建设、运营和供水服务。城市排水，是指城镇排水与污水处理，以及内涝防治。市住房城乡建设委作为全市城镇排水行业主管部门，负责排水管网维护管理，城市污水处理厂规划及建设方案审批，城市污水处理监管，城市排水防涝，城市污水处理费征收，指导区县开展排水、污水处理管理等工作。

（四）园林绿化管理

市城市管理局作为绿化行业主管部门，负责组织编制市级绿地系统规划并组织实施，会同有关部门负责城市绿线的划定和监督管理工作，制定全市城市园林绿化建设总体规划和主要指标，指导城市绿地的合理布局，推进形成生态良好的城市绿色空间体系。组织开展园林创建系列活动，推动城市园林绿化事业健康发展。负责占用（含临时占用）中心城区城市绿地和移伐树木事项的管理；编制全市城市绿地养护的管理标准规范，提升城市绿地的科学化、精细化管理水平。组织开展城市义务植树，多种方式开展城市植树活动。开展城市古树名木及古树名木后备资源的保护，增强城市生物多样性。负责综合性公园、专类公园、游艺机游乐园、社区公园等城市公园的行业管理工作。

（五）灯光照明管理

城市灯光照明分为功能照明和景观照明两类。目前，重庆市城市照明按照"市管重点、市管标准"及属地化管理原则，采取市、区两级管理模式。市城市管理局下属事业单位市城市照明中心负责市直管照明设施的建设维护管理；其他各区县城市管理部门负责本辖区内城市照明设施的建设维护管理，少数区域的照明设施由各类园区、管委会或社会单位自行建设维护管理。

（六）停车管理

重庆城市公共停车主要包括独立选址建设的公共停车场、临时停车场、路内停车，共有80.13万个车位，占所有停车位的13.22%。独立选址的公共停车场规划由规划自然资源部门负责编制，住房城乡建设部门负责组织实施，城市管理部门负责公共停车场后期运行的行业监管。临时停车场由城市管理部门负责组织规划和实施。路内停车按照属地原则由各区县城市管理部门会同公安交管等部门进行设置并管理，大部分路内停车泊位已通过特许经营等方式转由具体企业负责收费运营服务。

（七）物业管理

重庆物业企业超 3000 家，管理面积约 9 亿平方米，改造老旧小区超 1 亿平方米，业委会覆盖率 27%。已建立物业企业信用体系，扩大智慧社区覆盖面，推广"物业+养老"等模式，物业管理呈"新旧分化"趋势，政策推动与市场创新并行，未来需进一步加强规范化、智能化普及，持续发力老旧小区改造，提升物业企业服务水平。

二 重庆城市运营维护微观治理一体化存在的问题

（一）城市运营维护环节缺乏强有力的综合协调，规划建设管理之间衔接不到位

由于管理处在末端环节，受规划、建设前端影响和制约的情况不同程度存在，很多问题反映在管理上，但根源在规划和建设上，前端规划、建设环节有缺陷，在后端引起一系列问题和麻烦，且往往无法逆转，特别是信息共享机制不畅，管理中发现的问题不能及时反馈给规划、建设环节，容易造成"规划漏项、建设甩项"现象，亟须加强城市综合管理，推动城市管理事项形成合力。如城市盲道的畅通，需要解决盲道布局规划，盲道上停车、立杆、修建设施，盲道破损、不连续、铺设不规范以及盲道上摆摊经营等问题，这些问题的解决涉及住建、规划、城管、交通、市场监管、残联等管理部门和权属单位。

（二）城市道路维护管理综合统筹力度不够

重庆市是目前全国唯一的城市供水、排水职能分离的城市，供水、排水覆盖范围不一致，城市排水设施布局不够完善，雨污分流不彻底。再生水利用率不高，城市内涝的有效解决迫切需要与市政设施维护管理工作高效协同。城市

道路附属设施权属关系复杂，如地下管线就涉及电信、移动、联通、铁塔、燃气、消防等单位，除城市快速路等少量市直管区域外，其他城市道路占挖审批权均下放各区实施，各区及相邻区开展道路占挖审批综合统筹不够，经常会出现跨区道路或者相邻道路的占道挖掘时间不统一、节奏不协调问题，道路反复开挖形成"马路拉链"，给市民出行及城市安全运行带来极大的影响。

（三）市政设施维护管养行业缺乏监督管理

重庆市城市道路、桥梁、隧道绝大多数由市、区县两级城市管理部门管理和维护，也有部分由街道、园区及专业市政桥梁企业管护，例如沙坪坝陈家坪街道、物流园管委会、城投路桥公司、重庆路桥公司、曾家岩大桥公司、中建郭家沱大桥公司等专业桥隧管护企业。在管护桥隧的社会企业中，有重庆市国有企业城投集团下属企业城投路桥公司，也有上市企业重庆路桥股份有限公司，还有PPP项目建设运营一体的公司（如曾家岩大桥公司、中建郭家沱大桥公司等）。目前，出于种种原因，城市管理部门对桥隧管护企业的行业监管存在较大的薄弱环节，如针对财政资金承担维护费和城投路桥公司，城市管理部门无法对该企业日常管护运营情况进行考核，无法监管资金的使用情况，对维护维修项目的立项、招投标、施工作业等无法进行有效监督，存在较大盲区。

（四）重要城市道路管理标准执行不一致

由于中心城区各区经济发展水平和管理理念不同，在实际工作中往往存在管理水平不一、重要城市道路特别是跨区域路段风貌不协调等情况。如210国道从人和立交至红旗河沟，路权分属两江新区、渝北区、江北区，三区均结合辖区特色对中央隔离带绿化、路缘石等进行改造，短短4公里道路形成了三种截然不同的风格。迎春灯饰建设中，跨区道路普遍存在多种风格灯饰同时张挂的情况。

（五）城市园林绿化建设职能缺失，绿化工程未形成全链条管理

市城市管理局"三定方案"职能职责中，明确市城市管理局负责全市园林绿化管理和城市公园行业管理，目前市城市管理局承担了城市绿地的规划及

管理职能，城市绿地的建设环节由城市建设、交通、水利、文化旅游、体育等部门及平台公司承担，且以上相关部门职能职责中未赋予城市绿地的建设职责。这种管理体制造成城市绿化建设职能分割、职责交叉、各自为政的局面，建成移交管护后就要投入大量经费提升改造，社会反响差、群众有意见，城市绿地建设、绿化管理和绿地保护难以到位，不能满足城市高质量发展的需要。

（六）物业服务质量不高，城市运营管理"最后一公里"没有打通

物业服务的质量与水平，直接关系到人民群众生活的获得感、幸福感。目前，物业行业归口住房城乡建设部门，更多强调房屋维护、老旧小区改造等倾向建设的职能，缺乏专业性的单位从环境服务等方向进行监督指导，导致物业服务缺乏统一规范的服务标准，不同公司服务质量差异大，部分物业企业服务态度差、响应迟缓、费用不透明，导致业主与物业企业矛盾突出。《重庆日报》主持开展的 2023 年重庆物业满意度调查显示，仅 11% 的被访者对物业表示"非常满意"，"不满意"的占比超过 60%，物业投诉量居高不下，问题主要集中在物业费、基础管理、设施设备维护等方面。根据重庆市"大综合一体化"行政执法改革进展，物业管理执法事项已划转至城市管理部门，执法环节作为物业管理的"兜底"工作，不能替代管理以及系统根治小区前端管理引发的问题，亟须理顺管理、执法关系，降低执法成本，提升执法效率。

（七）城市运营维护数字化智能化需加快推进

目前，北京、上海等多个城市已打造数字化城管平台，通过建设数据中心、监督指挥中心助力管理，推动城市管理"死角"不断减少。而重庆市推动互联网、大数据等现代信息技术全面融入城市管理和社会治理还处于起步阶段，亟待加大力度运用大数据、云计算、人工智能等数字技术推动城市管理全流程量化、闭环、可评价。通过数字化变革，推进智慧城市建设，建立健全符合市域治理体系和治理能力的"问题发现—指挥调度—现场处置—信息反馈—评价监督"的现代化城市管理指挥体系，应以重庆市城市运行管理服务中心为基础搭建市级城市运行和治理中心的实体机构，提高城市管理和社会治理效率。

（八）城市运营维护环节法规不够健全、标准集成不够

2025年3月26日，《重庆市停车管理条例》已经市六届人大常委会审议通过，于2025年7月1日起施行。当前，在城市道桥隧设施管理及停车管理领域起支撑作用的地方性法规分别为《重庆市市政设施管理条例》和《重庆市停车场管理办法》，随着社会发展，相关法规表现出一定的局限性，对管理工作的支撑力度不足。《重庆市城市管线条例》尚未完成修订，综合管廊建设保障不足，综合管廊收费未纳入政府定价范围，仅由住房城乡建设部门单独印发综合管廊收费参考标准，该标准不具备强制性，主要依靠市场协商定价，但协商普遍难以达成一致，目前全市仅有3个区县的29公里干支线综合管廊实现部分入廊管线收费，仅占投入运营总长度的38%。

三 重庆城市运营维护微观治理一体化发展前景展望

重庆推进城市运营维护微观治理一体化，横向上，要深化"大部门制"改革，按照"一件事原则上一个部门负责"原则，着力打通规划建设管理全链条，将与城市管理职能相近、关联密切的事务归口到城市管理部门管辖，最大限度解决职能交叉、政出多门、多头管理的问题。纵向上，要树立系统思维，明确市、区县、镇街三级城市治理职能职责，建立起高位协调、综合统筹、步调一致的综合治理格局。方式上，以数字赋能为导向、制度集成为抓手、考核监督为手段，形成治理合力。

推进城市运营维护微观治理一体化，打造标志性成果，要符合"问题导向，急用先行、成熟先推，惠民有感"原则。

——问题导向。重庆市人口密度、建筑密度高，属于人口过度集中的超大城市，人口流动性大，基础设施超负荷运转，公共服务有很多短板弱项，城市管理和服务保障压力大。城市运营维护主体众多，职能交叉、权责不明等问题比较突出。城市综合管理日常巡查发现，涉及跨行业、跨部门的城市问题占比25%以上，其中近一半问题因推诿扯皮、职责不清，未能得到及时处置。推进城市运营维护一体化可以从体制机制上解决主体众多、推诿扯皮的问题，协同各部门职能，维护城市运行秩序、保障市民生活，构建职能清晰、协同高效、安全有序、多元参与的城市综合治理新格局。

——急用先行、成熟先推。当前，数字重庆建设中设施运行板块由城市管理部门牵头推进，数据归集、"一件事"及综合场景打造有较好基础。通过数字赋能建立城市运营维护"大综合一体化"机制，打破传统管理的条块分割，实现资源高效配置和工作协同联动，提升城市管理的智能化、精细化水平，实现城市治理水平整体跃升。

——惠民有感。城市运营维护"大综合一体化"涵盖基础设施建设、环境卫生、交通管理、公共安全、社区服务等方面，与市民群众生活息息相关，通过推行"大综合一体化"，可以将城市中的各项功能和服务进行系统整合与优化，提升公共服务质量、提高城市居住舒适度、推动城市可持续发展，营造宜居宜游宜业的良好城市环境，让人民在城市中生活获得感成色更足、幸福感更可持续、安全感更有保障。

（一）工作思路

坚持以习近平新时代中国特色社会主义思想为指导，全面贯彻落实党的二十大和二十届三中全会精神，深入学习贯彻习近平总书记视察重庆重要讲话重要指示精神，按照市委、市政府的安排部署，在市城市治理委员会高位领导下，以惠民有感为基本导向，坚持"一件事"相对集中原则，以城市路桥隧设施、停车管理、管网管廊管线、城市水务、园林绿化、灯光照明、物业管理等为重要载体，构建整体治理、协同高效、精准科学的城市运营维护微观治理一体化体系。

（二）工作目标

2025 年，城市运营维护微观治理一体化工作新格局基本形成，一批城市运营维护"重大政策、重大项目、重大改革、重大平台"任务稳步推进，中心城区公共停车场和路内停车点数据联网接入率达到 90% 以上，城市供水水质综合合格率保持在 98% 以上，污水收集率达到 73%，城市建成区绿地率达 37.26%，城市综合管理问题解决率达到 95% 以上，群众满意率达到 93% 以上。

2027 年，城市运营维护微观治理一体化工作新格局成熟定型，一体化管理水平显著提升，城市桥隧智慧监管覆盖率达 85%，城市管网漏损率控

制在 8.5% 以内，污水收集率达到 76%，城市建成区绿地率达 40% 以上，新建道路综合管廊配建率不低于 30%，城市综合管理问题解决率达到 97% 以上，群众满意率达到 95% 以上，具有重庆辨识度的标志性城市运营维护改革成果持续涌现。

四　重庆城市运营维护微观治理一体化发展的对策建议

（一）做好五项基础工作

1. 深化机构改革，发挥一体化体制优势

构建高位统筹的运行机制。加强市城市治理委员会统筹协调，市城市管理部门具体承担日常运转、统筹协调、监督评价等职能，强化城市运营维护"大综合一体化"牵头单位的统筹作用，争取中心城区城市运营维护专项奖补资金，实现一体化调度，统筹推进城市管理相关重大改革、重大项目布局。构建职责清晰的协同机制。按照"一件事相对集中"原则，聚焦"小切口"优化调整建筑风貌、灯光照明、城市管线、供排节水、城镇燃气、园林绿化、物业监督执法、公共停车场等事项治理方式，形成高效协同的工作合力。构建分级管理的落实机制。按照机构改革方案要求，优化市与中心城区城市管理职能职责，提升中心城区一体化治理水平。

2. 强化数字赋能，打造一体化综合场景

按照"边建边用边提升"原则，运用数字化手段，集成规划、建设、环保、交通等多个领域的数据与功能，把"建设"作为当前工作的重中之重，加强市级统筹，紧扣"三项核心绩效"，加快实现设施运行板块在中心城区全覆盖。聚焦城市燃气管网、防汛救灾、安全生产、污水处理等薄弱环节和风险点，进一步畅通市、区县、镇街数据通道，推动数据回流基层、运用实战，支撑综合场景集成，打造一批实用实战重大应用。强化板块带区县、带镇街，完善感知预警、决策处置、监督评价、复盘改进闭环工作体系，实现城市综合治理"一网统管"、城市运行安全"一屏通览"、融合智慧调度"一键联动"、便民惠民利民"一端服务"，提升响应速度和服务质量。

3. 健全法规体系，夯实一体化法治基础

加快推动《重庆市城市综合治理条例》出台，将具有重庆辨识度的有效经验上升为法规制度，在法治下推进改革和在改革中完善法治，从而实现立法与改革衔接统一，打造成为全国唯一——部超大城市治理的地方性法规。进一步完善城市运营维护地方立法的执行与保障机制，明确各部门职责、主体和要求，开展对现有条例的修订调研和论证评估，完成《重庆市市政设施管理条例》等的修订工作，通过地方立法的立改废释，进一步以制度形式明确城市分级管理责任。

4. 完善政策体系，实现一体化制度集成

聚焦市民百姓高度关注的环境卫生、垃圾治理、停车治理、占道开挖以及园林绿化等高频事项，明确市、区县、镇街权责边界和治理事项清单，健全精细管理标准化体系，制定全链条的治理规范，完善技术标准配套与城市综合治理工作考核评价办法，综合提升相关管理的精细化水平，营造宜居宜游宜业的良好城市环境。通过审批备案、方案审查等方式强化市级对中心城区重要路段、重点区域、重要节点的统筹协调。推行"网格化"管理模式，将城市区域细分，每个网格配备多元化管理团队负责该区域内的综合巡查与快速响应，确保问题在基层得到及时解决。形成"市管重点、市管标准、市管跨区，属地为主、街镇为基础"的分级管理模式，提升中心城区一体化治理水平。

5. 调动社会资源，实现一体化治理格局

强化社会力量调动，健全公众参与机制，畅通社会组织参与公共服务供给、城市管理的渠道，定期评估协同成效，不断优化服务，形成政府、市场、社会多方力量参与的共治格局。充分发挥街道、社区的基础性作用，健全完善党建引领下的居民自治、民主协商、群团带动、社会参与等机制，充分调动市民参与城市治理的热情，吸纳市民反馈。有效推动城市管理向更加精细、高效、协同的方向发展，构建人人参与、人人负责、人人奉献、人人共享的城市治理共同体，真正实现一体化联动治理。

（二）落实七项重点任务

1. 城市路桥隧设施一体化管理

修订《重庆市市政设施管理条例》，完善路基回填、管线建设、检查井施

工、桥隧维护管理、停车设施建设和运行等"小切口"技术标准配套。加强道路设施全链条监管，实施城市道路占用挖掘统筹管理和计划管理，强化城市桥隧安全管理，推进公共停车场"规建管一体化"，实施道路日常管护工作考核评价，一体化统筹重要城市道路维护管理，综合施策解决重点区域停车难问题，强化路桥隧设施感知预警监测和数据共享，推进"桥隧智慧管理""渝畅停"等重大应用开发，建立桥隧管养和停车管理工作评价机制。

2. 停车规划建设管理一体化

优化完善中心城区停车场建设规划，利用原规划停车场建设用地、城市微空间、边角地块、桥下空间等，综合考虑土地条件、区域停车需求，对出行停车资源进行结构性调整。推动公共停车场建设，结合区域性停车综合治理，因地制宜建设公共停车设施，推进公共停车场建设、小微停车场建设，停车资源错时共享。加快推进"渝畅停"应用建设，打通公安、规资、住建、经信等各类停车资源信息通路，推动实现重庆市停车资源"一张图"、监督管理"一张网"、运营服务"一个标准"。建立完善执法联动机制，厘清城市道路违法停车执法权责，强化道路停车执法的部门协同和联动，探索开展跨领域、多层次执法合作模式。积极推动居住小区成立停车自治组织，推动建立停车信用奖励和联合惩戒机制。

3. 管网管廊管线一体化管理

强化管线管廊规划、建设、管理的统筹，修订《重庆市城市管线条例》，制定政府投资项目管线迁改管理办法，推进管线数字化建设，完善综合管廊有偿使用制度，建立城市管线综合评价体系。推进管线管廊规划一体化，建立城市管线综合规划专题库，实现专业管线与综合管廊、城市道路规划相衔接，建立以城市道路规划为基础的管线管廊规划动态调整机制。推进管线管廊建设计划一体化。建立以城市新建道路为基础的管线年度建设计划制度，制定以道路全要素改造为基础的管线更新改造计划，作为办理占道挖掘等相关行政许可的前置条件，未纳入有关计划的不得开工建设，从源头上减少"马路拉链"。推进管线综合设计一体化。建立发改、经信、公安、规资、城管、应急等管线行业主管部门、综合部门联动机制，整合市区两级权属单位、镇街（社区）等力量。结合综合管廊专项规划、年度建设计划，城市管线在设计环节，有条件进入综合管廊的做到"应入尽入"。用好"数字管线"应用平台，与三级治理中心、"渝快办"对接，实现管线事故由"事后处置"向"事前预防"转变，保障城市管线安全运行。

4. 城市水务一体化管理

推进供排节"规建管"协同，强化供排水设施建设改造统筹，实现联动管理一体化。建立城市供水可靠性联动机制，加快中心城区应急互联互通供水管道及备用水源建设，推进水务全周期管理协同，推动实现厂网管理一体化。建立健全城市水务服务质量评价体系，推动城市供排节智能管理平台建设，补齐水压、流量、水质、破损等物联感知设备短板。推动供排水管理体制改革，深化供排水设施规划布局和同步建设、污水处理费征收改革、再生水设施建设与利用等协同，实现城市水务管理一体化。

5. 园林绿化一体化管理

推进城市园林绿化"规建管"一体化，增强绿地规划刚性，加强城市绿地系统规划与国土空间规划的衔接融合，由城市管理部门统筹城市绿色空间规划，负责有关绿地指标的竣工监督落实，强化规划的刚性约束。强化绿化建设监管，健全完善城市园林绿化建设体制，抓好监管工作，对园林绿化设计、施工、监理等重点环节强化事中事后监管，明确监管责任、法律责任。由市城市管理局牵头实施中心城区大型公园、防护绿地、山城绿道、快速道路及重要跨区道路附属绿化建设。建立景观效果评价制度，实行园林绿化工程质量负责和责任追溯制度，对园林绿化工程质量进行全链条监管。

6. 灯光照明一体化管理

强化城市功能照明和景观照明的规划建设、维护和控制调度的统筹，编制《重庆市中心城区城市景观照明专项规划》《重庆市中心城区城市道路照明绿色发展规划》，制定中心城区城市照明集中控制管理办法等规章制度，在城市照明规划、设计、施工、竣工等环节落实相关管控要求及技术标准。建立完善城市照明规划建设管理传导实施效果、照明质量评价、启闭控制、运行养护标准、绿色低碳指数等综合评价体系。制定城市照明维护定额标准，城市照明设施新建、改造和运行维护经费纳入市、区两级财政预算予以保障。盘活灯光照明优势核心资源，建立中心城区重要道路功能照明和"两江四岸"核心区域景观照明市级"一把闸刀"集控机制和控制平台，实行重大活动市级管控、日常管理区级负责的市区分级控制模式。迭代升级城市照明感知预警、运维调

度、视频监控、能耗统计、质量评价等多维场景运用，推动中心城区重点区域楼宇媒体屏重大活动、公益广告"联网联播联控"。谋划市直管道路照明设施安全隐患整治、重庆直辖三十周年灯光品质提升等一批工程。

7.物业管理服务一体化

修订《重庆市物业管理条例》，强化物业服务行业发展规划和标准编制，建立健全物业服务企业信用监管制度，对物业企业服务水平、处理群众投诉等经营服务行为进行信用评价，作为实施差异化监管、物业服务选聘的重要参考。建立"物业吹哨，城管必到"工作机制，建立物业管理企业"双随机、一公开"监管执法工作机制，全面深化物业服务企业经营活动全过程监管执法。建立老旧社区和老旧小区"大物业"管理机制，通过市场推动消化一批、政府引导自治一批、国企担当托管一批，全面推动老旧社区、无物业小区等公共设施整治改造和品质提升工作。建立"物业+服务"数字平台，构建信息管理、物业服务、协商议事、资金筹措、信用评价等功能模块，推动物业服务全生命周期精细化管理。探索"物业城市"，提供多元化的城市空间运营和市政服务，对住宅小区、集贸市场、建筑工地、商业街、市政道路、园林绿化等区域实行物业全覆盖管理试点。

B.18
重庆超大城市空间治理一体化
实践探索

龚福海*

摘　要： 探索超大城市空间治理一体化是优化国土空间开发保护格局，推动空间治理模式创新、治理方式重塑、治理结构重构的关键举措。党的二十大以来，重庆从国土空间规划统筹、重大功能设施布局、国土空间用途管制、自然资源价值提升、城乡特色风貌管控、规划实施时序协同等领域探索一系列体制机制改革，形成一批空间治理实践范例。新征程上强化超大城市空间治理一体化还面临一些典型问题和现实挑战。要强化国土空间规划对各专项规划的指导和约束作用，对城市空间治理中的难点、堵点、痛点问题进行调查研究和科学分析，推动条块贯通、上下联动、无缝衔接，探索建立"可感知、能学习、善治理、自适应"的超大城市空间治理"大综合一体化"体制机制，不断提升国土空间现代化治理一体化水平。

关键词： 超大城市　空间治理　现代化治理　重庆

习近平总书记强调要坚持系统思维、全局谋划，深刻提出城市工作要做到"一尊重五统筹"，其中包括统筹规划、建设、管理三大环节，提高城市工作的系统性。党的二十届三中全会审议通过的《中共中央关于进一步全面深化改革、推进中国式现代化的决定》提出，要全面提高城乡规划、建设、治理融合水平。推进超大城市空间治理一体化，是迭代"多规合一"国土空间规划图层、加强国土空间用途一体管制和建设用地指标统筹的关键举措，是实现城市运行治理向规划建设前端延伸、完善城市体检和城市更新保障政策的有力

---

* 龚福海，重庆市规划和自然资源局重点规划处副处长。

保障，是统筹推进城乡基础设施"五网"建设、健全城市结合部综合治理机制的内在要求，对做实"两大定位"、发挥"三个作用"、践行人民城市理念具有重要战略意义。

一 重庆超大城市空间治理的现实基础

党的二十大以来，重庆市对超大城市空间治理工作高度重视，围绕打造宜居、韧性、智慧城市目标，以"大综合一体化"治理为牵引，以三级数字化城市运行和治理中心为支撑，不断推动城市治理体系和治理能力现代化，取得了一系列工作成效。

（一）持续加强国土空间规划统筹

建立"三区三类"国土空间规划体系，科学有序划定"三区三线"，高质量编制完成《重庆市国土空间总体规划（2021—2035年）》，成为"多规合一"改革以来第一个经国务院批复国土空间总体规划的城市。构建形成"单元—街区—地块"三个层级的纵向"穿透式"编制体系和"图则+导则+规则"相结合的详细规划编制管理体系。按照数字重庆建设总体框架，依托一体化智能化公共数据平台打造全市统一空间智能底座，包含自然资源和空间地理基础数据库（一库）、"多规合一"国土空间规划"一张图"（一图）、国土空间治理工具箱（一箱）以及空间应用支撑能力等内容，为三级治理中心、六大系统和基层智治体系提供统一的国土空间数据综合信息服务和空间治理能力组件。建设"多规合一"国土空间规划业务协同平台，向政府部门、平台公司和建设单位全面共享数据资源，提供项目合规性分析、"红线智检"、跨部门协同论证等功能，打造重庆市城市信息模型（CIM）平台、网络安全智能防控平台，基本实现全覆盖资产管理、全方位监控防控、全天候风险感知目标。

（二）持续优化重大功能设施布局

联合发展改革等部门印发《重庆市市级重大项目前期工作管理办法》等文件，主动加强跨部门项目对接，促进"多规合一"项目生成。强化"三区三线"等底线约束，将公共卫生等各类灾害防治纳入国土空间规划体系，科学安排卫生防疫、防灾减灾、避难场所等设施布局。补充完善基层医疗设施，加强各类公共建筑适应性设计改造。科学划定、严格管控战略留白用地，为城市可持续发展和应对重大公共安全问题预留空间。

（三）持续推进国土空间用途管制

创新研发"用途管制红线智检服务"平台，累计点击使用 28.66 万次，帮助企业协调解决好空间矛盾，打好用地报批提前量。探索建立选址空间协同论证机制和多跨协同调度机制，促进用地预审与规划选址深度融合。开展重点地区全域土地综合整治改革，指导重点地区编制区级全域土地综合整治专项规划，下达 2024 年"先储后用"补充耕地专项储备指标，持续优化国土空间格局。加强山水林田湖草沙一体化保护和系统治理，铜锣山等项目入选联合国"生态修复十年"优秀案例。统筹推进"十四五"国家山水工程项目实施，开工率 100%、综合进度 70%。创新"生态修复+文旅""生态修复+游憩"等方式，建成南山闭矿区等 327 公顷矿山生态公园，实现"还绿于山、还景于民"。

（四）持续实现自然资源价值提升

开展城镇建设用地精细化治理，优化整合 50 个园区开发区空间布局，强化工业用地提质增效。谋划建设"产业用地智治"重大应用，建立起产业用地全周期数字化管理框架。加强国有土地资产盘活利用，专班推进、集中攻坚，为盘活国有资产不动产登记提供政策支持。谋划建设"不动产登记"重大应用，开展"晾晒考评"，打卡考核区县任务完成情况。探索混合用地规划编制管理，通过编制地块层面控规，对两类或两类以上用地性质以及建设规模混合利用，增强规划的弹性和包容性。积极推进市级储备土地盘活变现，通过土地出让、划拨、签订占用协议、退地算账、临时用地补偿等方式，拓宽资产盘活路径，2024 年已盘活存量国有土地资产 11.72 亿元，已回收资金 11.2 亿元。及时开展已建成道路、绿地移交工作，已完成 27 条道路和 193.8 亩绿地移交，有序实施收购储备项目履约交地。

（五）持续开展城乡特色风貌管控

编制全市城乡风貌整体大美规划，对建筑外立面色彩、天际线与自然环境进行整体详细设计，构建4个风貌体系、48个风貌场景。完善山脊线水岸线城市天际线管理机制，建立山体、崖线保护名录，提出滨水地区治理提升规划指引，明确城市天际线细化管控要求。加强全市乡村振兴规划布局引导，分类划分乡镇单元，指导区县编制乡镇规划，推动形成"强镇带村"优势互补格局。优化村庄分类，引导涉农部门资金、项目、政策向重点发展村集聚，释放叠加效应。完善历史文化风貌保护传承，丰富"三层五类"的历史文化名城保护体系。出台《重庆市历史建筑保护与利用管理办法》，制定《重庆市历史文化名镇名村保护规划编制导则》等技术标准，编制《重庆市历史文化名城保护规划（2021—2035年）》。谋划"历史名城保护"重大应用，推动政府、企业、公众形成合力，建好管好"山水、人文、城市"三位一体的国家历史文化名城。

（六）持续聚焦规划实施时序协同

开展《重庆市国土空间总体规划（2021—2035年）》近期建设规划编制工作，按照急用先行的原则，聚焦3~5年的时间，紧凑集约集聚做好近期规划，按合理比例留足中期远期发展空间。要求各区县在编制区县国土空间总体规划时，同步编制完成近期建设规划。要求各区县结合用地需求，充分考虑重点片区、重点产业等情况，科学合理编制年度土地征收成片开发方案，经市级审查后实施。

二 重庆超大城市空间治理面临的问题和挑战

（一）城市空间规划统筹协同还有差距

重大战略功能布局不够突出，统筹布局超大城市空间体系化、系统性不够，重要城市功能空间布局不够优化。城乡风貌整体大美不够彰显，缺乏全局性统筹。对于城市空间价值实现考虑不够深入，对把绿水青山变成金山银山的理解有待进一步优化。专项规划空间协同不足，空间资源不节约。

（二）城市空间建设品质还有提升空间

城市空间建设时序统筹不够，设施建设与城市开发时序统筹衔接不足。城市公共空间协调不足，部分地铁出入口与建筑衔接不够。各类地下管线统筹衔接不够，基础设施建设和运营主体多元，协调难度大。城市安全韧性空间统筹薄弱，应急避难场所总量不足、分布不均。

（三）城市空间治理水平存在短板

市政设施维护管养行业统筹监管力度不够，市政设施存在跨区养护现象，有管理弊端。停车空间综合治理机制不够完善。城镇绿色空间管理统筹不够，绿化空间品质有待提升。城市存量空间资源利用不够充分，闲置、低效的存量房屋、土地资源利用途径少。数字赋能效应还不彰显，数据归集需加强。

（四）城乡空间治理存在二元壁垒

乡镇规划和村庄规划建设分类治理不够，结合建设需求和发展条件制定差异化的规划指引，优化国土空间格局方面作用发挥不够。耕地碎片化、林园耕地空间布局错位、村庄用地集聚度不够、产业融合发展空间不足。乡村地区规划、建设、治理运行机制尚不完善，专业人才相对匮乏，整体治理水平较城市地区差距明显。

三　重庆超大城市空间治理一体化目标及下一步行动计划

到 2025 年 4 月，初步建成国土空间规划"一张图"，高质量完成城市规划统筹、产业用地智治等数字化应用建设，空间治理"大综合一体化"四梁八柱基本建立。到 2027 年底，全面建成国土空间规划"一张图"，进一步迭代升级深化完善体制机制，空间治理标志性成果集中涌现，成为西部地区城市空间现代化治理标杆城市。到 2029 年底，超大城市空间治理"大综合一体化"体制机制全面建立，建成具有全国影响力和重庆辨识度的空间治理示范区。

为有效推进超大城市空间治理一体化工作，市规划自然资源局陆续发布相

关文件、成立工作专班、制订工作计划，确定一系列近期重点工作，旨在通过强化国土空间规划对各专项规划的指导和约束作用，对城市空间治理中的难点、堵点、痛点问题进行调查研究和科学分析，推动条块贯通、上下联动、无缝衔接，探索建立"可感知、能学习、善治理、自适应"的超大城市空间治理"大综合一体化"体制机制，不断提升国土空间现代化治理一体化水平。

（一）健全国土空间治理"多规合一"机制

统筹提升规划质量和水平。加强城市功能空间科学布局，统筹空间资源合理配置。筑牢"亩均论英雄"空间底座，深化中心城区工业用地空间智治和改革。完善规划动态评估和优化调整机制，深化中心城区市、区两级规划治理改革。加强国土空间规划管理，实现国土空间有效保护和合理利用。

持续优化国土空间规划。对既有规划持续进行评估、优化和动态合理调整完善，提升规划在新的形势和任务下的适应能力。推进重点片区空间布局优化，深化细化重点片区城市设计。保护延续巴渝独特城市历史文脉，从整体保护角度构建保护体系，彰显文化特色。优化城市空间规划布局，形成多中心、多层级、多节点的网络型超大城市空间形态。

统筹城乡风貌整体大美。探索建立城乡风貌整体统筹机制，强化整体城市设计，对建筑外立面色彩、建筑天际线与自然环境进行整体性详细设计，形成具有文化气质、整体协调、明快清新且现代和传统相结合的大美风貌。

统筹优化实施生活服务圈规划。探索建立"15分钟高品质生活服务圈"规划统筹实施机制，以人为中心，以居民需求为核心组织生产、生活空间，规划建设功能复合、布局均衡、服务精准、舒适便捷、安全韧性的现代化新重庆城乡居民日常生活空间单元。

强化专项规划约束协调衔接。优化完善中心城区全域及跨行政区国土空间专项规划"市级统编统审、属地组织实施"机制，加强国土空间总体规划对专项规划的指导和基础约束作用。强化市级部门协调联动，推动"城市规划统筹"应用建设，形成从专项规划编制到审批与实施监督全生命周期的多跨协同、闭环管理工作机制。

有效实现国土空间资源价值。开展重庆市全民所有自然资源资产清查工作，探索建立自然资源资产价值实现路径及制度。优化国土空间开发强度和密度，促进地上地下空间复合利用。积极推进长期租赁、先租后让、弹性年期出让等新型供应方式。制定房地产"久供未建""久建未完"项目处置方案，推进相关项目开发建设。

（二）健全城市更新规划一体提升机制

以近期规划统筹国土空间发展时序，推动发展规划、专项规划在近期规划中综合平衡、落地落细。健全成片开发一体统筹机制，合理划定开发单元，强化开发建设时序管理，统筹制定单元内基础设施、公共服务设施等实施计划，确保"开发一片、成熟一片"，防止城市空间碎片化，造成空间资源、财力资源的低效和浪费。

统筹城市持续有机更新，以国土空间规划实施监测评估预警和城市体检工作为抓手，精准识别城市运行管理存在的问题短板和空间特征，完善城市更新相关的规划及土地政策，优化城市更新规划，科学引导土地利用结构优化，提升城市功能、改善人居环境、彰显城市魅力。

提升城市公共空间品质，细化开展规划轨道线路预控方案研究，将轨道车站附属设施用地管控要求纳入土地出让条件，在周边项目审批时统筹考虑建筑方案对轨道后续建设的影响，推进轨道出入口与沿街建筑一体化设计。科学配置车行道宽度、分配道路空间，合理设置交叉口转弯半径、路缘石高度等，让城市道路更有"人情味"。

统筹重大项目规划和用地审批，健全重点项目空间和土地要素保障服务机制，根据市政府明确的重大项目清单梳理项目需求并纳入局重点项目数据库，督促审批部门规范高效做好建设项目空间和资源要素保障工作。

优化城市交通建设时序，推进基础设施项目，提前做深做实前期工作，在可研阶段完成涉军、涉铁、涉绿、涉管线等专项论证，并提前开展勘察设计，细化稳定铁路、站点设计方案。制定年度土地供应计划，加强土地供应调度，协同年度土地出让和开发建设向已建及在建的轨道站点及周边土地集中。

规范城市道路占用开挖，配合市级主管部门开展相关工作，建立城市管线综合协调机制，建立占用开挖统筹信息系统，按需求综合确定全市年度实施计划。严格审查新建道路和地下管线改建、扩建方案，要求管线方案和道路工程一并办理规划许可，推动同步实施。

（三）健全城市空间用途一体管控机制

统筹城市空间全域治理，探索建立城市空间全域统筹治理机制，以城镇开发边界为基础，适度优化扩展形成完整合理的城市治理边界。深化城市行政执法体制改革，推进规划、建设、治理标准协同。

系统统筹停车空间布局，综合考虑城市停车供需动态关系、用地开发建设时序、人口入住率情况、轨道交通服务、道路交通承载能力等，精细化停车分区，差异化制定建筑停车位配建标准。多途径挖掘停车潜力，综合利用公共停车场用地、零星空地、闲置用地、桥下空间、坡坎崖灰空间、立体停车库，缓解停车难问题。

推进绿色空间规划统筹。制定实施重庆市绿色空间统筹规划治理改革方案，围绕绿色空间规划、建设、治理关键环节，统筹城市园林绿地、山体、水系、林地、耕地、园地、草地、湿地等自然资源，构建一体化的绿色空间。强化规划统筹，创新符合重庆市山地城市实际情况的公园绿地统计标准和土地管理政策。统筹布局绿色空间和城市服务功能，促进"绿文、绿商、绿体"融合布局。

优化提升城市绿化品质，加强道路规划设计方案审查及竣工验收，避免乔木、灌木过密占用人行空间。强化绿化建设监管，推进园林绿化工程与主体工程同步规划、同步设计、同步实施。转变理念，以人为本，基于重庆地形地貌实际情况，探索优化绿地率计算方式，促进"坡、坎、崖"等山地城市景观空间的营造，打造具有山城、江城特色的立体城市风貌。

推进城市微观治理一体化，提升细小空间品质，探索边角地、夹心地、插花地等零星用地协同治理和有偿使用机制。加强建筑风貌审查，强化景观照明与建筑风貌融合。

盘活存量空间资源资产，以城中村改造和低效工业用地改造为重点，稳步推进低效用地再开发试点，推动城乡发展从增量依赖向存量挖潜转变。指导区县梳理闲置存量土地清单台账，采取"一地一策"方式，通过鼓励企业优化开发、促进市场流动转让、依法依规收回土地等措施进行处置。

（四）健全城市安全韧性空间统筹机制

加强城市地质安全评价和治理，做好城市地质基础调查，建立地质环境监测体系，划定地质安全风险区，严格开展地质灾害危险性评估和压覆矿产资源评估备案，推进重庆市城市地质安全风险调查评价规划试点工作。

优化地理地形竖向评价和设计，优化国土空间总体规划、详细规划、专项规划编制，充分考虑地形地貌和地质条件，禁止通过高切坡、深开挖等破坏生态本底的方式进行城市建设用地布局。严格建设项目方案设计审查和施工阶段管控，全面推动落实挖填平衡要求，引导项目因地就势布局，推行渣土就地就近平衡，从源头上减少大挖大填。

优化城市涉水空间安全治理，逐步完善涉水空间规划治理体系，明确涉水空间管控范围并加强管控。科学确定涉水空间功能布局，分类分步妥善处理不符合管控规划要求的涉水空间利用问题，促进涉水空间与其他城市空间相协调。科学规划布局重要水利基础设施，统筹城市给水、排水、防洪、内涝、海绵城市等专项规划，做好污水处理厂等市政基础设施用地保障。

加强城市地下空间治理，在国土空间总体规划中明确城市地下空间开发目标、布局指引、重点区域等，划定地下空间保护和利用管控分区，提出差异化管控和引导措施，强化地下空间开发的安全韧性。探索城市空间分层规划和资源复合利用，促进城市功能布局优化和地上地下空间复合开发利用。

优化防火安全空间治理，做好高层建筑消防设计规划引导，引导建设单位规范设置消防车道，完善小区交通组织。统筹中心城区危化品设施空间需求，优化危化品生产设施空间布局，推动中心城区危化品设施布局规划编制工作。根据重庆市森林防火工作需求，提供航空航天遥感影像、地形图等应急测绘地理信息保障服务。

统筹综合防灾避险空间治理，聚焦核心防灾减灾能力建设，科学划定防灾分区，推行各级分区差异化规划指引。统筹协调生态保护、空间布局、防灾减灾和基础设施，完善安全韧性功能，深化城乡"平急两用"公共基础设施布局，构建韧性城市指标体系。充分挖掘各类城市空间资源的综合防灾减灾利用潜力，构建全面覆盖、多元便捷、治理高效的综合防灾减灾空间资源体系。

（五）健全城乡空间一体化治理机制

推进乡镇规划和村庄分类治理，依据乡镇和村庄自然资源禀赋条件，差异化引导规划制定。加快编制中心镇国土空间规划，加强与区县城区功能融合，

促进城乡要素平等交换、双向流动。

优化全域土地综合整治，统筹推进农用地整治、建设用地整理、乡村生态保护修复和历史文化保护，优化国土空间布局，促进城乡要素双向流动，助推农村一二三产业融合发展和城乡融合发展。加强数字化建设，探索建立全域土地综合整治应用场景，开展一图调度管理，集成多部门工程治理数据资源，实现工作调度支撑能力。

加强乡村特色风貌治理，从规划布局、乡村建筑、田野景观、公共空间等方面迭代升级，推进乡村景观营造。加强乡村传统风貌的保护传承，从多个空间层级开展整体风貌引导，区分不同管理要求，实施分区引导管控。培育美丽重庆乡村风貌优化工作典型，引路带动整体提升。

统筹农村基础设施建设，深化农村厕所、污水、垃圾"三个革命"。推进路、水、电、通信、物流等基础设施"五网"建设，提速农村电网升级改造和城乡供水一体工程。加快落实各类基础设施专项规划编制工作，以基础设施专项规划为载体，实现"统一底图、统一标准、统一规划、统一平台"，提升基础设施与功能融合度。

盘活利用农村建设用地，探索建立乡村振兴用地指标平衡库和村庄内空闲土地激活利用与异地腾挪实施路径，推动挖潜产生的建设用地指标专项用于农民新居、基础设施、公共服务设施以及乡村产业发展。

强化乡村基层治理能力，加强乡村规划师队伍建设，推动乡村规划师陪伴式服务，深度参与各类乡村工作。聚焦乡村地区基层治理和本土人才培养，形成以基层自然资源所、驻守地质队员以及地灾"四重"网格员为主体的乡村规划自然资源人才管理队伍，引导本地群众献计献策，参与乡村规划、建设和实施。

参考文献

《习近平著作选读》第一卷，人民出版社，2023。
《习近平著作选读》第二卷，人民出版社，2023。
刘洋、黄栋梁：《深入践行人民城市理念》，《红旗文稿》2025年第1期。

伍爱群：《抓好城市治理体系和治理能力现代化（深入学习贯彻习近平新时代中国特色社会主义思想）》，《人民日报》2024 年 6 月 20 日。

张桂林、黄兴：《重庆探路数字化赋能超大城市治理》，《重庆日报》2025 年 1 月 20 日。

《本质安全——重庆探索超大城市现代化治理新路子破题之要》，《当代党员》2025 年第 3 期。

B.19
重庆可持续城市更新模式探索
及对策建议

刘　江*

摘　要: 党的二十届三中全会提出,要建立可持续的城市更新模式和政策法规。城市更新作为推动城市高质量发展的综合性、系统性战略,能够有效释放投资和消费潜能,是改善民生的重要切口、提升城市能级的重要抓手。重庆市作为第一批城市更新试点城市、全国首批中央财政支持实施城市更新示范城市,围绕当下城市更新存在的实施困境,通过加强政府和市场、投入和产出、增量和存量、地上和地下、保护和利用、形态和业态"六大统筹",初步探索形成"体检先行、统筹推进、政策赋能、多元协同"的可持续城市更新实施路径。

关键词: 城市更新　超大城市现代化治理　治理转型　重庆

2024年4月,习近平总书记视察重庆时指出,"老旧小区改造是城市更新的一个重点,也是一项民生工程,既要保留历史记忆和特色风貌,又要解决居民关切的实际问题。要总结推广这方面的成功经验,更好惠及广大社区居民。城市治理的很多工作要靠基层党组织这个战斗堡垒和社区这个平台去落实,要厘清城市社区职责事项,继续推动资源下沉、完善服务设施,强化网格化管理、信息化支撑,提高社区精细化治理、精准化服务水平"。在市委、市政府的坚强领导下,市住房城乡建设委坚决贯彻落实习近平总书记重要指示批示精神,聚焦城市存量空间提质增效,深入实施城市更新行动,积极探索超大城市现代化治理新路子。

---

* 刘江,重庆市住房和城乡建设委员会城市人居环境建设处工作人员。

一 重庆可持续城市更新探索的做法及成效

重庆市作为第一批城市更新试点城市、全国首批中央财政支持实施城市更新示范城市，积极抢抓实施城市更新行动重大机遇，围绕当下城市更新存在的管控手段低效、市场缺乏引导、公众参与不足等实施困境，通过加强政府和市场、投入和产出、增量和存量、地上和地下、保护和利用、形态和业态"六大统筹"，逐步探索"体检先行、统筹推进、政策保障"的可持续城市更新实施路径，并取得初步成效。2024 年重庆市入选首批中央财政支持的城市更新行动试点城市，6 个项目获评中国人居环境奖，20 余项城市更新经验做法在全国推广，老旧小区改造连续两年获得国务院督查激励。

（一）问题导向引领城市更新

深入贯彻落实习近平总书记关于"建立'城市体检'评估机制，建设没有'城市病'的城市"重要指示精神，聚焦建设"好房子、好小区、好社区、好城区"，将城市体检作为城市更新的重要前置环节，在全国率先完成全市域城市体检，开展中心城区城市更新专项体检，全面查找短板弱项，全面梳理更新资源，初步搭建覆盖 125 个街道、1030 个社区、18.1 万栋建筑的存量资源基础数据库，梳理老旧厂区、老旧街区、老旧商业商务区、老旧商贸市场、空置闲置地等闲置资源 576 处。将城市体检发现的问题作为城市更新的重点，搭建城市更新信息平台，指导专项规划、片区策划、项目实施方案、年度计划的编制，初步形成"体检报告—专项规划—片区策划—项目实施方案"的城市更新项目谋划体系。

（二）项目牵引推进城市更新

建立城市更新项目库，围绕"体检报告—专项规划—片区策划—项目实施方案"项目谋划路径，建立项目准入、实施、评估、退出等全流程管理机制，开展项目库分类动态管理，以项目破题推动政策制度破冰。目前，重庆市城市更新在库项目 295 个，涉及更新改造面积 1.48 亿平方米，完成更新改造面积 2745 万平方米。推进城市片区更新，在中心城区选择区位条件较优、更

新需求较强、示范效应较好的片区，强化各类资源和资金的整合，统筹轨道站点、老旧小区、老旧街区厂区等更新资源，从小区到社区到街区一体设计、一体实施推进更新，打造生活、消费、创业新场景，谋划推进15个中心城区城市功能品质提升项目建设，实施改造老旧片区519万平方米。

（三）政策资金要素供给保障城市更新

政策供给上，开展城市更新立法工作，以《重庆市城市更新管理办法》为统领的"1+2+N"政策制度体系基本构建，制定相关配套政策和实施细则50余项，以制度改革释放政策红利，调动市场主体参与积极性。资金供给上，统筹中央及市级财政、专项借款等资金使用，近年来，争取中央财政各类城市更新专项资金1100亿元，助力社会企业争取中长期低息贷款支持829亿元。以财政资金撬动多元资源，实现协同更新。多元参与上，开展"三师进社区"行动，发布重庆市城市更新资源信息平台，印发重庆市城市更新项目招商手册，用市场办法、智慧手段、改革举措激发社会资本投资活力，着力解决信息不对称、资源离散、合作渠道不畅等社会企业参与城市更新"最后一公里"问题。

二 重庆可持续城市更新探索面临的挑战

当前，城市更新工作已由试点探索期向全面推进期转段，面对新时期城市更新工作战略性、多元化的目标定位和系统性、创新性、协同性、精准性的工作要求，现行工作尚存在以下几点问题。

（一）工作系统性、协同性有待提高

城市更新是一项综合集成性要求较高的改革工作，但现阶段，关联度高、互为条件的城市存量提质增效工作统筹协调力度仍然不够，领域相近、功能互补的政策举措系统集成仍显不足，跨领域、跨部门、跨层级、跨业务协同机制仍需健全。在党中央、国务院不断赋予城市更新工作新的内涵目标和任务要求的情况下，容易形成阶段性管理盲区和"政策孤岛"，在实际工作中，地方对城市更新工作存在工作界限不明确、工作流程不清晰、政策理解不到位、不敢

用、不会用等情况。如重庆市部分区县在策划城市更新项目时，对实施城市更新行动的具体任务了解不足，不能合理运用新型城镇化建设、盘活存量资产、政府和社会资本合作新机制等相关支持政策，导致对项目具体建设内容缺乏统筹考虑，在专项资金与社会资本筹措等环节缺乏合理安排，影响项目实施成效。

（二）配套政策制定有待提速

尽管重庆市已搭建"1+2+N"政策制度体系框架，并且正抓紧推进《重庆市城市更新条例》相关立法工作，但一体化投融资模式有待建立、更新权益保障和利益分配机制有待完善、既有建筑改造相关技术标准有待健全、推动办法落地实施的相关配套政策尚待完善等问题制约项目推进，影响社会资本参与的积极性。在第一批国家城市更新试点时，渝中区抓住试点契机，建立健全体制机制、完善配套政策体系，在全市率先试行消防设计审查告知承诺制。其相关经验引发全市各区县的广泛学习，但国家层面相关政策规定存在缺位，目前仍局限于"一项目一议"的操作流程，亟须国家出台相关政策予以明确。

（三）市场参与机制尚未健全

在房地产行业深度调整与国家金融风险防控的背景下，市场主体参与城市更新面临系统性挑战。中央政策虽明确鼓励市场参与，但实操层面存在三重矛盾：一是传统高周转开发模式与城市更新长周期运营要求的结构性冲突，尤其在老旧社区改造、工业遗产活化等领域，企业面临现金流压力与收益模式重构的双重约束；二是历史保护、民生改善等公共诉求与资本逐利属性，在禁止大拆大建的政策框架下，项目经济可行性面临严峻考验；三是土地一二级开发联动的制度路径尚未贯通，政府融资受限与社会资本介入机制缺失形成双重制约，导致大量更新项目陷入实施僵局。破解市场参与困境亟须构建收益共享、风险共担的新型实施机制。

（四）全生命周期运营思维有待引导

部分城市更新实施主体仍然依赖传统的房地产开发模式实施城市更新，"经营城市"的理念不强，对下足"绣花功夫"缺乏耐心，引入市场主体参

与不充分。缺乏对功能需求更深层次的研判，忽略城市品质、功能与内涵的提升，未深入研究城市居民的活动和发掘城市空间与居民活动之间的关系，导致项目更新后存在项目定位及目标人群模糊、街区业态同质化严重、差异化程度较低、时代特征和地域特色缺乏等问题。同时，部分实施主体专业运营能力不足、金融工具使用不充分，在更新方法上常常注重外部空间形态的打造，缺乏运营前置思维，造成项目建成后不匹配市场需求、盈利不足、融资能力不高，难以从"资源"向"资产"和"资本"转换，实现可持续更新。

三　重庆可持续城市更新探索前景展望

重庆将以习近平新时代中国特色社会主义思想为指导，践行人民城市理念，坚持"中国式现代化，民生为大"，深入实施以人为本的新型城镇化战略，将城市更新作为城市建设发展转型的新模式新动能，推动好小区、好社区、好街区、好城区"四好"建设，围绕优化城市空间结构、提升功能品质、推动设施设备更新、补齐设施短板、保护历史文化、传承生态基底、推进产城融合等重点内容，坚持"目标导向、问题导向、先急后缓、量力而行"原则，从统筹协调、精细管控、成片推进、一体更新等角度出发，深化城市建设运营治理体制改革，探索出一条集约型、内涵式城市高质量发展新路径，全面提升城市经济品质、人文品质、生态品质、生活品质，努力把重庆建设成为新时代西部大开发重要战略支点、内陆开放综合枢纽的现代化大都市。

推动好房子、好小区、好社区、好城区"四好"建设取得明显成效。好房子方面：持续健全房屋全生命周期使用管理制度，城镇 C 级、D 级危房实现常态化动态清零。好小区方面：切实解决群众关切的外墙安全、消防安全、居住环境等实际问题，动态消除老旧小区安全隐患。好社区方面：实现完整社区、现代社区、社区嵌入式服务设施、"15 分钟高品质生活服务圈"等项目一体谋划、统筹实施，全面提升社区公共服务品质。好城区方面：推动老旧街区（厂区）功能转换、业态升级、活力提升，打造一批生活、创业、消费新场景，持续提升城市基础设施能级，提高城市运行数字化治理水平。

四　重庆可持续城市更新模式探索的对策建议

（一）系统谋划：完善城市体检—更新闭环机制

完善城市体检和城市更新闭环运行机制。坚持问题导向，树立"无体检不更新"工作理念，全面梳理短板弱项和闲置资源，建立"住房—小区/社区—街区—城区"多级体检与城市更新一体化运作机制，将城市体检诊断结果作为更新专项规划、城市设计和年度计划等重要依据，将城市体检生成的问题清单转化为年度任务分派责任单位，长效监测整改成效，形成"动态体检—梳理问题—确定任务—实施更新"的闭环工作体系。建立城市更新专项体检机制。推动全面体检与专项体检相结合，进一步完善包括老旧小区、老旧社区、老旧街区、闲置厂区、历史文化、低效用地等存量资源信息的城市更新数据底座，分类标识、落点定位，形成"建成空间全覆盖、更新要素全囊括"的中心城区城市更新资源"一本账"、更新片区"一张表"和更新项目"一张图"。

（二）制度完善：推动城市开发商向更新运营商转变，明确将城市运营作为城市更新专项规划编制的重要内容

建立与城市更新相适应的"规建治"保障机制，完善"市级更新专项规划—区级更新专项规划—更新单元规划—更新片区策划—更新项目实施方案"的分类分级规划体系，加强市级、区级城市更新专项规划在中观层面的统筹协调作用，强化城市片区策划和控制性详细规划在微观层面联动协同，划定城市更新单元。提高更新规划实施效率，推动城市更新单元规划按照控制性详细规划程序审批后直接覆盖原有控制性详细规划，落实项目层面的规划实施性、操作性。建立城市更新项目规划正、负面清单管理制度，通过城市更新设计强化规划刚性管控与弹性引导。推动城市开发商向更新运营商转变，明确将城市运营作为城市更新规划编制的前置条件，加强规划对功能业态策划和空间布局设计的统筹指引。建立城市更新建设穿透式监管机制。坚持"市级统筹、一贯到底"，建立"分片包干、一线服务"工作机制，区级层面构建"政府、部门、实施主体"三级责任体系，确保各项工作加快推进。建立重大项目方案审批机制，由市住房城乡建设委组织对重大城市更新项目实施方案进行部门联

合审批，确认实施前置条件。建立城市更新招商运营穿透式服务体系。坚持城市更新"抓招商、抓运营"，以促进更新项目产业招商和可持续运营为导向，建立市区联动、多部门协同，从前期产业规划到产业招商再到后期经营管理的全过程穿透式联动工作机制。利用重庆城市更新资源信息平台和川渝城市更新智库联盟，积极开展具有行业影响力的活动，促进更新行业优势资源的整合嫁接。针对各类市场主体，精准谋划制作一批城市更新招商运营服务指南、优惠政策汇编等有助于促进招商和提升服务质量的专业服务工具。

（三）金融创新：建立市场化投融资模式

构建国有存量资产更新盘活体系。建立"资产体检摸底—产权归集整合—更新盘活利用—经营绩效提升—资本市场退出"的国有存量资产更新盘活全路径，实行分步骤、分重点、分层级的国有资产台账清单动态管理。引导国有资本投资、运营公司，采取国有资产进场交易、协议转让、无偿划转、资产置换、联合整合等方式，盘活长期闲置的具有利用价值的老旧厂房、闲置土地等存量资产，整合国有企业开办的各类非主业资产。通过委托运营、招租转让、合作开发等方式激活社会闲置商办楼宇，挖掘边角地、夹心地、插花地等零星低效用地资源，探索集体建设用地、国有建设用地之间自愿凭证置换机制，促进新功能落地。加快推动批而未供、供而未建、批而未建等用地处置。成立城市更新基金。遵循"政府引导、企业发起、社会参与、片区合作"的原则，成立重庆市城市更新基金，探索采用"城市更新+产业导入"运作模式，进行市场化管理和投资运作，优先支持更新效果明显、市场效益较好、示范效应较强的"微更新、微改造"项目。引导基金采用"子基金+直接投资"的模式，对全市城市更新项目进行股权投资，由城市更新项目实施主体或社会资本根据区域或项目（板块）建设需求，联合引导基金及其他出资人发起设立子基金投向城市更新项目。推广金融工具在城市更新领域的应用方法。以拓展城市更新资金筹集渠道为导向，聚力发挥金融工具的融资优势，进一步强化项目包装，精准契合国家利好政策，积极争取国家超长期特别国债和地方专项债的政策资金支持；进一步加强存量资产的权属归集及有效盘活利用，加快推进不动产投资信托基金（REITs）等金融工具创新利用以及通过政府特许经营权授权，进一步促进更新项目招商引资，激发市场主体参与城市更新活力。

（四）多元参与：建立"政府+市场+居民"协同机制

完善多元参与法律法规新体系。建立保障多元主体参与城市更新的指导方针，进一步厘清政府、市场、社会组织、公众个人等主体之间的权责边界，细化技术规范、管理程序、操作指引等行政规章，突出责任均担、利益共享，促进制度建设、规划体系和管理体系的有效衔接。明确合理的功能调整与容积率奖励转移机制，优化存量用地地价计收体系，调动各类市场主体的参与动力，发挥市场运作优势。完善微利可持续的利益平衡和成本分担机制，形成整体打包、项目统筹、综合平衡的市场化运作模式。构建多元参与沟通协商新机制。依托党群服务中心，设置共享会客厅、邻里空间等公共空间汇聚各方利益诉求，实行社区党委牵头，实施主体、物业公司、社区居民、"三师"代表固定参与的共治模式，建立"街镇吹哨、部门报到"的闭环工作机制。以"政企合作、市区联手、大众参与"管理模式，结合线上线下的多种方式，通过听证会、走访宣传、教育培训等方式，推动开发商、公众、规划部门等利益相关人的沟通交流，构建公开透明的协商机制。建立居民自主更新治理新模式。探索"居民主体+政府补贴"的出资模式，通过政府引导撬动居民投资，提高自主更新出资比例，带动居民自主更新、社区自发造血，推动建立可持续的更新模式。创新社会秩序维护等基层治理工作模式，探索"居民自管+物业细管"的管理方式，充分调动社区中老党员、老干部和社区各类活动积极分子等。强化资源整合投入，引入专业化运营管理团队，用活楼栋"物业服务"、盘活街区"城市服务"、激活产业"商业服务"，提升社区服务管理水平。

（五）数字赋能：建立多跨协同治理平台

建立一体化数字基础底座。依托"数字住建"，汇集全市城市体检各类采集数据、问题清单、整改清单、工作进度等数据，整合自然灾害综合风险普查房屋建筑和市政设施调查、城市更新存量资源底图底数等信息，搭建体检更新基础数据库，实现体检指标可持续对比分析、问题整治情况动态监测、城市更新成效定期评估等功能。研发智慧化辅助决策模型。利用建筑、用地、景观、设施、产业、人口、居民满意度、更新资源等基础数据，研发城市空间活力诊断、城市空间绩效诊断、城市绿地系统可达性诊断、更新成本测算、更新潜力

评估等分析模型，实现城市体检综合诊断，为更新决策提供智能化工具。构建全流程信息管理系统。构建基于城市体检数据生成城市画像与片区画像的体检更新一体化驾驶舱，开发项目入库管理、月报管理、台账统计、更新后评估模块，全过程跟踪项目建设推进，实现从体检到更新的全周期信息化管理。拓展协同化多跨场景应用。面向超大城市现代化治理，拓展综合业务平台，联动基础设施改造、既有建筑改造、老旧小区改造、嵌入式社区服务设施建设等工作，预留基层治理、交通治理、便民服务系统等多部门多场景应用端口。

参考文献

习近平：《关于〈中共中央关于进一步全面深化改革、推进中国式现代化的决定〉的说明》，《求是》2024 年第 16 期。

中共中央党史和文献研究院编《习近平关于城市工作论述摘编》，中央文献出版社，2023。

鲁鹏：《制度与发展关系研究》，人民出版社，2002。

任平：《中国式现代化，民生为大——在发展中稳步提升民生保障水平》，《人民日报》2024 年 5 月 16 日。

孙莉华：《城市更新要尊重人的需求》，《人民日报》2024 年 7 月 19 日。

万勇：《以系统思维推进城市更新》，《人民日报》2023 年 9 月 15 日。

B.20
重庆推进安全韧性城市建设的实践探索与对策措施

邹　瑜*

摘　要： 城市，人口最聚集、活动最集中、风险最复杂，城市安全治理是超大城市治理必然面对的挑战之一和重要课题。安全韧性城市是超大城市安全发展的新范式，推进安全韧性城市建设是重庆巩固提升全市域本质安全水平的重要路径。党的二十大以来，重庆坚持统筹发展和安全，聚焦城市安全风险管控，切实解决城市安全方面存在的突出问题和薄弱短板，形成了一批具有重庆辨识度的安全韧性城市建设标志性成果。面对超大城市现代化治理的新任务，重庆将进一步在"统、防、救、智"下功夫，完善治理体系、推进重点整治、强化能力建设，积极构建具有强大适应性和"防抗救"能力的安全韧性城市，为推动高质量发展、创造高品质生活提供坚实安全保障。

关键词： 超大城市　安全韧性　风险防范　本质安全　重庆

城市，人口最聚集、活动最集中、风险最复杂，城市安全治理是超大城市治理必然面对的挑战之一和重要课题。党的二十大报告指出"加强城市基础设施建设，打造宜居、韧性、智慧城市"，党的二十届三中全会提出"深化城市安全韧性提升行动"。习近平总书记视察重庆时要求深入践行人民城市理念，积极探索超大城市现代化治理新路子，全面推进韧性城市建设，有效提升防灾减灾救灾能力。安全韧性城市建设，是遵循城市发展客观规律的必然要求，是防范化解城市重大风险挑战的迫切需要，是推动城市治理现代化的重要内容。近年来，重庆积极探索超大城市安全韧性治理新路径，扎实推进安全韧

---

* 邹瑜，重庆市应急管理局党委委员、副局长。

性城市建设，努力巩固提升全市域本质安全水平，不断提升人民群众获得感、幸福感、安全感，为促进城市高质量发展、维护社会大局稳定提供了有力的安全保障。

一　重庆推进安全韧性城市建设的实践探索

党的二十大以来，重庆深入学习贯彻习近平总书记视察重庆重要讲话重要指示精神，深入研究城市安全治理体制机制，构建"大安全大应急"框架，扎实开展安全韧性城市建设，推进应急管理"统、防、救、智"能力迭代创新，切实解决城市安全方面存在的突出问题和薄弱短板，全面提升全天候城市运行本质安全水平和风险闭环管控能力，切实增强重大突发事件应急处置保障能力，形成了一批具有重庆辨识度的标志性成果，推动城市运行风险日常情况下高效管控、极端情况下安全可控。

（一）建立城市安全组织指挥和综合统筹机制

建立平急结合的组织指挥机制，建立"两委、四指、十三办"全面调度指挥全市安全生产和防灾减灾救灾工作（"两委"，安委会、防灾减灾救灾委员会；"四指"，森林草原防灭火指挥部、防汛抗旱指挥部、抗震救灾和地质灾害防治救援指挥部、气象灾害防御指挥部4个专项指挥部；"十三办"，道路交通、水上交通、轨道交通、建设施工、危险化学品、矿山、旅游、城市运行、消防、特种设备、工贸、商业、电力13个专项安全办公室），出台《重庆市安全生产委员会工作规则》《重庆市安全生产综合监管办法》和防灾减灾救灾委员会成员单位工作职责及专项指挥部工作规则，明确应急管理部门主"统"主"救"、相关部门主"测"主"防"，形成平时"两委"强统筹，急时"四指"抓应对的多跨协同工作格局。压实齐抓共管安全责任，聚焦党政领导干部、行业部门、企业单位三方责任，印发"两张清单"（党政领导干部职责清单和年度重点工作清单），完善监管体系，创新"两单两卡"制度（企业一线岗位从业人员岗位风险清单、岗位职责清单、岗位操作卡、岗位应急处置卡）等方式，切实将责任压实到最后一米、明确到最后一人。健全依法行政制度体系，系统构建"5+5+100+N"的法规制度体系（5部地方性法规、5部政府规章、100部地方标准、N个规范性文件），保障工作有法可依、有章可循、有规可守。完善立体闭环评价体系，依托党建统领"885"工作机制，构建"年度目标管理与平时动态管控+事后调查复盘与事前主动预防+正向激励与负面警示"相结合的立体评价体系，形成全链条闭环管控机制。

（二）构建城市安全风险防范体系

严格规划管控，强化项目安全风险评价控制，实施高风险企业退城入园，从源头上提升城市安全韧性水平。抓智能监测主动防，聚焦重点场所、重点区域、重点人群、重点时段、重点行业、重点问题，开展安全风险监测预警系统建设应用和升级改造，推动安全风险实时监测、动态感知、智能预警、快速处置、精准监管，其中"经济·管道燃气安全在线"覆盖全市146家燃气企业、9.7万公里燃气管道，实现燃气管网"一张图"、态势感知"一屏显"、协同调度"一键达"、指数评价"一图晒"等数字化实战能力，"危化品安全生产风险监测预警系统"接入123家企业294个重大危险源和硝化工艺装置1.2万余项感知数据，实现危险化学品重大危险源及硝化工艺预警监测全覆盖，"矿山安全在线"对全市100米以上高边坡露天矿山在线监测100%，对地下矿山"五大系统"监测预警全覆盖。抓三年行动重点防，全面推进安全生产治本攻坚三年行动、防灾减灾救灾固本强基三年行动，建立安全隐患"自查自报自改不处、他查不报假改重处"机制，落实"工程防、技防、管理防、人防"措施，推动重大事故隐患动态"清零"，夯实城市安全运行基础。抓体制机制规范防，修订《重庆市安全生产条例》，出台《关于进一步加强矿山安全生产工作的实施意见》《重庆市禁止、限制和控制类危险化学品目录》《工贸企业检维修作业安全规范》《地震灾害风险评估规范》等制度性、规范性文件，创新构建"44NN"分段分级分类分层预警响应规程（1~3天、6小时、2小时、实时"4分段预警"，市—区县—镇街—村社网格"4分级响应"，各行业领域"N分类场景"，各级各部门"N分层任务事项"）、自然灾害应对"七情"统计督导制度（警情、雨情、水情、险情、灾情、工情、舆情）和"十户联防"预警避险机制等，推动体系化、系统化防范安全风险。

（三）锻造应急救援新质战斗力

全梯次强"人力"，在全国率先出台《重庆市专业应急救援队伍建设管理办法》《重庆市社会应急力量参与灾害事故应急管理工作管理办法》，围绕"乡镇先期处置、区县常态应对、市级专业攻坚、国家队重点支撑"目标，梯次构建"1+13+42+N"救援力量体系（1支市专业救援总队、13支行业救援队伍、42支区县队伍、N支社会应急力量），形成"水陆空、多灾种"立体救援格局。全方位强"物力"，以自然灾害应急能力提升国债资金项目实施为契机，积极争取各级专项支持，为基层增配应急装备2.7万台（套），强化基层救早救小的初期处置能力；6架救援直升机分片驻防中心城区、万州、黔江3个航空基地常态备勤，陆续列装中国应急重庆号、水下机器人等高精设备，水下深潜作业能力增加至90米，每小时防汛排涝能力增加20万方；改革"应急+粮储"储备调拨机制，经验被写入国家防减救灾办制度规范，全市储备救灾物资114.8万件（套），1/3的市级物资分片前置区县。全灾种强"战力"，在全国率先出台《重庆市突发事件应急预案管理实施办法》，持续推进全市预案体系建设，开展实战化预案训演，打造"生命至上"市级演习品牌，与四川共办森林火灾联合应急演练，每年统筹全市开展各类演练上千场次，演练赋能、以演促战；联合西部13省（自治区、直辖市）签订《西部地区应急联动框架协议》，联合嘉陵江、乌江、涪江、龙河等重点流域13个区县签订防汛救灾联动协议，深化省际联动、市域协同；在全市布局"1+3+4"区域应急保障基地，前置救援队伍，全市1.1万个村（社区）配备护林员3.7万人、地质灾害群测群防员1.5万人，实现全市域"航空救援1小时、地面救援30分钟、群防员10分钟到达"快速反应能力。

（四）探索城市安全数字智治体系

打造智能化应用场景，构建数字应急"1356N"总体框架，建成自然灾害防减救、安全生产智管、应急指挥智救三大综合场景和工贸安全在线、非煤矿山安全在线、危化品全链条监管、行政执法、事故调查、会商预警、避险转移等20个子应用，其中"九小场所"安全智管应用获评应急管理部智慧应急"星火计划"全国优秀典型案例和数字重庆建设"优秀应用"。

搭建智慧化指挥体系，迭代数字应急指挥调度应用平台，建成"公网+370MHz专网+自组网+卫星网"互联互通、互补备份的应急通信网络体系，打造多级贯通、点对点通信、陆水空天一体化的应急救援数字化透明战场，实现"三断"极端环境下，前后方指挥部"看得见、叫得通、调得动、能指挥"。贯通数字化实战能力，立足超大城市现代化治理，"应急动员"板块科学设置自然灾害防治、安全生产监管、应急指挥救援、消防安全、国防动员5条跑道和23条子跑道，创新建成江河洪水、山洪灾害、城市内涝等7个风险预测模型，9个多跨协同事件全市贯通，形成"带不走"的实战能力。

二 重庆推进安全韧性城市建设面临的挑战

（一）城市安全基础仍有短板

重庆作为国家重要中心城市，集大城市、大农村、大山区、大库区于一体，是我国辖区面积和人口规模最大的城市，高层建筑密集、桥梁隧道多、地下空间复杂、工业企业众多，安全风险防范有短板弱项。城市基础设施更新改造欠账多，燃气管网、供排水、输油管线、综合管廊、桥梁隧道等城市生命线监测覆盖面和智能化水平不足。企业本质安全水平不高，中小企业工艺落后、设备老化问题阶段性凸显。

（二）风险防范体系有待完善

重庆山高沟深坡陡，面临的自然灾害、事故灾难等风险复杂多样，但现有的风险识别、评估和预警机制还不够健全，气象监测预警精度有待提升，部分城镇防洪排涝能力尚未达标，林火阻隔系统、消防水池建设等还有短板，在应对新型风险和复合型风险方面缺乏有效的防控手段。

（三）应急救援能力还有差距

"专常群"救援队伍体系还不完善，新质救援力量不够，专业装备配备不足。全市专业救援力量每万平方公里1456人，分别为北京的18.9%、上海的

10.4%、广东的31%，力量配置差距明显，且受制于工资待遇、发展晋升等因素，每年救援队员更替率高达25%以上。

（四）社会公众参与度还不高

重庆安全韧性城市建设仍以政府主导为主，社会公众的参与度较低，公众的安全意识、自救逃生等安全素养有待提升，社会力量在安全韧性城市建设中的作用尚未充分发挥。

三　重庆推进安全韧性城市建设的对策措施

安全韧性城市是超大城市安全发展的新范式，是统筹发展和安全的重要抓手。习近平总书记关于全面推进韧性城市建设的重要指示要求为加快建设更高水平的安全韧性城市赋予了新使命。重庆将严格对标落实习近平总书记视察重庆重要讲话重要指示精神，始终坚持人民至上、生命至上，聚焦做实"两大定位"、发挥"三个作用"、建设"六区一高地"，进一步深化改革，迭代升级"1366"应急管理体系和能力，深化协同治理，促进公众参与，加强数字赋能，系统性构建具有强大适应性和"防抗救"能力的安全韧性城市，为推动高质量发展、创造高品质生活提供坚实安全保障。

（一）着力构建城市安全责任体系

构建以责任为核心的城市安全监管体系，形成齐抓共管工作格局。强化党政领导责任，健全党政领导干部责任体系，制定党政领导干部安全生产和防灾减灾救灾责任清单与年度重点任务清单，完善定期履职汇报检查和述职评议机制。推行"安全生产履职一本账"应用，将研究解决实际问题作为重要履职标准，强化重要时段、重要节点履职调度。出台提升基层应急管理能力的实施意见及配套政策，将基层应急管理能力建设与重点工作统筹谋划推进。夯实部门监管责任，完善综合监管、行业监管、专业监管和属地监管协同配合的安全监管体系，动态厘清新兴行业领域安全监管职责，理顺市级重点建设项目安全监管体制。完善重点部门防灾减灾救灾职责清单，健全应急管理部门主"统"主"救"、相关部门主"测"主"防"工作机制。压实各类主体责任，强化企业主要负责人安全责任履职评估，推动安全责任、安全投入、安全培训、安全管理、应急救援"五到位"。督促完善全员安全生产责任制，严格考核奖惩，全面压实各层级、各岗位人员安全责任。

（二）着力健全城市安全风险闭环管控体系

聚焦风险管控、隐患整治、应急处置3个环节，建立完善责任到人、精准研判、分级管控、监测预警、隐患排查、隐患治理、应急准备、处置救援等8项制度，构建"三控八制"城市安全风险闭环管控体系，推动全要素、全链条、全周期系统治理。构建城市安全风险分级管控和隐患排查治理双重预防体系，建立城市安全风险定期普查和重要时段、重要节点、重大变化情况下的动态风险研判管控机制，强化多灾并发和灾害链式反应系统风险分析。指导督促生产经营单位建立全面风险研判和使用新工艺、新技术、新材料、新设备或存在重大变化情况、危险作业时的动态风险研判机制，针对性采取管控措施。健全隐患"日周月"排查和重点时段、重点领域专项排查机制，加强风险隐患自查自报自改。严格安全风险源头管控，编制韧性城市国土空间专项规划，强化规划对安全韧性的刚性约束，完善城市防灾减灾救灾基础设施规划体系，建立各类发展规划的安全风险评估会商机制。建立高危项目源头立项咨询评估机制，严格建设项目安全设施"三同时"，加强落后装备技术淘汰和先进装备技术推广运用。强化城市重要基础设施、人员密集场所等项目规划建设灾害危险性评估，强化灾害风险避让和灾害防范。推进风险智能监测预警，建立城市安全风险体征指标体系，构建符合重庆城市特点的风险评估模型，强化重点场所、重点设施、重点要素、重要活动的智能监测预警。搭建全市数字应急、数字消防等数字化工作平台，上线"高楼消防""桥隧智慧管理"等智能化应用场景。加大重点行业领域安全风险监测预警系统建设应用和升级改造力度，力争高危行业领域企业全覆盖。建立灾害综合风险基础数据库并每年定期更新，优化监测预警设施布局和资源整合，提高灾害预报预警精准性。完善灾害应对处置叫应、熔断、前置机制，健全直达基层的分段分层分级分类灾害预警响应机制，推广流域联防联控、"十户联防"等机制，提升极端天气预警叫应避险实效。

（三）着力深化城市安全突出问题整治

聚焦影响城市安全的重点行业领域、重点场所、重点设施、重点问题，扎

实开展突出问题整治，整体提升城市本质安全水平。实施城市重点行业领域安全综合治理，建立房屋使用全生命周期安全管理制度，推进城市危旧房改造、自建房隐患排查防控，建设城市房屋建筑综合管理平台，提升房屋建筑管理智慧化水平。强化高层建筑、地下工程、大型商业综合体、厂房库房、学校、医院、养老院等重点场所消防安全防控，完善高层建筑火灾防控长效机制，加强公共消防基础设施建设。加强危险化学品、电动自行车、燃气、矿山、油气开采等重点行业领域隐患全链条整治，实施道路塌陷隐患、下沉式建筑等专项整治，推进化粪池、下水道等地下密闭空间安全整治。加强城市地下空间开发利用安全管理，摸清地下空间底数和安全风险隐患，补齐地下空间安全短板。强化"平急两用"导向，推进体育场馆、会展中心、城市绿地等存量资源功能转换，加强医院应急条件建设和应急准备工作，增强公共卫生防控救治保障能力。实施城市灾害综合治理，推进数字化防汛抗旱"统、防、救、智"改革。推进海绵城市建设，加强排涝管渠涵闸等设施设备检查和安全监测设施配置。完善城市水系、排水管网与周边河湖、水库联排联调运行机制，推进堤线布置和河流护岸工程。构建小流域山洪、地质灾害等风险防控联动体系，动态管理妨碍河道行洪问题清单、防洪重点区域及薄弱环节风险点清单、积水风险隐患点和地质灾害及森林火灾隐患清单，推进各种灾害隐患整治。实施城市生命线工程综合治理，深入开展重大基础设施涉灾风险隐患排查工作，紧盯公路、铁路、重大水利水电、重大市政和城市交通、重大输电线路、重大水运等基础设施重点领域，建立健全重大基础设施涉灾风险防控工作机制，压实全周期管理责任。出台推进新型城市基础设施建设、打造韧性城市的行动方案，实施城市基础设施建设与改造工程，提高城市安全重点基础设施设防标准，提升城市避险防灾能力。加强地下综合管廊建设和老旧管线改造升级，探索综合管廊可持续建设运营模式。强化市政工程建设档案管理和信息化运用，加强对关键市政设施和重点部位的常态化维护。构建"水电气讯路桥隧轨"数字孪生系统，完善安全运行保障机制，全面推广城市治理风险清单管理试点成果。

（四）着力加强事故灾害应急保障

立足"全灾种、大安全"，健全市、区县、乡镇（街道、园区、功能区）、村（社区）、重点单位"三级政府五级网络"应急救援指挥、预案、队伍、物资装备、值班值守、救灾救助体系，筑牢城市安全最后一道防线。健全"全灾种、大安全"应急指挥体系，完善人机协同、平急结合的智能联合指挥调度机制。开展应急智慧指挥体系建设，构建空天地一体化应急救援数字化战场。完善跨部门、跨区域快速协作和应急处置机制，强化极端天气及重大灾害情景应急救援能力和应急救援准备。强化各类责任主体应急预案体系建设，加强基于"情景构建"的现场处置方案（处置卡）编制、演练。修订《重庆市突发事件应急预案管理实施办法》，开发预案管理信息系统，加强预案衔接和全过程管理。制定应急预案编制与管理指南和乡镇（街道）、村（社区）应急预案编制参考模板，推动预案情景化、简明化、图表化、流程化。加强多场景突发事件应急培训和实战演练，推进应急应战一体化建设。完善应急救援队伍体系，加强应急指挥、应急救援、支持保障三类队伍和"常专群"三支救援力量建设。制定区县队伍、乡镇（街道）队伍、行业领域专业队伍建设标准，以及不同层级队伍装备配备标准，完善应急救援队伍三级评价指标体系。完善应急物资装备保障体系，构建以中央储备为依托、市级储备为核心、区县储备为主体、乡镇（街道）储备为基础、村（社区）储备为支撑、家庭应急储备为倡导、社会力量储备为补充的应急物资储备体系。加强各级应急物资储备库（点）建设，力争实现多灾易灾地区乡镇级储备库（点）全覆盖。利用粮食和物资储备领域闲置资源，推动救灾物资库建设。健全应急物资储备管理与处置更新轮换机制，完善应急物资跨部门、跨区域协同保障、信息共享、应急联动机制和快速响应调拨机制，提升紧急运输能力。原则上，除少数边远地区及道路中断等特殊情况外，接到调拨指令后，首批应急物资市级6小时内、区级4小时内、乡镇级2小时内运抵灾区和事发地。编制中心城区应急避难场所专项规划，统筹其他区县应急避难场所专项规划编制，完善市、区县、乡镇（街道）、村（社区）四级和长期、短期、紧急三类应急避难场所布局。健全自然灾害救助资金年度预算预拨机制，落实应急期、过渡期救助和冬春、旱灾生活救助以及因灾遇难人员家属抚慰、危房重建和维修加固补助政策，通过"一卡通"将救助资金及时足额发放到户到人，确保受灾群众"五有"。

（五）着力推进城市安全社会共治

坚持社会共治，有效整合社会各方资源和力量，形成协同防范应对事故灾

害的合力，筑牢城市安全的人民防线。加强基层群防群测群治，健全基层应急管理网格体系，完善网格员和地灾、地震、洪灾、森林防火卡口点位监测人员一线宣教、巡查巡护、隐患排查、安全劝导、先期处置、信息传递等工作机制。健全防汛救灾"分片包干""三个责任人"等制度，完善地质灾害"四重"网格员和防治员工作体系，压实森林防灭火"一长三员"工作责任，织密基层一线灾害防护网。动员社会公众积极参与，完善安全生产举报奖励机制和灾害成功预警避险转移奖励机制，搭建安全生产举报社会共治信息平台，推动企业建立落实事故隐患内部报告奖励机制。强化突发事件应对处置社会动员能力建设，加强应急广播应用，引导受威胁群众及早避险。完善突发事件信息分级管理、归口处置及发布机制，强化舆情监测，及时回应社会关切。发挥第三方力量作用，构建安全生产责任保险事故预防服务机制，制定安全生产责任保险事故预防服务评估办法和矿山、危化等行业"技术服务规范"。完善安全生产责任保险监管信息管理平台，加强事故预防服务全流程监管。推进巨灾保险，完善多灾因、多层次、多年期巨灾保障体系。完善专家管理和服务机制，推动技术服务机构规范化建设。提升全民安全素养，深化安全宣传"五进"工作，建设一批"五进"宣传精品阵地，因地制宜分级建设安全应急宣教体验场所，常态化开展科普宣传和技能培训。开展安全生产月、防灾减灾日、森林防火宣传月、消防宣传月、交通安全日、"千师万讲"等活动，增强群众风险防范意识和自救互救能力。

参考文献

王皖、李瑞奇、徐凤娇等：《GB/T 40947-2021〈安全韧性城市评价指南〉国家标准解读》，《标准科学》2022 年第 11 期。

张军、李理：《以韧性安全城市建设助推城市治理现代化水平提升》，《求知》2024 年第 9 期。

朱正威、赵雅、马慧：《从韧性城市到韧性安全城市：中国提升城市韧性的实践与逻辑》，《南京社会科学》2024 年第 7 期。

邹霞、罗炯杰：《"软硬兼顾"大力推进韧性安全城市建设》，《当代党员》2024 年第 17 期。

B.21

重庆"大综合一体化"
行政执法改革的实践与探索

王 泽　彭克斌　周 勃*

摘　要： 重庆聚焦行政执法领域长期存在的"多头执法、重复执法、执法效能不足"的难题，自2024年1月全面推开"大综合一体化"行政执法改革，取得了积极成效。在全面推进中国式现代化建设新征程中，重庆"大综合一体化"行政执法改革还存在管执协同失衡、跨域治理乏力等问题，需要针对性地加以解决。2025年，重庆需紧扣"六区一高地"建设体系构架，在超大城市中心城区行政执法一体化、川渝高竹新区跨省域行政执法一体化、涉企行政执法改革、行政执法监督体系建设等方面探索突破，持续深化改革攻坚。

关键词： 综合行政执法改革　大综合一体化　超大城市现代化治理

行政执法工作面广量大，一头连着政府，一头连着群众，直接关系群众对党和政府的信任、对法治的信心。党的二十大报告指出："深化行政执法体制改革……完善基层综合执法体制机制。"2024年4月，习近平总书记视察重庆期间指示，要建立健全"大综合一体化"城市综合治理体制机制。重庆"大综合一体化"行政执法改革充分贯彻落实中央关于优化政府职能、提升治理效能、推进法治建设的要求，对推动国家治理体系和治理能力现代化，实现全面依法治国的总目标有着重要作用。

---

* 王泽，重庆市荣昌区司法局行政执法协调监督科工作人员；彭克斌，重庆市司法鉴定中心副主任；周勃，重庆市司法局行政执法指导监督处工作人员。

一　重庆推进综合行政执法改革的实践探索

2023 年 10 月，重庆在 41 个镇街试点启动镇街综合行政执法改革，拉开了"大综合一体化"行政执法改革的序幕。2024 年 1 月，改革在全市 1031 个镇街全面铺开。按照先镇街再市县、自下而上"两步走"的思路，2024 年 6 月，重庆市委、市政府印发《重庆市加快推进"大综合一体化"行政执法改革实施方案》，市、县、乡三级扩展深化，全面纳入"大综合一体化"行政执法改革。

一年来，重庆全面贯彻落实党中央决策部署，奋力打造"西部领先、全国进位、重庆辨识度"的超大城市综合行政执法市域范例，体系化推进执法队伍、执法事项、执法监管、执法监督、执法平台"大综合一体化"，初步形成了职能清晰、队伍精简、协同高效、机制健全、行为规范、监督有力的行政执法新格局。改革成效被《人民日报》内参刊发，获评"第一届重庆市改革创新奖银奖"，入选"2023 年度重庆市改革发展最佳实践案例提名案例"、2024 年度全国法治政府建设"十大创新案例"和重庆市委深改委全面深化改革委员会平安法治领域 2025 年改革典型案例。

（一）主要做法

1. 整合执法力量，推进执法队伍"大综合一体化"

系统构建"7+1"综合执法队伍格局，推动行政执法由"以条为主、各自为政"向"条块结合、整体治理"转变。强化执法队伍整合，市和区县保留城市管理、市场监管等 7 支综合行政执法队伍，撤销卫生健康、规划和自然资源等领域共 275 支执法队伍（市级 6 支、区县 269 支），执法队伍整体精简51%，实现执法资源优化配置。强化执法力量聚合，各镇街统一设立综合执法大队，纳入数字重庆建设"141"基层智治体系"平安法治"板块统筹管理，区县专业行政执法部门以派驻、包片等方式下沉执法力量 4300 余名，每个镇街平均配备执法人员 7.3 名，做实做强"一支队伍管执法"，夯实基层行政执法力量。

2. 重构权力体系,推进执法事项"大综合一体化"

推动执法事项横向集中、纵向下沉,有效破解权责不清、有责无权等难题。全向实行清单管理,编制完成行政执法事项总清单,以及综合执法事项、部门执法事项两张子清单,全市 50 个行业领域 11084 项执法事项实现全覆盖清单式管理。横向开展分批划转,坚持需求导向、问题导向、系统集成,分两批划转行政执法事项 1026 项,执法事项综合率达 71.9%。纵向推进精准赋权,全面梳理"三高两易"(高频率、高综合、高需求、易发现、易处置)执法事项,为镇街新增应急消防、城市管理、水利环保等 99 项急需事项,并建立赋权执法事项运行效能评估机制,不断提升基层执法能力。

3. 创新执法机制,推进执法监管"大综合一体化"

坚持系统性谋划,重塑行业监管与综合行政执法协同运行机制,实现"执好法、管住事、不扰民"。建立"体系化"制度,印发《重庆市行业监管与综合行政执法协同联动工作规则(试行)》,建立信息共享、线索移送等"管执协同"5 项机制,推动形成既各司其职又相互配合的工作格局。推行"组团式"执法,整合跨部门、跨层级、多频次检查内容,2024 年累计谋划 10 个"执法监管一件事",构建 15 个"综合查一次"应用场景,减少涉企执法干扰次数 8546 次。深化"柔性化"执法,制定柔性执法工作指引,梳理 15 个领域 234 项"一免两轻"执法事项,推动市场监管、税务等 18 个领域出台柔性执法"三张清单",2024 年累计处理免罚轻罚案件 2986 件。

4. 健全监督体系,推进执法监督"大综合一体化"

健全完善市、区县、乡三级全覆盖的监督体系,实现对行政执法的全方位、全过程监督。出台《重庆市大综合一体化行政执法条例》,构建完整制度框架。细化执法监督工作措施,出台"三书两函"等执法监督文书模板。2024 年,全市司法行政部门制发行政执法监督文书 210 件次。畅通执法监督与企业沟通渠道,全市设立 226 个"法治护企"联系点,聘任 447 名执法监督员。建立与"民呼我为"12345 热线、"渝快办"等投诉举报平台信息共享协作监督机制,2024 年以来接收行政执法突出问题线索 670 余条。建立综合行政执法机构联席会议机制、行政执法监督与法治督察机制、行政复议协作机制,创新"纪检司"行政执法联动监督模式,延展执法监督触角。

5. 加强数字建设，推进执法平台"大综合一体化"

坚持以数字化变革为引领，开发"执法+监督"数字应用，与基层"一体化智治平台"全线贯通。数据底座支撑能力基本建成，2024年建成执法主体、执法事项、执法人员、执法依据4个主题数据库，全市3512个行政执法主体、11084项执法事项、44501名执法人员、5295部法规规章已全量入库并动态管理。高效运行处置能力持续优化，行政检查、行政处罚、行政执法监督3个核心模块实战运行，创新开发裁量基准智能匹配功能模块，初步满足市、区县、镇街三级执法部门业务需求，1031个镇街全覆盖上线使用，11个领域的419个市、区两级执法部门入驻。三级贯通协同能力初步实现，在市级城市运行和治理中心设置"行政检查"等3条子跑道，与镇街基层智治平台全线联通，实时转接处置违法线索957条。AI赋能辅助能力探索推进，探索打造"信用+执法"综合场景应用，初步贯通"信用重庆"，归集370万余户市场主体信用等级数据，探索构建分级分类监管执法模型并测试运行。

（二）工作成效

1. 推动执法力量由"各自为政"向"攥指成拳"转变

通过层级整合打破条块分割，改革前，各执法队伍以条为主、各自为政，资源分散且难以形成合力。改革后，系统构建起"7+1"综合执法队伍格局，区县专业行政执法部门积极下沉执法力量，激活基层执法动能，这种整合聚合，让原本分散在各个部门、各自为政的执法力量得到重新调配，形成了统一指挥、协同作战的强大合力。

2. 推动执法方式由"多头执法"向"多跨协同"转变

通过推行"执法监管一件事""综合查一次"改革，有效解决了企业和群众过去常常面临的多头执法困扰，降低检查频次20%以上，减少对企业和群众正常生产生活秩序的干扰，降低行政成本，实现"进一次门、查多项事、一次到位"。通过深化"柔性化"执法，形成执法温度与监管力度并重的新型治理模式，有效激发市场活力，进一步提高企业群众的获得感、满意度、认可度。

3. 推动执法效能由"粗放低下"向"精准高效"转变

通过改革与数字应用同步谋划，基本建成全市统一的"执法+监督"数字应用，依托数字应用开展的行政执法工作，在执法准确性、公正性以及程序规范性等方面得到极大提升，群众对执法结果的认可度显著提高，进而有效减少行政争议。2024 年，全市各级各部门通过数字应用开展行政执法 21 万余件次，裁量基准匹配率 100%，缩减办案时间 50% 以上，执法后行政复议率低于万分之五、同比下降 56%。

（三）特色经验

1. 体制改革与机制创新同频共振

"大综合一体化"行政执法改革与本轮机构改革同步启动，借党政机构职能优化调整实现跨领域执法职能整合、编制资源调配、执法力量下沉重组等体制性重塑，构建权责清晰、协同高效的执法组织架构，从根本上破除执法权责碎片化问题。在机构职能调整固化基础上，执法改革主要在现有体制下推动工作方式、方法等机制的突破创新，推动体制优势向治理效能转化。形成体制改革为机制创新提供组织保障、机制创新反哺体制运行提质增效的双向协同格局，实现执法资源配置与执法流程再造的系统性优化。

2. 数字政府与整体政府双轮驱动

通过数字政府与整体政府理念的深度耦合，为综合执法改革提供"智治"支撑与"整体"解决方案。将"执法+监督"数字应用打造作为数字政府建设的重要抓手，为整体政府治理提供技术底座。线上"执法+监督"数字应用实现执法活动全程网办、流程全程留痕、数据自动归集，使各执法部门在统一数字平台上实现业务流、数据流、监管流的深度融合；整体政府理念反哺数字应用功能和场景开发，推动平台功能向"跨域协同治理"升级，推动执法资源全域统筹、执法工作精准协同。

3. 改革深化与法治保障双向互构

建立"实践—制度—再实践"的螺旋演进模型，一体推进实践成果的总结提炼与制度体系的创新完善。通过《重庆市大综合一体化行政执法条例》确立执法改革基本原则，构建完整的制度框架和法治保障；配套《重庆市行业监管与综合行政执法协同联动工作规则（试行）》破解"管执分离"难题等。通过将实践成果上升为制度体系，让执法改革在制度的框架内持续优化，推动改革实践螺旋式上升，实现执法工作稳定性与创新性的有机统一，为深化

行政执法改革、推动超大城市现代化治理提供强有力的制度支撑与实践范本。

4. 执法改革与中心工作融合推进

将镇街综合执法改革嵌入党建统领"141"基层治理体系，将中心城区行政执法一体化改革纳入超大城市现代化治理示范区建设；将规范涉企行政执法专项行动作为建设民营经济发展高地和群众身边不正之风与腐败问题集中整治的重要内容等，高位推动执法改革。以执法改革成果助力其他领域改革落地；其他改革的推进，又为执法改革创造良好的政策环境。通过执法改革与相关改革统筹谋划、联动推进，使各项改革配套衔接、互相促进，增强改革总体效应，实现执法效能与区域治理水平的双重提升，打造改革系统集成的示范样板。

5. 执法改革与执法监督协同推进

将行政执法监督体系建设深度嵌入改革全流程，作为执法改革五个"大综合一体化"的重要方面，一体推进执法改革与执法监督。通过执法监督体系的同步创新为执法改革装上"安全阀门"，使执法权配置与监督体系建设形成同频共振的治理合力，实现执法效能提升与权力规范运行的双重突破，形成改革深化与权力制衡的动态平衡。

二 重庆推进综合行政执法改革面临的困难和挑战

（一）配套机制不畅，限制改革深化

机构整合与人员划转虽已完成物理重组，但制度层面的"化学反应"尚未充分显现。其一，人员身份属性多元化形成管理阻滞，行政编、事业编及工勤编人员在薪酬待遇（含车补标准）、职级晋升等方面存在显著政策差异，特别是基层事业编制执法人员存在职业发展通道受限问题。其二，执法力量下沉存在形式化倾向，镇街派驻模式仅实现执法主体的空间位移，本质上仍属多主体联合执法范畴，与权力统合型综合执法存在本质差异。其三，事项承接能力结构性矛盾突出，基层在执法资源（专业素质、装备配置、经费保障）供给不足的约束条件下，面临"减负"与"赋能"的二元悖论，"权责倒置"现象依然存在。

（二）跨域治理乏力，阻碍区域协同

重庆市"大综合一体化"行政执法改革的部分制度设计，紧盯超大城市治理难题，部分创新举措具有独创性，无可借鉴样板，在推进改革的进程中，如何探索契合超大城市治理实际的有效路径，成为摆在改革者面前的紧迫任务。在超大城市现代化治理视域下，跨领域、跨层级、跨区域执法协同面临三重制度壁垒：其一，中心城区执法指挥调度系统仍未完全走出"碎片化"的桎梏，统一指挥调度机制有待在实践中进一步检验和完善；其二，跨省域执法一体化缺乏制度突破，现行省际执法联动多属临时性安排，在执法事项清单标准化、程序规范化等方面存在显著省际差异；其三，行政区划刚性约束与法律授权模糊性形成深层制度张力，特别是在统一大市场建设背景下，执法标准互认、证据效力衔接等关键环节亟待制度创新。

（三）管执协同失衡，影响治理效能

改革的重要环节之一是将多个行政执法单位的行政处罚与行政审批、行政监管职能分离，合并到综合行政执法机构，这在很大程度上解决了执法碎片化等老大难问题，但仍面临综合执法权责配置的双重制度困境。理论层面，执法事项划转或者委托后，相关强制措施权属认定、检查权边界划分、违法线索处置程序等存在规范空白。实践层面则呈现"两极化"特征——行业主管部门存在"权力卸载"倾向，以处罚权划转为由弱化监管责任；而执法部门受成本约束易产生选择性执法，导致监管真空与执法重叠并存。这种制度模糊性诱发双重治理风险：业务部门"风险规避"逻辑与执法部门"成本控制"逻辑相互强化，形成"重复监管"与"监管缺位"并存的悖论性治理格局。

（四）数字赋能不足，制约改革成效释放

数字建设作为"大综合一体化"行政执法改革的核心驱动力，是超大城市现代化治理的重要技术支撑，对提升行政效能、强化跨部门协同、保障执法透明公正等具有重要意义。当前，重庆市虽在智慧执法平台搭建上取得了不错进展，但仍面临三重瓶颈：其一，技术迭代存在"能力—需求"落差，现有

数字平台难以支撑全量执法数据归集与多场景协同应用；其二，"信用+执法"融合面临制度梗阻，跨部门数据共享机制、信用评价标准体系及联合奖惩规则尚未形成闭环；其三，"AI+执法"场景建设遭遇资源约束，算法模型训练数据质量不足、执法知识图谱构建滞后、智能设备部署成本高昂等问题相互交织。特别是人工智能技术在自由裁量基准嵌入、执法风险预警等关键环节的应用深度不足，导致技术红利未能充分转化为治理效能。

三 重庆深化综合行政执法改革的对策措施

2024年4月，习近平总书记视察重庆期间指示，要建立健全"大综合一体化"城市综合治理体制机制。积极探索超大城市现代化治理新路子是习近平总书记赋予重庆的重大使命，是谱写中国式现代化重庆篇章的必答题。重庆市委、市政府高度重视超大城市"大综合一体化"行政执法改革工作，多次进行研究部署。重庆明确提出迭代升级"六区一高地"建设体系构架。在行政执法领域，重庆被纳入全国唯一的超大城市"大综合一体化"行政执法改革试点。在实践探索中，重庆超大城市现代化治理还有很多问题尚未破题，执法改革还任重道远。2025年，重庆需坚持问题导向，深化改革攻坚，在持续深化前期改革成果实战实效基础上，重点在四个方面探索突破。

（一）打造超大城市中心城区行政执法一体化标志性成果

党的二十届三中全会强调，"推动形成超大特大城市智慧高效治理新体系，建立都市圈同城化发展体制机制"。重庆市委书记袁家军指出，"'大综合一体化'行政执法改革是积极探索超大城市现代化治理新路子的重要内容"。对重庆而言，"9+2"中心城区最具超大城市特质，要在整体政府理念下，重点聚焦行政执法运行、协作、平台等，构建超大城市"一体化"行政执法新模式，推动超大城市"大综合一体化"行政执法改革在中心城区率先突破。一是将中心城区"9+2"区域视为一个整体，强化市级综合执法总队统筹职能，创新实施"市级统筹、一贯到底"的行政执法指挥调度机制。深化综合行政执法与行业监管协同联动，建立"镇街吹哨、部门报到"工作机制。二是以问题为导向，着眼解决"大城市病"，聚焦景区、夜市、噪声污染等群众关注度高、行业治理难的执法场景，按照"一件事"思维持续集成区域类和事件类行政执法综合场景。三是探索建立体现综合执法特点的编制管理方式，平衡不同身份的利益诉求进行分流安置；推动执法力量以"化学融合"的方式融入基层政府，真正实现"人财物、权名责"的统一；建立赋权事项动态调整和评估机制，根据人口规模、产业特点等进行科学赋权。四是强化数字赋能，开发行政检查计划统筹制定实施、行政执法活动协同、行政执法争议协调等功能，围绕 AI 辅助执法场景，探索完善高频执法事项执法裁量基准智能匹配、智慧感知行政执法风险、自动推送行政执法监督处置建议等功能，真正实现智慧执法、智能监督。

（二）打造高竹新区跨省域行政执法一体化新样板

党的二十届三中全会作出"推动行政执法标准跨区域衔接"的战略部署。川渝高竹新区是成渝地区双城经济圈产业合作示范园区，在高竹新区推进全国首创跨省域行政执法一体化改革的尝试，对落实习近平总书记关于推动成渝地区双城经济圈建设的重要讲话精神、助推全国统一大市场建设具有重要意义。中央相关政策的顶层设计具有宏观性和整体性的特征，政策变现需要地方政府间分层对接与政策细化，这种"政策留白"是地方自主性和创新性的重要来源，有利于在中央的统一领导下发挥地方的积极性。在具体任务上，一是统一梳理川渝两地在高竹新区的执法事项，统一规范并依法授权川渝高竹新区管委会行使。二是按照"党建统领+派驻"等方式，由川渝两地共同安排人员组成新区执法力量，开展执法人员融合培训与团队建设，打造一支专业、团结、高效的执法队伍。三是按照"有利相对人"原则统一行政处罚裁量基准，避免"同案不同罚"，努力实现执法标准统一、行动协同，为成渝地区双城经济圈建设筑牢执法根基，形成可复制、可推广的跨省域执法一体化示范样本。

（三）纵深推进涉企行政执法改革

2024 年 12 月以来，党中央、国务院就规范涉企行政执法专项行动作出系列部署。改革工作归根结底需为治理服务，在经济高质量发展背景下，重庆市系统谋划涉企行政执法改革作为"大综合一体化"行政执法改革的专项内容，助力优化法治化营商环境。一是全量梳理涉企行政检查事项，实行清单化管理并动态调整，统筹制定涉企行政检查年度计划。二是制定并完善行政检查、行

政处罚、行政强制等裁量权基准和裁量权适用规则，广泛推行柔性执法。三是出台公共信用综合评价指引，制定"信用+风险"多维评价机制，全域推广差异化监管执法，普遍实行以信用为基础的"双随机、一公开"监管检查，全面推行"综合查一次"。四是开展全市规范涉企行政执法专项行动。部署应用"执法行为码（执法码）""执法对象码（企业码）"，增强 AI 赋能"执法+监督"数字应用。系统构建"无事不扰、包容审慎、严格规范、公正文明"的涉企行政执法模式，持续优化法治化营商环境。

（四）强化行政执法监督体系建设

党的二十届三中全会要求，"健全行政执法监督体制机制""确保执法司法各环节全过程在有效制约监督下运行"。重庆一以贯之坚持执法改革与监督协调一体推进、一体部署，以监督倒逼执法，推动严格规范公正文明执法。具体而言，要以行政执法协调监督工作"五大体系"建设为主线，构建行政执法协调监督"32341"工作架构。一是健全完善以"3"级全覆盖为基础的行政执法协调监督组织体系，确保监督触角延伸至最基层。二是迭代优化以"2"部地方性法规为支撑的行政执法协调监督制度体系，依托《重庆市行政执法监督条例》《重庆市大综合一体化行政执法条例》，制定行政执法事项管理、重大执法案件督办等工作规范。三是创新拓展以"3"项机制为重点的行政执法协调监督闭环实施体系，通过创新常态化行政执法监督、涉企行政执法监督、行政执法效能数字化评估三项机制，构建"监督+"矩阵式行政执法监督工作模式。四是持续延伸以"4"维联动为纽带的行政执法协调监督协同体系，整合司法行政内部监督、政府职能部门专项监督、诉讼检察纪检监察监督及社会监督力量，构建"四维联动"协同监督格局。五是迭代推广以"1"个应用为核心的行政执法协调监督保障体系，加快执法监督数字化转型。健全完善行政执法监督结果运用机制，细化督导考核规则。

参考文献

习近平：《坚定不移走中国特色社会主义法治道路，为全面建设社会主义现代化国家提供有力法治保障》,《求是》2021 年第 5 期。

马怀德主编《行政法前沿问题研究》,中国政法大学出版社,2018。

戢浩飞:《行政执法体制改革研究》,中国政法大学出版社,2020。

夏德峰:《综合行政执法改革政策执行过程的实践维度及其逻辑进路》,《河南社会科学》2022 年第 10 期。

张峰振:《整体政府理念下综合行政执法改革的统筹推进》,《中国政法大学学报》2024 年第 3 期。

B.22
重庆公共服务高效供给的实践探索

叶林东*

摘　要：　重庆全市上下坚持把实现人民对美好生活的向往作为现代化建设的出发点和落脚点，不断提升服务质量和水平，在公共服务高效供给上进行实践探索。但教育、就业、卫生等与群众生活密切相关的领域仍存在资源供给有待加强、服务水平有待提高等问题。为此，全市上下将精准聚焦"衣食住行、生老病死、安居乐业"民生需求，针对群众最关心、最直接、最现实的利益问题，做好普惠性、基础性、兜底性民生建设，满足老百姓多样化的民生需求。

关键词：　民生需求　公共服务　社会保障　重庆

民生系着民心，是党执政之本、人民幸福之基、社会和谐之源。习近平总书记视察重庆时强调，"中国式现代化，民生为大"。2024年以来，在重庆市委、市政府的坚强领导下，全市上下深入贯彻落实习近平总书记关于民生工作的重要论述和视察重庆重要讲话重要指示精神，认真落实党的二十届三中全会重大部署，持续践行以人民为中心的发展思想，采取更多惠民生、暖民心、顺民意举措，以更大力度加快补齐短板、增进福祉，切实提升人民群众获得感、幸福感、安全感。

一　2024年重庆公共服务供给情况

（一）重普惠，优质均衡公共服务体系不断完善

一是公共服务可及性不断提升。统筹城市更新、老旧小区改造等，积极打

---

　*　叶林东，重庆市发展和改革委员会社会处四级主任科员。

造"15分钟高品质生活服务圈",出台《重庆市中心城区15分钟生活圈专项规划》,推动商务、养老、医疗、就业、文化等生活圈齐头并进,5个社区入选全国完整社区建设试点,在中西部地区率先实现三级养老服务体系网络全覆盖。积极推进城市社区嵌入式公共服务设施建设试点,重点完善养老托育等领域设施,推动优质普惠公共服务下基层、进社区,推动基本公共服务更加贴近群众、可感可及。修订并发布《城乡公共服务设施规划规范》,明确了基础教育设施、医疗卫生设施等六大类设施的一般要求、设施类型、选址布局和配置要求,在切实兜牢民生保障底线的基础上,增加医养结合设施、老年大学教学点等品质提升和特色引导设施指标,加快提升公共服务保障水平。

二是公共服务均衡性持续强化。"一县一策"推动山区库区高质量发展,结合"小县大城""强镇带村"工程,加快促进公共服务资源向农村覆盖、边远地区倾斜。加快构建优质均衡的基本公共教育服务体系,建成全国学前教育普及普惠区县1个、义务教育优质均衡发展区县4个,义务教育集团化办学、学区制管理覆盖率达到80%,优质高中资源覆盖率达到75%。大力提升基层医疗服务能力,全面推动紧密型区县域医疗卫生共同体改革,累计派出"县聘乡用""乡聘村用"人员4600余名,建成区县域医疗卫生次中心32家。

三是公共服务保障力度进一步加大。持续优化财政支出结构,精准资金投向,加大基本民生支出保障力度,2024年全市社保和就业、城乡社区等领域一般公共预算支出分别同比增长5.1%、9.4%。持续调整提高孤儿、事实无人抚养儿童基本生活保障标准,有效保障孤儿和事实无人抚养儿童基本生活。兜住、兜准、兜牢民生底线,2024年全市养老、失业、工伤保险参保人数分别达2667万人、647万人、708万人,基本医疗保险参保率达到98.2%、持续高于全国平均水平,困难残疾人生活补贴标准、重度残疾人护理补贴标准进一步提高。

（二）强内涵,公共服务供给能力和水平不断提升

一是高质量教育体系逐步完善。支持办好人民满意的教育,健全基础教育经费保障机制,落实生均公用经费和学生资助政策,及时兑现高中教育、职业教育、高等教育国家奖助学金提标政策。推进职业教育发展,紧密对接"33618"现代制造业集群体系,在全国首创"分层级组建、实体化运行、数

字化治理"建设模式，建设1个国家级、3个市级、10个产业园区牵头的职业教育市域产教联合体，职业院校专业与重点产业匹配度达到88%。扩大高等教育资源供给，推进13所"四新"高校建设，成功设置首所本科层次公办职业大学，新增博士硕士学位授予单位3家、授权点65个。

二是医疗卫生服务提质增效。逐步扩容优质医疗资源，累计建成三甲医院55家，建成全国唯一智慧医保实验室等重大平台，获评国家中医药传承创新发展试验区和9个国家临床重点专科、23个国家中医优势专科。切实降低群众医药费用负担，"医检互认"为患者节约医疗费用近2亿元，基本公共卫生服务经费人均财政补助标准提高到94元，落实职工医保门诊共济保障机制改革，长期护理保险待遇享受范围扩大到中度失能人员。积极营造良好健康环境，推进卫生城镇创建三年行动，把全生命周期健康管理理念贯穿城市规划、建设、管理全过程各环节，卫生健康服务水平持续提升。

三是文体服务场景更加丰富。文化保护传承利用有力有效，文物"四普"工作推动有力，《非遗里的中国》重庆篇在央视综合频道播出，博物馆区县覆盖率达到100%。文化惠民水平持续提升，创建国家革命文物协同研究中心，举办首届中国·重庆科技电影周、文化旅游惠民消费季，每万人拥有公共文化设施面积增至820平方米，城乡居民综合阅读率达到92%。文旅产品加速供给，5A级景区增至12个，国家级旅游度假区增至3个，全国精品旅游线路达到17条，"两江游"完成客运量358万人次，文旅服务水平不断提升。加大群众体育资源供给，第十三届全民健身运动会、"全民健身月"、环三峡自行车赛等活动有声有色，进一步提供群众喜闻乐见的体育场景。积极承办中国杯世界花样滑冰大奖赛、WTT冠军赛、中欧篮球冠军杯等国际赛事，促进文化交流和民心相通。赛事经济不断发展，重马国际消费节带动商贸、文旅、房地产等行业实现收入超100亿元。

（三）兜底线，重点群体安全感幸福感不断增强

一是就业形势总体稳定。促进高质量充分就业，2024年全市城镇新增就业71.9万人、城镇调查失业率控制在5.3%，高技能人才在技能人才中占比达32%。印发实施《加快建设全市域青年发展型城市实施方案》，更好满足青年多样化、多层次发展需求，累计促进高校毕业生等青年留渝来渝就业创业

34.5 万人。深入实施"稳岗扩岗"工程和重点群体就业帮扶工程，农民工转移就业基本实现"愿出尽出"，出台"春风暖心·渝你同行"12 条暖心服务措施，推动农民工"应返尽返"。加大就业困难人员帮扶力度，健全就业援助机制，按需开展就业指导、技能培训。积极开展退役军人就业服务保障，强化学历教育、职业技能培训、专场招聘、定向招录招聘、再就业帮扶、支持创业等工作，转业军官、符合安排工作条件退役军人得到妥善安置。

二是社会保障体系更加完善。建立健全分层分类的困难群众兜底保障体系，加强与乡村振兴的有效衔接，推动社会救助制度覆盖所有需要帮助的困难群众。扎实开展精准保障行动，提高社会保障水平，特困供养标准提高到每人每月 975 元，城市、农村低保标准分别提高到每人每月 750 元、每人每月 610 元。开展低收入人口联合救助服务机制改革，建设社会救助服务联合体，搭建救助工作、资源整合、惠民有感等平台，健全救助力量协同、救助供需对接、救助事项联办等机制，努力提升低收入人口救助帮扶服务质效。构建多元救助格局，发挥社会组织在服务"一老一小""一困一残"等方面的积极作用，积极引导社会力量参与救助帮扶，依托公益慈善联合体举办"慈善+运动""慈善+集市"等公益活动，推动慈善深度融入大众生活。

三是养老托育供给持续扩容。深化"机构建中心带站点进家庭"可持续社会化运作模式，支持大型民营养老服务企业参与公建民营改革，承接街镇中心、社区站点连锁化运营，发展居家上门服务，街道社区养老服务设施社会化运营率超过 90%，全市养老床位利用率从 53%提高到 55%。完善养老设施服务功能，探索建立供需适配、成本分担、多元主体参与、规范监管"四大机制"，老年食堂年服务人次突破 200 万，开展 100 家社区医养中心建设试点，家庭养老床位突破 5000 张。不断健全完善托育服务体系，落实落细全市 3 岁以下婴幼儿照护服务能力提升三年行动计划，持续推进托幼一体化发展，多渠道增加托育服务供给，2024 年新增托位 2.9 万个，全市每千人口拥有 3 岁以下婴幼儿托位数达到 4.19 个，普惠托位占比达到 40%。

（四）抓统筹，保障和改善民生不断推进

一是持续抓好社会民生领域改革事项。持续推进社会民生领域"三个一批"重点改革，按照"加快实施""准备启动""谋划储备"分类储备推进中

心城区停车管理改革、按疾病诊断相关分组付费改革等 22 项重点民生改革，10 个"加快实施"项目的 32 项年度核心目标任务全部完成。完善基本公共服务制度体系，围绕深化教育综合改革、完善收入分配制度、完善就业优先政策、健全社会保障体系、深化医药卫生体制改革、健全人口发展支持和服务体系、完善公共服务供给体系等方面加强改革项目储备。

二是健全民生报表工作体系。严格落实党建统领"885"工作机制，聚焦民生重点领域、关键环节，突出抓实全局性、支撑性、引领性工作，围绕收入、就业等设置关键指标并迭代升级民生报表，更好发挥民生工作"指挥棒"作用，增进民生福祉，创造高品质生活。建立月调度、季采集、年分析工作体系，激发基层干事创业热情，营造比学赶超氛围，推动各区县就业增收水平稳步提升，公共服务便捷程度不断提高，社会保障力度持续加大，为民办实事取得良好成效，民生改善总体向好。

三是滚动实施 15 件重点民生实事。针对民生领域突出问题，从人民群众最关心最直接最现实的利益问题出发，着眼重点人群、聚焦突出领域，按照"抓重点、补短板、强弱项"的要求，滚动实施好重点民生实事。2024 年 3 月，市政府主要领导在国务院新闻发布会上专门就重庆市民生实事情况向各界宣传推介，产生良好反响。城镇老旧小区改造和社区服务提升、城市公园建设等 15 件市级重点民生实事全部提前完成全年目标任务，一批群众最关心最直接最现实的利益问题得到解决，民生网底更加密实，切实把实事办得更实、好事办得更好。

二　重庆公共服务供给面临的问题

民生领域涉及面广，且因地域、行业发展差异，老百姓对美好生活的向往等因素，在不同区域不同时段的民生短板弱项也在发生变化。聚焦群众最关心最直接最现实的教育、就业、卫生、社会救助、社区服务等领域，研究发现还存在以下问题。

一是优质教育资源供给不够均衡。渝东北、渝东南等区域与中心城区的办学质量存在差距，农村学校与城市学校相比也存在一定差距，部分学校师资力量薄弱、教学设施落后。同时，区域和城乡不均衡导致优质生源不断向中心城区和城市学校集中，进一步加剧了教育资源分配的失衡。

二是就业支持存在短板。产教融合"校热企冷"、合作层次偏低、表面化等现象一定程度存在，合作企业（行业协会、园区）缺乏稳定的经费支持和实习实训资源，校企协同人才培养模式亟待创新。就业市场存在供需错位，传统行业需求收缩，新兴产业人才培育不足。就业服务有待加强，教育部门、人社部门、企业等信息共享不畅，服务供给存在盲区。

三是卫生健康服务水平还需提高。医疗服务设施配置响应人口流动的能力不足，城乡、区域差距较大，三甲医院等优质公共服务资源集中在主城都市区。基层医疗卫生机构"小、散、弱"现象仍然存在，部分机构业务用房陈旧，医疗设施设备配置不齐，房屋内部装修老化。医保、医疗、医药政策协同、信息联通不够，检查检验结果互认、费用一站式结算、电子健康档案共享等仍需推进。

四是多层次社会保障体系有待完善。部分未参保人员存在信息不准确、更新不及时等问题，无法精准锁定、高效联系。社会救助涉及民政、人社、住建等多部门，政策和资源分散，统筹协同、信息共享不足。政府救助与慈善组织在帮扶对象、信息、资源等方面衔接不畅，难以准确、及时、全面掌握调度社会救助资源，无法精准匹配供需两侧。救助信息存在交互能力不足，容易产生重复救助或救助遗漏。此外，基层反映社会救助工作存在救助流程复杂、信息采集核对等工作量大、信息准确性时效性不高、重复劳动等问题。

五是社区治理服务质效不足。部分老社区基本公共服务设施短板突出，尤其是医疗卫生、养老托育等领域存在供给不足、品质不高、便捷度不够、发展不均衡等问题，外加山地特殊地形地貌下，老旧社区垂直分异且"挤、窄、陡"，社区嵌入式服务设施建设亟待推进。社区公共服务资源整合不足、缺乏综合打造，社区治理相关职能部门之间信息沟通不够，协同发力的主动性不强、联动性不够，社区、社会组织、社会工作者以及企业等多方主体合力发挥不足，社会力量有序参与基层治理的内生动力不足、制度还不够完善。

三 重庆公共服务供给前景展望

全市上下将认真贯彻落实党中央、国务院决策部署，按照市委、市政府工作安排，坚定践行"中国式现代化，民生为大"要求，紧扣党建统领"885"工作机制，精准聚焦"衣食住行、生老病死、安居乐业"民生需求，以解决多跨问题、加快提高公共服务水平、持续增强公共服务均衡性和可及性为牵引，在发展中更加注重保障和改善民生，针对群众最关心最直接最现实的利益问题，做好普惠性、基础性、兜底性民生建设，满足老百姓多样化的民生需求。

（一）着力筑牢民生保障底网

一是加快完善社会救助体系。完善分层分类社会救助政策制度，推进低保等社会救助扩围增效，研究制定刚性支出困难家庭认定办法，全面开展低保边缘家庭、刚性支出困难家庭认定工作，完善低收入人口就业救助、产业帮扶等发展型政策措施，推动专项救助政策覆盖到更多低收入人口。提档升级社会救助服务联合体功能作用，加快构建三级联动的社会救助服务联合体，全面开展服务类社会救助试点，建立服务类救助需求评估体系，因地制宜编制服务类社会救助清单，拓展多样化社会救助服务。强化全市低收入人口动态监测，加强部门信息共享，实现经办服务、经济状况核查、监测预警等贯通融合，深入开展社会救助领域综合治理。

二是加强重点群体关爱保障。积极应对人口老龄化，推广"机构建中心带站点进家庭"可持续社会化运作模式，深入开展"银龄行动"，健全医养结合服务体系。开展困境儿童精准保障、关爱保护、安全守护"三大行动"，推动儿童福利事业高质量发展。提高基层退役军人服务水平，规范基层退役军人服务中心（站）服务。实施高质量就业优先战略，拓宽高校毕业生、农民工等群体就业渠道，建立健全就业分类帮扶机制，推动零就业家庭动态清零。

三是滚动接续实施重点民生实事。坚持人民至上，针对人民群众最关心最直接最现实的利益问题，围绕中央有要求、群众有期盼、改善有基础的民生领域，坚持问题导向，以构建优质均衡的基本公共服务体系为主线，以健全保障和改善民生制度体系为目标，坚持尽力而为、量力而行，按照"15+N"体系架构，统筹好既有民生实事的滚动接续和新增谋划事项的协同推进，不断满足人民对美好生活的向往。

（二）着力提升公共服务供给质量

一是加快构建优质均衡基本公共教育服务体系。构建统筹优质基础教育资源跨区域配置机制，大力推进"教共体"建设，加快推进义务教育优质均衡发展区县创建。加快实施教育改革集成式攻坚行动，深化新时代教育评价、考试招生就业制度等一系列改革，构建"政产学研用"深度融合新机制。完善以市域产教联合体为载体的产教融合发展机制，聚焦全市重点产业集群，分别由产业园区、行业企业、学校牵头打造产教联合体，推进实现市级以上重点园区、高职院校、规模以上企业参与产教联合体全覆盖，职业教育服务经济社会发展能力显著提升。

二是促进优质医疗资源扩容下沉和均衡化布局。构建医保医疗医药协同发展治理体系，推进"医检互认""云医"等应用场景取得实战实效。深化以公益性为导向的公立医院改革，建立以医疗服务为主导的收费机制，推进卫生健康治理体系和治理能力现代化。推动区县三级医院全覆盖，推进区县、乡镇（街道）、村（社区）三级贯通，持续深化"县聘乡用""乡聘村用"改革。

三是繁荣发展群众喜闻乐见的文体服务。提升公共文化服务效能，新（改、扩）建"城市书房""文化驿站"等新型公共文化空间。加强城乡公共文化服务体系一体化建设，持续开展戏曲进乡村项目和流动文化进基层活动，推动公共文化设施向基层拓展覆盖。优化发展赛事经济，培育重庆马拉松等品牌赛事，促进体育赛事与文化旅游等融合发展。

（三）着力推动社会民生领域制度创新

一是统筹提升公共服务可及性。出台落实"15 分钟高品质生活服务圈"改革方案，推动优质城市公共服务往基层延伸、向社区下沉，统筹实施打造"1+8"高品质生活服务圈改革。推进"平急两用"公共基础设施建设，统筹推进城郊大仓基地、医疗应急服务点等建设，提高城市应对突发公共事件的应急处置能力。2025 年先行启动 50 个社区进行社区嵌入式服务设施建设试点，建设功能集成、布局合理的社区嵌入式服务综合体。

二是推进社会民生领域改革。聚焦打造健全保障和改善民生制度体系标志

性成果，建设高品质生活宜居地，分类纵深推进社会民生领域改革。推动实施完善就业优先政策和收入分配制度等集成式标志性重大改革项目，推进实施社会保障卡"一卡通"等锻长板重点改革项目，加快实施低收入人口联合救助服务机制等补短板重点改革项目。

三是提高为群众和企业高效办事服务水平。聚焦群众和企业高频事项，优化存量服务，拓展增量开发，深化公共服务"掌上办""网上办"改革，有力推动惠民强企有关事项落地落实。围绕个人、企业、项目全生命周期，推动关联性强、办事需求量大、办理时间相对集中的多个事项集成办理，为群众和企业提供"一件事一次办""一类事一站办"服务，健全接诉即办、未诉先办服务机制，实现群众和企业诉求"一键响应"。

B.23

系统重塑"四区两廊"格局
完善"大综合一体化"城市文明综合
治理体系

张　锐*

摘　要： 城市文明是指在城市范围内，人们在社会生活、工作、生产、文化活动以及人际关系等方面，所形成的一种高度发达的物质文明和精神文明的结合体。它是一个综合性的概念，涵盖城市文化、社会、环境、经济等各方面的文明程度和表现。城市文明内涵丰富、外延宽广，是一道开放的命题。如何做好"大综合一体化"城市文明综合治理这篇文章，如何建设具有典型性、标杆性、引领性的中心城区城市文明示范区，需要理论的创新，更需要实践的探索。文明治理作为城市治理的重要方面和重要手段，需要创新体制机制，依靠数智赋能、法治赋能、创建赋能，积极探索建立"大综合一体化"城市文明综合治理体系。着力提升市民素质与文明素养，推进城市顽症痼疾整治，推动高品质发展，创造高品质生活，实现高效能治理，营造更加整洁优美、更为文明有序、更富创新活力的城市环境。

关键词： 城市文明　综合治理　"大综合一体化"　重庆

城市是我国经济、政治、文化、社会等各方面活动的中心，在党和国家全局工作中具有举足轻重的地位。开创城市高质量发展新局面，必须不断推进城市治理体系和治理能力现代化。党的十八大以来，习近平总书记围绕超大城市现代化治理发表系列重要论述。总书记强调人民城市人民建，人民城市为人

---

* 张锐，中共重庆市委宣传部文明创建处副处长。

民；强调要把增进民生福祉作为城市建设和治理的出发点和落脚点；强调要强化依法治理，善于运用法治思维和法治方式解决城市治理顽症难题，努力形成城市综合管理法治化新格局；强调推动形成超大特大城市智慧高效治理新体系；强调历史文化是城市的灵魂，要像爱惜自己的生命一样保护城市历史文化遗产等。2024 年 4 月，习近平总书记视察重庆，指出"重庆是我国辖区面积和人口规模最大的城市，要深入践行人民城市理念，积极探索超大城市现代化治理新路子"，"建立健全'大综合一体化'城市综合治理体制机制"，"深化城乡精神文明建设，推进移风易俗，提高全社会文明程度"。

为学习贯彻落实习近平总书记重要论述和殷殷嘱托，2024 年 12 月，中共重庆市委、重庆市人民政府印发有关加快建设超大城市现代化治理示范区的政策文件，明确"1118"工作框架，其中的"8"即突出抓好城市文明综合治理等八项重点任务。2025 年全市"新春第一会"强调，要推动超大城市现代化治理示范区建设取得突破性进展。会后，印发超大城市现代化治理示范区年度行动方案，将 2025 年确定为全市建设超大城市现代化治理示范区的"突破攻坚年"。围绕市委工作部署，2025 年全市宣传部长会议上提出"系统重塑全市精神文明建设格局"，"完善'大综合一体化'城市文明综合治理体系"等系列举措，搭建起改进创新精神文明建设的"四梁八柱"。"四区两廊"强调因地制宜、分类施策，统筹建设中心城区城市文明示范区、渝西城市文明涵养区、渝东新城城市文明涵养区、渝东南文明乡风建设示范区、三峡库区沿江文明走廊，以及协同四川省进一步打造川渝新时代文明实践"一廊四带"。以此为契机，全市上下统筹推动文明培育、文明实践、文明创建，形成城乡互动、分级分层的精神文明建设工作大格局，为奋力谱写中国式现代化重庆篇章提供坚强思想保证、强大精神力量和有利文化条件。

一 完善"大综合一体化"城市文明综合治理体系的实践探索

过去的一年，全市精神文明建设坚持以习近平新时代中国特色社会主义思想为指导，深入学习宣传贯彻党的二十届三中全会精神和习近平总书记视察重庆重要讲话重要指示精神，深学笃行习近平文化思想，把握改革之年、创新之年、转型之年契机，紧扣主题主线、围绕主责主业、聚焦大局大事、突出创新创造、注重实干实效、强化团结团队，城市文明治理稳步推进，取得显著成效。

（一）改进创新精神文明创建成效显著

市委文明办明确定位、转变角色、改进方法，努力当好顶层设计"规划师"、深化创建"辅导员"、联系基层"服务员"。创新提出"五化四合"思路，探索建立"法治化、规范化、数字化、无感化、常态化"创建机制，推动文明创建与全市经济社会发展中心工作"融合、结合、配合、契合"。落实"民生为大"理念，梳理并落实创建指标民生实事50余项。高质量完成第七届全国文明城市、文明村镇、文明单位和第三届全国文明家庭、文明校园创建申报推荐工作，15个提名区县顺利、平稳接受全国评估。

（二）三级数字化城市运行和治理中心"文明创建"跑道成功跑通

积极融入数字重庆建设，在三级数字化城市运行和治理中心的8条跑道中，"文明创建"跑道与环境、民生、安全、经济等跑道"并驾齐驱"。科学设置子跑道6条，谋划多跨协同处置"一件事"流程45个，251项具体指标接入市治理中心驾驶舱。巫溪开发"文明创建智管"系统，进入全市共享复用推广阶段。创新开发"文明创建工作智管""失物招领""'牛皮癣'治理""文明骑行""便民集市服务"等文明创建相关应用。

（三）川渝新时代文明实践"一廊四带"建设成果丰硕

唱好"双城记"，首创"跨省共建"模式，与四川省委宣传部联合开展"巴蜀同脉　文明同行"川渝新时代文明实践工作。打造覆盖毗邻30个县（市、区）、2388万人口的"一廊四带"，促进建设川渝毗邻地区精神文明共建示范带、区域经济合作平台、红色文化旅游走廊、爱国主义教育和国防教育重要基地。川南渝西、川中渝西、川东北渝北、川东北渝东北4条文明实践带推出各具特色的亮点品牌，取得明显成效。

（四）"春风满巴渝"社会风气提升行动形成品牌

针对婚丧陋习、欺诈失信等重点问题，深入实施"文明节俭、奋斗有我、诚实守信、健康娱乐、渝见有礼"五大行动。开展党的创新理论宣讲、文明礼仪培训、科普知识宣传等活动10.8万余场，组织群众性文体活动123万余场，打击坑蒙拐骗、制假售假等违法犯罪行为3200余起，劝退"无事酒"2800余场，有效遏制了社会不良风气。该项目入选市委六届六次全会"集成式标志性重大改革项目"，在中国文明网举办的"文明中国·看重庆"中作为省级典型案例向全国推介。

（五）文明培育十件"小案小事"治理专项行动形成常态

聚焦不规范停车、不礼让斑马线、不文明养犬、高空抛物坠物等10件人民群众关切、反映强烈的身边"小案小事"，联动20个市级部门开展10件"小案小事"治理专项行动。加强宣传引导，在《重庆新闻联播》推出系列报道，在《重庆日报》设置专题专栏，在广场户外屏、轨道交通站点多点投放公益广告。突出数字赋能，促进专项治理有效推进。《人民日报》对重庆"小案小事"治理成效进行了大篇幅报道。

（六）"德法相伴 文明相随"行政执法主题实践深入开展

联合市司法局，组织城市管理、市场监管、生态环境等执法部门，将行政执法与精神文明创建有机融合，纵深开展文明执法培训，提升一线执法人员执法素养，确保严格规范公正文明执法。在文明执法过程中促进市民文明素养和社会文明程度提升。广泛开展群众宣传活动，精准普法释法，扩大文明执法的知晓度与影响力。

（七）先进典型思想道德教育引领作用有效发挥

加强和改进先进典型选树工作，建立健全常态联动机制。成功推荐全国道德模范候选人9名，累计评选市级道德模范352人，获评全国道德模范13人。评选"重庆好人"80人（组），入选"中国好人"31人（组），累计评选"重庆好人"2790人（组）、"中国好人"359人（组）。开展"好人进校园、进机关、进企业"、身边好人"乡村公益行"等活动，促进学习宣传先进典型与思想道德教育有机结合。

（八）未成年人思想道德建设取得新突破

选树 100 名重庆市"新时代好少年"，石柱三河小学女子足球队、北碚的吕世蓬同学荣获 2024 年全国"新时代好少年"称号，其中石柱三河小学女子足球队成为全国 7 名（组）重点宣传发布对象之一。梁平实验小学的乡村学校少年宫作为全国 4.2 万所乡村学校少年宫的唯一代表在全国推进会上发言。未成年人心理健康工作相关经验在全国培训会上作交流发言。建设"泸江永荣"家庭教育协同发展联盟，创新设置"甜甜屋"空间育人阵地，品牌效力进一步强化。

二　完善"大综合一体化"城市文明综合治理体系面临的挑战

（一）意识形态风险监测研判机制不健全

社会民生领域热点舆情向意识形态领域传导风险增大，影响城市安全。突发网络舆情事件凸显阵地管理联动性不强，主管部门和属地联动机制没有建立，事件发生后处置滞后。校地企协作不够，个别区县执行活动"一会一报"审批制度不严格。个别区县 LED 屏管理不到位，播出不当信息，造成不良影响。防范化解新技术引发意识形态风险的能力有待加强。数字赋能意识形态工作还需强化，存在意识形态数据共享困难、跨部门业务协同不足等短板，需加快提升数字化水平，以谋划建设"意识形态安全综合快响"综合场景为契机，打造有重庆辨识度、全国影响力的数字化应用。

（二）城乡精神文明水平不高

文明创建助推超大城市现代化治理的标志性成果不多。社会主义核心价值观"三融入"不够，"一老一小"的认同感较差。大数据显示，关注社会主义核心价值观的群众中，18～30 岁、31～50 岁、50 岁以上的分别占比 32%、

50%、18%。文明创建助推超大城市现代化治理牵引力不足，全国文明城区创建数量、覆盖率还有一定差距。办无事酒、大操大办、不规范停车、不文明养犬、高空抛物坠物等群众身边"小案小事"亟待治理。问卷显示，农村10.2%的受访者表示一年人情开支占家庭总收入50%以上，33.6%的受访者表示人情开支已较大影响家庭生产生活。根据2024年3~4月市社情民意中心、重庆文明网、"文明重庆"微信公众号联合对20901名市民的抽样调查，84.5%的城镇市民、72.05%的农村居民、80.58%的网民认为还存在不文明行为。

（三）城乡区域间文化服务和产品供给不平衡

文艺创作机制不健全，生产资源要素分散、重点环节缺失，原创、转化能力不强，"渝字号"文艺精品尤其是现实题材精品和主创、主导、主演、主编的精品不多，与先进省市相比差距较大且有进一步扩大趋势。同时，存在创演人才等专业人才缺乏的情况，公共文化服务建设不够完善，高品质群众文化活动数量不多、重大文化设施建设滞后，渝东北每万人拥有公共文化设施面积仅占主城都市区的51%，文化投入总体偏小。

三 完善"大综合一体化"城市文明综合治理体系的对策措施

（一）擘画"四区两廊"的全市精神文明建设工作大格局

因地制宜、分类施策，统筹推进中心城区城市文明示范区（9个区+2个开发区）、渝西城市文明涵养区（8个区）、渝东新城城市文明涵养区（5个区县+1个开发区）、渝东南文明乡风建设示范区（6个区县）、三峡库区沿江文明走廊（7个区县）建设，协同四川省委宣传部进一步打造川渝新时代文明实践"一廊四带"〔覆盖川渝30个县（市、区）〕。打造中心城区城市文明示范区。集中力量和资源，组织中心城区一体化创建全国文明城区，整体展现国家中心城市、现代化国际大都市的文明魅力，成为"超大城市现代化治理示范区"最具标志性的成果之一。打造渝西城市文明涵养区。高质量整体布局创建全国文明城区，向内逐步实现与中心城区的文明治理同城联动，向外稳步促进与四川毗邻地区的文明资源融合发展，不断增强承东启西、接南转北的区域文明能级。打造渝东新城城市文明涵养区。强化区域协同，梯次创建全国文明城区（县），融合互动中心城区，辐射联动渝东北三峡库区、渝东南武陵山区，充分发挥成渝地区双城经济圈东部发展的文明支撑作用。打造三峡库区沿江文明走廊。突出生态优先、绿色发展，统筹利用长江干支流特色地理景观和历史文化遗产，弘扬巴渝文化、三峡文化、革命文化、移民文化，持续深化文明旅游、文明交通等文明风尚行动，为长江经济发展走廊提供文明支撑。打造渝东南文明乡风建设示范区。突出文旅融合、城乡协同，统筹自然景观和民族交融资源，弘扬少数民族文化、革命文化，以高品质的乡风文明和民俗文化成果，赋能具有山地特色和独特魅力的文旅融合发展示范区。深化川渝新时代文明实践"一廊四带"建设。协同四川省，在川渝毗邻地区 30 个县（市、区）高标准建设川渝精神文明共建示范带、红色文化旅游走廊、爱国主义教育和国防教育重要基地，赋能成渝地区双城经济圈建设。

（二）大力弘扬重庆城市精神，激发高质量发展的内生动力

将城市精神转化为培育市民昂扬向上精神状态的丰厚滋养。2024 年以来，全市围绕重庆的历史传承、区域文化、时代要求，通过一年多的征集、投票和反复比选、论证、提炼，正式发布"坚韧、忠勇、开放、争先"的重庆城市精神。这一精神，充分彰显了重庆的"根"和"魂"，准确把握了重庆面临的"时"和"势"，高度概括了重庆对"我是谁""我要干什么"的回答，集中体现了一个城市的文化品格和集体人格。在奋进新征程、建设新重庆，共同书写中国式现代化重庆篇章的宏伟征程中，迫切需要城市精神这个重要纽带，更好地凝聚和引领 3200 万巴渝儿女敢闯敢干、敢为人先、唯实争先。充分发挥红岩精神思政教育的价值功能。进一步深入挖掘红岩文化的历史价值、时代价值，推动红岩文化资源的研究阐释和活化利用，提升红岩文化知名度、美誉度和影响力。持续深化红岩思政研学教育基地建设，实现红岩思政教育大中小学一体化。充分发挥先进典型的榜样作用。健全完善先进典型培育选树、礼遇关爱、宣传推广等制度机制。大力培育选树时代楷模、道德模范、感动人物、重庆好人、最美重庆人等先进典型。大力宣传展示典型人物奋进新征程、建设新

重庆的生动实践和感人故事，以新时代好榜样引领带动全社会崇德向善、奋发向上。

（三）大力推进文化繁荣发展，涵养城市人文气质

砥砺创作"渝派"文艺精品。鼓励引导市内外优秀创作生产机构来渝创作采风，真切感悟新重庆发展的蓬勃景象，采撷鲜活生动的现实素材，集中优质资源要素倾力打造具有重庆辨识度、全国影响力的"一部电影、一部电视剧、一台戏、一本书、一首歌"，让"立得住、叫得响、传得开"的优秀作品展示时代风貌、引领社会风气。创新推动文化遗产"活起来""火起来"。加强对建筑、民俗、传统技艺、民间文学等类别丰富的文化遗产的研究保护，展示巴渝人民生生不息的生活智慧与精神品格。在"创造性转化、创新性发展"上找思路、想办法，真正把巴渝文化的"老矿藏"讲成动听动人的"新故事"。精心办好文化惠民活动。科学统筹文化服务资源，主动精准地掌握群众的精神文化需求，积极采用虚拟现实、人工智能、大数据等新技术，深入探索文化惠民活动的新形式、新载体，让人民群众在多彩多元的文化活动中收获幸福感、获得感、参与感。"做靓擦亮"重庆文化品牌。以2025长江文明论坛为契机，联动世界各地大河流域，凝聚更多共识、更多智慧，推出更多研究阐释成果，做好论坛成果的推广转化，丰富提升重庆城市叙事、国际影响。在首届中国音乐文学盛典成功举办的基础上，积极谋划提升，汇聚音乐文学力量，助力文化强市建设。持续擦亮川渝春晚、新年音乐会、江畔音乐会、奉节国际诗歌节等文化品牌，不断放大品牌活动声量，塑造"山水之城　魅力重庆"的人文形象。

（四）强化城市文明综合治理，打造宜居宜业宜游的城市品质

着力提升市民文明素质。常态化开展"小案小事"专项治理，建立培育与治理、自律与他律、惩戒与教育相结合的长效工作机制，多跨协同、分类施策、精准发力，有效整治不规范停车、不文明养犬、不文明出行、不文明上网、高空抛物坠物、餐饮浪费等群众关切问题。坚持"德法兼治"理念，贯彻落实《重庆市文明行为促进条例》，制定出台相关配套措施，持续开展"德法相伴　文明相随"行政执法主题实践，增强以法治手段治理不文明行为的

效力。着力培育社会文明风尚。以社会主义核心价值观为引领，持续深化公民道德建设，大力弘扬劳动精神、奋斗精神、奉献精神、创造精神、勤俭节约精神，培育时代新风貌。不断深化"春风满巴渝"社会风气建设，切实扭转婚丧陋习、欺诈失信、消极躺平、低级趣味、冷漠自私等不良风气。大力弘扬雷锋精神和志愿精神，讲好新时代雷锋故事，激发社会情感共鸣，形成"我为人人、人人为我"的良好社会风尚。着力培树行业文明新风。重点加强交通、医疗、水电气等窗口行业文明建设，加强职业道德教育和职业技能培训，切实提升行业服务质量，培育一批"雷锋的士"这样的城市文明形象"代言人"。加强餐饮、住宿、购物等行业文明建设，积极营造安全、便捷、舒心的环境氛围，彰显国际消费中心城市、旅游城市的文明理念和人文关怀。

（五）办好民生实事，让市民群众生活更美好

切实抓好群众身边小事。对标"全国文明城市指标体系"和"全国未成年人思想道德建设工作指标体系"，聚力办好公共设施设备建设、市容市貌、通勤通达、托育托幼等群众反映强烈的民生实事。特别是河流污染、交通拥堵、市政照明、闲置地脏乱差等因跨区跨界而久拖未决的问题。提高"12345"政务服务热线的办结率和满意度。运用三级数字化城市运行和治理中心平台，采取线上线下相结合的方式，建立健全群众参与机制，畅通群众诉求表达、利益协调、权益维护的渠道。加强政务诚信建设，压实工作责任，优化工作流程，强化跟踪督办，提升政务服务质量和效率，以实实在在的工作成效提升市民群众的满意度。杜绝形式主义、形象工程。坚持民生导向、目标导向、问题导向、结果导向相结合，以群众满意为根本标准。积极守正创新，强化系统观念，加强分类指导，狠抓过程管理，坚决制止损害群众利益的乱作为行为，防止"运动式""一刀切"等错误做法，防止突击扰民。

（六）树立正确社会舆论导向，让城市主旋律高昂、正能量充沛

推动党的创新理论"飞入寻常百姓家"。坚持不懈用习近平新时代中国特色社会主义思想武装全党、教育人民，深化中国特色社会主义和中国梦宣传教育，引导干部群众把握丰富内涵、精神实质、实践要求，打牢信仰信念的思想根基。加强新时代文明实践中心、融媒体中心融合发展，深化新时代文明实践

"六讲"等活动,以群众喜闻乐见的方式推动党的创新理论落地生根。重视青少年学生群体,推动党的创新理论进教材、进课堂、进头脑。构建意识形态安全智控体系。健全各级各类阵地一体化统管、数字化智管体系,迭代"三全协同"体系,形成意识形态风险智控综合场景总体布局,提升意识形态风险感知、预警、决策、处置闭环管控能力。深入推进"扫黄打非"工作,突出抓好"净网""护苗""秋风"等专项行动,深入开展利用网络书店销售非法出版物等专项整治,全力维护健康向上的社会文化环境。抓好管网治网用网。深入推进网络文明建设,实施"重庆好网民·天天正能量"工程,开展"文明之声""全民阅读大会"等网上宣传主题活动,建设网络文明素养实践教育基地。一体化开展"清朗""剑网"等行动,针对网络诈骗、网络暴力、造谣诽谤、畸形"饭圈"等网络乱象,加强正面宣传引导,教育广大网民在现实生活中争做好公民、在网络空间中争当好网民。建设网络舆情"山城哨"监测预警体系,坚持舆论引导、社会面管控、依法处理"三同步",跨区域协同应对重大网络舆情风险。

参考文献

习近平:《关于〈中共中央关于进一步全面深化改革、推进中国式现代化的决定〉的说明》,《求是》2024 年第 16 期。

包心鉴:《充分发挥文化建设在推进国家治理现代化中的重要作用》,中国社会科学网,2021 年 3 月 30 日。

师文岭:《"文明城市"向"城市文明"进化路径探讨》,《精神文明报》2024 年 9 月 10 日。

B.24
全面构建党建统领"一中心四板块一网格"基层智治体系 打牢夯实超大城市现代化治理基石

中共重庆市委组织部

摘 要： 重庆市深入贯彻习近平总书记关于基层治理的重要论述，着眼提升超大城市治理能力，创新实施"党建扎桩·治理结网"改革，健全党建统领工作体系、"一中心四板块一网格"组织体系、三级清单责任体系、赋权扩能支撑体系，构建一体化治理智治平台，推动基层治理领导体制、组织结构、治理形态、运行机制、能力模式不断完善，有力提升党建引领基层治理效能。

关键词： 党建引领基层治理 基层智治体系 数字赋能 超大城市现代化治理

习近平总书记视察重庆时强调，要深入践行人民城市理念，积极探索超大城市现代化治理新路子。重庆市深入贯彻落实习近平总书记视察重庆重要讲话重要指示精神，认真落实中央部署，围绕夯实超大城市现代化治理的底座基石，深入实施"党建扎桩·治理结网"改革，全市域构建"一中心四板块一网格"基层智治体系，推动基层治理由自上而下向上下联动、由单打独斗向协同共治、由传统治理向智能治理转变。

一 重塑党建统领工作体系，形成统揽有力的领导体制

坚持把理顺基层治理领导体制机制作为关键一招，强化党建统领作用，切

实把党的领导贯穿于基层治理全过程、各方面。一是健全组织体系。党的领导、党的全部工作要靠党的坚强组织体系去实现。市级层面，设立党建引领基层治理协调机制，协同解决跨领域、跨部门、跨地域、跨业务重点事项；区县层面，同步建立协调机制，加强工作协同，形成整体合力；镇街层面，推动街道社区党建、单位党建、行业党建互联互动，统筹协调辖区资源、增强整体效应；社区层面，完善"兼职委员"制，发挥兼职委员及其所在单位作用，共同解决群众身边的"关键小事"；网格层面，采取单建或联建方式全覆盖建立网格党组织，把党的全面领导有效覆盖至基层治理"神经末梢"。二是聚合各方力量。充分发挥党组织领导作用，形成党建"同心圆"、治理"一盘棋"。针对在职党员干部，推动到社区进小区报到服务，广泛开展法官、检察官、社区民警、党员律师和家庭医生进网格活动，推动水、电、气、讯等公共服务力量下沉网格。针对新就业群体，成立互联网、出租车、快递等行业党委，设立暖"新"驿站，积极引导快递员、外卖送餐员、网约车司机等参与代办跑腿、文明劝导、爱心接送等志愿服务。针对社会组织，积极培育扶持基层公益性、服务性、互助性社会组织，引导社会组织救助困难群众、调解矛盾纠纷，形成共建共治强大合力。

二 重塑"141"组织体系，建成扁平高效的治理格局

针对镇街职能交叉、力量分散的问题，建立健全"一中心四板块一网格"基层智治体系，做到综合集成、扁平一体。一是做强"一中心"。镇街全覆盖建立基层治理指挥中心，作为镇街平时运行中枢、急时前沿指挥部，在党（工）委统一领导下行使指挥权、督导权、考核权，承担任务分办、协同流转、运行监测、分析研判、应急指挥等职责。二是做优"四板块"。按照扁平化管理、矩阵式协同原则，整合优化镇街综合办事机构和事业站所、派驻机构，构建党的建设、经济发展、民生服务、平安法治"四板块"，在板块下设立若干岗位、明确岗位职责，加强跨板块沟通协调。三是做实"一网格"。聚焦打通基层治理"末梢"，深入实施党建引领网格治理提升行动，考虑属地性、整体性、适度性，行政村一般以自然村、村民小组为单元，社区一般以居民小区、住宅小区、若干楼院为单元划分网格；针对商务楼宇、各类园区、商

圈市场、学校医院等特定区域，结合实际设立专属网格。每个社区按照"1+3+N"模式配备网格力量，注重网格员能力建设，提升专业能力、实战能力。建立网格常态联系走访、"网格吹哨、部门报到"、平急一体快速响应等机制，网格在除险固安、为民服务等方面的作用有效发挥。

三　重塑三级清单责任体系，打造边界清晰的职责链条

针对基层治理"小马拉大车"问题，依据党章党规、法律法规，在充分调研的基础上，制定镇街、村（社区）、网格三级事项清单，做到越往下越简单，切实减轻基层负担。一是镇街职责边界清。在2023年"一乡一策"制定镇街法定职责事项、协同配合事项责任"两张清单"基础上，按照中央部署进行迭代。强化清单事项刚性约束，对未列入清单的工作，严禁区县部门以评比验收等方式，把工作责任和任务随意派交镇街承担。二是村（社区）任务事项清。在2023年制定村（社区）"四清单一目录"的基础上，对现有法律法规等进行再梳理再核对，迭代《涉村（社区）事项"四清单一目录"（2024年版）》，明确村（社区）依法履职事项、依法协助配合事项、负面事项、依法出具证明事项、不应出具证明事项、挂牌指导目录。同时，制定落实村（社区）工作准入事项管理办法，健全事前准入、动态管理机制。三是网格员闭环任务清。按照量化、具体化的要求，制发网格员任务清单，明确日常巡查走访、协处突发事件、主动服务群众、正面宣传引导等"6+1"重点任务，实行照单履职。

四　构建赋权扩能支撑体系，健全条块协同的运行机制

推动权力下放、资源下沉、保障下倾，释放基层治理新动能。一是健全统筹调度机制。推动相关行业管理部门细化具体措施、融入工作流程，确保镇街规划听取意见权等落地落实，有效增强镇街党（工）委统筹协调能力。二是健全综合执法机制。开展"大综合一体化"镇街综合行政执法改革，健全"法定执法+赋权执法+委托执法"的镇街综合行政执法新模式，梳理镇街法定执法事项、区县赋权执法事项，规范农业农村、卫生健康等领域委托事项，确

保基层接得住、用得好。三是健全平急转换机制。聚焦平时管用、急时顶用，分级制订工作预案，开展村（社区）干部、专兼职网格员等应急演练培训，通过部门结对联系等方式推动市、区县党员干部下沉，把辖区力量迅速集结起来开展应急工作。

五　构建一体化智治平台，赋予以数字化为基础的治理能力

根据数字重庆建设统一架构，坚持最快部署、最小投入、最佳实战、最大共享，全市统一开发、一体部署镇街基层智治平台，让基层治理更智能。一是镇街情况"一图统揽"。全覆盖构建镇街、村（社区）、网格 L2 实景地图，重点场所、网格力量等定位落图，每个镇街"四板块"需办理事项、每个网格情况一屏总览，便于基层"看图作战"。二是任务事件"一办到底"。依托市、区县、镇街三级贯通的数字化城市运行和治理中心，将"网格吹哨、部门报到"数字化，一般事项由网格及时就地解决，不能解决的通过基层智治平台逐级流转到村（社区）、镇街、区县、市级办理，及时有效解决群众急难愁盼问题。三是除险固安"一键调度"。开发统计分析、AI 预警等功能模块，接入烟雾火灾预警等智能算法，实时了解情况，发现问题镇街依托平台跨板块、跨社区、跨层级调度，及时采取"一对一""一对多"方式进行在线指挥，及时应急处突。四是数据归集"一池聚合"。推动市级部门向镇街下沉市场主体等数据，网格核采基础数据，平台动态监测、自动分析流转事件和体征数据，适时预警、及时处置民生高频事项等，基层由"凭经验办事"逐步转向"看数据决策"。五是多个系统"一端整合"。改变以往各个应用系统"垂直降落"基层的局面，逐步将其整合到基层智治平台，有效解决基层 App 过多的问题。全面推广应用"一表通"，做到数据智能抓取、自动填充、统一存放，减少报表数量和处理报表时间。

通过推进"141"基层智治体系建设，丰富和积累了党建引领基层治理的经验：一是党的领导是基层治理的根本保证，必须坚持党建统领、整体推进，始终把加强党的全面领导贯穿基层治理全过程、各方面，切实把党的政治优势、组织优势转化为治理效能。二是人民至上是基层治理的价值导向，必须坚

持服务群众、造福群众，持续提升基层服务水平和治理能力，让群众的获得感成色更足、幸福感更可持续、安全感更有保障、认同感更加强烈。三是大城善治是基层治理的时代课题，必须坚持多元共治、多跨协同，充分发扬民主、广泛汇聚民智、最大激发民力，建设人人有责、人人尽责、人人享有的基层治理共同体。四是先立后破是基层治理的重要方法，必须坚持稳中求进、迭代完善，正确处理立与破、稳与进的关系，把握好"时、度、效"，稳妥推进基层治理体制机制重塑再造、迭代升级，以立与破的方法论推动基层治理迈向新台阶。五是数字赋能是基层治理的关键变量，必须坚持数实结合、双轮驱动，主动适应数字化、网络化、智能化融合发展的大趋势，树立数字化思维、现代化思维，更加注重机制创新，更加注重数字赋能，以整体智治新路径开启基层治理新局面。

B.25
坚持党建引领　构建共建共治共享的基层治理新格局

袁宏斌　蔡康鑫　刘姗姗*

摘　要： 2024 年以来，重庆市在共建共治共享基层治理实践中取得了显著进展。通过党建引领多元参与、基层治理实践壮大、数字赋能提"智"增效，提升了基层治理整体效能。新就业群体参与、数字化平台应用成为亮点，提高了居民的获得感和满意度。然而，当前仍面临党建引领作用发挥不充分、制度机制不健全、参与平台渠道不畅等挑战。针对这些问题，本报告提出完善社会力量参与机制、提升数字化治理能力等对策建议，以期为推动基层治理体系和治理能力现代化，助力超大城市现代化治理示范区建设提供参考。

关键词： 共建共治共享　基层治理　多元参与　数字化

　　基层治理是国家治理的基石，城乡社区是社会治理的基本单元。党的十八大以来，以习近平同志为核心的党中央站在巩固党的执政基础和维护国家安全的高度，坚持和加强党对基层治理的领导，提出了共建共治共享的基层治理理念，旨在构建人人有责、人人尽责、人人享有的社会治理共同体。党的二十届二中全会决定组建党委社会工作部门，负责统筹推进党建引领基层治理有关工作。2024 年，在市委坚强领导下，重庆市坚决贯彻党中央关于机构改革的决策部署，逐步建立全市社会工作领导体系、组织体系、工作体系，开局起步迈出稳健步伐。自组建运行以来，在推进共建共治共享基层治理方面进行了积极

---

* 袁宏斌，中共重庆市委社会工作部基层治理处一级主任科员；蔡康鑫，社会学博士，重庆大学公共管理学院讲师，主要研究方向为社会工作、社会政策、青年工作；刘姗姗，重庆大学美视电影学院副教授，主要研究方向为社会传播、广播电视语言传播。

探索，取得了一定成效，但也面临诸多挑战。本报告旨在系统梳理 2024 年以来重庆市共建共治共享基层治理的实践进展，分析当前面临的困难和挑战，并对 2025 年发展形势进行研判，提出相应的对策建议，以期为超大城市现代化治理示范区建设提供参考。

一 2024年党建引领基层治理进展及成效

2024 年以来，全市坚持以打造超大城市现代化治理示范区为主攻方向，以破解基层治理"小马拉大车"突出问题为牵引，协同深化党建引领基层治理现代化改革，推动共建共治共享基层治理实践取得新成效。

（一）全市工作推进情况

一是思想引领持续强化。全市深入学习宣传贯彻《习近平关于基层治理论述摘编》，成立重庆市基层治理研究中心，精心组织党的二十届三中全会精神"进社区"宣讲 500 余场，开展"百名基层书记话基层治理"活动，"'民生为大'——基层书记话基层治理媒体见面会"被人民网、央视网、《中国组织人事报》等 20 余家国家级主流媒体报道，传播量超 500 万。二是体制机制逐步健全。市、区县全覆盖建立党建引领基层治理协调机制，乡镇（街道）落实党建联席会议制度，以党建引领为抓手，探索推进资源整合、岗位综合、管服结合、社区智慧化"三合一化"工作机制，推广"社区合伙人"多元治理模式，引导社会组织、新就业群体、志愿者等社会力量参与基层治理。三是减负增效深入推进。制定《关于破解基层治理"小马拉大车"突出问题若干措施分工方案》，细化任务 29 项，牵头推进"壮马、轻车、畅路、聚力"。迭代涉村（社区）事项"四清单一目录"，制定《村（社区）组织工作事务准入管理办法》，累计清理撤销各类挂牌 16.8 万块。有关经验做法被中共中央社会工作部肯定推广。四是多元力量得到激发。推动在职党员、志愿者、社会组织等"N"力量进入网格，引导中心城区 2400 余名新就业群体担任社区兼职网格员，开展"渝邻有爱"志愿活动 140 万场次。设立重庆市社会工作创新发展基金会、社会工作人才发展公益信托，推动建立社区基金 32 只，围绕社区特殊群体帮扶、困境儿童关爱等领域开展社区公益服务项目 60 多个。五是

队伍基础不断夯实。研究制定社区工作者管理办法，联合六部门印发具体措施及分工方案，探索开展社区党组织书记、社区居民委员会主任经济责任审计试点工作。开发"社区工作者队伍建设一件事"应用，构建社区工作者选拔、培育、管理、服务、退出全生命周期的数字化管理体系。全覆盖组织镇街党政主要负责同志参加中共中央组织部、中共中央社会工作部培训，举办全市社区党组织书记示范培训班。六是改革创新有力推动。牵头推进清廉村居建设，选树标杆案例 10 个、优秀实践案例 28 个，全市清廉村居建设覆盖面达 60%。实施"'渝里乡商'基层议事协商"市级重点改革项目，在全市 70 个乡镇（街道）、82 个村（社区）进行试点推进，推动解决人居环境治理等民生实事 72 件，直接惠及群众 90 余万人。谋划打造"渝邻汇数智社区"应用，主动融入三级治理中心发挥实效。重庆市石柱县桥头镇、长寿区海棠镇、巫溪县文峰镇三个案例入选 2024 年度党建引领乡村治理典型案例推介名单。

（二）基层实践探索

一是依托"五社联动"平台，扩充治理共同体人才队伍。在探索"五社联动"的过程中，基层采取创新发展、多维联动的思路，丰富和扩充了多元参与的维度。如南岸区南湖社区在"五社联动"的基础上，通过"益人"大爱满南湖、"益己"孝善浸南湖、"益家园"和风润南湖等建设，群策群力将"老南湖"打造成"益人、益己、益家园"的三益社区。打造社区"微益坊"，孵化培育"谭嬢嬢工作室""方寸俱乐部""马上来"等文体类、志愿服务类、公益慈善类、社区治理类社会组织 47 个。打造出"自助图书馆""三益书院""三益实践站""三益剧场""三益讲堂"等多个社区主题院落，推动社会组织提供专业的社区服务。二是建立"治理合伙人"机制，激发社区多元参与。为丰富参与主体，重庆市不少社区采用"治理合伙人"机制，引导社区居民、企业商户、社会单位等治理服务对象，以主动的共同参与者身份成为社区治理的工作力量，通过联结个体利益与社区利益，实现共建共治共享。如沙坪坝区双碑街道，属于典型的老旧社区，随着辖区内的大型国有企业搬迁，居民与单位的链接发生断裂，居民小区在企业转交社区管理后从单位制管理转向社区制管理，转型期间有 80% 的小区经历过"三无小区"状态。为了解决居民主体意识薄弱、治理渠道不畅等问题，街道从 2023 年开始在辖区内

28 个"三无"网格探索推行"社区治理合伙人"模式。以合伙人理念激发群众主人翁意识，以合伙人机制畅通群众自治渠道，以合伙人团队组织实施"自治物业"，实现网格"事事有人管、件件能闭环"的自治目标。通过院坝会、居民协商会等议事协商形式，将数十名社区党员吸纳进社区治理工作队伍中，组成了热心居民、城管队员、派出所民警、卫生服务中心人员、水电气工作人员、志愿者等参与的"社区治理合伙人"核心团队。三是构建"大群团"工作格局，推动多元治理高效协同。2024 年，重庆市总工会、团市委、妇联、科协等四家单位为充分发挥群团组织联系服务群众的桥梁纽带作用，联合印发《重庆市群团组织"群团强基层·联动促治理"改革实施方案》，提出以打造新时代群团组织联动参与基层治理新范例为目标，构建"大群团"工作格局，推动群团工作力量下沉基层网格参与基层治理。主要采取"1345"思路推进"群团强基层·联动促治理"改革，即 1 条主线，全面融入"141"基层智治体系，构建"大群团"工作格局的核心主线；3 个体系，构建群团组织参与基层治理的 3 个体系，党建带群建工作体系、基层群团网格化组织体系、基层群团多方聚能力量体系；4 项机制，全市群团"一个品牌"联创、服务事项"一张清单"管理、群团业务"一网通办"流转、基本保障"一体共用"统筹 4 项机制；5 大行动，"大群团"工作格局将打造"为党分忧·群暖巴渝"工作品牌，并设置"红岩铸魂""建功立业""权益维护""安康同行""服务惠民"5 个子品牌，分别从政治思想宣传、劳动技能提升、妇女儿童和劳动者权益保障、维稳和应急管理、社会服务等方面参与基层治理。

二　当前共建共治共享基层治理面临的困难及挑战

尽管取得一定成效，但共建共治共享基层治理仍面临诸多挑战。一是党建引领的社会力量参与不强。参与体系还不完善，党建引领社区社会组织和公共资源支持方面还需进一步探索。社会力量有序参与基层治理的内生动力和制度还不够完善，社区社会企业还未有效起步，社区社会组织发育不充分，规范性、专业性不足。据 2024 年重庆市村（社区）工作人员调查反馈，72.6%的村（社区）工作人员提出了问题，其中认为"社会力量参与度不高"占 67.7%，"参与渠道有限"占 39.5%，"对社会组织的培育、引领、扶持、监管不够"

占30.2%。二是基层治理内生动力不足。城乡社区居民对基层治理的参与热情还需进一步激发，存在在职干部参与不主动、中青年居民参与没时间、流动人口参与不经常等现象，甚至出现"政府干、群众看，政府很努力、群众不认同"的现象。农村居民务工收入占比超35.5%，农民不再单纯依附土地生活，不再直接依赖农民合作社等农村经济组织，参与乡村治理的积极性不高。部分城市社区常住人口多于户籍人口，如九龙坡区石坪桥街道常住人口与户籍人口之比为1.6∶1，人员居住杂且流动性强，难以形成较为稳固的社区认同感和归属感，总体参与意愿较低。三是参与基层治理的社会力量整体发展不平衡。登记注册的各类社会组织总量不少，但区域分布不均衡。截至2024年底，重庆市累计培育并登记近1.8万个社会组织，其中登记注册的社区社会组织2834个，登记或认定为慈善组织的社会组织186个，登记注册并标识为"志愿服务组织"的社会组织536个，自治组织包括村委会7945个、社区居委会3304个。中心城区各类社会组织和人才资源相对集中，而边远区县与农村地区社会组织和人才数量严重不足。相较于超大城市的人口规模和民生需求，重庆市社会力量参与社会治理仍存在力量软、联动弱、服务面窄以及业务趋同等问题，难以适应纷繁复杂的基层事务和复杂多变的基层情况。一些边远镇街和村社由于地理区位限制，在享受现代生活条件方面还存在一定的障碍，当地群众改善物质生活和丰富精神文化的需求难以得到有效满足。社会力量参与基层治理大多集中在养老、助残、妇女儿童等传统服务领域，例如最普遍的"三留一困人员"，注重改善他们的物质生活，对于其精神关爱力度以及心理疏导工作则有待加强。一些需求旺盛的新兴服务领域，例如矛盾调处、应急管理、节能环保、社区营造等则有待拓展。四是数字化治理能力不足。基层还缺乏数字化治理的专业人才和技术支持，数据共享和业务协同存在障碍，影响数字化治理效能的充分发挥。这些问题的存在，制约了共建共治共享基层治理的深入推进，需要采取有效措施加以解决。

三　推动共建共治共享基层治理的对策建议

聚焦市委六届六次全会关于"完善社会力量参与基层治理机制"的安排

部署，按照市委社会工作会议关于"构建可持续的基层治理模式"的要求，围绕打造超大城市现代化治理示范区目标，按照"1378"工作思路，坚持党建引领这一主线，强化思想引导、凝聚服务、政策激励"三大策略"，充分凝聚群团组织、社会组织、企业商户、志愿服务组织、行业协会商会、新就业群体、业主委员会"七大力量"，大力实施"八项行动"，引导各类社会力量主动服务社区、参与社区治理，打造共建共治共享的社会治理格局。

（一）实施党建引领"同心聚力"专项行动

一是强化区域党建共建。注重从辖区社会组织、企业商户、新就业群体等社会力量中发展党员，加强流动党员教育管理，推进党的组织和党的工作有形有效覆盖。结合实际建立毗邻镇街（社区）组织联建、城市联管、平安联防、风险联处、项目联动、资源联享"六联"工作机制，破解交界区域基层治理难题。推动街道社区党建、单位党建、行业党建互联互动。二是强化思想政治引领。深入推进党的创新理论进社区、进社会组织、进企业商户、进行业协会商会、进新就业群体等，巩固各类社会力量参与社区治理的共同思想基础。三是健全社会力量参与社区治理激励政策。细化党建引领社会力量参与基层治理的方式和渠道，完善积分奖励、红黑榜等行之有效的奖惩制度，提升基层治理"N"力量活跃度。定期公布社会力量参与社区治理"机会清单"，引导社会组织和企业主体参与"15分钟高品质生活服务圈"建设。建立覆盖企业、个体工商户、社会组织等六类主体的社会信用评价体系，积极探索党建引领诚信社区建设。四是强化党群服务中心体系功能建设。打造"渝邻汇"社区综合服务体，以居民需求为导向完善功能设施，以场地换服务、以空间链资源，吸引各类社会力量入驻发挥作用。构建社区党群服务中心即时报警救助、家暴救助、民政救助、自助政务服务、AED急救设施、暖新驿站、劳动者港湾等24小时服务场景，为全体居民提供全时段、个性化、差异化优质服务。开展社区党群服务中心全龄化、全时化、便民化、亲民化改造，因地制宜完善社区食堂、养老托育、便民医疗等服务设施和功能。

（二）实施群团组织"群暖社区"专项行动

一是建立党建带群建的"大群团"工作格局。统合基层群团各类服务力

量，完善市、区县两级群团工作力量下沉机制，梳理生成群团助力基层治理工作力量名录，推动群团工作力量与网格治理团队有机融合，社区工会、共青团、妇联、残联组织覆盖面逐步提升至100%，推动基层群团工作和参与基层治理同频共振。二是建立群团服务事项"一张清单"管理机制。以群团常态开展的服务事项为基础，分析整理群众多样性需求，编制重点服务事项清单，推动基层群团组织服务群众清单化、服务阵地共享化、业务流转数智化，群团志愿者数量突破300万人。三是做亮"为党分忧·群暖巴渝"群团促治理品牌。梳理整合各类群团的临时性受困帮扶政策，出台群团联合帮扶制度文件。发挥群团组织作用，指导区县全覆盖建立"群团+法院+检察院+人社+司法"群众权益维护工作联动机制。打造群团共促就业服务平台，建立健全"双网招聘、校企对接、基地培训、信息共享"的就业服务机制。

（三）实施社会组织"服务同行"专项行动

一是完善社会组织参与基层治理工作机制。探索制定社会组织参与社区治理工作措施，有效发挥社区党群服务中心平台作用，积极引入驻场社会组织。探索"商业+公益"运营模式，引导社会组织提供专业服务。二是大力发展社区公益慈善事业。积极培育发展公益性社会组织和社区服务类慈善组织，完善各类社会组织的章程、业务范围，有效履行法定责任、社会责任和促进个性发展，引导各类组织服务社区、奉献社会。大力培育发展社区慈善（治理）基金，打造社区慈善场景，加强存续社区基金会规范管理。三是引导社区社会组织积极发挥作用。健全党建引领社区社会组织工作机制，持续培育扶持重点领域社区社会组织，进一步提升质量、优化结构、健全制度，引导推动社区社会组织在开展公益慈善、提供便民服务、化解矛盾纠纷、参与社区协商、培育社区文化等基层治理领域更好发挥作用。

（四）实施企业商户"商业便民"专项行动

一是探索"党建引领、商户共治"新模式。突出党建引领，充分发挥"小个专"党组织、党员作用，引导辖区小微企业、个体工商户、专业市场等力量积极参与社区治理，加强商户责任自律，营造良好市场环境。强化商户社会责任，倡导通过承诺、认证等形式向辖区企业商户颁发招募书，以定向折扣、积分消费、返点纳入社区基金等形式，引导参与社区治理。二是推广"社区合伙人"经验做法。充分挖掘社区各类资源优势，以微利、惠民、共享为基础，吸纳机关干部、公益队伍、市场主体、物业公司、社区能人等成为社区合伙人，同步建立社区合伙人积分管理办法。三是大力发展社区社会企业。建立社区资源资金资产全量库，清理社区组织工作用房、居民公益性服务设施、综合性服务设施，整合相关部门在社区设立的各类活动阵地，探索市场化盘活新途径。制定社区社会企业管理办法，鼓励支持社区居民委员会全资、控股、参股成立企业，从事和发展相关社区服务，增强社区造血功能。

（五）实施"专业社工+志愿服务""志愿暖心"专项行动

一是建立全面参与的志愿服务动员体系。建立标准化志愿服务站（岗），发挥社区党组织引领和党员带头作用，培养"一专多能"志愿者队伍。建立志愿服务需求动态感知机制，组建专业志愿者联盟，整合法律、医疗等领域资源，推动志愿服务资源跨社区流动。二是完善志愿服务评估激励制度。搭建"志愿重庆"服务基层治理平台，健全志愿者权益保障机制，探索建立中心城区志愿服务积分激励机制。深化"渝邻有爱"系列志愿服务活动，开展"六讲润心·践行文明""关爱老幼·渝善同行""美丽重庆·绿色低碳"等常态化专业化的志愿服务活动。三是建立完善社会工作服务三级体系。制定社会工作服务标准，有序打造区级社会工作服务指导中心、镇街社会工作服务站、社区社会工作服务室三级平台。面向"一老一小"、信访、医务、儿童、新就业群体、低收入人口等领域，实施集"需求评估—关爱服务—社会倡导"于一体的社会工作服务项目，实施好"专业社工+志愿服务"融合发展试点项目，强化公共服务供给。

（六）实施行业协会商会"渝会有为"专项行动

一是常态化开展"渝会共学"主题活动。加强行业协会商会党建工作，完善联席会议机制，理顺党组织隶属关系，鼓励与所在街道、社区党组织开展共建联建活动，支持引导全市行业协会商会通过设立调解机构、开展专题培训、义诊咨询等参与基层治理。二是实施"渝会惠民"工程。支持行业协会商会结合自身资源禀赋和特色优势，调整业务范围，增加基层治理内容，支持

引导全市行业协会商会组建志愿服务队伍，每年开展志愿服务活动、公益活动不少于1.5万次。

（七）实施新就业群体"进网入格"专项行动

一是探索建立新就业群体融入基层治理积分兑换奖励机制。引导快递员、外卖送餐员等新就业群体到社区党群服务中心报到备案，通过担任兼职网格员、社区志愿者和积分奖励等多种方式融入"141"基层智治体系，参与平安建设、文明创建等工作，把"三新"力量转化为治理力量。二是建设新就业群体"友好镇街"。及时掌握辖区内快递网点、外卖配送站分布情况，整合利用闲置用房、地下空间、架空层等资源，帮助解决配送场地、临时宿舍等实际困难，为新就业群体参与社区治理营造良好氛围。依托党群服务中心、银行网点服务设施等，每年打造暖"新"驿站、暖"新"商户、"红金渝"金融网格驿站等新就业群体服务阵地500个以上，引导新就业群体就近就便参与社区治理。三是深入开展新就业群体"顺手公益"系列活动。以线上线下"双网格"为牵引，一体联动整合新就业群体和社区工作者、志愿者、物业人员等，设立"红岩骑手"志愿服务队、"红岩先锋"岗，以"随手拍""顺手公益"等活动为载体，延伸拓展网格感知触角和治理服务功能，引导快递员、网约配送员担任食品安全社会监督员、政策宣传员、治理"吹哨人"。

（八）实施业主委员会"阳光物业"专项行动

一是完善业主委员会管理运行机制。街道社区党组织加强业主大会筹备、业主委员会组建和换届、日常运行等指导监督，完善党员干部参与业主委员会工作的激励机制，落实公示备案制度。强化业主委员会在监督物业服务方面的作用，维护全体业主合法权益。未成立业主委员会的，可探索组建小区物业管理委员会，代行部分职责。二是激发业主参与小区治理活力。健全完善党建引领下的社区居民委员会、业主委员会、物业服务企业协调运行机制，有效化解物业矛盾纠纷。建立完善业主委员会履职事项、报告事项、公开事项"三张清单"，推动物业服务企业、业主委员会定期公布公共收益收支情况，广泛接受业主监督。探索制定小区公约、业主公约，深化"渝里乡商"基层议事协商，畅通业主参与社区治理渠道。

参考文献

中共中央党史和文献研究院编《习近平关于基层治理论述摘编》，中央文献出版社，2023。

《奋力开创超大城市社会工作高质量发展新局面》，《重庆日报》2024 年 12 月 5 日。

《进一步全面深化改革开放　不断谱写中国式现代化重庆篇章》，《人民日报》2024 年 4 月 25 日。

《中共中央关于进一步全面深化改革　推进中国式现代化的决定》，《人民日报》2024 年 7 月 22 日。

《中共中央国务院关于加强基层治理体系和治理能力现代化建设的意见》，《人民日报》2021 年 7 月 12 日。

冯仕政、魏钦恭：《锚定新时代社会工作方位》，《中国社会科学报》2024 年 12 月 3 日。

黄晓春：《党建引领下的当代中国社会治理创新》，《中国社会科学》2021 年第 6 期。

文军：《以数字化助推社会治理模式创新》，《人民日报》2021 年 10 月 22 日。

案 例 篇

B.26
九龙坡区民主村社区提升基层治理
效能的主要做法及经验启示

吴富利　陈渝*

摘　要：　重庆市九龙坡区民主村社区通过推动"更新进社区"，精雕"宜居宜业"新形象；推动"城管进社区"，构建"精细管理"新形式；推动"共治进社区"，形成"多元协同"新机制；推动"服务进社区"，健全"全龄友好"新体系；推动"资源进社区"，打造"盘活利用"新实践；推动"智慧进社区"，拓展"数字赋能"新场景，总结出以模式创新为牵引、以数字技术为支撑、以文化认同为纽带，构建社区治理现代化综合体系；以优化生产空间为基、以提升生活品质为本、以协同生态治理为要，构建社区治理可持续发展模式；以党建引领为核心、以多元共治为路径、以居民满意为目标，构建社区治理共同体实践路径等提升社区治理效能的工作建议。

关键词：　基层治理　"六进六新"　九龙坡区

---

* 吴富利，重庆市九龙坡区城市管理局环卫处党总支书记；陈渝，重庆市九龙坡区城市治理委员会办公室四级主任科员。

2024 年 4 月 22 日，习近平来到九龙坡区谢家湾街道民主村社区，了解小区改造和便民服务情况，听取提升基层治理效能、为基层减负情况介绍，并在考察时强调"中国式现代化，民生为大。党和政府的一切工作，都是为了老百姓过上更加幸福的生活。希望各级党委和政府都能为解决民生问题投入更多的财力物力，每年办一些民生实事，不断增强人民群众的获得感幸福感安全感"；同时指出，老旧小区改造是城市更新的一个重点，也是一项民生工程，既要保留历史记忆和特色风貌，又要解决居民关切的实际问题，为基层减负要明确权责，不能什么事都压给基层，基层该承担哪些工作，要把职责事项搞清楚。

一　九龙坡区民主村社区基本情况

民主村社区位于九龙坡区杨家坪商圈核心位置，占地面积 580 亩，总建筑面积 79 万平方米，现存建筑 153 栋，涉及近 2 万居民。社区内建筑大部分建于 20 世纪 50 年代至 90 年代，作为原重庆建设厂配套家属区，随着城市日益发展，民主村逐渐成为城市"疮疤"。一是基础设施老化。民主村社区道路、排水、电力、照明等基础设施年久失修，功能下降或缺失。二是环境形象较差。垃圾随意堆放、绿化带杂草丛生、墙面涂鸦或贴满小广告，整体环境破败不堪、杂乱无章。三是安全隐患严重。部分房屋老化严重，甚至存在结构安全隐患；消防设施不完善、消防通道被占用，消防隐患较大；流动人口较多、监控设备不足或损坏，存在治安风险。四是社区功能缺失。社区老年人（60 岁及以上人口比例普遍达 40%）居多，老旧小区缺乏电梯，公共区域适老化设施严重不足；学校、活动中心、公园等公共服务功能缺失。五是治理效能低下。社区治理责任分工不明、管理机制不健全，存在较多管理盲点；群众参与治理路径不清，反映的问题长期得不到解决，群众满意度较低；缺乏现代化治理工具，信息化水平低，难以实现精准治理和动态管理。

二　"六进六新"赋能民主村社区治理提质增效

习近平总书记关于"中国式现代化，民生为大"的重要论述，充分展现

了习近平总书记赤诚的为民情怀。九龙坡区怀着感恩之心、爱戴之情、奋斗之志，把习近平总书记对重庆、对九龙坡的关怀厚爱转化为在谱写中国式现代化重庆篇章中勇挑重担、走在前列的实际行动，以不负总书记的期望与嘱托。为贯彻落实习近平总书记重要讲话重要指示精神，以"一域典型"推动全区城市治理工作迭代升级，将民生实事办好办实，进一步为基层减负增效，九龙坡区聚焦"推动超大城市现代化治理示范区建设取得突破性进展"这一主要任务，区委、区政府主要领导高位推动，系统治理、协同推进，成立专班牵头抓总，全域实施城市现代化治理"十大行动"，从缓堵促畅、绿化美化亮化文化、安全韧性提升、大数据智能化、产业楼宇升级、专业市场提升、大综合一体化、桃花溪彩云湖、城市"八个一"、文明城区创建、闲置地块利用、无证资产清理、特许经营资产盘活等 13 个方面，打造一批社会化、市场化、制度化、场景化的标志性成果。

民主村社区作为重庆探索超大城市现代化治理道路上的一块标志性"试验田"，通过十大行动赋能社区治理的同时，积极推动"更新、城管、共治、服务、资源、智慧"六大关键要素进社区，实现"形象、形式、机制、体系、实践、场景"新突破，不断为基层提质增效，推动民主村社区成为走出宜居、韧性、智慧超大城市现代化治理新路子的"示范地"。

（一）推动"更新进社区"，精雕"宜居宜业"新形象

加快转变超大特大城市发展方式，实施城市更新行动，加强城市基础设施建设，打造宜居、韧性、智慧城市是提升社区治理水平的重要内容。九龙坡区认真贯彻党的二十大精神，积极争取纳入 2021 年全国首批城市更新试点城市（区），以民主村社区更新为切入点，区委、区政府成立专班、高位统筹，倾力打造城市更新样板。一是因地制宜"留"住本底。尊重居民意愿、注重历史沿革，摒弃大拆大建，留住街巷肌理、文化记忆、城市文脉。针对建设厂历史变迁中的"西迁""援建""复兴"等建筑风貌元素，将"一号信箱""三线建设"等文化符号融入改造中，设计了以诗歌等为主要内容的系列文化景观。二是优化环境"改"善品质。整体改造 78 栋建筑外立面、商铺，地下迁改社区内燃气、雨污等三线管网以及约 2 公里长的各类强弱电管线，升级改造排水、道路、消防、生活垃圾分类等基础设施，改善西城天街连接通道、建设渠、万福路及小区周边环境，修复老旧排洪渠，打造"社区海绵公园"，开展"一树一景"设计，将环境提升与居民需求相结合，赋予场地更丰富、灵活的交往功能。三是除险清患"拆"出空间。消除安全隐患，拆除无产权违章建筑192宗，共1.6万平方米；创新老旧社区试点危旧房改造，改拆C、D级危房3665平方米，惠及群众121户，彻底打通片区内步道、车道、绿道、水道，打造特征与记忆兼备的公共空间。四是补齐设施"增"强功能。通过安装路灯、增设扶手栏杆、打造规范停车场，补齐社区设施短板；对有历史价值的危房苏式红砖房和老旧公共建筑采用"内部重构消隐患，外部重塑换新貌"的方式"变危为宝"，建成社区党群服务中心、社区会客厅、社区卫生服务站、社区食堂、社区公园"五位一体"的"10分钟社区便民公共服务网"。

（二）推动"城管进社区"，构建"精细管理"新形式

城市治理纷繁复杂，极易存在前端感知不灵敏、处置不及时等问题。社区作为基层治理最小单元，是党委政府联系群众、服务群众的"神经末梢"。城市管理进社区行动，打通了社区、网格"最后一米"，有效推动城市管理、服务、执法事项融入基层治理圈。全区将清扫保洁、绿化管护、市政维护、城管执法等483名党员干部编入111个社区基层治理网格，民主村作为重庆"城管进社区"试点社区，每个社区由"1名总联络人+5名业务骨干"点对点服务，形成"工作在单位、服务在基层、奉献双岗位"的工作模式。例如，民主村更新后，部分社区工匠、手艺人失去固定经营场所，转为流动摊贩，不仅占道经营，妨碍交通，且监管难度大。"一方面，这些手艺人在民主村待了半辈子，不能因为城市更新，让他们没有安身立命之所。另一方面，他们开展的服务是居民生活所必需，不应该消失。"城管执法队员多次到社区协商摊位问题，并上报城管部门。后通过多方联动，开展座谈会、走访入户，最终利用社区角落空地打造出"惠民巧匠坊"，免费提供给手艺人使用，实现规范经营。又如，群众反映民主村停车难的问题尤为突出，曾经"抢车位"是社区群众每天下班后考虑的"头等大事"，区城市管理局通过积极协调，将万象城商场夜间空置的4202个车位设为潮汐停车位，并根据停车时段，对民主村居民提供优惠价，有效缓解了停车难问题。

（三）推动"共治进社区"，形成"多元协同"新机制

提升基层治理效能，切实提高基层治理能力和服务水平，就是要着力创新社会治理模式，深化精细化治理举措，加快构建共建共治共享格局，推动形成人人有责、人人尽责、人人享有的治理共同体。民主村社区老年人居多，更新改造后，45岁以下青年居住人口上涨5%~10%；同时"老破小"蝶变成网红"打卡地"后，外来游客、租客、商户增多，不同人群生活方式、习惯差异较大，导致各方在社区活动、公共服务、环境保护等方面分歧较多，社区矛盾复杂多元。民主村社区积极鼓励居民、组织、企业、专家等多方参与社区治理，依托社区党委、辖区平台公司、城管物管和社区居民等，探索多方参与社区共建共治共享的基层治理机制——四方议事会，有效化解分歧，集思广益解决社区问题。一是激活党建引领。以红色管家党群服务中心为核心，打通服务群众的"神经末梢"，构建以"街道党工委—社区党委—网格党支部—党员楼栋长—党员中心户"为基本框架的党建网格化组织体系，设置社区网格9个，整合城管、护卫队、物业等资源配备并强化配齐"1+3+N"网格力量，围绕2.1万居民、500余家商户和重点群体，打破劳动一村、民主村和直港大道3个行政社区党群工作服务界限，形成跨社区的完整服务。二是激活居民力量。激活社区中老党员、老干部和社区各类活动积极分子等"中坚居民"，创新实施"居民提议—群众商议—社区复议—专业审议—最终决议"的"五议工作法"，开展院坝会、座谈会、入户走访等专项活动30余场，收集居民意见建议400余条，充分激发居民自治积极性，让居民成为公共事务支持者、矛盾纠纷调解者、社区管理热心人和社区服务志愿者。三是激活物管力量。引入专业化物业运营管理团队，充分发挥资源整合优势，提供清扫保洁、垃圾分类、设施管护、安全巡逻、秩序维护等常态化服务，增设家政服务、水电安装等个性化服务，提升社区服务管理水平，营造和谐美丽的社区环境。四是激活专家力量。建立全市首个"三师"（规划师、建筑师、工程师）进社区工作站，引导"三师"志愿者靠前服务，深度调研民主村生活、产业、生态、人文、安全五大本底，挖掘社区需求和故事。

（四）推动"服务进社区"，健全"全龄友好"新体系

城市的核心是人，关键是12个字，衣食住行、生老病死、安居乐业。城

市工作做得好不好，老百姓满意不满意，生活方便不方便，城市管理和服务状况是重要评判标准。城市管理和服务同居民生活密切相关，老百姓每天的吃用住行，一刻都离不开城市管理和服务。民主村社区坚持"以人为本，便民利民"的工作宗旨，注重尊重居民意愿和历史沿革，坚持体检先行、完善功能、优化服务，着力打造"15分钟高品质生活服务圈"和"完整社区"。一是发现问题上，把城市体检作为社区建设的首要任务，按照"听民意、解民忧、疏民怨、惠民众"工作思路，从房屋、小区、社区三个层面，对"基础+特色"82项指标进行全面体检，创新开展居民议事堂、"市民医生"等城市体检公众参与活动，查找出环境"脏乱差"、道路"坑洼洼"、配套"老旧化"等群众急难愁盼问题768个。二是功能定位上，民主村地处两大商业体之间，与两大社区相邻。然而，过去因高墙阻隔、行政区划的影响，社区与外界现代都市的经济联系被切断，与周边友好社区的服务共享也被分割。九龙坡区打破民主村与劳动一村、直港大道社区界限，引入周边社区医疗、养老、托育等功能，10分钟内可便捷乘坐轨道交通、公交，楼下便是菜市场，出门就能看病就医，社区食堂菜品丰富，服务中心集成学习社交功能，智慧图书馆24小时提供借阅服务，"15分钟高品质生活服务圈"让居民畅享便捷、舒心、温暖。三是服务内容上，民主村针对居民热切期盼的社区食堂、社区卫生站、"家门口"养老托育等基本公共服务，建成党群服务中心、社区客厅、卫生服务站、食堂、公园"五位一体"的"社区公共服务核"，引入优质餐饮企业以"微利可持续""公益+低偿"的模式开办社区食堂并投入运营，社区食堂致力于探索衍生多元功能，广泛开展"社区食堂+客堂""社区食堂+展厅"等活动；聚焦老年群体的生活需求，开展增建扶手栏杆、铺装缓坡等适老化改造；根据不同区域服务人群的特点，在楼栋底层"自然生长"各式各样特色小店，增添个性化服务。

（五）推动"资源进社区"，打造"盘活利用"新实践

推进国家治理体系和治理能力现代化，社区治理只能加强、不能削弱；要求加强党的领导，推动党组织向最基层延伸，健全基层党组织工作体系，为城乡社区治理提供坚强保证；要推动资源、服务、管理向基层下沉，为社区治理赋能增效。一是引入社会资源。培育"民主村艺术团"等社区社会组织21

个，吸纳小区"热心达人"1100 余人，常态化开展志愿服务活动；组织 200余家商家成立商家联盟，规范经营行为，推动行业自律，实现底商与居民生活和谐共处。二是盘活闲置资源。挖掘片区、社区、小区的闲置房屋、立体停车楼、农贸商超、广告、楼梯间等资源"造血点"，对 32 栋 11 万平方米公共建筑和 9 万平方米公共空间进行小规模、渐进式更新和微改造，利用历史建筑改建"快闪广场""半坡聚落"等 4000 平方米消费载体，联合 135 家商家持续开展"民主村开放季"活动，实现老旧小区的长效运营，聚力打造全市首个新市井活力街区。随着民主村社区城市更新的推进，为解决居民停车难、占道停车等问题，九龙坡区将民主村周边实验二小闲置地块约 1.9 万平方米，改建为全区首个生态停车场、新增车位 392 个，充分发挥地块最大价值，也进一步坚定了全区城市规划建设敢于留白、善于留白的信心和决心。三是用活区位资源。充分利用民主村位于杨家坪商圈核心区位优势，整合万象城、龙湖天街商业资源，因地制宜打造可逛可游的民主村烟火街区活力街区，引进库迪咖啡、靠山路泰餐等餐饮、休闲、文创、商贸、便民市场、社区食堂等各类市场主体 20 余家，全面激活核心商圈物流、人流、商业流，同时打造多个传承居民生活文化习惯的"棋坪""诗社"等公共活动空间，植入公共配套功能，让居民及游客"下楼有饭吃""社交有场所""休闲有去处"。

（六）推动"智慧进社区"，拓展"数字赋能"新场景

民主村社区致力打造"网格化管理、精细化服务、信息化支撑"的开放共享、智慧共享、和谐共治的新型数字社区，目前社区治理和服务智能化水平显著提高，可更好感知社会态势、畅通沟通渠道、辅助决策施政、方便群众办事。民主村社区利用"141"基层智治平台，建设"云上民主村"数字化管理服务平台，打造驾驶舱和掌上 App，创建"渝快治""渝见邻里""山水宜居"等九大应用场景、30 余项功能；推广使用"九龙城运通"微信小程序，链接城管、街道、社区、网格与群众，实现"治理情况一屏调度""网格事项一键报送"。比如，城管队员主动进入社区设置的 9 个网格，通过"线上+线下"双网格，平均每天响应服务接待调研参观 10 次，每月答复"民呼我为"群众关心的热点难点问题超 100 个，推送信息至党员群、楼栋群等累计超 1000 次，有效解决社区掌上生活、线上议事、智能预警等问题。又如，2024 年在人流

集中区域设立城市驿站，城管人员累计服务 5100 余人次，解决大树修剪、垃圾爆桶等问题 200 余个，协调利用小微空间新增车位 119 个，争取万象城让出临时共享车位 4202 个，机动车乱停放处置时长平均在 15 分钟内，占道经营平均处置时长不超过 0.5 小时，居民满意度大大提升。

三　进一步提升民主村社区治理效能的对策建议

（一）以模式创新为牵引、以数字技术为支撑、以文化认同为纽带，构建社区治理现代化综合体系

社区是社会治理的基本单元，社区治理现代化是国家治理体系和治理能力现代化的重要组成部分。构建社区治理现代化综合体系，需要以模式创新为牵引、以数字技术为支撑、以文化认同为纽带，实现政府治理、社会调节、居民自治良性互动，打造共建共治共享的社区治理格局。

1. 以模式创新为牵引，构建社区治理现代化制度体系

模式是治理之基。构建社区治理现代化综合体系，必须把模式建设摆在突出位置，以模式创新破除体制机制障碍，激发社区治理活力。一是完善社区更新模式。改变过去大拆大建、推倒重来、一走了之等对社区原有历史、风貌、人文、精神的"毁灭性"做法，民主村探索出"保留文化特色""改善宜居环境""除险腾挪空间""补齐设施短板"的"留改拆增"老旧社区更新模式，通过微改造、巧利用等方式，以"润物细无声"的手法，打造老旧社区更新模式示范样板。二是构建精细治理模式。要大力实施"城管进社区"新模式，推动工作内容、活动方式、运行机制的业务重塑、流程再造，城市管理服务事项、管理职能、监管执法、普法宣传、智慧城管"五进社区"，构建"有问必答、有难必解、有求必应、有事必管"的社区民生新图景。三是创新资金平衡模式。充分运用国家政策贷款，与金融机构密切合作，开创全市首笔由商业银行承接的城市更新项目贷款，节约资金成本约 9.37 亿元。

2. 以数字技术为支撑，构建社区治理现代化智慧平台

数字技术是治理之翼。构建社区治理现代化综合体系，要充分利用大数据、云计算、人工智能等现代信息技术，打造智慧社区平台，提升社区治理智

能化、精细化水平。一是建设社区治理数据库。积极整合公安、民政、人社等部门数据资源，建立覆盖社区人口、房屋、设施等基础信息的数据库，实现数据共享、信息互通，为社区治理提供数据支撑。二是开发社区治理应用场景。针对性开发"云上民主村"管理服务平台，汇聚"云上共治""云上服务""云上监督"等功能，将居民、物管、社区、志愿者和商家紧密联结起来，为居民提供便捷高效的服务，提升社区治理效能。三是搭建社区治理互动平台。依托全区"九龙城运通"微信小程序，搭建居民与社区、居民与部门之间的互动平台，畅通民意表达渠道，促进社区和谐稳定。

3. 以文化认同为纽带，构建社区治理现代化精神家园

文化认同是治理之魂。构建社区治理现代化综合体系，要注重培育社区文化，增强居民对社区的认同感、归属感，形成向上向善、孝老爱亲、邻里和睦的社区文化氛围。一是弘扬社会主义核心价值观。将社会主义核心价值观融入社区文化建设，开展形式多样的主题教育活动，开设红色大讲堂，每周开展"四史"主题、健康养身、法律常识、科学文化、经济服务、家庭教育等主题课程，引导群众感党恩、听党话、跟党走。二是传承发展优秀社区文化。充分挖掘建设厂历史变迁中的"西迁""援建""复兴"等社区历史文化资源，梳理社区老建筑、老字号、老树木等各种承载居民记忆的载体，让原住居民记忆重现。三是加强社区文化服务。打造具有地域特色、时代特征的社区文化服务，提供免费阅读、心理咨询、法律援助、就业培训等文化服务，打造网格驿站，及时收集居民意见建议，推动文化服务进小区、进楼栋、进家门。

（二）以优化生产空间为基、以提升生活品质为本、以协同生态治理为要，构建社区治理可持续发展模式

社区是城市的基本单元，也是实现可持续发展的重要载体。构建社区治理可持续发展模式，需要以优化生产空间为基、以提升生活品质为本、以协同生态治理为要，推动社区生产、生活、生态空间协调发展，打造宜居、韧性、智慧的现代化社区。

1. 以优化生产空间为基，激发社区发展活力

生产空间是社区发展的基础。构建社区治理可持续发展模式，要优化社区生产空间布局，促进产业转型升级，激发社区发展活力。一是推动社区空间集

约高效利用。利用处于核心商圈的区位优势，盘活社区存量闲置旧房空间，系统引入餐饮、休闲、文创、商贸、便民等业态，强势打造社区特色产业集群。二是培育发展社区经济新业态。鼓励发展社区电商、社区团购、共享经济等新业态，支持居民自主创业，打造社区经济新增长点。整合资源发展社区养老、托育、家政等生活性服务业，满足居民多样化需求。三是构建社区创新创业生态圈。建设社区众创空间、孵化器等平台，为创业者提供低成本、便利化、全要素的创业服务。举办创业沙龙、项目路演等活动，营造浓厚的创新创业氛围。

2. 以提升生活品质为本，打造宜居社区环境

生活品质是社区发展的根本目标。构建社区治理可持续发展模式，要坚持以人民为中心的发展思想，强化社区服务、优化社区环境、完善社区功能。一是强化社区服务。合理布局社区教育、医疗、文化、体育等公共服务设施，构建 15 分钟社区生活圈。推进社区适老化、适儿化改造，建设无障碍环境，提升社区公共服务水平。二是优化社区环境。开展社区环境综合整治，加强社区绿化美化，建设社区公园、口袋公园等绿色空间。推进社区垃圾分类，倡导绿色生活方式，建设美丽宜居社区。三是完善社区功能。围绕社区全时域人群的活动和需求，打破传统居住小区、社区街道等物理边界，加强居住、托育、养老、医疗卫生、就业等不同服务功能的融合，满足不同年龄人口的不同需求。

3. 以协同生态治理为要，建设绿色低碳社区

生态治理是社区可持续发展的重要保障。构建社区治理可持续发展模式，要加强社区生态治理，推动社区绿色发展，建设绿色低碳社区。一是推进社区节能减排。推广使用节能环保技术和产品，鼓励居民绿色出行，减少社区碳排放。建设社区雨水收集利用系统，推广使用可再生能源，提高社区资源利用效率。二是加强社区环境治理。建立健全社区环境治理机制，加强社区环境污染防治，建设社区环境监测体系，及时解决社区环境问题。三是构建社区生态网络。加强社区绿地、水系等生态空间保护，建设社区生态廊道，构建社区生态网络，提升社区生态系统服务功能。

（三）以党建引领为核心、以多元共治为路径、以居民满意为目标，构建社区治理共同体实践路径

以党建引领为核心，以多元共治为路径，以居民满意为目标，构建社区治

理共同体，是新时代推进基层治理现代化的重要实践路径。通过强化党的领导，推动多元参与，提升服务效能，建立长效机制，能够有效提升社区治理水平，增强居民的幸福感和获得感，最终实现共建共治共享的社区治理新格局。

1. 以党建引领为核心，强化社区治理的政治保障

党的领导是中国特色社会主义最本质的特征，也是社区治理现代化的根本保证。党建引领社区治理，能够有效整合各方资源，确保社区治理始终沿着正确的政治方向前进。通过党组织的核心作用，能够将党的政治优势、组织优势转化为社区治理效能。一是健全党组织体系。在社区层面建立"社区党委—网格党支部—楼栋党小组"三级组织架构，确保党的组织覆盖到社区的每一个角落，形成纵向到底、横向到边的组织网络。二是强化党员先锋模范作用。通过设立党员先锋岗、党员责任区等方式，引导党员在社区治理中发挥带头作用，特别是在矛盾调解、环境整治、志愿服务等工作中，党员应率先垂范。三是党建引领资源整合。通过党组织协调政府、企业、社会组织等多方资源，形成合力，推动社区治理的多元参与。例如，党组织可以牵头成立社区治理委员会，以此统筹协调各方力量，解决社区治理中的难点问题。

2. 以多元共治为路径，构建社区治理的协同机制

多元共治是现代社区治理的重要特征，强调政府、市场、社会组织和居民等多方主体的共同参与和协作。通过多元共治的方式，能够有效弥补单一主体治理模式的不足，进而提升社区治理的精细化、专业化水平。一是政府主导与社区自治相结合。政府在社区治理中发挥主导作用，提供政策支持和资源保障，同时鼓励社区居民通过自治组织（如业主委员会、居民议事会等）参与社区事务的决策和管理，增强居民的参与感和归属感。二是引入社会组织参与。通过购买服务、项目合作等方式，引入专业的社会组织参与社区治理，特别是在养老服务、儿童教育、心理健康等领域，发挥社会组织的专业优势，提升社区服务的质量和效率。三是企业参与社区共建。鼓励企业通过履行社会责任，参与社区建设。例如，企业可以通过捐赠、志愿服务、共建项目等方式，支持社区基础设施建设、文化活动和公益事业，形成企业与社区的良性互动。

3. 以居民满意为目标，提升社区治理的服务效能

社区治理的最终目标是满足居民的需求，提升居民的幸福感和获得感。居民满意度是衡量社区治理成效的重要指标，只有真正解决居民的急难愁盼问题，才能赢得居民的信任和支持。一是精准对接居民需求。通过定期开展居民需求调查、设立意见箱、召开居民座谈会等方式，及时了解居民的实际需求，特别是针对老年人、残疾人、低收入群体等特殊群体，提供精准化、个性化的服务。二是提升社区服务质量。在社区服务中引入信息化手段，如建立社区服务App、智慧社区平台等，方便居民在线办理事务、反映问题、参与活动。同时，加强社区工作者培训，提升其服务意识和专业能力。三是建立居民满意度评价机制。定期对社区治理的各项工作进行居民满意度测评，将测评结果作为改进工作的重要依据。对于居民反映强烈的问题，建立快速响应机制，确保问题得到及时解决。

B.27

三级数字化城市运行和治理中心
赋能重庆超大城市现代化治理做法实践
与经验启示

王渝东　吕杰才*

摘　要：　党的十八大以来，党中央高度重视超大城市现代化治理工作。2024年4月，习近平总书记视察重庆，对城市治理工作作出重要指示，殷切期望重庆积极探索超大城市现代化治理新路子。重庆深入学习党的二十届三中全会精神，坚决贯彻落实习近平总书记视察重庆重要讲话重要指示精神，更好发挥直辖市扁平化管理的优势，围绕数字重庆建设"1361"整体构架，创造性探索高质量发展新机制、高品质生活新模式、高效能治理新体系，开启了数字化治理新局面，为现代化新重庆建设注入强大动力。

关键词：　数字赋能　超大城市现代化治理　"1361"整体构架　重庆

一　数字重构治理方式，创新打造超大城市现代化治理重庆范式

超大城市现代化治理是中国城镇化快速发展和实践中必须面对的一个重大课题。根据联合国人居署发布的世界城市报告，目前，全球人口超过千万的超大城市有30多个，其中既有治理高效、充满活力的典型，也有陷入"大城市病"、发展受阻的案例。超大城市，在党和国家工作全局中具有举足轻重的地

---

*　王渝东，重庆市大数据应用发展管理局政策和规划处处长；吕杰才，重庆市大数据应用发展管理局政策和规划处干部。

位，日益成为引领我国高质量发展的重要力量，探索超大城市现代化治理新路子已成为推进中国式现代化的必答题。

习近平总书记高度重视超大城市现代化治理，发表系列重要讲话、作出系列重要指示。2017 年参加全国两会上海代表团审议时首次提出这一重大命题，指出走出一条符合超大城市特点和规律的社会治理新路子，是关系上海发展的大问题。2020 年在武汉视察时强调，城市是生命体、有机体，要敬畏城市、善待城市，树立"全周期管理"意识，努力探索超大城市现代化治理新路子。2022 年在党的二十大报告中明确提出，坚持人民城市人民建、人民城市为人民，提高城市规划、建设、治理水平，加快转变超大特大城市发展方式。特别是 2024 年 4 月，总书记亲临重庆视察时专门考察市数字化城市运行和治理中心。总书记指出，"重庆是我国辖区面积和人口规模最大的城市，要深入践行人民城市理念，积极探索超大城市现代化治理新路子"；强调强化数字赋能、推进城市治理现代化，科学规划建设大数据平台和网络系统；要求"加快智慧城市建设步伐，构建城市运行和治理智能中枢，建立健全'大综合一体化'城市综合治理体制机制，让城市治理更智能、更高效、更精准"。总书记作出的重要指示，是指引重庆推进城市治理工作的行动纲领和根本遵循，为重庆推进超大城市治理指明了前进方向、明确了方法路径。

城市是一个有机生命体。三级治理中心就是重庆这座超大城市加强版的"城市大脑"和"智能中枢"，有助于实现以算力解放人力、以数据驱动决策，加快提升重庆的城市现代化治理能力和城市竞争力。重庆坚决贯彻习近平总书记视察重庆重要讲话重要指示精神，坚持以数字重庆建设引领城市数字化转型、智慧化发展，结合直辖市扁平化管理特点，创新建成全国首个市域一体建设、三级贯通、五级调用的数字化城市运行和治理中心，全面推动城市治理理念、模式、手段变革创新，初步探索出一条超大城市现代化治理新路。

（一）坚持"以数筑基"，迭代打造一体化智能化公共数据平台，筑牢超大城市治理底座基石

一是数字资源基础不断完善。建成全国首个市域一体建设、两级管理、三级贯通的公共数据资源体系，全面完成一体化数字资源管理系统基础能力

建设，数据编目、数据归集、数据共享均超过 15 万类，共享需求满足率达 95%。二是全域安全网络迭代构建。在全国首创提出政务外网与视联网"一网两线"数据级异构主备网络架构，为全国互联网治理和电子政务外网建设探索新模式。建设自主可控视联网系统，全面覆盖市、区县、镇街、村社、网格五级。三是算力资源保障持续强化。建设数字重庆云算力系统，在国内率先提出行业领域全覆盖、异构云平台全纳管的动态调配机制，实施私有云迁移攻坚行动，基本实现应迁尽迁。比如，为强化算力资源供给，重庆深入实施"疆算入渝"工程，充分发挥新疆哈密气温和能源优势，在全国率先建成基于视联网技术的国产安全可控算力调度网络，为重庆引入低成本、高品质、易使用的算力服务。四是空间治理能力显著提高。建设重庆市国土空间数据综合信息系统（GIS），通过整合全市各种比例尺地形图数据、卫星遥感影像数据、各级城镇房屋建筑等空间数据和空间图层，建成 40 余个"多规合一"专题图，实现全市 1031 个镇街 L2 级实景图全覆盖，推动整个重庆 8.2 万平方公里实现"一图掌控"。比如，大渡口区在春晖路街道等重点区域开展 L3 级实景图建设，分层分类接入区域内的重要点位、可调用力量等，让所有的人地事物都能在图中清晰呈现。五是组件服务效能大幅提升。强化构建能力组件矩阵，上架能力组件 530 个，推动开发一批 AI+组件，精准赋能城市治理、政务办公。比如，重庆聚焦为基层减负开发"一表通"组件，让过去基层每年需要报送的 1000 余张报表整合为一张表，报表填报工作人员由 80 人减至 8 人，平均填表时间由 2 小时减至 10 分钟，有效解决了基层报表负担重、占用干部较多时间和精力的问题，提升了基层治理效能。

（二）坚持"以数强治"，系统构建板块跑道体系框架，搭建超大城市治理四梁八柱

一是科学设置八大板块。将超大城市当作一个开放复杂的巨系统，坚持由宏观到中观到微观，不断拓展城市运行和治理的物理空间，划分党建统领、经济发展、设施运行、社会治理、应急动员、文明创建、生态景观、生产生活服务等八大板块，全覆盖人民群众日常生活的方方面面和城市治理的边边角角。二是优化细化跑道子跑道。在设置八大板块的基础上，坚

持一点一点向内剖析、一级一级向下分解，分领域细化设置 70 条跑道、248 条子跑道，真正将经济社会发展和城市运行治理最现实、最紧迫的领域划分到最小单元，实现量化、细化、可视化。各区县在全力承接市级跑道的同时，根据自身实际打造个性化特色子跑道，因地制宜推动超大城市精细化治理。三是系统梳理城市体征指标。围绕八大板块、70 条跑道和各条子跑道，系统梳理归集水、电、气、讯、桥、隧等 3000 余个具有实时性、预警性、回溯性和可评价性的城市体征指标，构建城市"神经元"，实现城市生命体征全监测、城市安全健康实时画像，有效解决超大城市的"城市病"。比如，在设施运行板块设置"全市实时供电负荷率"体征指标，可以实时监测重庆的供电负荷，一旦负荷率超过设定的 96% 阈值就会自动发布风险警示预警。通过该体征指标，还能看到近期全市以及各区县供电负荷率变化趋势。四是迭代设置关键绩效指标。将广泛应用于企业管理领域的 KPI 指标引入超大城市现代化治理中，结合全市发展目标、各部门主责主业，将各领域的工作目标转化为可量化指标，梳理具有全局性、战略性、紧迫性的 KPI 指标 600 余个，确保更加精准直观地衡量和评估各项工作成效，确保各项工作的精准执行和有效推进。比如，在设施运行板块设置"中心城区供水负荷率"KPI 指标，不仅可以从时间维度看到重庆中心城区的供水负荷率，还可以从区域维度看到中心城区各区的具体数值和排名，并对比每月、每周、每天的负荷率变化情况。五是深入开展业务事项梳理。将行政机关和其他组织基于职权责任和阶段性重大任务所形成的工作事项进行整理和汇总，通过数字工作台配置、低代码开发、定制化开发等方式，数字化编目市、区县、镇街三级业务事项 80 余万条，进一步把复杂的业务流程拆解成清晰的最小颗粒，为各项工作的"整理归类"和"流程优化"打牢基础。六是加速推动高频事件智能预案配置。聚焦城市运行中频繁发生的、对市民生活有着直接影响的事件，梳理配置高频多跨智能预案 8000 余个，推动多部门协同联动，对可能发生的各类城市事件提供高效处置方案。比如，上线配置"油气存储安全监管"智能预案，一旦感知设备监测到数据异常触发阈值报警后，智能预案自动触发，第一时间划定电子围栏，并分级派发工作指令推动协同开展人员疏散、道路管控、设施抢修等工作。

（三）坚持"以数提质"，大力推动数字经济快速发展，激发超大城市治理创新活力

一是深化数据要素市场化改革。创新西部数据交易中心建设，建成运营低碳经济、汽车等特色数据交易专区，在全国首创"数盾合规""数度寻源"等服务模式，跻身全国数据交易场所第一梯队。比如，为强化数据要素交易，重庆加快推动汽车、医保等行业可信数据空间建设，建成上线以"山城链"为存证底座的数据资产登记平台，探索在可信安全环境下开展数据交易存证工作。二是强化数字产业集聚发展。入选智能网联汽车"车路云一体化"全国首批应用试点城市，计算机产量连续 10 年蝉联全球第一，"芯屏端核网"全产业链营收突破万亿元。深入推进软件和信息服务"满天星"行动计划，布局建设仙桃数据谷、金凤软件园等软件园区，不断增强软件对经济社会发展的赋能、赋值、赋智效应。三是数实融合推动产业转型升级。持续深化"智改数转网联"，累计建成1000 余个数字化车间和180 余个智能工厂，规范工业企业关键工序数控化率63.9%、数字化研发设计工具普及率86.1%，均居西部第一。比如，在推动数字赋能智能网联汽车转型提质发展中，通过打通政府、产业、社会、企业"四侧"数据，推动长安、赛力斯等企业打造智能网联新能源汽车的产业大脑和未来工厂，赋能智能通信、智能座舱、智能驾驶，极大提升了产品市场竞争力。

（四）坚持"以数惠民"，深化推进便民利企公共服务，树立超大城市治理价值取向

一是加快"一件事"重点事项集成办理。针对老百姓反映突出的诉求，基于核心业务推进数字化集成改革，将多个部门相互关联的"单项事"，整合为企业及群众视角下的"一件事"，实现线上"一次登录、一网通办"，线下"只进一扇门、最多跑一次"。比如，上线"出生一件事"，过去群众要反复到卫健、公安、人社、医保 4 个部门，重复提交 22 份材料，耗时近 3 个月。现在，仅需新生儿母亲身份信息，5 天内就能快递收到户口本、社保卡、接种证等证件，真正实现一次提交、一次送达、一次不跑。二是推动惠民数字化应用贯通实战。围绕便民助企服务工作的协同堵点、办事痛点、政策卡点、评价难

点，充分运用数字化技术对传统政务服务进行改造和升级，在市、区县、镇街治理中心上线"医检互认""企业码上服务"等 400 余个政务数字化应用，实现公共服务的在线化、网络化和智能化。比如，上线"家医有约"应用，摸清全市家庭医生签约底数，开发全市统一签约功能，更好解决家庭医生签约"数据不清、重复签约、签而难约、约而不签"等问题，推动重点人群家庭医生签约覆盖率超 80%。再如，上线"全民反诈"应用，全面提升打击电信诈骗工作效能，涉诈资金返还周期从平均 66 天缩短到 37 天，日均办理返还事件数提升 1.3 倍，全力守好群众"钱袋子"，成功劝阻诈骗事件 10 万余件，返还涉诈资金近亿元。

（五）坚持"以数增效"，积极探索人工智能赋能路径，打造超大城市治理新质引擎

一是完善人工智能基础设施。建设共享算力资源池，汇聚华为等主流异构算力资源，以及新疆、四川等市外算力资源。规划建设人工智能可信数据空间，打造重庆市城市治理语料库，筑牢超大城市治理的人工智能底座。二是打造数字重庆大模型集群。开发城市治理大模型，加快设施运行、社会治理、应急联动、生产生活服务等板块垂直模型建设，精准赋能城市治理关键领域、重点环节。建设模型服务系统，初步形成模型接入、模型部署、数据标注等能力，大幅提升模型服务能力。比如，合川区建立燃气泄漏监测、燃气扩散分析等智能监测模型，对发出的预警信息进行智能分析，自动生成处理建议，辅助事件精准高效处置。三是构建 AI 智能体矩阵。构建智能体开发系统，强化与物联网、数字孪生等技术融合，围绕城市治理高频共性需求上线智能客服等通用智能体，围绕城市安全运行、应急指挥调度等领域建设场景智能体，更好推动城市治理效率提升、精度增加。比如，在政务服务领域开发智能问答、智能导办等智能体，能够即时答复群众诉求，一次性解答成功率达 90%，提高服务效率。

（六）坚持"以数促安"，全面建设监测调度处置网络，强化超大城市治理安全保障

一是迭代打造"风险一张图"。进一步整合全域风险隐患数据，将燃气泄漏、内涝积水、危岩滑坡、渣土车违规等易发多发风险点位精准落图，

实现动态监测和智能预警，一旦"风险点"出现超过阈值的紧急情况，就会在实景地图预警，得到及时处置。进一步整合政府部门和全社会的摄像头、传感器等各类物联感知设备，形成"空天地一体化"的感知网络。比如，在图中接入 RFID 智能终端设备，对所有"两客一危"车辆进行全量感知监测，并在图中实时呈现车辆行驶轨迹，更好进行安全监管。二是推动事件高效处置。汇聚全市各类实时事件，全面掌握城市运行态势，特别是注重从群众反映的海量事件中，通过模型和算法对各类事件进行智能分析，从个性中找共性、从苗头中找趋势，计算形成风险预警提示单并及时推送相关部门，推动风险早发现、早处置。三是抓好指挥体系融合。打造全市统一的指挥调度体系，集成建设高效指挥调度系统，横向联通各相关行业、部门，纵向贯通区县、镇街、村社、网格，实现各类音视频资源统一指挥，语音文字指令快速下达，突发紧急事件高效处置。比如，整合接入原有"119 接处警系统"，一旦遇到火灾险情，三级治理中心就会触发报警，然后按照权责流转给市、区两级消防队伍。消防队伍依靠"消防灾情回传系统"，将处置环节图文视频资料回传三级治理中心，实现全过程"一屏统览"。

二 总结凝练转型密码，探索形成超大城市现代化治理的实践经验

重庆积极推动数字赋能超大城市现代化治理，在近年来的探索历程中，积累了丰富且宝贵的工作经验，主要有以下几个方面的思路启示。

（一）注重高位推动

超大城市现代化治理离不开"一把手"强有力的推动。重庆将超大城市现代化治理作为"一把手"工程，召开重庆市委六届五次全会专题安排部署"打造超大城市现代化治理示范区"等工作。同时，将数字重庆建设作为超大城市现代化治理的破题之道、实现路径，成立由市委、市政府主要领导挂帅的数字重庆建设领导小组，建立联席会议制度，统筹协调跨部门、跨层级资源。重庆市委主要领导坚持每季度召开数字重庆建设推进会及推进会筹备会，听取全市数字重

庆建设推进工作情况汇报，并深入区县、镇街调研，及时总结工作成效、点明突出问题、安排重点任务，为超大城市现代化治理提供坚实政治保证。

（二）注重专班推进

重要复杂工作需要专业化、实体化的组织推进。重庆成立三级治理中心建设、六大应用系统建设、基层智治体系建设等工作专班，采取"揭榜挂帅""赛马比拼"等机制，通过"日调度、周会商、月通报"等方式进一步压实责任，统筹推动各级各部门抓好各项工作任务，避免了传统条块分割导致的效率低下问题。特别是，明确要求各级各部门主要负责人牵头抓、亲自抓，细化梳理核心业务、研究重大需求、推进任务落实，以"最小单元"凝聚"最强力量"，实现从"物理整合"到"化学融合"的质变。

（三）注重系统思维

超大特大城市是复杂的巨系统，超大城市治理是一项系统工程，需要以全局视角破解碎片化困局。重庆强化系统思维和顶层设计，突出系统化、一体化，注重统筹经济、生活、生态、安全需求，统筹空间布局、产业结构、人口规模，统筹规划、建设、治理，以"一盘棋"的系统集成思维重构治理逻辑，推动各项工作在市、区县、镇街各层级纵向贯通，在各部门各领域横向协同，实现平台、数据、应用等业务统筹规划、一体推进，既有效提升了工作的系统性、整体性和协同性，又有效避免了低水平重复建设。

（四）注重科学方法

超大城市现代化治理需要以系统性方法论为支撑。重庆强化运用现代科学知识体系，综合运用"V"模型、核心业务梳理、"全生命周期'一件事'"、"三张清单"、业务协同模型等方法，构建方法论指导、能力培养、实践验证的螺旋上升体系，不断提升全市干部群众的数字思维、数字认知、数字技能，为超大城市现代化治理提供强有力、可持续的智力支撑，最终实现多跨协同、整体智治的能力跃升。

（五）注重重点突破

由点到面、由易到难是探索超大城市现代化治理新路子的重要路径。重庆

"9+2"中心城区各区工作形态和模式基本一致，人口、建筑、设施等密集，应用场景丰富，有独特的治理复杂性。重庆坚持强化"9+2"中心城区一体化建设，构建平台一体化建设、数据一体化归集共享、应用一体化开发贯通、工作体系一体化重塑、城市应急响应决策指挥执行等机制，集中攻坚、推动"9+2"中心城区重点突破带动全市整体推进，把最关键最急迫最复杂的区域作为典型解剖，率先形成、复制推广一批典型范例，有效带动其他区县积极跟进，推动超大城市现代化治理取得突破性进展。

（六）注重改革创新

全面深化改革是探索超大城市现代化治理的重要动力引擎。重庆聚焦重要领域和关键环节，坚持向改革要动力、向创新要活力，用改革的办法和创新的思路攻坚克难，以全面深化改革打破体制机制障碍，推进跨部门跨层级跨区域的业务流程优化、制度重塑、系统重构，有效解决城市治理职能分散、部门壁垒等问题，推动从条块分割到整体协同的转变，实现理念更新、技术革新、工作创新，不断提升城市治理体系和治理能力现代化水平。

（七）注重坚守宗旨

城市是人民的城市，超大城市治理必须处处见"人"、服务于"人"。重庆深入践行"人民城市人民建，人民城市为人民"理念，把人作为一切工作的出发点和落脚点，切实把关系人民群众切身利益的事情办好，为人民群众提供优质服务，不断提高基本公共服务水平和质量，增强人民群众的获得感、幸福感、安全感。同时，坚持做到发展依靠人民，引导人民群众通过各种途径和方式参与城市治理，促使城市治理能力获得质的提升，实现城市高质量发展。

三 靶向攻坚治理重点，加快塑造超大城市现代化治理的崭新格局

数字赋能超大城市治理是一项长期而艰巨的系统工程。面对不断变化的城市发展需求和日益复杂的社会环境，仍需持续探索、不断创新，重点要在七个方面着力。

（一）提升超大城市治理底座支撑能力

迭代升级一体化数字资源管理系统功能，进一步完善六大基础数据库、特色数据仓等管理维护机制，提高平台的处理能力、存储能力和安全性能。完善数据采集、整合、共享、开放等机制，确保数据的质量和可用性。强化数据分析和可视化展示，为城市治理提供有力的决策支持。加强数据标准体系建设，统一数据格式和接口规范，实现数据的互联互通和交互操作。深入运用区块链、隐私计算等技术，确保数据的安全和隐私。

（二）提升超大城市治理精准监测能力

迭代优化城市体征指标专题库，定期开展指标定期治理、"巡检"工作，形成"体检校核—优化更新"全周期体系。强化感知设备规划建设，利用物联网、卫星遥感等前沿技术，构建全方位、多层次的感知网络，确保对城市运行的各类要素实现全时域监测。建立实时预警制度，抓好风险全量图，探索分级分类的预警模型，依据风险程度设定不同的预警级别和响应机制，确保及时高效感知预警。

（三）提升超大城市治理决策指挥能力

体系化迭代三级数字驾驶舱，加快部门驾驶舱、应用驾驶舱的接入贯通工作。打造风险智能预案中心，完善智能预案体系，"一点一策"配备风险智能预案，推动风险点预案全覆盖，辅助各类事件高效处置。开发智能决策辅助系统，引入人工智能、机器学习等技术，实现对突发事件自动分析、方案评估、模拟决策。升级打造五级贯通的视频指挥体系，完善自主可控的视联网体系，迭代升级 C4ISR 指挥系统，打通视频指挥通道。

（四）提升超大城市治理复盘改进能力

探索建立事件"执行—监督—评价—反馈"数字化管理体系，运用大数据分析技术，对事件完成情况进行精准评估，及时发现问题并督促整改。加快制定科学合理、细化量化的数字化履职考核指标体系，明确各部门、各岗位的

职责和任务，形成有效的激励约束机制。建立第三方评估机制，广泛接受社会公众监督，提高治理工作的透明度和公信力。

（五）提升超大城市治理 AI 赋能能力

深化技术融合与创新，推动人工智能与物联网、大数据、云计算等技术的深度融合，鼓励科研机构和企业开展联合攻关，针对城市治理中的复杂场景开发定制化的人工智能解决方案。加强高校和职业院校相关专业建设，开设人工智能与城市治理相关课程，进一步强化政校企交流合作。深入挖掘人工智能在城市生态、文化保护、社区建设等更多领域的应用潜力，通过拓展应用场景，让人工智能全方位融入城市生活的各个角落，提升城市整体品质和居民生活体验。

（六）提升超大城市治理应用实战能力

优化综合场景开发机制，聚焦城市治理中的交通拥堵、环境污染、公共安全等重点、难点问题，加快开发一批多跨实用的综合场景应用。完善应用全生命周期管理生态，机制化推进综合场景应用在三级治理中心贯通上线，定期召集相关单位开展场景演练，提升对各类城市治理问题的响应处置水平。形成"一地创新、全市共享"模式，明确知识产权、共建共享等问题，健全应用发现、培育、推广机制。

（七）提升超大城市治理机制保障能力

完善城市治理组织保障机制，明确各部门的职责分工，加强部门之间的协作配合，形成工作合力。建立健全专班推进、值班值守等制度，规范工作流程和标准，确保城市治理工作有章可循、有序开展。优化城市治理人才队伍建设机制，引进和培养一批既懂技术又懂管理的复合型人才。加大对城市治理的资金投入，保障各项工作顺利进行。积极探索市场化运作机制，吸引社会资本参与城市治理，提高服务保障的质量和效率。

江北区"穿针引线"提升城市治理效能

王建平　曾卿华*

摘　要： 围绕城市运行安全、高效、健康，城市管理干净、整洁、有序，为民服务精心、精细、精致的工作目标，重庆市江北区在城市治理中坚持智慧穿针、依法引线，积极探索超大城市现代化治理新路子，研究"大综合一体化"城市综合治理体制机制，加快建设超大城市现代化治理示范区，推行城市综合治理"一网统管"、城市运行安全"一屏通览"、融合智慧调度"一键联动"，用数字化转型思维推动工作体系重构、业务流程再造、体制机制重塑，将技术优势与政府治理的制度优势有效结合，打通痛点和堵点，通过智慧平台赋能城市治理。同时，以党建"红"为主线大力推进"一路三清"运行机制，一体化整合城管"蓝"、市政"黄"、园林"绿"、环卫"橙"，探索"党建统领多行业融合长效管理"，以小项目撬动大提升、以小切口解决大困难，让服务有厚度、管理有深度、城市有温度。

关键词： 智慧城市　超大城市现代化治理　人民城市理念　江北区

超大城市现代化治理是中国式现代化的题中应有之义，是治理体系和治理能力现代化的重要内容。党的十八大以来，党中央、国务院就智慧城市和数字政府建设作出系列部署。2023年4月，重庆市委召开数字重庆建设大会，拉开以数字化变革推动重庆迈向现代化的大幕。2024年4月，习近平总书记视察重庆，赋予重庆探索超大城市现代化治理新路子的使命，指出强化数字赋能，推进城市治理现代化，要科学规划建设大数据平台和网络系统，强化联合

---

* 王建平，重庆市江北区城市管理局党委书记、局长；曾卿华，重庆市江北区城市管理局党委委员、重庆市江北区城市管理综合行政执法支队政委。

指挥和各方协同，切实提高执行力。总书记有号召，国家有部署，重庆有行动，江北见成效。江北区始终坚持"从全局谋划一域，以一域服务全局"思路，围绕中国式现代化大局，深入贯彻落实数字重庆建设"1361"整体布局以及住房城乡建设部城市运行管理服务平台"一指南四标准"建设要求，将城市运行管理服务平台运行成果与数字重庆建设深度结合，探索出"智慧穿针、依法引线"的城市治理新路径，打通痛点和堵点，实现智慧赋能与融合发展，荣获全国法治政府示范奖。

一 智慧赋能打造高效城市治理体系

（一）率先探索，强化标准引领城市智慧治理模式

1. 率先探索构建"1322"智慧城市管理服务平台

江北区在全国率先探索和构建"1322"智慧城市管理服务平台，即1个数据中心、3个管理平台、2个技术支撑、2个辅助监控。该城市运行管理服务平台能够统一调度城市管理、生态环境、住建、公安、交通等81大类531小类管理服务事项。按照集约化、云端化要求，率先将全部应用系统、数据库集中迁移上云。开发部署数据采集管理、共享交换、清洗治理、挖掘分析、可视化指挥调度等核心系统，共享汇集城市综合管理各部门数据，实现数据跨行业、跨部门互联互通。对市政、执法、环卫、停车、照明、绿化、惠民等城市管理各大业务进行集中展现、融合统筹管理，实现城市管理及时预警、全面发现、精准定位、快速处置、智能跟踪、科学评价；城市管理作业全实名、全过程、全方位、全覆盖、全评价；城市安全应急全面预测、快速响应、智能决策、联合处置、持续跟踪；公共服务供给以人为本、开放数据、创新产品、精细服务，逐步实现城市管理向城市治理的转变及数字城管向智慧城市管理的跨越。"1322"平台创新实现"一套网格、一套标准、一套流程、一网并行、多网合一"的数字化管理体系，避免了重复建设，实现城市管理的集约高效，成为全国首批智慧城市管理方案的典型代表，被采纳为全市智慧城市管理建设运行的标准模式，获得2017年中国"互联网+"政务类十佳优秀案例、2019年中央网信办"网信创新50例"、2020年重庆大数据智能化十佳案例等荣誉。

2023 年入选住房城乡建设部城市治理风险清单管理示范区，"智慧穿针、依法引线"城市管理新路径被中央依法治国办命名为第二批全国法治政府建设示范项目，在 2024 年第二届"10+N"全国城市管理局局长联席会议暨超大城市治理高峰论坛上作为实践案例分享等，特别是 2023 年 10 月，市委书记调研江北区数字重庆建设有关工作，充分肯定了以智慧城管为核心逐步拓展的城市运行和治理工作。

2.强化标准引领，发挥示范带动作用

参编《数字化城市管理信息系统》三项国家标准，牵头编制《智慧城管部件物联导则》《城市运行管理服务平台技术规范》两项重庆市地方标准，率先出台《重庆市江北区智慧城市治理立案、处置及结案精细化管理标准》等行业管理标准。制定《重庆市江北区城市网格化管理工作方案》《重庆市江北区城市网格化管理实施方案》《重庆市江北区智慧城市运行"一网统管"办法》等规范性文件。与知名企业建立"城市管理视频智能应用创新实验基地"，与重庆大学、重庆邮电大学合作成立"研究生联合培养实践基地"，与全球领先的云计算及人工智能科技公司签订应用合作框架协议，持续推动产学研用一体化发展，解决了"一网统管"建设缺乏统一规范、制度支撑等问题，为数字重庆建设乃至全国城市运行"一网统管"工作提供了科技创新成果与标准化经验，贡献了"江北智慧"。

（二）技术赋能，城市治理"未诉先办"

依托市级"1832+N"数字城市管理体系构架，搭建区级运管服平台"7+3"总框架，按照数字重庆建设"1361"整体构架布局，注重城市管理领域核心业务梳理，完成各类编目 4850 项，应用贯通 12 个、贯通事件 26 件，建立 519 个体征指标、104 个 KPI 指标，通过一体化数据平台实现数据高效管理。重构并打通 66 个业务系统，实现 138.2 万个城市管理"家底"落图，994 个责任主体全部纳入城市运行管理服务平台监管范围。将城市运行管理服务平台中具有融跨场景的高频率、应急类事项接入三级数字化城市运行和治理中心流转，谋划上线部署"化粪池危险源在线监管""城市道路空间治理—马路拉链""牛皮癣治理"等一批具有江北辨识度的"一件事"应用场景，扩展"六大应用系统"实战成果。"马路拉链"应用围绕服务、治理两侧，创新实现 70%的

问题通过"渝快办"线上服务解决、20%的问题通过三级治理中心多跨协同解决、10%的问题通过"综合查一次"组团式执法解决，并在全市推广复用。"12319"城市管理热线并入"12345"服务热线，汇聚6.3万余条城市治理风险数据和2850个风险点位，共享公安、住建、森林防火等3万余路行业视频资源。复用市级运管服平台，实现市、区两级工作协同。运用物联网感知设施和数据互联共享，将全区划分为7405个基础单元网格、845个区街两级责任网格，实现责任主体全覆盖，形成"两级平台"格局。率先孵化城市治理常见问题视频智能分析算法，汇集3.2万余个视频源，2900多个视频纳入智能抓拍重要点位，实现对70类重要、高频、多发问题的智能采集、一键派遣、智能核查，智能抓拍准确率从最初的10%上升至95%。研发密集场景人群计算模型，通过人工智能技术分析人流量变动，为城市治理提供技术支撑。以"江北百姓城管"微信公众号为平台，积极打造便民利民举措，架起群众连心桥。创新开展市民举报有奖活动，鼓励和引导市民参与城市管理，监督城市管理效果；整合城市管理资源，实现停车诱导、公厕指引、公园和便民饮水点等自动导航，提升群众获得感、满意度，百姓城管品牌已深入人心，2016年上线以来，市民通过百姓城管反映城市管理问题1万余件，群众满意度由原来的40%提升至98%。

二 "一路三清"工作机制实现城市治理精细化

（一）红色引擎，多彩联动，全面下沉"一马三驹"工作力量

将"老马工作法"成功的社会治理经验，运用到城市综合治理中，成立党建引领"一路三清"工作组。江北区将全区339条城市道路合理划分为406个基础路段。开创由城管队员担任路段长，市政（照明）、绿化、环卫三方人员为管理员的"一马三驹"工作模式。江北区城市管理局直管道路由各基层支部书记为行业责任人负责相关工作，该项做法向全区各镇街推广延伸。路段长统筹路段内各行业人员开展工作，实现路段内问题快速发现、快速处置，共同发现、共同处置。以执法大队为责任单位，建立联络员制度，实行信息互通、要事互商、实事互办、活动互动等机制，将城市管理的各项职能以网格

化、标准化、精细化的形式下沉到社区，高效回应群众需求，以点带面，全面推进城市管理进社区"一路三清"工作。

（二）摸清底数，掌握信息，全面贯通"最后一米"服务距离

把"门店情况清楚"作为"一路三清"目标的基础和前提，充分发挥党员力量，成立党员先锋队，全面开展信息摸排，建立固定门店和流动摊贩的全量信息台账，与1300余家门店和经营者建立了联系，并录入江北区"门前三包"管理系统。同时，江北区城市管理局实施党员"包管到店"模式，200余党员主动上门服务，听取群众意见，解决群众困难，打通服务群众"最后一米"，建立起亲清管理服务关系。开展由点及面服务延伸进社区工作，积极参与社区共建，建立健全服务群众的常态长效机制，开展问需于民、问计于民、问效于民活动，营造干净整洁有序的社区环境。

（三）一考三用，综合发力，全面形成"融合联动"工作局面

为解决行业各自为政、配合不力的问题，建立"一考三用"工作机制，迭代升级"门前三包"系统为"城市管理进社区·一路三清"运行评价系统，构建出"路段监管一张图""案件监管一张图""人员监管一张图"，自动生成"一路三清"工作机制相关路段评价、行业评价、作业公司评价、人员评价等多维指标参数。针对在职在编人员，将考评结果作为评先评优、职级晋升的重要依据；针对临聘人员，将考评结果作为岗位绩效发放、合同期满续聘的重要参考；针对作业公司，将考评结果作为管护经费拨付、合同执行延续的重要根据。在考核驱动下，各路段建立起日碰头、周分析、月上报制度，积极配合，协调处理问题。江北区城市管理局直管区域各路段日均解决问题超50个，及时处置率达99%，群众满意度达98.71%。

（四）多主体协同，综合治理，共治共享打造江北"幸福密码"

以"大综合一体化"城市综合治理为努力方向，在全区12个镇街116个社区全面推广"城市管理进社区"，以"三问于民"等方式深入群众了解需求，凝聚部门、社区、物业等多方力量共同参与城市治理。自2024年开展以

来，通过协调议事、"马路巡查"、"街镇吹哨·部门报到"等手段，有效推动解决跨部门、跨领域、跨层级的突出问题5000余个，解决城市管理领域民生问题162件，指导帮助社区、居民小区新建改建游园33个，新建口袋公园5个、公厕4座、小微停车场21个、垃圾分类站点80余个，消除暗盲区3000余平方米，有效推动塔坪片区老旧社区改造、渝澳大桥桥下空间整治、新村致远小学学生港湾建设等群众急难愁盼事项，切实增强人民群众的获得感、幸福感和安全感。

三 践行人民为中心理念，共享城市品质提升成果

（一）环卫管护无死角，分类有法添活力，精细管理铸底色

实施环境卫生提质行动，作业管护标准向背街小巷延伸，全区市容环卫作业实现"一套标准一把尺"，市场化作业覆盖率和主要城市道路机械化清扫率均达100%。充分调动基层力量，以街道为主体，深度融合街道、社区、物业"三驾马车"责任制度，生活垃圾分类收运系统覆盖率、无害化处理率均达100%，城市生活垃圾回收利用率43%，建成区级垃圾分类示范点25个，获评市级垃圾分类示范街区12个，成功创建重庆市垃圾分类先锋示范区。五宝镇获评全市"无废乡村"，农村厨余垃圾就近就地自行处置运行机制获住房城乡建设部肯定，经验在全市推广。

（二）绿植补缺添新韵，公园扮靓展娇颜，百园城区亮城景

优化主次干道及重要节点绿化景观，将入选重庆市园林特色传统技艺名录的"江北盆景"技术运用于市街园林，栽植各类时令鲜花，建成区绿化覆盖率达41.75%、山城花境11个、山城绿道4条，市民群众"推窗见绿""四季见花"。江北树状月季一年四度开花，其花量多、花朵大等优势明显。北滨漫步道以多种造型形成立体三角梅花廊，扮靓两江四岸最美底色。在加强城市综合性公园、主题公园建设的同时，利用城市闲置地、边角地、零星空地等"见缝插绿"打造社区公园、口袋公园。目前，江北区各类公园总数达113个，人均公园绿地面积达12.98平方米。探索"公园+文创""公园+休闲"

"公园+互动"模式，推出群众文化活动，开放共享公园绿地，鸿恩寺公园在《新闻联播》之"美丽中国"板块亮丽展现。溉澜溪体育公园精心打造面积超过 2.1 万平方米的花海景观，成为网红打卡点之一。

（三）设施功能再提升，老旧小区换新颜，城市更新暖人心

聚焦人民群众的"脚下安全"，新建 280 平方米的"我在重庆"大街区观景平台，加固独柱墩桥梁 39 座，升级改造交通状况复杂、人流量大的 14 条城市道路 40 余万平方米，改善市民的出行体验。全市率先建立桥隧监测运行处置中心，桥隧智慧监管覆盖率达 80%，实现桥梁全方位安全监管预警。根据道路情况优化调整，设置路内停车位 3000 余个，新建小微停车场 83 个、新增小微停车泊位 5236 个，停车难问题得到有效缓解。更新改造城市老旧供水管网 4.9 千米，实施二次供水设施改造惠及 1200 户居民，城市供水安全得到保障。全面实施"关爱环卫工人十项举措"，建设"劳动者港湾" 64 个，环卫工人"15 分钟休息圈"落到实处。大力实施"城市体检"，改造城镇老旧小区 115 个，一大批老街巷、老厂区变身高品质生活宜居地、旅游"打卡地"、新兴产业聚集地。观音桥街道北仓里逐渐形成具有"市井味、烟火气、人文范"的商住友好街区，五里店街道合作村片区成功打造集文创、休闲、娱乐、鉴赏等于一体的具有重庆特色的互动性复合型社区空间，莺花巷合作村老旧小区改造经验获住房城乡建设部肯定。

（四）城市执法护秩序，夜景灯饰增热度，服务经济助发展

深化城管执法队伍改革，加强专业执法，精细化完善社区服务项目 19 项，提升执法服务质量。推行"城管+N"模式，在全市率先发起 7 个主城区城市管理协作执法，联合公安、市场监管、交通等部门开展"静夜守护""城警联勤"等执法行动。深入贯彻落实住房城乡建设部"721 工作法"，创新构建"疏堵结合、柔性管理"新模式，通过"服务前置、管理赋能、执法兜底"的治理链条，在观音桥九街、鎏嘉码头等区域设置规范临时占道经营摊点 270 余个，实现"烟火气"与"洁净美"融合共生。通过智能化升级、景观塑造与产业融合，采取科技与艺术融合等方式，在两江四岸、观音桥商圈等区域，打

造彰显山水人文情怀、融合时尚科技元素、蕴含传统文化韵味的特色夜景灯光体系，显著提升观赏品质与城市活力，以"光影经济"赋能夜经济消费，江北区连续三年蝉联"中国夜经济十大影响力城市"榜首，江北嘴梦幻灯光秀成为重庆城市夜景的一张亮丽名片。

北碚区用好"致广大而尽精微"方法论
实现城市治理新突破

重庆市北碚区城市管理局课题组*

摘 要： 2024 年 4 月，习近平总书记视察重庆时强调，要积极探索超大城市现代化治理新路子，努力在城乡治理一体化方面创造新鲜经验，并首次提出"中国式现代化，民生为大"的重要论断。重庆市北碚区通过用好"致广大而尽精微"方法论，以"小体系"构建"大格局"、画出城市治理最大同心圆，以"小切口"赋能"大场景"、打造城市智治最新示范点，以"小网格"编制"大服务"、汇聚城市治理最强向心力，以"小改造"撬动"大民生"、找准城市治理最大公约数，以"小举措"涵养"大文明"、释放城市文明最大正能量，总结出党建引领是提升城市治理效能的策略之"魂"、体制机制创新是提升城市治理效能的策略之"根"、群众参与是提升城市治理效能的策略之"本"、智慧赋能是提升城市治理效能的策略之"要"等对策建议。

关键词： "致广大而尽精微" 绣花功夫 超大城市现代化治理 北碚区

党的二十大报告指出"实施城市更新行动，加强城市基础设施建设，打造宜居、韧性、智慧城市"。习近平总书记围绕城市工作作出了一系列重要论述。党的十八大以来，以习近平同志为核心的党中央不断加强党对城市工作的领导，坚持人民城市为人民的理念，以人民为核心的新型城镇化发展历程波澜壮阔，取得历史性成就。但快速发展的同时，各种"城市病"随之而来，城市设施不完善，人居环境品质参差不齐，城市公共安全韧性不足，城市治理水

---

* 执笔人：陈亚、刘小秋，重庆市北碚区城市管理局工作人员。

平有待提高，与人民群众对美好生活的向往还存在差距，所以新时代新征程下对城市高效能治理提出了更高的要求。

一　北碚区城市治理"当前之困"

北碚区是重庆"9+2"中心城区之一，是超大城市现代化治理的主战场、主阵地。一直以来，北碚区紧跟市委、市政府工作步伐，深刻领会把握总书记对城市治理的重要论述，坚持问题导向抓调研，坚持对标对表抓落实，狠抓城市建设与城市治理，大力推动城市发展方式转变。但随着城市化进程的加速，北碚区城市管理面临越来越多的挑战：城市特色打造不足，城市发展与北碚历史遗迹、历史文化结合不够紧密，景观供给效果不佳；城市基础设施不完善，公共配套设施未在建设中同步完善，空间资源配置失衡，脱管、漏管成难点；数字赋能城市治理基本能力建设有待深化、城市公共安全韧性存在不足等问题都制约着北碚区城市发展、考验着北碚区城市治理水平。

二　北碚区城市治理"破题之法"

北碚区将"大综合一体化"治理作为"补短板、缩差距"的重要抓手，作为"兴城市、惠民生"的重要载体，作为"提信心、展形象"的重要举措。"大综合一体化"超大城市治理强调重庆市中心城区一体化协同发展，突出先行先试、探路领跑作用。所以，北碚区勇于担当、迎难而上，牢牢把握这个促进经济社会高质量发展的机遇期，坚持用好"致广大而尽精微"的方法论，做到既要洞察治理大局，全局性谋划、系统性部署，又要瞄准民生诉求，于细微之处下足"绣花功夫"，全面提升城市综合治理水平。

（一）"小体系"构建"大格局"，画出城市治理最大同心圆

超大城市现代化治理是一项系统工程，需要充分发挥党的领导核心作用和集中力量办大事的制度优势以凝聚各方力量，形成城市治理的强大合力，共同营造共建共治共享"大综合一体化"城市治理大格局。一是党建引领统揽全

局。北碚区坚持和加强党对城市治理的全面领导，区城市治理委员会高处站位、大处谋划、细处着手，对城市治理工作进行总体设计、整体推进。区委、区政府多次召开会议，明确要求超大城市现代化治理工作由各级党政"一把手"亲自抓、直接抓，形成了一级抓一级、层层抓落实的工作推进机制，着力将党的政治优势、组织优势转化为治理优势，激活城市治理"一池春水"。二是体系构架支撑全面。在2025年北碚区迭代升级的"12345"体系构架中，"超大城市现代化治理新路径"是搭建起新时代北碚发展"四梁八柱"的重要支撑。北碚区坚决扛起"积极探索超大城市现代化治理新路子"重要使命，立足区域特点和资源禀赋条件，着力优治理、促宜居、增韧性、强服务，全面提升城市运行效能、宜居便捷水平、安全韧性水平、文明程度、基层治理活力。三是治理体系覆盖全域。北碚区加快构建全员参与、全域覆盖的治理体系，打造人人有责、人人尽责、人人享有的城市治理共同体。横向上注重系统集成和整体优化，构建了党委领导、政府负责、社会协同、公众参与的城市治理体制；纵向上以两级治理中心为抓手，构建区治理中心驾驶舱"1+N"模式，推动一体协同，实现全区"一键协商、一体联动"，逐步形成纵向到底、横向到边、互联互通、覆盖全域的城市治理格局。

（二）"小切口"赋能"大场景"，打造城市智治最新示范点

按照数字重庆建设"1361"总体部署，北碚区提速形成支撑"大综合一体化"治理的数字实战能力，坚持急用先行，注重从大场景中找准小切口，聚焦应用的实战实效，提升城市治理效率和精准度。一是强化应用支撑。聚焦本质安全与便民惠民，推出"化粪池监管"和"便民集市服务"特色应用，"化粪池监管"应用上线以来，日常监管和事件处置效率提升明显，按时处置率100%，平均投诉量下降66%，已实现"一地创新、全市共享"。便民服务的"低保对象跨区协同服务多跨场景"、应急响应的"缙云山森林防灭火"应用、减负增效的"会海智治"场景、人文关怀的"重点人员居家生活智护"场景等超大城市现代化治理的"北碚实践"，已涌现在大街小巷。二是强化AI赋能。积极融入全市城市治理AI大模型系统，大力推进"无人机一飞多用"和"AI算法的自动化环卫"等综合场景建设。提升基层智治能力，全量下

重庆蓝皮书

沉感知设备，实现带 AI 算法的感知设备在 17 个镇街投入使用。探索 AI 赋能城市治理场景应用，积极建设数字孪生系统。三是提升实战能力。建立"平急战"状态下多网融合指挥调度体系，推进"多中心合一"改革，实现高效能多跨协同、高质量挂图作战。坚持区带镇街、镇街带网格工作机制，指导镇街谋划人员溺水防控、校园周边安全、独居老人居家智护等场景 20 余个。各项智能化、信息化技术，充分体现了"小切口"赋能"大场景"的治理智慧。

（三）"小网格"编制"大服务"，汇聚城市治理最强向心力

北碚区坚持党建统领基层治理，通过完善网格体系、打造网格队伍、做好网格服务，全面构建"城市治理全面融入社区"服务机制，有效服务基层减负，精准服务基层群众，便民惠民水平得到进一步提升。一是构建"家门口"网格体系。坚持把服务延伸到居民"家门口"，推动城市治理细"治"入微，动态调整细化网格颗粒度，严格按照"每个网格覆盖 300～500户""一个网格设立一个党支部或党小组""一个网格配备一名专职网格员"等原则划分基础网格 1104 个，细化微网格 5816 个。以"单建+联建"方式全覆盖推进建立网格党组织，持续保持网格优化设置率、网格党组织覆盖率、专职网格员配备率"3 个 100%"。因地制宜设置"西南大学网格""商圈园区网格"等专属网格 23 个，建立健全镇街党（工）委、工业园区党（工）委、高校科研院所党委协同运行机制，构建起党建统领下的基层治理共同体，形成覆盖全面的网格治理格局。二是打造多元化网格队伍。持续配齐配强网格"1+3+N"治理团队（网格长+专职网格员、兼职网格员、网格指导员+其他各级各类力量），4190 名"一长三员"全部按要求到岗履职，整合物业保安、党员志愿者、新就业群体等各类人员 2.4 万余名充实网格"N"力量。三是做好实效型网格服务。深入实施党建统领网格治理提升行动，规范设置网格"6+1"任务事项清单，进一步厘清网格员职责任务，切实为网格工作减负赋能增效。大力推动"城管进社区"服务品牌，将执法、绿化、环卫、设施等方面的工作人员全部下派到社区微网格，使其成为基层治理的"神经末梢"，全面融入"141"基层智治体系，大力为基层充实人员、技术、资源等力量，从而解决基层"看得见的管不了，管得了的看不

见"问题。探索打造"共享客厅"网格党群驿站，按照组织共建、力量共融、多元共治、服务共享原则，整合政府、市场、社会资源，支持外卖小哥、网约车司机等新就业群体融入网格，整合"代办服务、纠纷调解、居民议事、志愿服务"等多项功能，着力把精细化服务延伸到群众"家门口"，做到群众心坎上。

（四）"小改造"撬动"大民生"，找准城市治理最大公约数

城市空间的每一个"微变化"，都凝聚着群众的"大幸福"。北碚区深入践行人民城市理念，通过"小改造"扎实办好民生实事，让群众的获得感、幸福感、安全感更加充实、更有保障、更可持续。一是畅通道路"微循环"。为了给市民营造良好的出行环境，北碚区大力开展路平桥安专项治理，及时消除影响较大的"问题路""隐患路""投诉路""曝光路"，实施五星工业园区道路修复工程等民生项目，及时解决企业及周边群众出行难问题，改善周边安全出行条件，让城市道路"微循环"更加畅通。二是打造小型绿色空间。为解决周边居民绿色活动空间不足问题，北碚区近年实施口袋公园新建计划和园林绿化提质行动，根据群众需求因地制宜改造新建口袋公园，设置健身锻炼区、慢行活动区、儿童游憩区、景观小品区等，2024年新增绿地面积57.9万平方米，新建口袋公园3个。三是提档升级垃圾站点。为解决群众反映强烈的垃圾站点"脏乱臭"问题，北碚区对12个生活垃圾站点进行改造升级，通过对大站点加强臭气净化功能，对小站点修补陈旧外观，全面提升垃圾站功能效率；同时，提档升级垃圾分类收集点2225个，不仅为环卫工人降低工作难度，更促进辖区内城市洁净美。四是用好城市闲置地块。为充分利用城市空间，北碚区对闲置地块进行调研分析，在充分听取民声、集民意，结合市民需求和地块实际的情况下，大力探索闲置地块的改造建设和开发利用计划。如对童家溪一处闲置地块实施场平整治及充电桩改造建设，在实现整治效果的同时解决了居民的充电难题，展现了城市治理的智慧与温度。

（五）"小举措"涵养"大文明"，释放城市文明最大正能量

精神文明是城市的亮丽名片、无形财富，北碚区大力传承弘扬红岩精神，

着力提高城市文明程度。一是深化文明创建。加快推进宜居宜业宜游文明城市建设，调整优化创建统筹协调专项机制，建立常态创建九项机制，扎实做好环境秩序和点位达标建设，努力优化城市"八大环境"。二是深化文明培育。聚焦规范停车、礼让斑马线、文明养犬、禁止高空抛物等"小案小事"，开展常态治理和"德法相伴 文明相随"行政执法主题实践活动。加强先进典型选树宣传，推出全国道德模范提名人选"二馒头"张俊、全国新时代好少年天府小学学生吕世蓬、中国好人冉俊等全国全市先进典型87名。三是深化文明实践。深入推进"春风满巴渝"社会风气提升行动，全年围绕"文明节俭、奋斗有我、诚实守信、健康娱乐、'渝见有礼'"等五大行动，开展各类文明实践活动6600余场。其相关工作案例连续被《半月谈》《重庆新闻联播》报道。四是深化文化建设。大型纪录片《卢作孚》在央视首播，全市首创的《北碚文化丛书》出版发行，举办第六届"缙云诗会"，提升了北碚区城市文化影响力。

三 进一步提升超大城市治理效能"建议之举"

（一）党建引领是提升城市治理效能的策略之"魂"，必须把党的全面领导贯穿于城市治理工作始终

党建引领是政治原则，更是破解城市治理难题、实现高质量发展的方法论与实践路径。要持续强化党建引领，持续完善超大城市现代化治理架构，优化网格化、智能化、法治化、现代化治理体系，筑牢"纵向到底、横向到边"的治理结构。要充分发挥党组织政治功能和组织功能，打造"党建+城市治理"模式，将治理触角延伸到基层"神经末梢"，城市治理各项工作才能目标一致、方向一致、行动一致地向前推进。

（二）体制机制创新是提升城市治理效能的策略之"根"，必须坚持边探索、边实践、边总结、边推广

城市治理的复杂性、动态性与系统性，要求必须通过体制重构与机制迭代打破传统治理的路径依赖，以优化职能配置，理顺管理体制，实现资源的有效

整合和高效利用，这是推动城市治理走深走实、常态长效的重要保障。要进一步加大体制机制创新力度，不断完善职能职责、优化政策法规、强化保障体系、加强绩效评估等机制，做到破立并举、先立后破、标本兼治，才能不断提升治理体系和治理能力现代化水平。

（三）群众参与是提升城市治理效能的策略之"本"，必须坚持人民城市理念，紧紧依靠群众、充分发动群众

城市发展和存续的最终目的是使人过上更好的生活、实现更全面的发展，城市治理的根本理念是"以人民为中心"。要始终坚持人民城市理念，聚焦民生需求，大力解决好人民群众关心的环境卫生、绿色空间、街面秩序、停车出行等问题，通过优化公共服务供给，提高公共服务质量，让人民群众共享城市发展成果；要常态化开展"金点子"征集活动和治理"大讨论"活动，构建决策共商、过程共治"金字塔型"群众参与结构，将市民优秀建议转化为政策选项，让城市治理从信息告知、咨询协商向共同决策、自主治理逐级进阶。

（四）智慧赋能是提升城市治理效能的策略之"要"，必须紧跟时代发展，利用高科技、数字化、信息化手段，提高城市治理的效率和精准度

在数字化时代，智慧赋能不仅是工具升级，更是治理理念、模式和制度的系统性变革。要充分利用现代信息技术，通过建强城市大脑治理平台，整合数据资源，实现城市运行的全面感知、动态监测和智能决策，提升城市治理的精细化、精准化水平。要加快构建机器人矩阵，赋能韧性环卫、管网巡查、城管执法等高频场景，真正让城市治理从"经验驱动"转向"数据驱动"、从"人力密集"转向"人机协同"、从"事后处置"转向"预见治理"。要探索构建"数字包容"生态，破解老年人"数字鸿沟"、弱势群体"技术排斥"等现实挑战，让城市"智"治葆有人文关怀的"温暖内核"。

B.30
永川区探索数字化"一表通"
助推基层减负治理增效

重庆市永川区委组织部　重庆市永川区城市治理委员会办公室*

摘　要： 基层是党和政府工作的关键落脚点，长期面临报表负担过重的困扰。重庆市永川区借助"一表通"智能报表应用组件，实现基层减负与治理增效。"一表通"聚焦业务需求，条块结合，梳理整合报表、全量归集并动态更新数据；突出建管并重、重塑报表，按需迭代功能、统一标准规范、严格日常管理；坚持体系推进、区镇联动，搭建工作体系、强化上下贯通、抓实督促保障。此外，为进一步推进基层减负治理增效，还需多管齐下。业务流程方面，动态优化台账、简化数据处理并拓展优化范围；数字赋能方面，拓宽数据归集渠道、融合技术应用、推动平台协同；制度建设层面，完善制度细节、强化执行监督、促进持续改进。以此持续深化基层减负，提升工作效能，保障治理长效增效，推动基层治理迈向现代化。

关键词： "一表通"　基层减负　基层治理　永川区

基层是党员干部与人民群众接触最密切的地方，基层工作做得好不好，群众感受最强烈。重庆永川区聚焦基层报表负担过重问题，统筹基层应减之负和应尽之责，统筹技术创新和制度创新，在数字重庆整体构架之下，开发"一表通"智能报表应用组件并在全区各部门、各镇街常态运行，取得减报表、减时间、减人员、提升基层治理效能的成果，让基层干部轻装上阵、力量下沉，更好抓发展、抓治理、抓服务。工作经验被主流媒体专题报道，获评第一届重庆市改革创新奖金奖、2023年度重庆市改革发展最

---

* 执笔人：刘慧，重庆市永川区城市管理局党委书记、永川区城市治理委员会办公室副主任。

佳实践案例，农业农村部以及山东、内蒙古等单位和地方陆续来永川区考察借鉴。

一 数字化"一表通"智能报表开发背景

基层是党的执政之基、力量之源，是一切工作的落脚点。长期以来，基层干部面临表格数量多、随意性大、重复交叉、数据不共享等突出问题，填报表格占据了本应深入群众抓工作落实的大量时间。为基层干事创业创造良好条件、卸下不必要的报表负担，是各级党委政府的一道"必答题"。一是贯彻中央为基层减负增效决策部署的需要。中共中央办公厅文件明确指出，不得随意向基层要数据材料，确需基层填表报数的，原则上应通过省级平台报送并推动数据共享。以数字化手段推动"数据多跑路、基层少填表"，是贯彻落实习近平总书记重要指示批示精神和党中央决策部署的重要举措。二是提升基层党委政府运行效率的需要。数据是分析决策的基础，部门需求数据，镇街须填报表。传统的报表层层填报、逐级审批流程手段弱且效率低，职能部门思维惯性、路径依赖、任性要数等思想作风问题，以及政出多门、不通不联、过度留痕等体制机制问题导致镇街报送不及时、报表数据不准确、数据覆盖不全面、合表并表任务重等现象时常发生。通过数字化手段实现高效留数取数用数，以数字技术推进治理体系和治理能力现代化，实现从"人跑人管"升级为"数算数治"，是部门的迫切需求。三是畅通基层干部联系服务群众"最后一米"的需要。基层各类表格量大高频事杂，主要存在报表数量多、涉及条线多、反复填报多、时间占用多等现象，基层千针一线、疲于填报。调研发现，综合全市各条线、各行业领域自上而下的报表要求，辖区镇街平均每年日常报表事项178个，年报送1330余次、日均3.8次，耗费大量时间精力。基层干部迫切希望卸下重负、轻装上阵，将主要精力用在抓发展、抓治理、抓服务上。

二 数字化"一表通"智能报表
助推基层减负治理增效

永川区创新开发基于"数字台账、智能报表、分析调度"融合场景的

"一表通"智能报表应用，推动传统报表工作体系重构、流程再造、机制重塑，让部门和镇街只需面对"一表通"就能做到数据轻松维护、智能上报、随时取用，实现基层减负治理增效的目标。

（一）聚焦业务需求，条块结合建好"一本账"

针对"部门需求数据，镇街须填报表"的实际，依托市一体化智能化公共数据平台（IRS），将各条线的报表需求梳理整合为"一表通"内的业务表，以多跨共享的业务表数据支撑各条线业务需求。一是梳理整合报表建立业务表。以农业农村、民政等与基层数据交互密切的部门业务为重点，针对贯通至基层的常态报表，按照去重、合并、转换、编目、审核、上线的"六步工作法"，经过市、区、镇三级自下而上、上下结合的联动优化，精简整合形成涵盖姓名、性别、身份证号、标准地址等数据项的业务表。二是全量归集数据充实业务表。依托一体化智能化公共数据平台，以自动关联填充为主、基层手工补录为辅，通过对接市级已有基础数据、编目区级部门业务数据、归集镇街存量数据形成基础数据仓，分级分层设置业务表数据调用权限，实现数据分级授权、实时共享、按需调用，满足基层大部分常规报表需求。三是动态更新数据维护业务表。建立"日常走访+定向派单+行业反哺"的数据动态维护机制，基层干部在走村入户、服务群众过程中，实时更新人、房、地、事、物、组织等基础数据；针对业务表内没有覆盖的临时、紧急填报需求，通过部门定向派单、基层在线填报、应用智能辅助的方式予以更新。依托一体化智能化公共数据平台自动更新行业部门在业务系统办理操作过程中产生的数据调整，保证数据实时精准，实现"首次录入、动态更新""一次排查、多方复用"。

（二）突出建管并重，重塑报表工作"新形态"

聚焦数据化、智能化、制度化，强化技术创新、机制完善和标准制定，变革重塑传统报表流程，使报表从"任性繁多"转变为"审慎就简"。一是按需迭代功能。以基层需求为导向，开发"一表通"的数据关联、智能填充、汇总分析等功能，实现业务数据自动更新、平台数据自动汇总；针对临时、紧急的填报需求，开发报表准入、一键下派、辅助填报等功能，实现部门高效派单、镇街快速响应，形成"数据多跑路、基层少填表"的双赢局面。二是统一标准规范。整合大数据、统计、市场监管、政务服务等部门资源力量，围绕数据来源、名称、接口、更新频次等，探索构建成体系、可推广的数据资源标准规范，保障跨部门、跨业务、跨系统数据资源互通共享、高效利用，提升基层数字治理能力与水平。三是严格日常管理。制定"一表通"运行管理办法，从台账清单管理、报表流转审批、督查考核评估等方面建章立规，严防部门绕开"一表通"向基层发报表、要数据，解决数出多门、任性要数、推诿扯皮等问题。聚焦数据安全、网络安全和信息安全，对敏感数据脱敏处理，构建制度、管理与技术衔接配套的安全防控体系。

（三）坚持体系推进，区镇联动下好"一盘棋"

"一表通"本质是对报表工作的改革，既要破除思维惯性等思想作风问题，又要解决政出多门等体制机制问题，必须系统化谋划、项目化推进、制度化落实。一是搭建工作体系。纵向上，成立由区委书记亲自调度，区委办（区委改革办）统筹，区委组织部、区大数据发展局具体负责的工作专班，镇街、部门由党委（党工委、党组）负责，以上率下统筹推进组件建设相关工作；横向上，建立与数字党建、数字政务、基层智治等数字重庆7个专班的沟通衔接机制，在数据共享、组件共用等方面有效互动，形成全区上下整体推进、集中攻坚、齐抓共管的工作体系。二是强化上下贯通。在中山路街道、朱沱镇先行先试，探索形成理论、实践、制度成果，以点扩面在全区各级各部门全面铺开。制定"一表通"推广应用工作方案、工作指南、操作手册，发挥专班调度、结对联系、问题收集和情况反馈等机制作用，通过贯通区级部门到镇街报表、镇街运行反馈优化报表等方式，促进推广应用实现梯次推进、取得实效。三是抓实督促保障。结合工作实际开展实地调研、督查通报、五星评价，定期反映动态、晾晒成果，将工作情况纳入"改革报表"中"数字重庆建设情况"指标项量化评价，解决个别单位建而不用、路径依赖问题。建立常态培训机制，分层分类、各有侧重开展培训46场次，培训领导干部、数据管理岗、基层干部等5.8万余人次，实现"领导干部人人熟知、基层干部人人会用"，提升运用数字化技术、数字化思维、数字化认知的能力和水平。

三 进一步助推基层减负治理增效的对策建议

（一）持续优化业务流程，深化基层减负成效

重塑业务流程始终是推动基层减负的核心策略。"一表通"作为基层减负的有力工具，其本质在于以改革思维打破传统报表模式的束缚。一是动态优化业务表内容。密切关注基层工作实际变化以及部门业务需求的动态调整，每季度对"一表通"内的业务表进行全面审查。深入调研各条线工作的新要求、新变化，及时去除冗余数据项，补充关键信息，确保业务表数据既能精准满足各部门业务需求，又不会给基层增加额外负担。二是简化数据处理流程。借助先进的流程管理理念和技术手段，进一步简化维护数据、提取数据和使用数据的操作流程。引入智能数据分类和检索功能，依据数据的性质、用途等进行自动分类，基层工作人员通过关键词搜索就能快速定位和获取所需数据；建立数据关联预警机制，当数据出现异常或变动时，自动提醒相关人员进行核实和处理，减少人工排查的工作量，提高数据处理的便捷性和高效性。三是扩大流程优化范围。不仅针对报表流程进行优化，还要将"一表通"的业务流程优化拓展到与之相关的审核、反馈等环节。建立快速审核通道，运用智能审核工具对数据进行初步筛查，对于符合规范的数据快速通过审核；同时，完善反馈机制，让基层人员及时了解数据提交后的处理进度和结果，降低沟通成本，提高整体工作效率。

（二）拓展数字赋能深度与广度，全面提升工作效能

数字赋能是提升党委政府工作效率、推动基层治理现代化的关键驱动力。一是拓宽数据归集渠道。整合现有的政务数据资源，并积极探索与社会数据资源的对接。与电商平台合作，获取消费数据，用于分析居民消费趋势，为基层商业布局和经济发展规划提供参考；引入互联网企业的地理位置数据，结合基层人口分布情况，优化公共服务设施的选址。同时，鼓励居民通过社区平台自愿提供个人数据，如健康信息、兴趣爱好等，用于个性化服务的开展，丰富数据维度，为基层治理提供更全面的信息支撑。二是深化技术融合应用。加强对

大数据、人工智能、区块链等前沿技术在基层治理领域的应用研究和实践探索。利用大数据技术,对基层治理中的各类数据进行深度挖掘和分析,如通过分析社区治安数据,预测犯罪高发区域和时段,并提前部署警力;借助人工智能技术,实现数据的自动分析、风险预警和智能决策等;利用图像识别技术对环境监测数据进行分析,及时发现环境污染问题;运用区块链技术,保障数据的安全性和可信度,在基层民生资金发放中,利用区块链记录资金流向,确保资金使用透明、可追溯,增强数据共享的可靠性和稳定性。三是推动数字平台协同。用好统一的基层数字治理平台,整合"一表通"与其他各类基层治理相关的数字平台,实现数据在不同平台间的无缝对接和协同应用。同时,加强对数字平台的统一管理和维护,确保各平台之间的数据交互顺畅,避免出现数据孤岛和重复建设的问题。

(三)健全制度体系并强化执行监督,确保治理增效长效化

制度建设是实现基层治理增效的重要保障,而制度的有效执行则是关键所在。一是完善制度内容细节。进一步完善数据标准体系,明确数据的采集、存储、使用、共享等各个环节的标准规范,对数据格式、数据质量、数据更新频率等做出详细规定,确保数据的一致性、准确性和兼容性。在工作运行体系方面,清晰界定各级各部门在基层治理中的职责权限,制定详细的工作流程和操作手册,规范工作流程和协同机制,明确各部门在处理跨部门事务时的牵头部门、配合部门以及工作顺序,避免出现职责不清、推诿扯皮等现象。此外,建立健全涵盖人员管理、设备管理、安全管理等方面的管理制度体系,对基层治理工作人员的选拔、培训、考核等进行规范,对基层治理所需的设备采购、维护、更新等做出规定,保障基层治理工作的有序开展。二是加大执行监督力度。建立常态化的督查检查机制,每月至少开展一次对新制度、新机制执行情况的检查。成立专门的监督小组,深入基层了解制度执行过程中存在的问题,通过实地走访、问卷调查、座谈会等形式收集基层人员和群众的意见和建议,及时进行反馈和整改。将制度执行情况纳入绩效考核体系,明确考核指标和评分标准,对执行得力的部门和个人给予表彰和奖励,如颁发"基层治理优秀单位""制度执行标兵"等荣誉称号,并给予一定的物质奖励;对执行不力的进行问责,采取警告、扣减绩效分数、组织培训学习等措施,形成有效的激励

约束机制。三是促进制度持续改进。根据督查检查结果和基层实际反馈，定期对制度进行评估和修订。每半年对制度进行一次全面审查，分析制度在执行过程中出现的问题和不足，结合基层治理工作的新情况、新需求，对制度进行调整和完善。

B.31

渝中区大坪街道四个"一体化"
打造现代化治理示范社区

朱 晓*

摘 要： 社区是国家的基本单元，连接着千家万户，是政策落实的"最后一米"，也是群众感知党和政府工作的直接窗口。社区治理是城市治理的基础工程，也是探索超大城市现代化治理背景下基层治理新路径的重要一环。近年来，渝中区大坪街道深入贯彻习近平总书记关于超大城市现代化治理的系列论述、重要指示，以所辖浮图关社区为试点，以机制、智治、服务、运维四个"一体化"为抓手，积极探索打造超大城市现代化治理示范社区，全面提升社会治理体系和治理能力现代化水平。

关键词： 社区治理 超大城市现代化治理 渝中区 大坪街道

超大城市现代化治理，是中国式现代化进程中不可或缺的关键环节，也是推动国家治理体系和治理能力现代化的重要基石。党的二十届三中全会明确提出"深化城市建设、运营、治理体制改革，推动形成超大特大城市智慧高效治理体系"。习近平总书记在视察重庆时要求重庆深入践行人民城市理念，建立健全"大综合一体化"城市治理体制机制，积极探索超大城市现代化治理新路子。渝中区按照重庆市委、市政府部署要求，加快打造超大城市中心城区现代化治理新高地。社区是国家的基本单元，社区治理是探索超大城市现代化治理背景下基层治理新路径的重要一环。大坪街道地处重庆主城几何中心，辖区总面积3.24平方公里，资源富集，主体多元，所辖浮图关社区位于大坪街道北端，地域面积约0.5平方公里，常住人口8000余人，社区建筑物多建于

20世纪80年代，是一个典型的老旧社区和老龄化社区。大坪街道以浮图关社区为试点，以"大综合一体化"城市治理体制机制改革为牵引，打造超大城市现代化治理示范社区，是积极探索超大城市现代化新路子、创新基层治理的题中应有之义，是满足人民群众所期所盼、践行人民城市理念的内在要求，也是更好融入现代化新重庆建设、提升社会治理体系和治理能力现代化水平的有效举措，有助于推动高质量发展、创造高品质生活、实现高效能治理，为探索超大城市现代化治理新路子提供"样板"。

一 着力以机制一体化推动社区治理效能整体提升

坚持把党的领导贯穿到"大综合一体化"城市综合治理体制机制改革各方面全过程，探索提出党建统领"3356"一体化工作机制，构建形成高效联动运转体系，有效实现资源、要素、力量一体化综合集成，解决居民身边急难愁盼问题，城市治理更有温度、更有口碑。

（一）建立小事中事大事"三事分流"管理机制

聚焦社区治理碎片化，建立分级分类交办工作机制，推动形成一体化管理机制。运用"V模型"将社区各条块内容拆分为城管执法、物业管理、生态环保、民政服务等15类具体民生事项，形成权责清晰的事项清单。根据大小难易程度，将各类事项分为"小事（一般问题）、中事（较难问题）、大事（复杂问题）"三个等级，探索实行"小事"红墙综合服务站常态化办、"中事"街道基层治理中心实时调度办、"大事"部门街道协调办的"三事分流"，实现事项拆解重组，确保每一事项权责明确、处置有力、形成闭环。

（二）构建横向纵向定向"三向联动"作战机制

着眼打破行政壁垒，促进信息无障碍流通和资源高效共享，集中优势力量攻破关键项目、核心任务、难点问题。"横向"用好"街道基层治理指挥中心+区级部门""街道吹哨、部门报到"机制，"纵向"构建"街道+岗位+社区+网格"四级体系，定向落实"医疗联盟+商户联盟"精准参与，推动形成信息互通、资源共享、协作联动的体系化作战能力。

（三）探索"五色六进"服务机制

围绕服务模式重构，发动党员、城管、市政、园林、环卫等力量，深化党旗红、执法蓝、市政黄、园林绿、环卫橙"五色服务"，开展党建品牌进社区、服务事项进社区、管理职责进社区、综合执法进社区、普法宣传进社区、数字城管进社区的"六个走进"系列活动，推动小事一"格"解决，大事全"网"联动，实现管理无死角覆盖、矛盾源头式化解、环境品质化跃升、共治常态化推进。2024 年，"3356"一体化工作机制成功解决浮图关社区网格事件1000 多个，网格事件处置效率极大提升。

二 着力以智治一体化推动共治共享格局系统构建

坚持不懈在超大城市"大综合一体化"治理中强基础、固基本，加强基层治理中心和社区网格力量建设，促进城市管理态势全面感知、趋势智能研判、协同高效处置、调度敏捷响应，推动基层治理能力提质增效。

（一）探索社区治理"合伙人"制度

吸纳社区 9 家重点单位成为社区党建联席会成员单位，推出"好军医""小公民法律课堂"等共建项目 28 个，不断拓展基层善治"朋友圈"。联动辖区医院、商户等领域专家达人，组建行业治理联盟，做实"1+3+N"网格治理团队，推动形成行业联治工作格局。突出"党建扎桩+治理结网"，联动辖区及周边商业商务楼宇，探索打造"1357"楼宇党建服务体系，推出"一站式"企业服务清单 25 项，广泛开展政策咨询、资源对接、宣传推广等工作600 余次，做实企业和人才服务工作，让楼宇党建成为推动楼宇经济高质量发展的"红色引擎"，推动实现楼宇产权单位、物业单位、入驻企业共商共优共治的良好格局。

（二）创建积分管理特色治理品牌

以"区域统筹、条块协同、上下联动、共建共享"为目标，联动街道、

社区、居民、单位四方力量，探索开展"三元"共治、"六积"行动、"五优"目标的社区"365"积分制管理，开发应用"坪积通"小程序，推动居民参与社区志愿服务或向社区反映问题、提供线索等换积分活动从线下拓展至线上，大大激发了居民参与社区治理的热情和自觉。2024年，通过社区"365"积分制管理，带动辖区1200余户居民、54家社会单位参与社区治理，"积分"换"物"换"服务"700余人次。"坪积通"小程序自2024年10月启动以来，累计上报事件100余件，处置率达100%。浮图关社区"365"积分制管理模式相关经验做法被《全市第二批主题教育强基固本典型案例选编》刊发。

（三）探索最小解纷单元工作体系

深化新时代"枫桥经验"大坪实践，依托街道社会治理中心统筹协同、优化调度，迭代升级大坪"联调驿站"，完善组织架构、专兼队伍、调解平台3类要素，建立感知归集、快速响应、研判会商、预约调解、分级调解、评估反馈等6项机制，建设N个微小流动解纷单元，构建形成"136N"最小解纷工作单元体系，实现解纷单元全覆盖、全网格摸排、全过程介入、全时段服务。目前，街道已组建社区"及时雨"、街道"解语花"、专业"资深树"三支调解队伍，共有调解人员618人，成立家庭纠纷、物业纠纷、商事纠纷、消费纠纷4个重点领域专业调解室，提供"会客式""点单式"调解服务，实现精准介入、靶向服务。同时，运用"V"模型将110非警务警情类、平安稳定风险隐患排查等9个矛盾纠纷渠道整合为1个，实现"九龙治水"向"九口归一"的转变。2024年，浮图关社区2件历时多年的信访案件得以化解，成功解决大坪医院保安欠薪纠纷等多起突出矛盾纠纷，全年累计排查网格矛盾纠纷551件、化解率超99.6%。

三 着力以服务一体化推动居民多元需求得以满足

聚焦人的全生命周期需求，着眼保障居民安居乐业，坚持以"小切口"服务"大民生"，扎实推进"15分钟高品质生活服务圈"建设，切实提升社区服务能力和水平，把更多"民生之盼"变为"民生之赞"。

（一）打造民生服务支撑体系

围绕"一老一小一青一新"，全力推动全龄友好社区建设。一是为老人提供"一碗汤"服务。创新推出"幸'浮'食堂—乐享助'老'"社区养老服务体系，打造"幸'浮'时光"15分钟社区养老服务圈，整合社区养老服务站、老年食堂、养老机构服务职能，推出20项养老服务事项，全年提供助餐、助浴、助医等服务4000余次，老年食堂日常入座率超九成，助力实现"老有所养"。二是为儿童提供"一米高"服务。推出"阳光春苗—乐育护'小'"服务体系，打造"家社学堂"15分钟社区教育服务圈。联合重庆市第五中级人民法院打造渝中区首家驻社区家庭教育指导工作站，开展"线上+线下"融合送教60次，入户走访4次，实现家庭教育精准指导。联动大坪派出所、交巡警大坪大队持续深化"护校行动"，保障社区及周边18所中小学、幼儿园安全安宁。完成社区小微游园适儿化改造12处共计2000余平方米，切实保障"幼有所育"。三是为青年提供"一整天"服务。创新推出"青创中心—乐服为'青'"服务体系，依托重庆新青年数字新媒体产业创新中心，打造"社区微业"15分钟就业创业服务圈，创建"'大'有空间"就业创业平台，归集存量载体嵌入共享会议室、共享直播厅，举办就业创业指导等活动10余场，服务青年300人次。引入社会资源打造"e修就好"社区微业就业平台，链接居民需求和社区工匠技能，为社区能工巧匠提供更多就业渠道，让居民在家享受便捷家庭维修点单服务。四是为新就业群体提供"一站式"服务。推出"坪蜂e站—乐心暖'新'"服务体系，依托社区物业服务中心设立"坪蜂e站"，常态化提供饮水、充电、阅读等共享服务，打造新就业群体"温馨港湾"。

（二）打造绿色畅达通行体系

社区处于主城核心区，紧邻轨道交通1、2号线换乘站。积极协调区交通运输委，新增社区穿梭巴士线路1条，调整优化3条公交线路，社区主干道沿线增设两处公交站点，群众出行更加便捷。协同区规划自然资源局、区城市管理局等部门，打造多元化绿色慢行系统，串联周边多个点位，在提升社区环境品质、方便群众休闲健身的同时，实现社区周边区域"举步即达"。加强同区交通运输委、区城市管理局、区土储中心等多个部门沟通联系，突破权属

"壁垒",盘活浮图关、肖家湾等区域的闲置地块开设小微停车场,新增社区及周边区域临时停车位 550 余个,有效缓解老旧小区停车难与消防安全隐患双重难题。

(三)打造分级诊疗健康体系

依托陆军特色医学中心、拜博口腔、健康城医疗综合体等医疗资源富集优势,打造"暖医邻居"15 分钟卫生服务圈,建立"小病—大病—急病"分级诊疗体系,实现小病社区中心能医、大病三甲医院能治、急病急救中心能救。联动陆军特色医学中心"好军医"医疗队、国药健康城等资源,启动就医绿色通道,提供线上问诊、跑腿代办等服务,服务社区 80 岁以上高龄老人 40 余次,切实让居民群众在家门口就有"医"靠。

(四)打造文体服务供给体系

依托辖区内市、区、街道三级公共文体空间,打造"社区书房"15 分钟文化服务圈,联动重庆市历史名人馆、区档案馆、大坪文化活动中心等,搭建阅读共享平台,开展"享阅生活"等特色读书活动 12 场,实现"互动式"惠民文化服务。针对半山崖线多出入口特点,优化设计"红墙—半山崖线"多条旅游线路攻略,设置红墙旅游定点服务站,提供线路指引、咨询、饮水、休憩等服务,建立"一站式"亲民旅游服务站点。打造"浮光健影"15分钟体育服务圈,整合辖区机关、单位、企业等的公共健身空间,向居民定时开放,实现资源错峰利用。同时,结合老旧小区改造,将社区游园康体空间和绿色步道纳入整体规划建设,实现"嵌入式"便民体育服务,持续擦亮群众"幸福底色"。

(五)打造社区商业服务体系

依托社区周边及毗邻街道打造"小巷商埠"15 分钟社区商业服务圈。引入便民超市、小型餐馆、文印店铺、快递站点等,打造"下楼即有"的便民商业"服务站",社区店铺已达 76 家。依托社区周边大型超市、便捷酒店、培训机构等,满足居民多元化需求,打造社区多元商业"活力站"。发挥大坪商圈时代天街、英利大融城等大型商业综合体引流优势,创新打造"巷往"

特色街巷，打造品质商业"体验站"，为社区居民提供更优质、更便利、更称心的服务，让群众生活更加舒心有感。

四 着力以运维一体化推动安全韧性水平全面提升

按照"规划为先、建设为本、治理为要"思路，探索老旧小区可持续运营管理机制，持续推动城市运行治理向规划、建设前端延伸，着力夯实社区安全韧性，全面提升社区风貌和功能品质。

（一）"物业式"管理，"社区"变"小区"

结合老旧小区改造，建立社区物业服务中心，引入社区自治物业，加强公共区域管理，为居民提供基本居家服务。持续盘活社区资源，引入第三方公司经营社区养老食堂，实现物业收入反哺居民，提升社区"造血"功能，推动社区可持续发展。优化社区内部道路，协调多部门盘活闲置地块开设临时停车场，新增临时停车位 250 余个，整合市政道路资源开发路边停车位，增加划线停车位 85 个，社区内部车辆停放和通行更加规范。

（二）"一体化"整治，"旧貌"展"新颜"

深入推进老旧小区品质提升工程，在浮图关社区投入近 2000 万元，一体化推进老旧小区消防设施改造、线路管网规顺、墙体刷新翻新、市政道路升级等。近年来，累计改建雨污分流管网近 3 公里，整治内墙外墙 29641 平方米，整治"红蓝顶棚"900 平方米，安装室内吸顶灯 643 盏、栏杆 1805 米等，实现适老化及亮灯率目标。建立"红橙绿"3 色安全隐患台账，动态排查整治隐患 100 余个。增设社区治安巡防亭，每日专人定岗履职，迭代升级增加应急救援站、微型消防站和消防体验室功能，配备 AED 自动体外除颤器，培养 10 名持证人员，逐步提升本质安全水平。科学合理设置垃圾分类投放点，维护社区良好环境。

（三）"多节点"改造，"宜居"更"宜游"

实施半山崖线环境提升计划，协同区城管局依山就势对浮图关公园轨道沿

线、半山崖线步道周边进行提档升级，全面提升景区观赏性和安全水平，成为广大市民休闲娱乐优选"后花园"。打造故宫同款红墙，联动"开往春天的列车"入口优势，吸引游人络绎不绝，已成为新晋网红打卡地。加强社区游园升级改造，利用边角地块增设健身设施，让社区游园成为居民休闲健身好去处，"破旧老小"实现完美蝶变。

积极探索超大城市现代化治理新路子是习近平总书记赋予重庆的光荣使命、重大课题。大坪街道立足浮图关社区特点和优势，坚持问题导向、需求导向，以高效的机制、精细的管理、优质的服务、科学合理的规建治运维一体等，推动"大综合一体化"治理取得初步成效，实现了碎片化管理向系统化治理的转变、传统"小治理"向全景"大治理"的转变。未来，大坪街道将紧扣城市运行效率和治理效能提升，以"大综合一体化"城市综合治理体制机制改革为牵引，以基层治理中心建设为支撑，因地制宜、点面结合，补短板、扬优势，在更广领域、更深层次探索超大城市现代化治理，变革重塑基层党建统领力、数字化履职力、规建治融合发展力和城市运行风险监测管控力，雕琢超大城市现代化治理大坪小微样本，助力重庆建设超大城市现代化治理示范区。

一是推动党建统领基层治理工作机制更加完善。深入推进新时代"红岩先锋"变革型组织建设，推进超大城市中心城区基层治理体系到底到边、治理力量到点到位。进一步健全"3356"工作机制，部门、街道、社区（网格）工作职责更加清晰，事项流转更加顺畅，信息流通更加便捷，事件处置更加高效，"五色六进"服务更加精准有效，实现网格全面覆盖。持续深化社区"365"积分制管理，优化拓展"坪积通"小程序功能，探索利用基层智治平台打造"坪企通"，推动辖区居民和社区单位更好融入和参与共建共治共享。深化楼宇党建服务体系建设，升级打造楼宇党群服务中心，做实楼宇企业和人才服务工作，助力楼宇经济高质量发展。

二是推进安全韧性智慧社区建设成效更加显现。坚决扎牢社区安全稳定防线，扎实推动韧性智慧社区建设，社区应对安全隐患、防灾减灾救灾、社会治安防控、舆情预警管控、意识形态风险防范能力持续提升。持续建好用好 3 色隐患台账，保障辖区安全隐患动态清零，迭代优化"有事说是"警示教育工作机制，推动网格化安全管理覆盖率达 100%，小微隐患整治率达 100%。发挥好线上线下双网格作用，确保隐患发现得早、处置得好，持续提升感知监测预警能力，继续探索推进"AI+"，紧盯消防、出行、燃气等领域，强化数据归集，畅联感知设备，提高预警水平，贯通实战效能，打造特色应用场景，赋能基层治理。持续推进"136N"最小解纷单元建设落实落地，确保重点信访矛盾化解率超90%、信访一次性化解率超95%。

三是保障优质均等社区公共服务供给更加便利。围绕保障居民安居乐业，优化城市公共服务供给，加力推进"15分钟高品质生活服务圈"建设。编制辖区"15分钟生活服务圈"建设规划，推动生活圈建设与城市更新、老旧小区改造等有机衔接，建立综合民生保障、应急保供体系。深入推动现代社区建设，将街道零碎公共资源下沉社区作为公共空间，完善社区基础信息、公共服务信息、商业网点信息等数据平台，提升商圈、网红景区服务品质，更好满足群众高品质生活需求。扎实推动全龄友好社区建设，推进打造"一社区一品牌一特色"，整合辖区养老服务机构，创新服务事项，提升养老服务质量；持续推进社区设施适儿化改造，推动社区家庭教育指导工作站建设，实现家庭教育精准指导；积极做好青年群体就业创业指导，提供便利场所，推进"坪蜂e站"等载体建设，打造新就业群体"温馨港湾"。持续以点带面扩大便民服务半径，让老城的烟火气与生机活力在社区触手可及、具象有感。

四是促进宜居宜业宜游社区环境建设更具品质。坚持规建治整体协同，注重重大功能设施建设、城市更新提升和城市运营维护管理的通盘谋划、协同推进，建立城市设施运行全生命周期闭环管理机制，提升城市运维多个环节综合处置能力。通过节点雕琢、形态重塑、空间改造等，提升社区品质能级。探索引进高校城建专家、社区主理人等参与社区更新，围绕小区微改造、环境微更新，利用"金边银角"嵌入功能性设施、适配性服务、精品化设计，以点带线、连线成面"焕亮"街区形象。持续推动老旧小区整体改造提升，统筹推进基础设施"五网"建设，社区基础配套设施建设更加完善。公园游园管理服务更加规范，设施更加完善，体育文化氛围更加浓厚，居民"社区就是公园"感受更加浓郁。

参考文献

习近平：《关于〈中共中央关于进一步全面深化改革、推进中国式现代化的决定〉的说明》，《求是》2024年第16期。

《习近平在重庆考察时强调　进一步全面深化改革开放　不断谱写中国式现代化重庆篇章》，新华社，2024年4月24日。

《袁家军主持召开市城市治理委员会第一次会议　建立健全"大综合一体化"城市综合治理体制机制　加快建设超大城市现代化治理示范区 胡衡华出席》，《重庆日报》2024年10月13日。

《黄茂军主持召开渝中区城市治理委员会第一次会议　建立健全"大综合一体化"城市综合治理体制机制　加快建设超大城市中心城区现代化治理新高地　谢东出席》，《渝中报》2024年11月8日。

刘嗣方：《"大综合一体化"城市综合治理体制机制的内涵要义及改革路径》，《重庆日报》2024年11月11日。

附　录
重庆超大城市现代化治理大事记

2024 年 4 月 22~24 日　中共中央总书记、国家主席、中央军委主席习近平视察重庆时指出，要深入践行人民城市理念，积极探索超大城市现代化治理新路子。习近平总书记强调，要加快智慧城市建设步伐，构建城市运行和治理智能中枢，建立健全"大综合一体化"城市综合治理体制机制，让城市治理更智能、更高效、更精准。

2024 年 4 月 25 日　中共重庆市委召开全市领导干部会议，传达学习贯彻习近平总书记在新时代推动西部大开发座谈会和视察重庆重要讲话重要指示精神，要求在积极探索超大城市现代化治理新路子上谱写新篇，扎实推动数字赋能超大城市治理体制机制变革重塑，加快打造安全韧性、精准精确、共建共治共享的人民城市建设和治理新范例。

2024 年 5 月 24 日　中共重庆市委召开六届五次全会，部署打造超大城市现代化治理示范区，要求加快提升数字化城市运行和治理中心实战能力，健全完善"大综合一体化"城市综合治理体制机制，全面推进韧性城市建设，提高城市基层精细化治理、精准化服务水平，加强城市文明建设，在数字赋能提升超大城市现代化治理水平上创造新经验。

2024 年 8 月 30 日　中共重庆市委办公厅、重庆市人民政府办公厅印发通知，明确重庆市城市治理委员会组成人员。重庆市城市治理委员会系全国首个省级层面党委、政府主要领导任"双主任"的城市治理机构。

2024 年 9 月 14 日　中共重庆市委召开六届六次全会，要求突出数字赋能和"大综合一体化"，积极探索超大城市现代化治理新路子，全面完善三级数字化城市运行和治理中心能力体系实战体系制度体系，加快构建"大综合一体化"城市综合治理体制机制，持续完善城市应对各类风险的能力和体系，

加快建设超大城市现代化治理示范区。

2024 年 10 月 12 日 重庆市城市治理委员会召开第一次会议，要求全面落实党的二十届三中全会精神，深入践行人民城市理念，聚焦城市安全、城市运行、城市服务等重点，建立健全"大综合一体化"城市综合治理体制机制，加快三级数字化城市运行和治理中心建设，努力打造宜居韧性智慧治理新样板，加快建设超大城市现代化治理示范区。

2024 年 11 月 28~29 日 第二届"10+N"城市管理局局长联席会议在重庆市举行，重庆、杭州、西安等地城市治理（城市管理）部门分享在治理方面的创新举措和成功经验。

2024 年 12 月 15 日 中共重庆市委、重庆市人民政府印发有关加快建设超大城市现代化治理示范区的政策文件。

2024 年 12 月 16 日 重庆市城市治理委员会召开第二次会议，要求全面落实中央经济工作会议精神，深入践行人民城市理念，聚焦本质安全和便民惠民，健全完善"大综合一体化"城市综合治理体制机制，持续提升超大城市现代化治理水平，让城市治理更智能、更高效、更精准。

2025 年 1 月 14 日 重庆市城市治理委员会印发《2025 年中心城区"大综合一体化"治理实施方案》。

2025 年 2 月 5 日 中共重庆市委召开奋力谱写中国式现代化重庆篇章推进大会，要求推动超大城市现代化治理示范区建设取得突破性进展，全面增强数字重庆基本能力，显著提升三级数字化城市运行和治理中心多跨协同贯通实战能力，率先构建中心城区"大综合一体化"城市综合治理新体制新机制，全面推进人工智能赋能超大城市治理，推开"15 分钟高品质生活服务圈"创建，巩固提升全市域本质安全水平，大力宣传"坚韧、忠勇、开放、争先"城市精神，加快走出宜居、韧性、智慧超大城市现代化治理新路子。

2025 年 3 月 8 日 重庆市城市治理委员会专家委员会召开第一次全体会议。同日，举行重庆市城市治理研究院揭牌仪式。

2025 年 3 月 26 日 重庆市第六届人民代表大会常务委员会第十五次会议通过《重庆市人民代表大会常务委员会关于助推超大城市现代化治理示范区建设的决定》，自公布之日起施行。

权威报告·连续出版·独家资源

皮书数据库
ANNUAL REPORT(YEARBOOK)
DATABASE

分析解读当下中国发展变迁的高端智库平台

所获荣誉

● 2022年，入选技术赋能"新闻+"推荐案例
● 2020年，入选全国新闻出版深度融合发展创新案例
● 2019年，入选国家新闻出版署数字出版精品遴选推荐计划
● 2016年，入选"十三五"国家重点电子出版物出版规划骨干工程
● 2013年，荣获"中国出版政府奖·网络出版物奖"提名奖

皮书数据库

"社科数托邦"
微信公众号

成为用户

登录网址www.pishu.com.cn访问皮书数据库网站或下载皮书数据库APP，通过手机号码验证或邮箱验证即可成为皮书数据库用户。

用户福利

● 已注册用户购书后可免费获赠100元皮书数据库充值卡。刮开充值卡涂层获取充值密码，登录并进入"会员中心"—"在线充值"—"充值卡充值"，充值成功即可购买和查看数据库内容。
● 用户福利最终解释权归社会科学文献出版社所有。

数据库服务热线：010-59367265
数据库服务QQ：2475522410
数据库服务邮箱：database@ssap.cn
图书销售热线：010-59367070/7028
图书服务QQ：1265056568
图书服务邮箱：duzhe@ssap.cn

社会科学文献出版社 皮书系列
SOCIAL SCIENCES ACADEMIC PRESS (CHINA)
卡号：979866689434
密码：

S 基本子库
SUB DATABASE

中国社会发展数据库（下设 12 个专题子库）

紧扣人口、政治、外交、法律、教育、医疗卫生、资源环境等 12 个社会发展领域的前沿和热点，全面整合专业著作、智库报告、学术资讯、调研数据等类型资源，帮助用户追踪中国社会发展动态、研究社会发展战略与政策、了解社会热点问题、分析社会发展趋势。

中国经济发展数据库（下设 12 专题子库）

内容涵盖宏观经济、产业经济、工业经济、农业经济、财政金融、房地产经济、城市经济、商业贸易等 12 个重点经济领域，为把握经济运行态势、洞察经济发展规律、研判经济发展趋势、进行经济调控决策提供参考和依据。

中国行业发展数据库（下设 17 个专题子库）

以中国国民经济行业分类为依据，覆盖金融业、旅游业、交通运输业、能源矿产业、制造业等 100 多个行业，跟踪分析国民经济相关行业市场运行状况和政策导向，汇集行业发展前沿资讯，为投资、从业及各种经济决策提供理论支撑和实践指导。

中国区域发展数据库（下设 4 个专题子库）

对中国特定区域内的经济、社会、文化等领域现状与发展情况进行深度分析和预测，涉及省级行政区、城市群、城市、农村等不同维度，研究层级至县及县以下行政区，为学者研究地方经济社会宏观态势、经验模式、发展案例提供支撑，为地方政府决策提供参考。

中国文化传媒数据库（下设 18 个专题子库）

内容覆盖文化产业、新闻传播、电影娱乐、文学艺术、群众文化、图书情报等 18 个重点研究领域，聚焦文化传媒领域发展前沿、热点话题、行业实践，服务用户的教学科研、文化投资、企业规划等需要。

世界经济与国际关系数据库（下设 6 个专题子库）

整合世界经济、国际政治、世界文化与科技、全球性问题、国际组织与国际法、区域研究 6 大领域研究成果，对世界经济形势、国际形势进行连续性深度分析，对年度热点问题进行专题解读，为研判全球发展趋势提供事实和数据支持。

法律声明

"皮书系列"（含蓝皮书、绿皮书、黄皮书）之品牌由社会科学文献出版社最早使用并持续至今，现已被中国图书行业所熟知。"皮书系列"的相关商标已在国家商标管理部门商标局注册，包括但不限于LOGO（▨）、皮书、Pishu、经济蓝皮书、社会蓝皮书等。"皮书系列"图书的注册商标专用权及封面设计、版式设计的著作权均为社会科学文献出版社所有。未经社会科学文献出版社书面授权许可，任何使用与"皮书系列"图书注册商标、封面设计、版式设计相同或者近似的文字、图形或其组合的行为均系侵权行为。

经作者授权，本书的专有出版权及信息网络传播权等为社会科学文献出版社享有。未经社会科学文献出版社书面授权许可，任何就本书内容的复制、发行或以数字形式进行网络传播的行为均系侵权行为。

社会科学文献出版社将通过法律途径追究上述侵权行为的法律责任，维护自身合法权益。

欢迎社会各界人士对侵犯社会科学文献出版社上述权利的侵权行为进行举报。电话：010-59367121，电子邮箱：fawubu@ssap.cn。

社会科学文献出版社